AF497722

LE

VIEUX SALOMON

OU

UNE FAMILLE D'ESCLAVES AU XIXᵉ SIECLE

PAR

CHARLES TESTUT.

"Quand la politique humaine attache sa chaîne au
pied d'un esclave, la justice divine en rive l'autre
bout au cou du tyran.

"BERNARDIN DE SAINT-PIERRE."

En vertu du "copyright" obtenu par l'Auteur, toute reproduction et toute traduction sont interdites.

NOUVELLE-ORLEANS:
No. 200, RUE DE CHARTRES.
1872

CONFIDENCE.

Le grand cri que contiennent ces pages a été jeté il y a quatorze ans. Il a commencé dans la nuit du 1er février 1858, et ses derniers élans se sont éteints dans celle du 29 avril. Le manuscrit a été, en maintes places, arrosé des larmes de l'auteur; à ces mêmes places couleront celles de tous les lecteurs et surtout de toutes les lectrices qui n'ont pas une pierre à la place du cœur. C'est à New-York, dans un modeste appartement de Walker street, pendant le sommeil de sa courageuse compagne et de ses enfants chéris, que le pauvre apôtre a accompli cette mission de l'âme avec l'arme puissante de la plume. Après quatre-vingt-neuf nuits d'enfantement, l'œuvre a été achevée sous le regard paternel du Tout-Puissant, au milieu des plus poignantes et des plus saintes émotions. L'auteur la dédie à tous ceux qui souffrent, à tous ceux qui gémissent sous une tyrannie quelconque, à tous ceux que l'ordre social tient éloignés du banquet de la vie. "Courage! frères, leur dira-t-il ici, courage et patience! l'esclavage corporel a été abattu, le prolétariat, esclavage monétaire, le sera à son tour, et, ces deux fléaux une fois détruits, la Vraie Liberté naîtra du sein de l'ordre, entre l'égalité et la fraternité, dans la seconde étable d'un second Bethléem! "*Lux è tenebris, ordo à chao!*"

Vous tous dont l'âme ne sommeille pas dans la mer morte de l'égoïsme, de la vanité et de l'oubli des grands préceptes de Dieu, faites actes de fraternité et de dévouement envers ceux qui souffrent autant ou plus que vous! Il y a mille façons d'aider à la vraie justice.... et sans justice point de progrès. Le mendiant peut être un agent aux mains de Notre Père; quiconque aime a la puissance, et il n'y a rien de perdu!

Je ne l'ignore pas plus qu'un autre: tout missionnaire du progrès trouve la souffrance à chaque pas, par le fait des hommes: mais il trouve aussi la plus pure des jouissances—quand il s'élève à Dieu.

C'est peut-être une Loi de la Providence qu'il y ait toujours et partout des hommes dont l'âme élevée se complaise au sacrifice, des hommes qui aiment à s'oublier pour travailler au bien général, sans ambitionner d'autre récompense actuelle que les applaudissements de leur conscience. Le monde les traite de niais ou de rêveurs, ceux-là mêmes pour qui ils travaillent les méconnaissent souvent; mais, tout en s'en affligeant, ils persévèrent dans leur mission, offrant leurs déboires et leurs souffrances à Celui qui est la Suprême Justice. C'est par eux que le progrès a toujours marché dans la bonne voie, c'est par eux qu'il y marche encore et qu'il y marchera toujours.

Salomon, pauvre vieux noir que j'ai connu et admiré, tu me vois d'En-Haut.... Courageux Casimir et noble Rose! avec qui j'ai versé des pleurs, les nuits que j'ai consacrées à narrer votre Calvaire de cinq années, plus agitées que les flots d'une mer houleuse, sont pour moi des souvenirs ineffaçables, et vous pouvez lire les pages où j'ai mêlé mes larmes à vos peines et mon délire à vos joies. Vous le verrez, rien ne m'a rebuté, rien ne m'a découragé; la pauvreté ne m'a pas fait peur, et la calomnie a glissé sur ma cuirasse de chrétien — comme glisse une eau fétide sur un métal poli. J'ai souffert pour votre cause, qui était celle de l'Humanité, mais je ne me suis jamais plaint— PARCE QUE JE CROIS. Je souffre et je souffrirai encore, mais celui-là seul le voit et le verra qui plane assez haut pour être juste....

Ce n'est pas la seule plume d'un homme qui a écrit les pages qu'on va lire, il y a des cœurs qui le sentiront. Pour moi, je n'appartenais plus à la terre, quand, à certaines heures, ma main ardente, rapide comme la pensée, couvrait les feuillets blancs de signes intelligibles. L'eau de mes yeux, qui mouillait souvent mon papier, coulait d'une source bénie, et c'est cette rosée tiède qui a soutenu mon courage jusqu'à la dernière heure....

. . . .

Pourquoi l'ouvrage n'a-t-il pas vu le jour de la publicité dès qu'il a été achevé? Hélas! pourquoi? —*Parce que....*; voilà la raison: elle est claire, excepté pour les aveugles. Mais il est toujours temps de mettre à nu un fléau, parce qu'il en reste encore d'autres. Il est toujours temps d'instruire ceux qui ignorent. Le monde est grand, quoiqu'il soit bien petit, — et il est bon que le monde sache. Qu'est-ce que l'histoire, sinon le miroir du passé?

CHARLES TESTUT.

Nouvelle-Orléans, nuit du 25 au 26 Juin 1872.

PREMIERE PARTIE.

SPLENDEURS ET MISERES.

I.

L'AJOUPA DE SALOMON.

Les îles *Caraïbes* sont, sans contredit, les plus jolies perles de l'Océan Atlantique; elles forment de charmants archipels que la nature a dotés de toutes les splendeurs d'un beau ciel et de toutes les richesses d'un sol fertile qui n'est jamais arrêté par les hivers, comme tant d'autres contrées du globe où tout meurt pour renaître. Parmi ces Antilles, qui s'appellent en Anglais Indes de l'Ouest *West Indies*, s'élève celle qui va être le théâtre des premiers chapitres de ce récit, la Guadeloupe. On voit de loin, en mer, poindre les deux mamelons de son volcan, la Soufrière, qui, de temps en temps, secoue l'île tout entière comme le passage d'une lourde voiture secoue les maisons bâties sur un sol un peu mouvant; c'est ce qu'on appelle des tremblements de terre.

Le navire qui, après une longue traversée, approche de la verte oasis jadis espagnole, aujourd'hui française, dont le nom est celui d'une madone de l'Estramadure, *Guadelupe*. semble tressaillir jusque dans ses membrures, de la gaîté bruyante des passagers qu'amène sur sa dunette le spectacle le plus gracieux et le plus magique. A mesure que la brise pousse la demeure flottante, qui porte tant d'espérances et tant de rêves, les rives verdoyantes de la perle des Antilles françaises se dessinent plus nettes aux regards charmés.

Les îlots qui entourent la rade, une des plus gracieuses du monde, apparaissent couronnés de verdure, avec leurs cocotiers penchés, avec leurs palmiers droits et fiers, portant à leur sommet un panache de larges feuilles bruyantes qu'agite incessamment la brise de mer. Enfin, le navire entre dans le port. A sa gauche s'étendent les îlots dont nous parlons; à sa droite les forts l'*Union* et l'*Epée*, suivis de plusieurs autres mornes comme enterrés sous une végétation luxuriante et perpétuelle; devant sa proue, les quais et la ville de la Pointe-à Pitre. Des navires à l'ancre dorment dans le port tranquille, à l'abri de toutes les grosses mers; sur les quais de la ville retentissent les chants de mille travailleurs qui chargent et déchargent les lourdes gabarres plates affectées au transport des marchandises qui arrivent et des denrées qui partent. Le bruit qui domine tous les autres est celui des marteaux des tonneliers qui rabattent les boucants de sucre que la récolte nouvelle va expédier à la mère-patrie. Les chants de la rade répondent aux chants des quais, car tous les travaux se font en chantant, ceux des matelots sur les navires, et ceux des noirs sur le bord de mer. Au milieu de cette foule remuante et toujours en sueur, vont et viennent les négresses, les quarteronnes, les mulâtresses, toutes les nuances de la couleur, vendant, qui des gâteaux, qui du *calalou*, espèce de potage aux herbes, mêlé de riz, qui du *mabi*, sorte de bierre que tout le monde sait fabriquer dans le pays. Rien de plus pittoresque que le tableau de ces marchandes allant et venant d'un bout à l'autre des quais tout couverts de travailleurs. Elles portent la jupe légère, riche de lés, un peu courte devant, un peu trainante derrière, serrant, à la taille, une fine chemise d'une blancheur éblouissante, entourée au cou d'une légère dentelle; les manches sont fermées au-dessus du coude par un double bouton d'or, et n'ont ni bouillons, ni bouffants, ni plissages, toutes additions gênantes, chaudes et horriblement disgracieuses.

Ces belles filles, qui ont plus de goût que bien des dames, portent sur la tête un madras aux riches couleurs bien voyantes, jaune d'or, rouge de corail, vert d'émeraude, blanc de neige. Cette coiffure charmante est posée avec grâce un peu de côté et un peu en arrière, laissant voir, d'une façon toute provoquante, quelques anneaux d'une magnifique chevelure ondée comme avec un fer. Cette délicieuse mode sied à merveille à ces visages de toutes nuances, depuis le presque blanc jusqu'au presque noir. Les yeux et les dents luttent d'attraits et de clarté sous les chatoyantes couleurs du coquet madras, et l'on peut dire qu'au point de vue de la sensualité, les filles de couleur des Antilles sont de séduisantes houris.

* *

A deux lieues environ de la Pointe-à-Pître où nous venons de conduire le lecteur, s'élevait, au milieu d'un petit morne touffu, un ajoupa habité par un vieux noir aveugle qui avait passé la centaine. Il se nommait Salomon. Il était de petite taille, large d'épaules, trapu et fort, quoique voûté par l'âge. Depuis vingt ans, il était libre. Son maître, ne pouvant plus rien tirer de lui à quatre-vingts ans, lui avait donné la liberté ; c'est-à-dire qu'il s'était déchargé du fardeau de sa nourriture, confiant la vieillesse de ce pauvre noir à Celui qui donne la pâture aux petits des oiseaux, et Celui qui donne la pâture aux petits des oiseaux ne la refusa pas au vieux noir, qui était son enfant comme le sont tous les hommes. Salomon s'était acquis une grande réputation de sagesse, et, bien des fois, par ses conseils, il avait sauvé celui-ci de la ruine celui-là du désespoir, un autre d'une mauvaise affaire, et beaucoup du chagrin. Son influence morale avait grandi de jour en jour, et il vivait de sa sagesse, comme tant d'autres vivent de leur fourberie. Chacun de ceux qui venaient consulter Salomon apportait quelque chose dans l'ajoupa, l'un des vivres, l'autre des vêtements, quelques-uns de l'argent, et, tant bien que mal, le vieux sage atteignait le dernier jour du dernier mois de chaque année, remerciant Dieu de lui avoir donné un capital inaliénable dont le rapport était aussi sûr que celui des terres et des maisons, et plus honorable que celui des esclaves. Salomon connaissait à fond la culture de la canne et celle du café, et plus d'une fois ses sages avis avaient sauvé la récolte de quelque colon encroûté dans les vieilles pratiques arriérées, ou de quelque autre trop porté aux innovations hasardeuses. Il avait vu les vieux pays de l'Europe, à la suite d'un de ses maîtres qui l'avait emmené avec lui en Angleterre, en France, en Espagne. Aussi comprenait-il les langues de ces trois pays, sans toutefois les pouvoir parler suffisamment. Il avait, au milieu de tous ses voyages, appris à lire, à écrire, à compter ; il possédait un peu d'histoire, un peu de géographie, un peu de tout, sans avoir jamais été plus loin que les connaissances les plus élémentaires. Parmi les siens, il était regardé comme un savant, et, parmi les

gens instruits, il était regardé, à juste titre, comme un sage. Ce qu'il avait le plus étudié c'était les religions, et il était, sur ce chapitre, si complexe et si diffus, plus avancé que pas un philosophe. Il avait médité au moyen du bon sens et de la foi simple, au lieu de perdre son temps dans le dédale des théories et des autres sciences, aussi vaines qu'orgueilleuses, touchant les croyances humaines.

Pour donner, en quelques lignes, une idée du rare bon sens de Salomon, nous citerons quelques opinions qui ont été recueillies de sa bouche, et qui, pour tout penseur croyant, ne pouvaient être que l'écho d'une inspiration supérieure, ou le produit d'un jugement de premier ordre.

Ainsi, il détruisait en quelques mots la théorie, un peu risquée, d'un commencement et d'une fin de création, en disant tout court que, " si Dieu est éternel, son œuvre doit être éternelle !" Il détruisait l'enfer et ses tourments qui ne doivent, dit-on, jamais finir, en disant que, " si Dieu est un père clément et juste, il ne peut pas punir de peines éternelles des fautes passagères !" La création du monde en six jours le faisait sourire presque autant que le repos du septième jour, parce que, disait-il, "Dieu n'est pas un ouvrier qui ait besoin de tel temps pour faire telle chose, et surtout qui ait besoin de repos après l'avoir faite, sans quoi il ne serait pas plus puissant qu'un homme !"

Quoiqu'aveugle, Salomon descendait quelquefois de son morne à la ville ; il était appuyé sur un bâton qui lui servait comme de sonde tout le long de la route, et suivi d'un gros chien de Terre-Neuve qu'il avait reçu en présent d'un riche habitant guéri par lui d'une morsure de bête à mille pattes. Le vieux noir se mêlait de la guérison des malades qui l'appelaient en désespoir de cause. Nul ne s'élevait contre cette pratique illégale d'une science monopolisée, attendu que Salomon ne s'occupait guère que des malades abandonnés par les médecins. Il faut bien le dire, il réussissait souvent, et quelquefois vite, là où toute la science avait été impuissante, et, quand on lui demandait comment lui, ignorant, guérissait ceux qui étaient déclarés perdus, il répondait, en souriant sans orgueil : " Ce n'est pas moi qui les guéris...." Et il n'en voulait pas dire davantage.

Autour de l'ajoupa de Salomon s'étendait un petit jardin potager que les noirs des habitations voisines sarclaient, plantaient et entretenaient à tour de rôle, chaque samedi et chaque dimanche. Il y avait, dans ce jardin, du maïs, du manioc, des ignames, des pois angoles, des topinambours, quelques bananiers, et, tout au bout, un immense arbre à pain qui donnait à la fois un grand ombrage dans les jours chauds, et une abondante nourriture pendant la moitié de l'année. Le petit morne du vieux Salomon avait reçu le nom poétique de Jolimont. On pouvait y arriver à cheval par plu sieurs sentiers assez étroits, mais bien entretenus par les mêmes noirs qui prenaient soin du jardin. L'intérieur de l'ajoupa était peu meublé. On y voyait un hamac, hissé chaque matin et descendu chaque soir, pour le sommeil du vieux noir, un bahut presque aussi ancien que son possesseur, deux chaises de bois et une table grossière. Sur la cheminée était une gravure commune représentant le Christ au Roseau, et, en face, un Vincent de Paule ramassant des petits enfants dans la neige. Quelques ustensiles de cuisine étaient renfermés dans un grand coffre de matelot, qui servait de siége habituel à Salomon. Auprès de l'ajoupa était la niche de Veille-toujours, construite en bambous et couverte en latanier. Veille-toujours était aussi doux que robuste et aussi fidèle que courageux. C'est lui qui recevait et qui introduisait les visiteurs, noirs, jaunes et blancs, sans jamais pousser de ces aboiements malhonnêtes, qui sont dans les habitudes des chiens mal élevés. Veille-toujours, s'il eût été un homme, eût pu décorer sa poitrine de plus d'une honorable médaille, car il avait sauvé plusieurs enfants des eaux du canal Vatable; mais, comme il n'était qu'un chien, on ne lui accorda qu'une grande estime, et quelque cassave de temps en temps.

Maintenant que nous avons fait connaissance avec la Pointe-à-Pitre, avec Jolimont, avec Salomon et avec Veille-toujours, nous allons passer au chapitre deuxième, et mettre en scène de nouveaux personnages.

II.

LE MÉNAGE DE ROSE.

Notre scène actuelle se passe à la Pointe-à-Pitre, près du pont des Abymes.

—Eh bien! Rose, le coup de canon est tiré depuis longtemps, et ton mari n'arrive pas.

—Mère, il aura été retenu par quelque surcroît de travail. Monsieur Varieux prend toujours, des noirs qu'il a à loyer, plus de temps, qu'il ne lui est dû; il en est quitte pour leur prêter, le soir, un fanal dans lequel il met un bout de chandelle juste assez long pour la route.

—Rose, tu n'aimes pas M. Varieux, n'est-ce pas? dit la vieille Suzanne, en riant avec une certaine malice.

—Ma foi non, je ne l'aime pas, et je ne suis pas la seule. On entend toujours chez lui des cris et des coups de fouet; il est aussi méchant qu'avare, et, la semaine passée, ayant fait une mauvaise affaire et étant de mauvaise humeur, il a battu injustement Casimir.

—Tu aimes bien ton mari, Rose?....

—Si je l'aime! mère....Oh! oui, je l'aime!.... parce qu'il n'y a pas de meilleur être que lui au monde. Comme il vous a soignée, l'année de la fièvre jaune! Comme il a travaillé pour gagner notre petit ménage, avant que je le prenne pour mari!

—Tu es une bonne fille, Rose; tu es une bonne femme: tu seras une bonne mère! Aime ton mari par-dessus tout, mon enfant, par-dessus moi-même, par-dessus tes enfants, si tu en as....

—Oh! non, mère, pas plus que vous! mais autant, et, —ajouta-t-elle— d'une autre manière.

La vieille Suzanne sourit en regardant sa fille.

—Sais-tu, dit-elle, qu'il est bien heureux tout de même d'avoir pour femme la plus joli mulâtresse de la Pointe-à-Pitre!

—Et bien heureux aussi d'avoir une seconde mère comme vous, mère Suzanne, car vous l'aimez tout comme s'il était votre fils.

—Parbleu! y a-t-il rien au monde de plus naturel et de plus juste que d'aimer comme son enfant celui à qui on a donné son enfant? Je ne comprends pas les sentiments de la plupart des blancs, car il est reconnu parmi eux, comme une vérité sans exception, qu'une belle-mère est ce qu'il y a de plus mauvais dans un ménage! Tiens, vois-tu, moi.... si on me demandait qui j'aime mieux de toi ou de lui, eh bien, foi de Suzanne, je ne saurais pas répondre!

—Ni moi non plus, si on me faisait la même question pour vous et pour lui!

—Ah! s'il nous entendait! s'écria la vieille mère, en élevant en l'air une pièce de linge qu'elle était en train de blanchir.... s'il nous entendait, serait-il heureux!

—Et il l'est, heureux! s'écria une voix pleine d'émotion—en même temps que le propriétaire de ladite voix faisait irruption dans la chambre où se tenaient les deux femmes.

Casimir, car c'était lui, était un beau mulâtre à la physionomie ouverte, aux yeux vifs et parlants, à la démarche aisée et hardie.

Il courut à sa femme qu'il embrassa sur les deux yeux, puis à sa belle-mère qu'il embrassa sur les deux joues.

—Oh! s'écria-t-il, que je serais heureux si je n'étais pas esclave!

Les deux femmes restèrent stupéfaites. C'était la première fois qu'elles entendaient Casimir parler ainsi. Jusque là elles l'avaient vu, comme tous les autres, indifférent à son sort, ou du moins le paraissant, ou plutôt encore ne l'appréciant pas. La vieille Suzanne n'avait jamais eu de ces idées, parce qu'elle avait vieilli dans un esclavage assez doux; mais il n'en était pas de même de Rose qui, tenant du sang asservi et du sang asservisseur, sentait d'autres instincts que ceux de sa mère. Et puis, jolie comme elle l'était, elle avait entendu résonner à ses oreilles ces paroles flatteuses de jeunes blancs, qui l'avaient plus d'une fois fait songer à bien des choses....

—Bah! s'écria tout d'un coup Casimir, comme pour effacer ce qu'il avait dit, nous verrons.... Dieu est juste, et la justice finira par triompher! Maman Suzanne, ajouta-t-il, faites-nous donc quelques gâteaux de moussache: moi je vais laver votre linge.

— Toi, tu vas laver mon linge, c'est pour le coup qu'il sera blanc!

— Vous allez voir, répondit Casimir en s'emparant du baquet et du savon.

Et il se mit à l'ouvrage comme une blanchisseuse consommée, frottant, tordant, rinçant aussi bien et plus vite que Suzanne elle-même.

Rose alla chercher la fleur de la farine de manioc, appelée moussache dans le pays. Suzanne alluma le feu, puis battit la pâte, et on procéda à la confection des fameux gâteaux.

— Mais, dit Rose, en regardant son mari qui exploitait son linge comme la locomotive exploite le chemin de fer, pourquoi donc viens-tu si tard? Voilà plusieurs mois qu'il t'arrive souvent de rentrer une heure et demie après le coup de canon.

— Voilà.... répondit Casimir; c'est un secret!

— Ah! c'est un secret! répondit la belle fille; alors tu as une amoureuse, tu me fais des infidélités!

— Pour ça, non! ma chérie.....tu sais bien que je t'aime par-dessus tout au monde! Et d'ailleurs, y a-t-il une meilleure femme et une plus jolie fille que toi, depuis la Pointe-à-Pitre jusqu'à la Basse-Terre?

— Oh!......quand ce serait vrai? Les hommes aiment le changement, et ils prétendent que, de leur part, une infidélité ne tire pas à conséquence! et qui dit une peut dire cinquante.

Casimir ne répondit pas.

— Tu vois bien, dit Rose victorieuse par ce silence, tu vois bien que je devine juste!

— Non, tu ne devines pas juste, se contenta de répondre le jeune blanchisseur.

— C'est bon, riposta la belle mulâtresse, moi aussi j'ai mes secrets. Il ne manque pas de beaux messieurs qui m'achèteraient pour la liberté, si je voulais les écouter, et qui, en attendant, m'offrent des bijoux et des madras....

— Les hommes sont faits pour offrir, répondit Casimir, et les femmes honnêtes, pour refuser.

— Ou accepter, dit Rose; c'est selon les circonstances.... et puis d'ailleurs, chacun a ses secrets!

La vieille Suzanne s'occupait de ses gâteaux et ne mêlait pas un mot à cette petite discussion conjugale. Elle comprenait instinctivement que ce n'était là qu'une comédie de mari à femme, et d'ailleurs elle avait pour principe qu'il ne faut jamais intervenir dans les affaires des jeunes ménages, surtout quand on est la mère d'un des deux époux. Le bon sens et l'amour de la bonne union lui avaient appris ce que des gens plus instruits ont toujours paru ignorer, pour le malheur de leurs enfants.

Les gâteaux étaient prêts, et le linge était lavé.

— Maintenant, ma petite femme, dit Casimir, et vous, ma bonne mère, nous allons causer en mangeant. Donnez-moi un verre de tafia pour me remonter un peu, et je vais vous faire à toutes les deux une surprise.

Le petit verre bu et les gâteaux servis, Casimir plaça Rose sur ses genoux, tira un petit livre de sa poche et regarda les deux femmes.

— Vous allez savoir mon secret, dit-il, et on ne m'accusera plus d'infidélité....et on ne me menacera plus de bijoux et de madras.

— Que tu es bête! dit Rose, en embrassant Casimir, est-ce que tu n'as pas vu que je plaisantais? Si mon idée avait été de faire comme tant d'autres, est-ce que je ne serais pas libre aujourd'hui? est-ce que j'aurais attendu jusqu'aujourd'hui pour me faire donner des toilettes? Va! nous serons libres ensemble, tous les trois, ou je ne veux l'être jamais! La liberté est la seconde chose au monde; il y a une autre chose qui est la première....

— Laquelle? demanda Casimir......

— L'amour! répondit Rose. Celui qui est mort sur la croix a dit: "Tout est dans l'amour et il n'y a rien en dehors de l'amour." C'est en s'aimant et en s'unissant qu'on devient libre; c'est l'amour qui enfantera la liberté.

— O ma Rose! ma belle compagne, ma chère femme! que j'ai bien fait d'avoir un secret, et que je vais être heureux de le dire!

— Voyons donc, dit la vieille mère, car à présent je puis parler, puisque vous êtes d'accord.

— Mais si ton secret est dans ce livre, dit Rose, il faudra envoyer chercher un maître d'école pour le connaître....à moins que tu n'aies appris à lire en dormant.

— Non! dit Casimir, mais j'ai appris à lire en travaillant le soir après le coup de canon, et aujourd'hui — ajouta-t-il avec orgueil — aujourd'hui je sais lire!

— Et qu'est-ce que cela t'a appris? demanda la vieille mère....

— Cela m'a appris à avoir courage et patience, parcequ'un jour nous serons libres. Cela m'a appris que tous tant que nous sommes, noirs ou blancs, blancs ou noirs, nous sommes également les enfants de Dieu. Cela m'a appris qu'il y a, dans tous les lieux du monde, des hommes qui luttent pour notre indépendance, avec toutes les armes que peut fournir le bon vouloir. Bientôt je ferai aussi la lecture, dans notre *Réunion*, vous verrez, vous verrez! Le vieux Salomon nous arrache des larmes à tous, quand il nous lit avec âme et chaleur les pages sublimes qu'il y a là-dedans.

— Mais, dit Suzanne, il est aveugle!

— Il sait le livre par cœur! riposta Casimir, et

quand, de sa main tremblante, il nous montre le
ciel qu'il ne peut plus voir, nous frémissons d'espérance, et nous oublions le présent. O mes amis,
mes amis! il n'y a pas de races maudites!

— Nous sommes nés esclaves, nous mourrons
esclaves, dit Suzanne......

— Peut-être, s'écria Rose....

— Non! dit Casimir, nous ne mourrons pas esclaves, car le temps approche où les hommes qui
luttent pour nous, au nom du Dieu Tout-Puissant,
remporteront la victoire que le Christ a annoncée.

— La religion n'est pas faite pour nous, dit la
vieille. Est-ce que les prêtres ne nous disent pas :
"Sujets, obéissez à vos princes ; esclaves, obéissez
à vos maîtres !"

— Ceux-là seront renversés les premiers, parce
que ceux-là servent les oppresseurs au lieu de défendre les opprimés. Leur place était auprès du
berceau des faibles, et ils se tiennent autour de la
puissance.

— Mais qui t'apprend toutes ces choses ? toi qui
es, comme nous, un pauvre esclave ? dit Rose en regardant son mari avec une sorte d'admiration....

— Le livre, toujours le livre, répondit le mulâtre.

— Qui l'a écrit ?

— Je n'en sais rien, répondit Casimir : qu'il vienne de l'Orient ou de l'Occident, il est certainement
venu, par la volonté du Tout-Puissant, au secours
des parias. Et ne me demandez plus à quoi m'a
servi d'apprendre à lire : si tous nos frères savaient lire, nous ne serions plus esclaves demain !

.

Le ménage de Rose ne ressemblait pas à celui de
notre vieux solitaire de Jolimont. On voyait bien
qu'un homme amoureux en avait fait quoiqu'à
grand-peine, l'acquisition.

L'appartement se composait de deux chambres
et d'une cuisine. Les trois pièces ensemble en auraient bien formé une passable comme dimensions,
mais que tout y était joli, propre et bien en place!
La première chambre, où nous avons sans façon
introduit le lecteur, était toutefois loin de promettre ce que tenait la seconde. Cette première chambre était celle de la vieille Suzanne. On n'y voyait
que le nécessaire : un lit commun, deux tables,
quelques grosses chaises, et une profusion d'ustensiles de ménage se promenant un peu de droite et
de gauche ; il y avait beaucoup de clous plantés
dans la muraille, et à ces clous pendaient maints
objets de destinations différentes. De grossières
gravures étaient collées, tant bien que mal, sans
aucun respect pour la ligne droite, sur la cloison
en bois qui séparait cette première chambre de la
seconde. Cette seconde chambre était celle des
deux jeunes mariés. Nous y entrerons avec ceux
qui vont dormir, car il est près de onze heures au
moment où Casimir lit le dernier paragraphe de
son petit livre.

Nous apercevrons d'abord un beau lit à colonnes,
en acajou du pays. Il est surmonté d'une belle
corniche ouvragée, et entouré d'une blanche moustiquaire, soutenue par de jolis glands de soie et
laine. Tout près une table pliante, du même bois
que le lit. Une armoire semblable s'élève dans un
autre endroit de la chambre. Quatre jolies chaises
en paille du pays sont alignées le long de la muraille, et une élégante console supporte quelques
beaux verres et plusieurs tasses de porcelaine
blanche. Tout cela est propre et luisant comme
l'intérieur d'une ouvrière sage et rangée. Depuis
deux ans seulement Casimir a, comme le disait
tout-à-l'heure la vieille Suzanne, le bonheur de
posséder, aussi légitimement qu'il est possible à un
esclave, la plus belle femme de couleur de toute la
ville.

Rose était d'une taille moyenne et bien prise.
Elle avait, dans la marche, quelque chose que les
Italiens appellent *disenvoltura*. Ses beaux yeux
noirs étaient longs et doux, entourés aux coins comme d'une auréole de ces petits plis gracieux qui donnent tant de velours au regard. Ses cheveux n'é-
taient ni lisses ni crépus, c'est-à-dire ni fades ni lai-
neux, mais bien ondés par échelons réguliers, longs
et fournis, élastiques à la main. La jeune femme
avait, pour plus grand charme peut-être, une de
ces voix musicales et suaves auxquelles on est convenu, non à tort, de donner le nom de sympathiques. Elle s'étudiait à se rendre agréable et dési-
rable à celui à qui elle s'était donnée, et elle y réussissait à merveille, secondée par cet instinct de
femme qui demande une aide toujours efficace aux
petits mystères innocents d'une coquetterie modeste.

Et de fait, elle était aimée autant que reine ou
impératrice, toute pauvre fille esclave qu'elle était,
à supposer que les impératrices et les reines ins-
pirent de plus forts attachements que les autres
mortelles, ce qui n'est rien moins que prouvé.

Casimir avait la tête de plus que sa Rose. C'était
un garçon propre et soigneux de sa personne, bon,
dévoué, laborieux et sobre. Il avait vingt-cinq
ans, sept de plus que sa femme, et il était difficile
de trouver, sous tous les rapports, ce qu'on appelle
vulgairement un couple mieux assorti.

Nous les laisserons discrètement entrer chez eux,
et, joignant leur souvenir à celui du vieux Salomon que nous avons laissé à la fin du premier chapitre, nous passerons au troisième, si le lecteur
veut bien nous suivre.

III.

UNE MAUVAISE NOUVELLE.

Le lendemain matin, vers huit heures, Rose faisait son service auprès de sa maîtresse. Elle venait de lui apporter dans son lit une petite tasse

d'excellent café noir, selon l'habitude du pays. Le maître et la maîtresse de Rose, de Casimir et de Suzanne, étaient aussi de jeunes mariés. Ils n'étaient pas riches, et ces trois esclaves étaient tout leur avoir avec une partie de la maison qu'ils habitaient: c'était la dot de la jeune femme. Imprévoyants comme de jeunes têtes laissées de bonne heure à elles-mêmes, ils n'avaient pas voulu attrister leur premier bonheur par un peu de gêne, ou plutôt ils n'avaient pas su se former un avoir qui est la tranquillité future, au prix d'une bonne et constante économie. Leur maison n'était à eux qu'en partie, et la conversation que nous allons entendre nous apprendra quel était leur embarras présent, et combien il devait malheureusement influer sur l'avenir du trio dont nous avons fait connaissance aux précédents chapitres.

— Rose, dit madame Lambert à la mulâtresse, reviens tout-à-l'heure ; monsieur est sorti, et j'ai à te parler, ma fille.

Une demi-heure après, la jeune servante et la jolie maîtresse étaient en conversation réglée, presque comme deux égales. Madame Lambert était assise sur un canapé du salon, Rose sur un tabouret aux pieds de sa jeune maîtresse.

— Rose, disait madame Lambert, vois-tu sur le guéridon ces papiers timbrés ?

— Oui, maîtresse.

— Eh bien, ces papiers nous menacent d'une saisie ; la maison, qui n'est payée qu'à moitié, et vous autres trois qui venez de mon père, tout va appartenir à la justice dans quelque temps, à moins d'un sacrifice qui produirait un fort à-compte et ferait obtenir du temps pour la balance de ce que nous devons. Nous pouvons seulement conserver la maison, et un de vous trois.

— Nous ne serons jamais aussi heureux qu'avec vous, maîtresse ; mais si vous êtes forcée de vendre, vendez-nous tous les trois dans le pays ; nous sommes inséparables par l'attachement qui nous unit, et aucun pays ne vaut pour nous la Guadeloupe.

— Voilà ce que j'aurais voulu, Rose ; mais cela ne se peut pas ainsi, et monsieur Lambert a arrêté que nous garderions l'un de vous seulement. Les deux autres seront vendus à un capitaine américain qui vous emmènera dans son pays.

Et la jeune femme paraissait émue.

— Vois-tu, Rose, nous vous aurions vendus dans le pays, mais nous n'aurions pas trouvé la moitié de la somme que nous paie le capitaine, et il nous faut cette somme-là tout entière. Et puis mon mari n'est pas partisan de l'esclavage, et, si riche qu'il eût pu être, il n'aurait jamais consenti à acheter personne ; il aime mieux louer et payer. Moi, je suis créole de la Pointe ; l'esclavage m'a entourée au berceau, mais je n'ai jamais battu ni fait

battre. Charles est né en France, et je ne puis que partager ses opinions.

Rose avait la tête penchée dans ses deux mains ; elle semblait ne rien entendre ou ne rien comprendre. Une double image confuse passait dans son cerveau ébranlé. Tantôt c'était sa bonne vieille mère, tantôt son cher mari ; elle les perdait et les retrouvait l'un après l'autre ; sa mère qui ne l'avait jamais quittée, qui l'avait veillée malade, soignée bien portante, qui avait passé tant de nuits à travailler après son travail du jour, pour lui acheter de belles jupes, de frais madras, de jolis bijoux : son mari qui l'aimait plus que sa propre vie à lui, qui avait sué sang et eau pour amasser un à un les jolis meubles de leur ménage ; lui à qui elle s'était donnée avec tant de joie et tant de bonheur, qu'elle aimait elle-même par dessus tout. Elle songeait aux jours si longs quand il n'était pas là, aux nuits si douces quand elle l'avait à ses côtés.

— Ma pauvre fille, dit Madame Lambert, il ne faut rien s'exagérer : on ne t'enlève pas un petit enfant qui aurait encore besoin de tes soins maternels. Tous les jours, dans la vie, on se quitte, et on se retrouve ensuite.

— Quand on est libre, peut-être, dit Rose d'une voix creuse ; mais quand on est esclave ?......

Le même soir après huit heures, la mère, la fille et le gendre étaient réunis comme la veille ; mais il n'était plus question de gâteaux, de linge à expédier, de petites discussions conjugales toujours suivies de bons raccommodements. On se regardait et on était triste.

— Ainsi, disait Suzanne, nous avons d'aussi bons maîtres qu'on en puisse trouver ; nous n'avons rien fait de mal ; personne ne veut nous punir, et, malgré tout cela, voilà qu'il faut que nous soyons séparés !

— Si nous étions libres, ajouta Rose, on pourrait nous renvoyer l'un après l'autre, nous nous rejoindrions, quand cela nous plairait, et si nous le voulions, rien ne pourrait nous séparer, si ce n'est la mort ! L'esclavage est donc une mauvaise chose.

— Un crime ! s'écria Casimir, le crime des crimes, une insulte à Dieu, une tâche horrible sur l'humanité !......Oh ! Saint-Domingue ! Saint-Domingue !

— Et ceux qui ont de mauvais maîtres ! ceux qui appartiennent à des bourreaux !......s'écria la vieille.

— Il faut partir marrons ! s'écria Casimir.

— Ce serait encore pis ! répondit Rose.

— Allons consulter le vieux noir de Jolimont, mes enfants : c'est demain dimanche, nous aurons la journée à nous ; madame va chez son père avec son mari.

Il y eut un moment de silence.

— O ma fille ! s'écria la vieille, quelque chose me dit que nous serons séparées !

— Ne dites pas cela, mère, ne dites pas cela !

Et les deux femmes se jetèrent en pleurant dans les bras l'une de l'autre.

Casimir marchait à grands pas. Deux grosses larmes coulaient sur ses joues, et pourtant ses yeux étaient secs, et ses lèvres frémissaient. Tout-à-coup il s'avança vers sa femme et vers sa seconde mère, leur prit à chacune une main, et leur dit :

— Je sais où on doit mener les deux de nous qui partiraient ; c'est à New-York, et il n'y a pas d'esclavage à New-York ; c'est donc pour aller plus loin. Que le troisième s'embarque en fraude, et, une fois au large, le capitaine ne sera pas fâché d'avoir trois sujets au lieu de deux. Arrivés là-bas, nous verrons.

— Mauvais plan ! mon garçon, dit Suzanne ; de pauvres esclaves n'ont pas les moyens de trouver, comme un blanc, à s'embarquer par-dessus le bord. Allez vous deux, moi je suis vieille, et j'ai rempli ma tâche ; vous n'avez pas commencé la vôtre, et vous avez le temps pour vous.

— Allons voir Salomon, répliqua Rose, et faisons ce qu'il dira : il est plus sage que nous.

———◆———

IV.

LA ROUTE DES ABYMES.

Le lendemain dimanche, au moment où sonnait la grand'messe, Suzanne, Casimir et Rose se mettaient en route pour l'ajoupa de Salomon. Ils suivaient la route des Abymes, très fréquentée le jour du repos. On y voyait descendre une foule de noirs de toutes les habitations, apportant à la ville des provisions provenant de leurs jardins ou de ceux de leurs maîtres. Les négresses portaient sur leurs têtes, dans de grands paniers, des fruits, de la farine de manioc, du sirop en calebasse, des bananes, des patates douces ; les noirs, outre ces divers objets, portaient d'immenses paniers de charbon ; quelques uns et quelques unes venaient à vide, parés de leurs plus beaux habits, pour faire un tour à l'église, et de là se rendre aux danses sur les différentes places, à l'ombre des grands sabliers. D'autres, moins nombreux, montaient au contraire aux petites habitations, pour voir, les uns leurs femmes, les autres leurs maris, occupés à entretenir leur jardin ou à récolter leur manioc. Des voitures et des chevaux sillonnaient aussi cette belle route carrossable, sous les rayons d'un chaud soleil, il est vrai, mais tempéré par une brise presque constante. De chaque côté du chemin, s'étendaient de vastes pièces de cannes à sucre de tout âge, depuis les rejetons encore petits, jusqu'aux grandes cannes-mûres, dont les flèches dorées, faisaient, sous le soleil et sous la brise, comme des ondes brillantes, sans cesse agitées. Parfois, au sommet d'un morne, pointaient les mille et mille grains rouges des caféiers verts plantés parmi les graviers et les roches. Les grands moulins à vent se dressaient de loin en loin, au repos, comme les géants du grand chemin. Partout éclatait cette riche végétation tropicale, mouvement perpétuel d'une luxuriante nature.

— Oh ! dit Casimir, quel paradis que ce pays sans hiver et sans misère, si l'esclavage ne le souillait pas !

Des chants retentissaient sur la route, comme si tous ces êtres qui la parcouraient, désignés peut-être au fouet du lendemain, étaient arrivés au jour de la liberté, ou n'eussent jamais compris l'esclavage. L'habitude s'était faite abrutissement.

Bientôt on aperçut de loin le gros arbre à pain de Jolimont et les porte-verdure inférieurs qui entouraient l'ajoupa. On entra dans un des petits chemins qui conduisaient à la demeure du vieux solitaire. Plusieurs jeunes noirs râclaient, à la houe, l'étroit sentier. Dès qu'ils aperçurent les arrivants, ils suspendirent leur travail, et se mirent à regarder.

— Zamor, dit l'un d'eux à son plus proche compagnon, voilà la belle Rose avec son Casimir et la vieille Suzanne.

— Je la vois bien, répondit le noir en poussant un gros soupir.... J'ai bien manqué mourir pour cette fille-là ! mais elle a trouvé mieux que moi, et je suis content qu'elle soit heureuse.

— Tu n'es guère jaloux ! Zamor....

— En ai-je le droit ! M'a-t-elle jamais promis quelque chose !

— C'est égal, moi je l'aurais eue, n'importe comment, dit le premier noir.

— Si le vieux Salomon t'entendait, répliqua Zamor, il ne voudrait plus te parler, et refuserait même tes services.

Le noir baissa la tête et ne répondit pas.

Nos trois marcheurs étaient arrivés près des noirs.

Rose aperçut Zamor avant de voir les autres, tant ce regard appelait le sien. Elle s'avança vers lui et lui tendit la main la première.

— Bonjour, Zamor, lui dit-elle, comment cela va-t-il !

— Assez bien, Rose, répondit le noir, en prenant la main de la jeune mulâtresse, et vous !

— Ma santé est bonne, Zamor, mais j'ai le cœur malade.

— Qu'y a-t-il donc !

— Notre maître est forcé de vendre deux de nous, le troisième resterait seul.

— Dans la colonie !

— Non ! à un capitaine américain qui nous conduit à New York, et de là, ailleurs......

Casimir approchait. Zamor ne répondit pas à Rose, mais son regard attristé répondit pour lui. La vieille Suzanne était auprès d'eux presque en même temps ; on échangea quelques paroles, puis les trois visiteurs s'avancèrent dans la direction de l'ajoupa.

Zamor resta immobile, appuyé sur le manche de sa *houe*, tant qu'il put les apercevoir: mais bientôt un coude du chemin les lui déroba; alors il reprit machinalement son travail, sans dire un mot.

Bientôt Veille-toujours arriva au grand trot, la queue en trompette, et le museau au vent. Il vint reconnaître les visiteurs, leur lécha la main, puis, p'enant la tête de la colonne, il se disposa à aller annoncer une visite, selon son invariable habitude.

V

LA CONSULTATION.

Ce dimanche-là, Salomon était dans un jour de richesse. Une appétissante odeur s'exhalait de son ajoupa. Il allait et venait assez prestement pour son grand âge, et cuisinait comme s'il eût eu deux excellents yeux.

— Bonjour, compère, dit la vieille Suzanne en entrant la première.

— Bonjour, père Salomon, dit Casimir.

— Bonjour, grand papa, termina Rose avec sa voix mélodieuse.

— Ah! c'est vous, mes enfants, répondit le vieil aveugle. Je vous vois bien, allez! Casimir est tout en blanc; commère Suzanne, en brun: la jolie Rose, en jupe bleue, avec une belle chemisette en baptiste, hein! Elle est coiffée d'un beau madras de la Dominique.

Et le vieux noir poussa de petits rires de satisfaction.

— C'est vrai! exclama Suzanne; je crois que le compère y voit aussi bien que nous autres, ou bien qu'il est sorcier.

— Eh, eh, dit Salomon, il y a des jours où je vois clair, et des jours où je devine.

— Quelle bonne odeur! dit Rose.

— C'est celle d'un fameux court-bouillon de vivaneau, moitié à la créole, moitié à la provençale! Sentez-vous le bon goût d'ail? Vous en mangerez bien votre part, mes enfants.... Aujourd'hui je me régale, voyez-vous, et je ne connais de plaisir complet que celui qui est partagé.

— Merci, compère, répondit Suzanne; ce serait avec plaisir, mais, quand il y en a pour un, il n'y en a pas souvent pour quatre, et....

— Aujourd'hui il y en a pour six, et je veux qu'on accepte, dit Salomon, et encore qu'on accepte avec plaisir. Voilà comme je suis despote, moi!

Le vieux était dans un bon jour; il fallait faire comme lui, malgré les pensées noires qu'on avait dans l'esprit et dans le cœur.

Rose comprit cela et donna le signal de la gaîté. Or, quand ce signal est donné à une mère par une fille qu'elle aime, et à un mari par une femme qu'il chérit, c'est un signal auquel on obéit vite et bien.

— Alors, dit-elle en se mettant à l'aise, il faut que je fasse quelque chose, que je me rende utile, n'importe comment. Qu'y a-t-il à faire, grand papa?

— Eh bien, ma fille, prends ces deux fruits à pain, qui sont sur l'étagère; ils sont cuits; pétris-les avec un peu de beurre, et sers cela à demi-chaud. La commère va arranger les crabes qui sont dans le coffre, et puis on finira par quelques fruits. Je n'en manque pas, Dieu merci! Nous aurons des mangos, des sapotilles et des petites figues musquées. Moi je soigne mon court-bouillon.

— Nous sommes venus pour vous consulter, père Salomon, dit Casimir, et je suis bien fâché d'avoir le cœur triste, quand vous êtes d'aussi belle humeur.

— Je sais pourquoi vous êtes venus, répondit le vieux; tu as tort d'avoir le cœur triste, avant d'être sûr du malheur qui vous menace, et il faut laisser à chaque heure sa peine ou sa joie. Mangeons gaîment ce que la Providence nous envoie; nous demanderons ensuite conseil à Sa sagesse, sans nous troubler et sans nous effrayer.

Chacun s'occupa de ce qui lui avait été confié, et il ne fut pas question, pour le moment, du sujet de la visite.

— A propos, dit Salomon, je vais envoyer Veille-toujours chercher un cruchon d'eau fraîche. à la Source au Cresson.

— C'est un peu fort, dit Rose, et je voudrais bien voir cela....

— Ça ne sera pas long, tu vas voir!

L'aveugle appela son chien, qui arriva en quelques bonds, et qui attendit, fixe et immobile, comme un fantassin au port d'armes. Alors le brave chien reçut entre ses formidables dents un bout de corde de pitre, formant un rond fermé, et, sans attendre d'autre explication, il partit dans la direction de la source, à son trot allongé qui eût distancé le petit galop d'un bon cheval. Quelques minutes après, il revenait d'un pas beaucoup moins vif, portant un gros cruchon suspendu à la corde que son maître lui avait mise entre les dents.

— Je comprends, dit Rose, il fait entrer sa corde dans le crochet qui forme l'anse, il lève, et le tour est fait. C'est bien simple.

— Toutes les grandes choses sont bien simples, répondit le vieux. Y a-t-il quelque chose de plus simple qu'une roue, et y a-t-il quelque chose de plus utile?

— Tiens! dit la jeune femme, je n'y avais jamais songé.

— Et il y en a bien d'autres qui n'y songent pas davantage, surtout ceux qui s'en servent! A propos, ajouta-t-il, Rose est-elle toujours jolie?

— Plus jolie que jamais, s'écria Casimir, que cette question eut le talent de tirer de sa rêverie.

— Ah, ah! fit le vieux, je savais bien que je te tirerais de ton silence, moi.

— Il exagère, grand papa, dit Rose en riant; il y en a beaucoup qui sont bien plus belles que moi.

— Ah! par exemple, c'est un peu fort! Les plus beaux yeux, les plus beaux cheveux, la plus belle bouche, les plus belles dents! et quand elle marche, et quand elle parle, et quand elle chante, quelle musique!

— Voilà le déluge, dit Suzanne; et moi qui ne savais pas le faire parler quand il restait muet pendant de longues heures!

— Chacun a sa corde sensible, dit le vieux noir; il ne s'agit que de la toucher.

Tout était prêt: on se mit à table. On savoura le court-bouillon du vieux sage, les fruits à pain, pétris par Rose, les crabes arrangés par Suzanne, et les fruits tout préparés et parfumés par le Créateur; après quoi, Salomon proposa une petite tasse de café qui fut acceptée avec plaisir.

Quand chaque chose fut remise en place, on apporta les chaises devant l'ajoupa, chacun prit une place, et le gros Terre-Neuvien, qui avait dîné en quelques bouchées, s'étendit tout de son long, allongea son museau intelligent entre ses deux pattes, ferma les yeux et sembla plongé dans les délices de la digestion.

— Maintenant, mes enfants, dit Salomon, vous venez me dire qu'on veut en vendre deux de vous; Rose, placée entre sa mère et son mari, ne veut prendre aucun parti, et vous voulez avoir mon avis.

— Juste! dit Suzanne. Qui vous a dit cela, compère?

— Personne, répondit l'aveugle: si c'est la vérité, c'est tout ce qu'il faut.

— Grand père, dit Rose, en prenant dans ses mains douces et moites les mains sèches et ridées du vieux, appelez à vous toute votre sagesse, car nous sommes décidés à faire selon que vous direz.

— Sois tranquille, ma fille, la chose est simple et ne demande pas de longues réflexions: le jugement est déjà prononcé dans mon cœur.

Ecoutez, dit le vieux, il y a choix entre deux partis, celui de l'obéissance et celui de la résistance. Si vous ne voulez pas être vendus hors du pays, et, en même temps, être séparés, il faut fuir et aller vivre de la vie maronne, dans quelque grand camp, vers la Capesterre ou la Soufrière. Il y a des familles qui vivent là depuis plusieurs générations. C'est une existence rude et tourmentée; on est continuellement traqué par les milices et par les chasseurs d'hommes; mais il n'y a de danger d'être pris que si on quitte les falaises, pour aller rôder vers les habitations.

— On vit au moins en homme libre! dit Casimir.

— Non! répondit le vieux, on vit en sauvage, car on n'est pas libre hors la loi, quelle qu'elle soit.

— C'est vrai, dit Rose; vous, vous vivez libre! grand père.

— Oui, mes enfants: je dois ma liberté à mon grand âge et à mon malheur, et je bénis Dieu de m'avoir fait aveugle!

Casimir et Rose se regardèrent quelques secondes, puis leurs yeux allèrent ensemble chercher le ciel.

— Il n'y a que ce moyen d'éviter la vente et la séparation, continua le vieux noir: mais il faut aussi songer que cela ruinerait vos maîtres qui sont, après tout, de bons maîtres.

— C'est vrai, dit Suzanne.

Salomon continua:

— Vous choisirez, dit-il, entre les deux partis à prendre. Si vous préférez ce que je viens de vous montrer, ce sera facile. Quand la vente sera bien et définitivement arrêtée, vous viendrez me trouver le soir, et je vous donnerai les indications nécessaires pour arriver, sans encombre, au camp marron de la Capesterre ou de la Soufrière; je ferai même plus; je donnerai à Casimir, votre gendre et votre appui, un petit talisman qui vous fera recevoir tous les trois à bras ouverts....

— Et, dit Casimir, dans le cas où nous préférerions l'obéissance, quel est votre conseil? père....

Rose et Suzanne se regardèrent comme deux naufragés qui attendent une dernière lame pour les engloutir, ou une dernière planche pour les sauver.

— Voici, dit le vieux....

Et le silence se fit si profond, qu'on entendit la respiration de Veille-toujours qui dormait.

— Mes enfants, je pourrais vous dire en deux mots mon avis, et je sais que vous le suivriez; mais il vous resterait peut-être des arrière-pensées, et il ne faut pas cela. Quand on exécute un ordre ou quand on suit un conseil sans intelligence, sans foi et sans amour, on n'en éprouve aucune satisfaction; mais quand on comprend et qu'on aime son devoir, on le fait mieux et même avec joie. Or, pour que vous compreniez, il faut que je vous explique.

Toute chose a son but et doit tendre vers ce but. Ainsi, le mariage a pour but la création. C'est la grande Loi de Dieu, et les hommes doivent s'y conformer. Voilà pourquoi le Créateur a mis au cœur de chaque sexe, depuis la virilité jusqu'à la vieillesse, ce désir violent de se rapprocher de l'autre, et l'immense volupté qui en résulte. D'un devoir il a fait un bonheur! Aussi, la parole humaine s'accorde-t-elle, cette fois, avec la parole

vine : " Tu quitteras ton père et ta mère pour suivre ton époux." L'amour descend, parce qu'il est
éternel ; autrement il finirait vite, puisque chaque
créature n'a que son temps. Donc, rien, si ce n'est
la mort, c'est-à-dire Dieu, rien ne doit séparer
l'homme de sa femme. Il n'y a que l'esclavage qui
fasse cela, parce que l'esclavage est un horrible
contre-sens, à quelque point de vue qu'on l'envisage.

Certes, il serait beau et saint de vivre en patri-
arches, tous ensemble, depuis le plus petit enfant
jusqu'au plus vieil aïeul ; mais les choses humaines,
telles qu'elles sont, ne le permettent pas encore. Il
faudrait, pour que ce bonheur fût possible, une régénération morale, une Croyance unique qui atta-
chât toute l'humanité en un seul faisceau. Ce
temps viendra, mais il n'est pas venu, et, si nous
voulons être sages, cherchons le mieux possible
dans le présent tel qu'il est. Il n'y a donc pas une
minute d'hésitation dans la question qui nous occupe.

Maintenant, venons aux personnalités. La commère Suzanne est dans un bon pays, chez de bons
maîtres. Matériellement, elle ne saurait être
mieux, et elle pourrait être plus mal. Il est donc
sage qu'elle reste· Sans compter qu'elle n'est pas
d'âge à faire des traversées, à être traînée de ville
en ville, à changer d'habitudes et de tout, selon le
caprice du premier venu. La vieillesse a besoin,
avant tout, de repos. Pour vous deux, Casimir et
Rose, il vous vaudrait mieux rester aussi ; mais
vous n'avez pas le choix ; si vous choisissez le parti de l'obéissance, il faut donc que vous soyez vendus ensemble, pour subir ensemble les chances des
événements, bons ou mauvais, pour vous consoler
mutuellement, par votre mutuel amour, dans tous
les maux que vous pourrez avoir à subir. Voyez
donc : en supposant que la mère partît avec sa
fille, qui les protégerait, et quelle source de chagrin ne vous créeriez-vous pas tous les trois ? Casimir souffrirait en pensant à tout ce qui peut arriver à de pauvres femmes esclaves, dans un pays où
l'esclavage est plus rude que partout ailleurs; la
jeune femme souffrirait d'avoir perdu celui qui l'aime, celui à qui elle s'est donnée. La vieille mère,
outre les peines d'une situation nouvelle, souffrirait
de voir souffrir sa fille. Cela ferait certainement
trois malheurs sans espoir et sans compensation.
Que Suzanne reste et que vous partiez, qu'y a-t-il
de plus qu'un événement qui arrive chaque jour
à tous, blancs et riches, ou esclaves et pauvres ?
sans compter ce que des événements majeurs peuvent apporter de changement, tel que la liberté
proclamée ici ou là-bas ! Il n'y a d'espoir et surtout
de consolation que dans la ligne droite, et la ligne
droite, mes enfants, veut que la femme ne quitte
pas son mari, et que le mari ne quitte pas sa femme, à moins qu'ils ne puissent absolument pas vivre ensemble. La loi de Dieu, la loi humaine, le

bon sens et l'intérêt, tout est d'accord sur cette
question, parce que c'est la sagesse et la vérité.

Ainsi, vous avez à choisir entre ces deux partis :
sauvez-vous tous les trois, en ruinant vos maîtres,
pour aller vivre d'une vie dure, ou soyez vendus
ensemble, le mari et la femme, pour subir ensemble les chances d'un avenir incertain.

Le vieux noir se tut, et l'on n'entendit que les
ronflements du gros chien qui, lui, pouvait vivre et
mourir dans sa cabane.

VI

LE CAMP MARRON DE LA SOUFRIERE.

Quelques jours se sont écoulés depuis l'importante consultation donnée par Salomon aux jeunes
époux et à leur vieille mère. Pendant ces quelques
jours, Casimir a été pensif et silencieux. Evidemment, son cerveau était dans l'enfantement d'un
projet sérieux. Rose elle-même, malgré les irrésistibles séductions de ses gentilles chatteries, ne
parvenait que rarement à tirer quelques mots de
son mari. Toutefois, comme elle voyait que Casimir était à la recherche mentale d'un fil sauveur,
pour sortir du labyrinthe de leur triste situation,
elle attendait assez patiemment le résultat de ses
efforts.

Un soir enfin, l'explication tant désirée fut donnée au complet à l'impatiente jeune femme.

— Ma Rose, dit Casimir, depuis quelques jours
je cherche une issue à l'impasse que nous fait le
sort, et voici ce que j'ai résolu: ce soir je vais aller
chez Salomon, lui demander son aide pour m'introduire tout d'un coup au cœur même du camp
marron des grands bois de la Soufrière. Mon intention n'est que d'y rester quelques jours, afin de juger
des chances que présente cette existence, et d'être
prêts, s'il y avait lieu, à nous y rendre définitivement tous les trois. Ainsi, ma chérie, ce sera une
courte absence qui pourra, tout au plus, m'attirer
un châtiment. Qui ne risque rien ne peut arriver
a rien.

La jeune femme se jeta dans les bras de son
mari.

— Va, dit-elle, j'accepte ton dévouement, parce
que, le cas échéant, je me dévouerais pour toi et
pour ma bonne vieille mère. Reste là-bas le temps
qu'il faudra, et reviens vite, quand le moment du
retour sera venu. Je serai courageuse, va ! Je ne
pleurerai pas trop, et je monterai à la hauteur de
la situation.

Et, tout en se faisant vaillante, la pauvre Rose
avait les yeux humides.

— Que dira notre maître, en ne te voyant plus,
ajouta-t-elle, et que lui dirai-je, quand il me demandera où tu es ?

— Dis-lui que je t'ai quittée pour quelques jours,
et que tu n'en sais pas davantage ; que je lui demande pardon de cette absence, et qu'il ne craigne

pas que je veuille lui faire perdre le prix de ma tête, car, après tout, c'est un bon maître, et ce n'est pas lui qui a institué l'esclavage.

— Mais, si après ton voyage d'essai, tu prenais la résolution de partir définitivement avec nous, est-ce qu'il ne perdrait pas la valeur de trois têtes?

— Alors comme alors! s'écria Casimir; l'avenir est long, et Dieu est grand! Notre union avant tout, chère bien-aimée! Quand je serai absent, va quelquefois à l'ajoupa du vieux sage de Jolimont; il te consolera et te soutiendra. Moi, j'aurai pour mobile et pour appui, l'idée que je travaille à votre salut. Si je reste absent plus de huit jours, ne prends pas d'inquiétude. Dans tous les cas, mon absence ne durera pas plus de deux semaines.

— Et quand pars-tu? demanda Rose.

— Demain soir. Je verrai Salomon aujourd'hui, et demain, vers minuit, je me mettrai en route.

— Alors, dit Rose....

Et elle continua la phrase à l'oreille de Casimir. Celui-ci la regarda tendrement, et la serra avec amour sur sa poitrine.

— Oh! s'écria-t-il.... aimer, être aimé.... et libre!

....

Le lendemain, vers minuit, une petite lumière éclairait la chambre des jeunes esclaves. Casimir venait de s'arracher des bras de Rose, et se préparait à prendre la route de la Basse-Terre. Les pieds chaussés de forts souliers ferrés, la main gauche portant un vase de fer blanc, dans lequel étaient quelques provisions, et la droite armée d'un gourdin cannelier, il donnait le baiser d'adieu à sa chère compagne légèrement vêtue de nuit, en faisant tous ses efforts pour retenir quelques larmes.

Rose avait autant de courage et de décision, mais elle était moins forte, et elle pleura, malgré elle....

— Va! dit-elle enfin en essuyant ses beaux yeux, va, mon Casimir, et que Dieu jette un bon regard sur la pauvre et bonne créature qui cherche à sauver l'union qu'il commande à ses enfants!

— Et qu'il étende sa main puissante vers les malheureux qui crient à lui pour leur Liberté!

La nuit était noire, le temps sec et frais; quelques étoiles seulement sillonnaient la voûte céleste. Le criquet jetait à intervalles égaux sa note stridente, et les mouches à feu promenaient leur lumière dans les halliers de la route.

Casimir marchait à grands pas, comme pour se hâter de mettre la distance entre le cher nid qu'il venait de quitter et les émotions de son pauvre cœur. Il suivait cette longue et belle route des Abymes, dont nous avons parlé à nos lecteurs, dans un chapitre précédent. Il venait de dépasser le grand palmiste si connu, situé à environ un kilomètre de la ville, quand il entendit, derrière lui, les pas retentissants de plusieurs chevaux. Il pensa que ce pouvait bien être une ronde d'habitants, et, obliquant brusquement à gauche, il se cacha dans une touffe épaisse de jeunes goyaviers et de pois du Brésil, entremêlés d'autres arbustes riches en feuilles. Par bonheur, le fourré était épais, car la lune, voilée jusque-là, prenait peu à peu sa revanche, et commençait à reprendre sa blanche et mélancolique clarté.

Au bout de quelques instants les cavaliers dépassaient l'endroit où se trouvait blotti Casimir; c'était une escouade de gendarmes, et, bonheur providentiel! quelques lambeaux de phrases, échangés entre eux, donnèrent au fugitif un avertissement salutaire pour ses frères du camp et pour lui-même.

— L'ordre sera expédié demain, disait un des gendarmes à ses compagnons, et la poursuite se fera autour du grand camp, dans quatre jours.

— C'est bien rude et bien fatigant pour les pauvres gendarmes de la Basse-Terre! dit un autre. Combien a-t-on pris de marrons la dernière fois? ajouta-t-il....

— Dix, répondit le premier interlocuteur. Ils étaient dans un état....

Le reste de la phrase ne fut pas entendu par Casimir, et les gendarmes continuèrent leur route au trot accéléré.

— J'aurai donc une belle et bonne réception, se dit le fugitif; d'un côté, cette petite étoile d'argent que m'a donnée Salomon, pour le Grand-Soleil, chef du camp de la Soufrière; de l'autre, l'avertissement de la tournée extraordinaire de la gendarmerie de la Basse-Terre. Mon voyage commence sous d'heureux auspices.

A ce moment, la lune tout-à-fait dégagée, répandait une clarté magnifique. A cette cause externe se joignait cette mélancolie de la pensée, au début d'une séparation, pour jeter l'esprit du fugitif dans une exaltation qu'on pourrait appeler religieuse. Casimir sentait pénétrer, dans tout son être moral, comme le fluide d'un attendrissement placé sur la limite exacte de la joie et de la peine. Il se sentait si bien aimé; une si juvénile ardeur transportait tout son être; l'espoir de la joie immense du retour, joint à la satisfaction de sortir, par quelque issue que ce fût, de la position fausse où devaient le placer les événements, tout se réunissait pour décupler les sources vives de sa double nature. Il sentit, dans son cœur, comme un élan irrésistible vers Dieu.

— O Tout-Puissant! s'écria-t-il, fais-nous libres, et la moitié de notre vie chantera ton Amour et ta Gloire!—L'esclavage nous abrutit; la Liberté nous régénérera, et notre race sera un grand cœur qui battra pour Toi d'une reconnaissance éternelle!

— Courage! frères.... continua-t-il, comme s'il s'adressait aux parias de la civilisation, courage!.. une heure doit sonner qui nous refera hommes, après tant d'années qui nous ont vus brutes! — Il contempla le ciel, le regard chargé d'un incommensurable amour, et ses yeux s'amollirent sous de chaudes et bonnes larmes. — Mon Dieu, mon Dieu! ma Rose et la liberté! s'écria-t-il.... Et, après cette dernière invocation, son regard redescendit vers la terre....

.*.

Casimir avait fait environ de six à sept lieues, entre minuit et le lever du soleil. Splendide apparut l'astre chaud, vie du monde, quand l'horizon attentif vit le globe rayonnant monter avec majesté sur son trône éternel!

Casimir se sentit renaître à la vue du jour qui épanouissait toute la nature autour de lui ; il ne songea certes guère qu'il était esclave, que tout *lui* appartenait à un autre homme ayant la peau d'une couleur plus claire; il ne songea pas non plus qu'on avait, à une heure dite, le droit de le faire monter sur une table d'encan, pour le vendre et le livrer au plus offrant et dernier enchérisseur; qu'un homme pouvait, d'un geste, lui faire lacérer le corps nu à coups de fouet, ou l'envoyer aux fers, à sa discrétion. Il oublia qu'il était une chose, et rêva qu'il était un homme. Un petit incident le tira de son illusion, et le rappela à la réalité. Arrivé près du village appelé Gosier, le brigadier de la gendarmerie du lieu, qui se promenait matinalement sur la route, en fumant sa pipe, l'arrêta, lui frappa amicalement sur l'épaule, et lui adressa les questions d'usage.

— Où vas-tu? mon garçon.

— A la Basse-Terre, monsieur.

— Ah! et tu as ton permis?

— Oui monsieur ; le voici.

Le brigadier prit le papier que lui présenta le mulâtre, et le lut.

— C'est bien, dit-il en le lui rendant, tu peux continuer ta route, mon garçon, et bon voyage!

— Merci, monsieur, répondit Casimir.

Et, après s'être incliné devant l'agent de la force publique, il continua son chemin.

On se souvient que, la nuit qui vient de s'écouler, Casimir, craignant d'être arrêté, s'était caché dans un fourré, près de la route. Pourquoi craignait-il, puisqu'il était porteur du permis? C'est que ce permis était faux, et que les habitants sont bien plus difficiles à tromper, sous ce rapport, que les gendarmes. Ceux-ci se contentent forcément d'une signature au bas des deux ou trois lignes consacrées ; ceux-là, se connaissant tous entre eux, flairent aisément la fraude, et gare au coupable! Il va sans dire que Casimir, qui savait à peu près écrire, s'était donné à lui-même le permis indispensable. Il savait aussi que les rondes d'habitants sont beaucoup plus rares que celles des gendarmes.

Casimir arriva à la Capesterre vers midi, après s'être arrêté, pendant environ une heure, dans une petite habitation que lui avait indiquée Salomon Là, il avait pris nourriture et repos ; puis, il s'était remis en route, laissant son fer-blanc vide, en cadeau, à un pauvre vieux qui grelottait, en plein soleil, sur le seuil de sa case......

Il arriva, de nuit, dans les grands bois, se fit un lit de feuilles sèches, et se coucha pour attendre le jour, afin de vaincre les difficultés des abords du camp.

Dès qu'il fit jour, Casimir s'orienta — assez facilement, grâce aux indications précises de Salomon — et commença, tantôt à gravir un morne, tantôt à descendre une falaise, quelquefois à contourner une énorme roche barrant un sentier presque imperceptible, frayé incessamment par les noirs sortant du camp ou y revenant. Quelques boyaux souterrains, connus seulement des nègres marrons, lui abrégèrent et lui raccourcirent le chemin, tant étaient sûres et exactement décrites les indications du vieil aveugle de Jolimont. Après quelques heures de difficultés péniblement vaincues, notre fugitif trouva enfin un sentier assez bien indiqué et peu accidenté, et allongea le pas en homme qui a hâte de finir son étape. Deux heures plus tard, il arrivait aux avant-postes du camp. Au détour d'un dernier sentier, où les rayons du soleil ne pouvaient pénétrer, tant les arbres y étaient feuillus, Casimir se trouva face à face avec un noir athlétique, nu jusqu'à la ceinture, et armé d'un long coutelas.

— Que veux-tu? lui demanda cette nouvelle espèce de sentinelle.

— Voir le Grand-Soleil, répondit Casimir.

— Rien que ça! dit l'Hercule.

— Ni plus ni moins.

— Sais-tu le premier mot de passe?

— Oui. *Laisse venir le temps.*

A ces mots, le colosse noir piqua en terre son coutelas, tendit une large main à Casimir, lui répondit: *Ils viendront,* et s'effaça pour le laisser passer.

— Tu dois en savoir plus long pour aller plus loin, lui dit-il encore, après quelques secondes.

— Je sais tout, répondit Casimir, et.... j'ai l'Etoile d'argent.

— L'Etoile d'argent! fit le noir avec considération et respect; alors tu verras le Grand-Soleil! Sois donc le bien-venu, frère. — Nous apportes-tu des nouvelles?

— Non, mais j'apporte un avertissement qui peut avoir son utilité.

— Lequel?

— La gendarmerie de la Basse-Terre doit faire une battue extraordinaire, dans trois jours.

— Comment sais-tu cela! frère....

Casimir raconta alors la rencontre qu'il avait faite, la nuit de l'avant-veille, et les paroles qu'il avait entendues.

Le grand noir frappa ses deux mains l'une contre l'autre, en signe de grande joie, et dit à Casimir :

— Pars vite alors ; une bonne nouvelle ne vient jamais trop tôt ; va, va, tu sauves peut-être dix hommes !

Casimir ne se fit pas répéter davantage la recommandation, et se remit en route. Il eut encore deux mots d'ordre à donner, et comme il les savait parfaitement, il passa sans difficultés, et, une heure plus tard, il était en présence du Grand-Soleil.

VII.

LE GRAND-SOLEIL.

Comme nous l'avons dit plus haut, le Grand-Soleil était le nom, ou le surnom, du chef du camp de la Soufrière. C'était un mulâtre de trente ans environ, beau comme un Antinoüs, fort comme un Alcide, et d'une élégance de formes qui ne dénotait qu'aux connaisseurs une vigueur et une adresse merveilleuses. Outre ces avantages physiques, qui lui avaient d'abord valu le commandement suprême des esclaves fugitifs retirés près du volcan de la colonie, le Grand-Soleil était doué de toutes les qualités qui font les chefs d'hommes déterminés. Toujours froid en apparence, et maître de lui, nul ne l'avait jamais vu en colère, et pourtant il avait accompli plusieurs actes d'une justice qui paraîtrait barbare dans les circonstances de la vie ordinaire.

Après avoir écouté Casimir, et avoir embrassé l'Etoile d'argent dont celui-ci était porteur, le Grand-Soleil avait étendu sa main droite sur la tête du nouveau venu, en lui disant ces mots :

— Sois des nôtres !

Alors Casimir répéta au chef ce qu'il avait dit à la première sentinelle. Quand il eut fini, le Grand-Soleil sortit de la case où il avait reçu le protégé de Salomon, et, prenant à sa ceinture un gros coquillage de *lambi*, il en tira trois notes retentissantes qui allèrent réveiller au loin les échos des grands bois. De distance en distance, et de seconde en seconde, un cri semblable vint frapper l'air, et Casimir étonné, vit arriver, par toutes les issues des bois, une foule d'hommes de toutes les couleurs, à peine couverts d'un pagne qui cachait un peu leur nudité. Quand un cercle nombreux se fut formé autour du chef, mais à une distance respectueuse, celui-ci prit la parole :

— Enfants, dit-il d'une voix claire et nette comme celle d'un instrument de cuivre, que nul ne sorte du camp, jeudi prochain, et que ceux qui m'entendent répètent mes paroles à ceux qui ne peuvent m'entendre pour cause d'absence !

Puis, sans attendre une seconde de plus, il rentra dans sa case, en faisant signe à Casimir de le suivre. Celui-ci s'empressa d'obéir, et, quand ils furent entrés, le Grand-Soleil fit signe à son nouveau sujet et frère de s'asseoir ; après quoi, regardant Casimir bien en face, il lui dit d'une façon gracieuse et enjouée :

— Maintenant que les affaires sont faites, nous pouvons causer. Racontez-moi donc ce qui vous a décidé à venir parmi nous, et donnez-moi des nouvelles du digne Salomon.

Alors, Casimir raconta au chef du camp tout ce que sait déjà le lecteur. Il lui dit comment et combien il chérissait sa femme, et vénérait sa belle-mère ; le mal que toutes deux ressentiraient d'une séparation, et surtout l'impossibilité de retirer la femme du mari ou le mari de la femme, sans tuer l'un ou l'autre, ou même tous les deux, ou tout au moins, sans empoisonner à jamais ces deux existences. Il lui rapporta les paroles du vieux Salomon, et termina en lui disant qu'il était venu pour étudier la vie du camp marron de la Soufrière, avant de se décider, ou à se laisser vendre avec sa femme pour être conduits tous deux aux Etats-Unis, ou bien à fuir tous les trois, et à venir vivre de la vie libre des fugitifs dont le Grand-Soleil était le chef.

— Car, ajouta-t-il, j'aimerais mieux tout au monde, tout, tout, que de perdre Rose. Il n'est pas de crime que je ne fusse prêt à commettre, pas de souffrance que je ne voulusse endurer, plutôt que d'être seulement séparé d'elle. Salomon m'a donné ses conseils sur une partie de la question ; voudriez-vous, Grand-Soleil, me donner les vôtres sur l'autre partie de la même question ?

— Posez votre question, mon enfant ; posez-la claire et courte, et je ferai de mon mieux pour votre bien. Je n'ai pas la sagesse de Salomon, mais je puis donner un bon avis.

— Voici : Qu'y a-t-il de mieux pour la tranquillité de mon amour : nous laisser vendre, Rose et moi, pour aller aux Etats-Unis, ou venir ici, Rose Suzanne et moi ?

— Mon enfant, la question ne peut pas être résolue avant que vous ayez étudié au moins pendant quelques jours, notre existence libre, mais vagabonde, facile, mais hasardeuse. Selon les caractères, nous vivons, ou heureux ou misérables, les plus libres du monde ou les plus esclaves, les plus tranquilles ou les plus tourmentés, et, comme je ne connais pas votre caractère, je ne puis savoir dans quelle catégorie vous ranger. Restez ici huit jours au moins, quinze s'il est nécessaire, et ensuite nous causerons.

— Et qu'aurai-je à faire pendant ce temps, pour obéir aux règles de votre société ?

— Rien qu'à accourir à mon appel quand vous l'entendrez, et à vous conformer à l'ordre général que je donne publiquement. Chacun ici boit et mange ce qu'il veut ou ce qu'il peut, et quand cela lui plaît ; travaille ou ne travaille pas, selon sa volonté ; va à la chasse ou à la maraude, n'exposant que lui-même. Il n'y a que deux choses à respecter : la femme et le jardin de son voisin, c'est-à-dire l'aliment de son cœur et celui de son estomac. Je ne commande à personne en particulier, mais je commande à tous ensemble. De cette façon il n'y a pas de priviléges, et par conséquent pas de haines, de jalousies ou de vengeances. Voilà à peu près notre Constitution.

— Et celui qui enfreindrait l'ordre que vous auriez donné ?

— Celui-là, mon enfant, aurait le choix entre l'expulsion, à jamais, de tout camp marron de la colonie, ou la mort immédiate.

— Et le cas s'est-il présenté quelquefois ?

— Une seule fois depuis trois ans que je commande.

— Et qu'a choisi le coupable ?

— Il a choisi la mort....

— Et....

— Et l'a reçue.

Il se fit un silence de quelques instants.

— Que faut-il faire pour acquérir un jardin où l'on plante ce dont on a besoin ou ce qu'on aime ? demanda Casimir, ranimant ainsi la conversation tombée.

— Le prendre où il est vacant, et le travailler, en observant toutefois la règle des étendues.

— Je ne comprends pas bien, dit Casimir.

— La propriété est sacrée, mais limitée, afin qu'il y en ait pour tous. Ainsi, un homme seul peut prendre et travailler tant de terre, et par conséquent jouir en paix des fruits qu'il en tire ; un homme avec sa femme peuvent prendre le double ; chaque enfant augmente d'une certaine quantité la mesure, et toujours ainsi. Il y a une règle première établie à ce sujet ; chacun la connaît, et l'observe forcément, car celui qui tenterait de la violer, faisant tort à tout le monde, aurait tout le monde contre lui. Nous ne sommes pas des savants, mais nous faisons de notre mieux.

— Peut-on acheter et vendre ?

— Personne n'a le droit de vendre ce qui est à Dieu, et, où il n'y a pas de vendeur il n'y a pas d'acheteur. On peut seulement faire des échanges, pour aider à l'agrandissement de qui acquiert le droit de s'agrandir, en voyant augmenter sa famille, toujours en obéissant à la règle.

— Et quand le chef de la famille part ou meurt, sa femme et ses enfants n'héritent-ils pas de lui ?

— Certainement si, mais toujours avec l'observance des quantités.

— Et quand il arrive des différends, comment les juge-t-on, et qui les juge ?

— Voici comment s'exerce l'autorité, et, par conséquent la justice : à tour de rôle un certain nombre d'hommes sont désignés pour faire les rondes, pour rendre les rapports et porter les plaintes. Je juge publiquement entre les parties, mais la partie condamnée peut en appeler à un conseil toujours choisi parmi les plus âgés. Si le conseil confirme mon jugement, il a force de loi ; s'il l'infirme, c'est moi qui ai mal jugé, et tout est dit. Une heure après on n'y pense plus.

— Il y a donc ici des vieillards ?

— Beaucoup. Il y a des familles établies au camp depuis plus de deux cents ans, se perpétuant de pères en fils, et n'ayant pas mené d'autre existence que celle que nous menons. Comme dans toute société, il y a ici du bien et du mal, mais le bien l'emporte infiniment, attendu que beaucoup de causes de mal n'existent pas. La propriété limitée, inviolable et inaliénable, ferme la porte à bien des malheurs, et enfante une bonne fraternité, qu'on n'est pas obligé de prêcher et d'imposer. Les sentiments ne s'imposent pas : on leur ouvre une source, et ils coulent tout seuls.

— Les troupes du gouvernement ne sont-elles jamais venues jusqu'ici ?

— Jamais jusqu'à la première enceinte, c'est-à-dire jusqu'au cœur du camp. Il y a trop d'obstacles naturels à vaincre, et trop de dangers à courir pour elles. On ne fait main-basse que sur les maladroits qui se laissent prendre en allant marauder, la nuit, sur les habitations. Je n'aime pas la maraude, mais je ne saurais l'empêcher, ni moi, ni d'autres, parce qu'il est une opinion invincible chez tous nos pauvres frères, à savoir : que le blanc n'appartient pas moins au noir que le noir n'appartient au blanc, et que, puisqu'on nous vole non-seulement nos sueurs, mais encore tout notre être, nous pouvons bien, en minimes représailles, enlever à ceux qui se disent nos maîtres, ce qu'ils n'ont acquis, en fin de compte, que par nous. C'est de l'équité sauvage peut-être, mais c'est de l'équité. En somme, nous sommes parqués comme un troupeau, mais nous ne servons personne.

Casimir baissa la tête et réfléchit longuement. Le Grand Soleil le laissa plongé dans ses réflexions. Au bout de quelques instants, Casimir se redressa et regarda le Grand-Soleil. Celui-ci le conduisit dans la seconde chambre de sa case, et, lui montrant une épaisse natte de joncs sauvages, il lui dit :

— Voilà votre couche, mon enfant ; dormez-y tranquille quand le sommeil vous appellera, et restez parmi nous aussi longtemps que vous le jugerez convenable. Quand vous serez décidé à partir, nous causerons encore, et je répondrai à votre question.

Et, sur ces mots, il s'éloigna pour faire une ronde dans la première enceinte, dont sa case formait le centre.

VIII.

LES RÉCITS DE LA VEILLÉE.

Il avait été d'autant plus heureux, pour les esclaves marrons du Camp de la Soufrière, que Casimir eût entendu l'avertissement involontaire du gendarme, sur la route des Abymes, que, précisément, une maraude générale avait été résolue pour le jeudi suivant. Donc ce jeudi-là, vers dix heures du soir, comme nul n'était sorti du camp, il y eut veillée et narrations.

Les noirs sont généralement peu portés au sommeil, et un de leurs grands bonheurs est d'entendre des récits. Chose étonnante ! il n'est pas rare, sur les habitations, qu'après une rude journée de travail, au lieu de se livrer le plus vite possible au repos, ils s'assemblent pour entendre les contes ou les histoires de leurs camarades doués du don d'une parole facile. L'horrible et le merveilleux sont surtout de leur goût.

Une remarque à faire, et qui n'est peut-être pas sans une certaine importance, c'est que les hommes voués à un labeur pénible, ou astreints à une règle sévère, partagent, avec les pauvres travailleurs noirs, le goût des récits. Les soldats, les matelots et les prisonniers en sont une preuve. Chez les uns, c'est comme une agréable parenthèse tirée au milieu des ennuis de la prison ou de la caserne ; chez les autres, c'est peut-être une pâture donnée à l'esprit, pour balancer un peu l'excessif labeur du corps. Toujours est-il que les quatre catégories d'hommes, que nous avons citées, aiment par-dessus tout les veillées où l'on raconte.

Le soir donc, ou plutôt la nuit dont nous parlons, une quarantaine de noirs, mulâtres, quarterons, et autres nuances de la même race, plus ou moins mélangée, étaient accroupis en rond, sur une grande place dénudée, entourée d'arbres. Quelques torches de bois résineux jetaient de vagues et tremblantes clartés sur ces physionomies bizarres, plus intelligentes que ne veulent l'avouer les partisans intéressés de l'esclavage.

La parole était à un noir d'environ cinquante ans. Il portait sur sa large figure cette bienveillance écrite, pour ainsi dire, en toutes lettres. Son air de bonté naïve et simple prévenait en sa faveur, et on se demandait, rien qu'en le voyant, comment un être si patient avait pu être poussé à fuir de chez son maître, pour se réfugier dans la liberté sauvage du camp marron.

— Moi, mes amis, dit-il, je ne sais pas de belles histoires, comme Julien, comme Vigilant et comme Jupiter, mais je vais vous conter comment j'ai été forcé de venir ici.

Depuis quelques années, mon maître, monsieur V*** s'acharnait après moi, je ne savais vraiment pourquoi. Il me faisait battre à tout propos, en inventant mille prétextes, et quand je me défendais poliment des accusations incroyables dont il me chargeait, il m'appelait insolent et doublait ma correction. J'avais pris le parti de ne plus ouvrir la bouche pour me défendre quand il lui plaisait de m'accuser.

Un dimanche que, par extraordinaire, j'avais quelques heures de liberté, j'étais au bourg, près de Salomon qui y était venu passer quelques jours, et je lui contais mes souffrances ; le vieux m'écouta sans m'interrompre, puis il me dit : — Faut-il, Jean, que tu sois simple, pour n'avoir pas trouvé la cause de la haine de ton maître ! — Vous avez deviné cette cause ? père Salomon, lui dis-je.— Parbleu ! me répondit-il. Écoute : te souviens-tu qu'il y a cinq ans, monsieur V*** te fit appeler, et t'ordonna d'user de ton influence sur ta fille Louisa, pour la décider à se donner à lui ? N'ajouta-t-il pas que, si tu y réussissais, il te récompenserait, en te retirant du travail des cannes, et en te laissant dans ta case, à ne rien faire ?....hein ! — Oui père Salomon, à présent je me souviens de tout cela ; eh bien après ?....— Après ! Qu'as-tu répondu à monsieur V*** ?— J'ai répondu que je verrais à lui obéir, parce que j'avais peur de sa colère si je lui disais ma pensée. — Très bien ; et qu'as-tu fait ! — J'ai engagé Louisa à prendre Léon, puisque nous n'avons pas le droit de nous marier, qu'elle l'aimait, et qu'il est un bon sujet qui s'achètera un jour par ses économies. — Et tu as bien fait, Jean ; mais ton maître n'a pas eu Louisa ! Dans sa pensée, tu l'as trompé, et il se venge !....
— C'est vrai ; mais alors, il n'y a pas de raison pour que cette persécution finisse.

— Non, il n'y en a pas, murmura le vieux d'une voix sourde.

Alors, mes amis, continua Jean, j'arrêtai mon plan. Je résolus qu'à la première injustice suivie d'un châtiment trop fort, je fuirais pour toujours et viendrais demander asile à mes frères marrons. La chose ne se fit pas attendre. Un jour monsieur V.... m'envoya au bourg de Saint-François, chercher une provision de pain, en me donnant un *bon* à cet effet. En même temps, il me chargea de trois ou quatre autres commissions, probablement pour m'embrouiller et avoir sujet de me battre. Cela fit que j'oubliai le *bon* de pain sur la table de mon maître. Je n'aperçus mon oubli qu'en arrivant au bourg. Je réfléchis alors sur le parti que j'avais à prendre. La belle-mère de mon maître, qui était une bonne créature, demeurait à Saint-François. J'allai la trouver, et lui dis ce qui m'arrivait. Elle me fit un autre *bon*, à son nom, pour m'éviter un châtiment certain, et me donna, de plus, un billet pour prier son gendre de ne pas me punir de mon oubli. J'eus donc le pain demandé, et fis toutes mes commissions avec succès. Bien tranquille alors, je remontai à l'habitation. Mon maître m'attendait sur le pas de la porte, en jouant au bilboquet. Dès qu'il me vit, il m'apostropha rudement:

—Où est le pain ? me demanda-t-il. — Le voilà, monsieur, lui dis-je en déposant à terre le sac que j'avais sur le dos. — Et comment as-tu fait pour l'avoir ? — J'avais oublié le *bon* sur la table, dis-je, mais j'en ai demandé un autre à la mère de monsieur. — Ah ! — Et elle m'a remis ce billet, en même temps. " Monsieur V….prit le billet que je lui présentais, et le lut en fronçant les sourcils. Je vis bien que sa colère montait. Tout-à-coup, il déchira le billet, et : "Mauvais gredin ! me dit-il, tu me feras donc damner ! Là-dessus, transporté de fureur, il me lança à la tête le lourd bilboquet qu'il tenait à la main. La boule de buis m'atteignit au front, je chancelai, et bientôt le sang m'aveugla.— Charogne ! hurla t-il, tu vas me le payer, va ! Là-dessus, il appela le commandeur et lui ordonna de me donner vingt coups de fouet, aux quatre-piquets. Deux minutes après, quatre piquets étaient enfoncés dans le sol, comme cela se pratique pour ce châtiment ; chacune de mes mains et chacun de mes pieds était attaché à chacun des piquets, et, entièrement nu que j'étais, le fouet du commandeur me laboura la chair vingt fois de suite, creusant, à chaque coup, un rouge sillon, ou arrachant un lambeau de mon pauvre corps. Quand le vingtième coup eut retenti et que le commandeur eut essuyé la mèche rougie de son fouet, "Maintenant, s'écria mon maître, je vais te guérir tes *bobos*, maudit !" Et il versa, sur mes coupures, de l'eau salée et citronnée.…supplice atroce qui me fit, malgré moi, pousser des hurlements de douleur.

—Bourreau ! s'écria une voix dans l'assemblée….

Ce n'est pas tout, continua Jean ; il me fit mettre au cachot pendant huit jours, et tous les deux jours, je recevais vingt coups de rigoise sur le dos nu. Voilà, termina-t-il, la punition de l'oubli d'un *bon* de pain.

₊

La parole passa à un autre. C'était une jeune et jolie négresse, d'environ vingt-quatre ans. Elle s'appuyait sur un des héros des veillées, sur Jupiter, son mari, un des meilleurs conteurs de la bande. Elle s'appelait Nancy. Sa peau noire était d'une grande finesse et d'un velours doux au regard et au toucher. Des dents magnifiques, symétriquement plantées comme une double rangée de sabords blancs sur le fond noir d'un deux-ponts de guerre, et des yeux pleins d'expression et de langueur, donnaient à sa physionomie mobile et éveillée, un cachet tout particulier de grâce mutine et excitante. On n'eût jamais pensé, à la voir si jolie encore et si tranquille, qu'elle avait subi les traitements dont elle va faire le récit.

— "J'étais, dit-elle, à la Pointe à Pitre avec ma maîtresse, jeune veuve qui semblait avoir, comme nous disons entre nous, des *tours de lune*. Ça la prenait par accès, trois ou quatre fois par semaine. Alors, c'était des coups continuels, à propos de rien. Elle semblait éprouver une sorte de bien-aise et de plaisir intérieur aux corrections qu'elle nous infligeait elle-même, à Angèle et à moi, ses deux seules esclaves. Quand elle voulait nous *corriger*, comme elle disait, elle nous déshabillait, tout-à-fait, tranquillement, lentement, sans se fâcher, sans crier, nous faisait prendre la posture qui lui convenait le mieux ce jour-là, et, armée d'un martinet à six branches de cuir, elle nous cinglait tout le corps, depuis les épaules jusqu'aux pieds, sans distinction de places. Quand elle était lasse, elle s'arrêtait, et elle nous parlait avec douceur, comme si rien ne s'était passé.…et elle paraissait heureuse, comme si son accès bizarre était fini. Plusieurs fois, je me trouvai mal sous ses coups, car défense expresse nous était faite de crier. Il fallait se taire, ou au moins se plaindre sourdement, sans qu'aucun voisin pût entendre ce qui se passait.

Nous étions chargées, Angèle et moi, de vendre, pour notre maîtresse, des friandises qu'elle confectionnait elle-même, et la somme que nous devions rapporter était irrévocablement fixée, et, que nous eussions vendu ou non, elle n'entendait à rien et nous battait impitoyablement, s'il manquait un sou à sa taxe. Angèle n'était pas embarrassée sous ce rapport ; elle était belle, et trouvait toujours au-delà de ce qu'il lui fallait. Moi qui déjà aimais Jupiter, je ne rapportais que selon que j'avais vendu ; aussi, mon pauvre corps était-il sans cesse chargé de coups. "

A ces dernières paroles de Nancy, on eût pu voir les yeux ardents de Jupiter lancer une double flamme pleine de menaces cruelles, et sa main crispée labourer sa poitrine.

"Vous ne comprendrez pas cela, mes amis, reprit Nancy, mais ce que notre maîtresse nous défendait par-dessus tout, c'était de devenir *grosses*. Pourtant, nos enfants sont un accroissement de richesse pour nos maîtres. Enfin c'est ainsi. — Si jamais, nous disait-elle, il vous arrive d'être enceintes, vous pouvez compter que votre enfant ne vivra pas, et que vous-mêmes serez rudement traitées. Je vous ferai mettre à la chaîne, et battre régulièrement par des mains plus rudes que les miennes !

" Je voyais mon mari en cachette, quand je pouvais m'échapper, la nuit, pendant le sommeil de notre maîtresse. Le pauvre homme me donnait tout ce qu'il pouvait gagner en dehors du travail de son maître, quand ma vente n'avait pas bien été : il gardait pour la même somme de gâteaux et de sucreries, et nous les mangions ensemble : c'était autant de pris, comme nourriture et comme douceurs. Mais Jupiter n'avait pas souvent d'argent, et alors, moi, je recevais des coups. Un jour, je m'aperçus que j'avais enfreint l'étrange recommandation de notre maîtresse. Je me gardai bien, pendant quelque temps, de lui avouer mon *crime* ;

mais, comme elle continua à me flageller presque régulièrement, je finis par craindre pour l'enfant que je portais, et, au risque de tout, malgré ce dont elle nous avait menacées, je lui annonçai mon état. Elle pâlit à cette nouvelle, parut faire sur elle-même un grand effort, et me répondit d'un air en apparence assez tranquille : Alors, puisque tu me perdras du temps pour tes couches, misérable, que tu es ! il faut que tu rattrapes cela avant qu'elles aient lieu. Tu me rapporteras donc, chaque soir, un quart en plus que la somme accoutumée, jusqu'au jour où tu mettras au monde ton maudit enfant." Là-dessus, elle agita la tête, en signe de menace, et me tourna le dos. — Moi aussi, me dit Angèle, quand notre maitresse fut entrée dans sa chambre à coucher, moi aussi je suis enceinte, mais si elle commence à exécuter sa menace, et que je craigne pour mon enfant, elle ne tourmentera plus personne !" Angèle était une grande quarteronne, forte comme un homme, résolue comme un soldat, supportant les coups en groudant sourdement, plutôt de rage que de douleur. Quand la colère et la vengeance fronçaient ses sourcils et dilataient les ailes mobiles de sen nez, elle me faisait peur. Je voyais le coutelas à sa main droite, ou le poison à sa main gauche. Vous verrez si elle a tenu parole.

" A mesure que mon terme approchait, ma maîtresse me battait davantage. La rage alors s'emparait d'elle, et elle me laissait souvent pâmée de souffrance. Je n'y pus tenir plus longtemps, et résolus de fuir, encore plus pour sauver mon enfant que moi même. Jusque-là j'avais caché à Jupiter une partie de la vérité ; je fus, à la fin, forcée de tout lui dire, voulant son aide pour m'enfuir, et désirant surtout l'emmener avec moi. Quand il apprit ces longues cruautés, il voulait aller assassiner ma maîtresse, et j'eus bien de la peine à l'en empêcher. J'avais peur pour lui, et non pour elle. Ma première tentative de fuite ne fut pas heureuse : je fus reprise à quelques lieues de la ville, et ramenée à la maison. Jupiter ne devait me rejoindre, si j'eusse réussi, qu'après quelques jours, parce qu'il est plus facile de fuir un à la fois que deux. Comment je fus reçue vous pouvez le deviner. Cette fois, ce fut un supplice en règle. Ma maîtresse commença, selon sa coutume, par me déshabiller ; puis, elle me mit un baillon, m'attacha à un des pieds de son lit, et m'en donna plus que je n'en pouvais porter, car elle me laissa sans connaissance. Les voisins n'avaient rien entendu ; c'est tout ce qu'elle voulait. Elle me laissa attachée toute la nuit, et, comme la colère l'empêchait de dormir, elle se relevait de temps en temps, et m'allongeait, chaque fois, une douzaine de coups de lanière ! Cela dura jusqu'au jour. J'étais courbaturée, moulue, anéantie.

Je me jurai à moi-même de fuir une seconde fois,

et de mourir si je ne réussissais pas. Augèle avait été témoin de tout. Elle rugissait intérieurement, car mon sort lui présageait le sien. Elle ne voulut pas l'attendre. Le soir, Augèle me dit : " Fuis cette nuit ; madame ne te fera pas poursuivre !" Et, en me disant ces mots, son regard brillait d'une manière étrange, et un sourire gros d'orage crispait sa bouche. " Je te dirai, ajouta-t-elle, quand il sera temps." Vers onze heures du soir, en effet, elle vint me trouver et me dit : "Tiens, voilà un permis pour aller à la Basse-Terre ; pars sans rien attendre ; madame n'enverra pas à ta poursuite : elle sera morte dans une heure." Et elle s'en alla sans ajouter un mot de plus. Je partis donc, après avoir prévenu Jupiter, qui vint me rejoindre quelques jours après, car, comme vous le voyez, nous réussîmes tous les deux à gagner les bois de la Soufrière. Quelques jours après notre arrivée ici, je mis au monde un enfant mort.

La veillée, commencée par les récits véridiques qu'on vient de lire, et auxquels nous n'avons rien ajouté qui en puisse altérer la vérité, se termina par des contes de fantaisie qui n'intéresseraient en rien nos lecteurs, et sortiraient d'ailleurs du cadre que nous nous sommes tracé. Nous terminerons ce chapitre en rapportant nous-même un fait dont nous avons été témoin, quand nous habitions la Guadeloupe, et, après avoir achevé l'épisode du séjour de Casimir au camp de la Soufrière, nous retournerons à nos personnages de la Pointe-à-Pitre, Rose, Suzanne, Salomon et quelques autres qui vont, à leur tour, entrer en scène.

Quelques années avant l'affranchissement, un riche propriétaire d'esclaves, dont les archives de la justice ont gardé le nom — à moins qu'elles n'aient été perdues au tremblement de terre de 1843 — un riche propriétaire, disons nous, cherchait en vain, depuis longtemps, à obtenir les *faveurs* d'une de ses servantes de maison, belle mulâtresse *placée* avec un de ses pareils qu'elle aimait. Ni prières, ni menaces, ni offres ne purent entraîner la belle servante ; elle faisait son devoir et rien de plus. Ce n'était pas le compte de l'amoureux barbon qui jugeait que son titre de propriétaire lui donnait tous les droits sans exception. Il avisa. Nous passerons sous silence le prologue du drame où la pauvre femme devait être réduite à l'état de squelette, les coups de fouet à nu pour les moindres manques de service, ou plutôt sous le *prétexte* de manques qui n'existaient pas. On peut bien deviner aisément combien il est facile de prendre en défaut ceux qu'on veut persécuter, surtout quand on est maître absolu et *propriétaire* de ceux-là ! Arrivons tout de suite à la peine que l'habitant infligea, sous un prétexte quelconque, à la belle servante. Il la fit enfermer dans un des cachots de

l'habitation, les fers aux pieds et aux mains, lui donnant pour toute nourriture de la farine de manioc imbibée d'eau, en quantité suffisante pour qu'elle ne mourût pas de faim. De plus, quand la rage lubrique le prenait, il entrait dans le cachot, accompagné d'un nerf de bœuf tordu — appelé *rigoise* dans le pays — et, sur le refus constant de la malheureuse, il lui en faisait administrer un certain nombre de coups, toujours à nu, jusqu'à....
— Cette horreur dura assez longtemps, et, un jour, la justice informée fit une descente sur les lieux, pénétra dans le cachot,....et apprit tout. On n'eut pas la peine d'ôter les fers des poignets de la malheureuse : ses mains passèrent toutes seules par les anneaux! La belle et jeune mulâtresse n'était plus qu'un vieux squelette parcheminé. On l'enleva de cet enfer, et elle fut transportée à l'hôpital. Le maître fût arrêté et poursuivi en cour d'assises. Nous qui écrivons ces lignes, nous avons assisté à toutes les audiences ; nous avons vu le maître et l'esclave ; ils étaient vieillis tous les deux, l'une par le cachot et les coups, l'autre par la honte d'être assis entre deux gendarmes. L'esclave eut la liberté et une pension viagère payée par le maître ! celui-ci fut condamné en outre à une forte amende, acquitta les frais du procès....et tout fut dit.

———◆———

XI.

LA TRAHISON.

Il y avait quatorze jours que Casimir vivait au camp de la Soufrière. Il avait passé tout ce temps-là à observer, avant de prendre une décision, comme on le sait. Or, il avait beaucoup vu et beaucoup réfléchi, et il admirait la réponse première que lui avait faite le Grand-Soleil, à savoir : qu'il fallait avant tout mettre son caractère et ses goûts, à lui, Casimir, en contact avec la vie du camp, avant de conclure à rien. Comme presque toute chose, la vie libre et misérable des nègres marrons avait son bon et son mauvais côtés. Pour certaines natures, le bon aurait effacé le mauvais ; pour d'autres le mauvais aurait annihilé le bon. Ainsi, on vivait là sans maître, en vagabondage, mais en liberté comparative ; on n'était astreint à aucune tâche réglée, mais il fallait aller souvent voler sur les habitations, et risquer pour cela les peines les plus graves, de la part de la justice, sans compter les coups de fusil, de la part des habitants. Un jardin planté de vivres, l'élève de volailles et autres animaux mangeables, la chasse, toujours productive dans les grands bois, tout cela, joint à l'absence de tout maître à servir, était bien séduisant ; mais dans le cas personnel dont il s'agissait, Casimir se représentait la perte de son joli ménage, de son tranquille intérieur, perte plus réparable en acceptant d'être vendus, sa femme et lui, qu'en se transportant tous deux au camp marron. Et, par son

ménage, il ne faut pas entendre seulement le bois façonné de telle ou telle manière, pour tel ou tel usage ; il faut entendre surtout ce chez soi comfortable, ce *home* comparativement libre à certaines heures, ce plaisir de posséder, inné chez tout homme qui prend famille. Jusqu'ici les raisons *pour* la vie du camp l'emportent sans doute, dans l'esprit du lecteur, sur les raisons *contre* ; mais il faut ajouter la cause-mère qui probablement va faire pencher la balance de l'autre côté. Casimir, associant Rose à toutes ses pensées à lui, faisant d'elle l'A et le Z de toutes ses réflexions et de toutes ses conclusions, se disait que ce serait une existence bien amère et bien tourmentée, pour sa chère femme, que celle qu'accompagnerait continuellement l'inquiétude, et que ternirait la misère......car la misère est inséparable de toute existence hors la loi. Il avait compris, par les paroles de Salomon, que leur séparation à sa femme et à lui, d'avec leur mère et belle-mère, n'était, en fin de compte, qu'un fait de la vie ordinaire, et cette question, qu'il avait soumise comme très-grave au vieux sage, était devenue, avec le temps et les réflexions, une question bien simple, presque naïve. L'enfant et la mère font deux, puisque, dans les règles de la nature, l'une doit partir avant l'autre, à cause de la différence d'âge. Le mari et la femme ne font qu'un, puisque, toujours d'après les règles ordinaires, que n'infirment pas les exceptions, ils partent à peu près ensemble, après avoir vécu et créé ensemble....Et puis, la loi de la mortalité individuelle, jointe à celle de la perpétuité collective, fait que le couple qui a transmis la vie, se retire pour faire place au couple qui l'a reçue. Suzanne finirait tranquillement son existence matérielle, puisqu'elle n'en connaissait guère d'autre, et quant au chagrin qu'elle ressentirait de la séparation, l'exemple semblable donné par toutes les classes, dans tous les pays, en serait comme un amoindrissement : le temps calmerait cette douleur, et l'espoir l'empêcherait de devenir trop grande ; car l'espoir est immortel, comme l'âme d'où il est issu, ou plutôt dont il est inséparable.

Casimir était donc résolu à ne pas accepter la vie du camp, et à subir, comme pis-aller, la vente et le voyage.

Cependant, tandis que Casimir observait toutes choses au camp, le Grand-Soleil observait Casimir, et, le quatorzième jour, ils se trouvaient en face l'un de l'autre, celui-ci comme interrogeant quoique décidé, celui-là déjà sûr de son fait, comme on va le voir.

— Eh bien, dit le Grand-Soleil, voilà quatorze jours que vous êtes parmi nous, et vous venez annoncer que vous comptez nous quitter demain. C'est donc l'instant, pour moi, de répondre à votre question du premier jour, où plutôt de causer, car votre résolution est prise, et mon avis contraire ne vous en ferait pas changer.

— Comment savez-vous cela ? demanda le mulâtre....

— D'abord, je vous ai observé longtemps, et j'ai jugé que notre existence est incompatible avec vos goûts actuels, et surtout avec votre position. Ensuite, j'ai lu en vous que vous préfériez risquer les chances d'un changement de pays et de maître, que d'accepter les déboires inséparables de notre communauté. Est-ce vrai ?....

— Oui, c'est vrai ; vous avez bien vu et bien jugé.

— Eussiez-vous pris la résolution contraire, je chercherais à vous en détourner. De deux maux, il faut choisir le moins certain. Partez donc, ami, et, où que vous soyez, priez le ciel pour la Liberté de vos frères, sous quelque latitude qu'ils gémissent, et faites des partisans à notre cause, si les événements vous en fournissent les moyens....

— Oui, mon frère, je prierai de toute mon âme pour les parias comme nous, qui sont aussi les enfants de Dieu. Oui, je susciterai des défenseurs à notre cause, si jamais le ciel m'en réserve l'occasion et le pouvoir. Oui, je penserai sans cesse à ce grand troupeau noir qui arrose la terre de ses sueurs et de son sang, sous le fouet et le supplice, pour augmenter les jouissances de cet autre troupeau blanc, lâche et meurtrier, qui prend la force pour la justice ; je prierai Dieu jusqu'à ce que Dieu demande à Caïn ce qu'il a fait d'Abel....

— Va ! mon fils, répondit le Grand-Soleil, ému du saint enthousiasme de Casimir.... Va ! quelque chose me dit que le passé et le présent seront vengés par Celui qui tient dans sa droite la balance des mondes ; quelque chose me dit que la dernière heure de l'esclavage est près de sonner, et qu'un jour notre race possèdera souverainement tous les pays qu'elle a fécondés de ses sueurs, et, comme tu le dis, de son sang. Déjà Saint-Domingue est à nous ; bientôt peut-être nous joindrons d'autres conquêtes à celle-là, et un jour, quand le glaive du talion aura exécuté la sentence de l'Eternelle justice, fasse le ciel que nous oubliions le passé, pour ne pas ensanglanter l'avenir !

Les deux martyrs se jetèrent dans les bras l'un de l'autre, par un élan d'irrésistible sympathie, comme les trois Horace allant combattre pour la suprématie de Rome, ou mieux comme les trois Suisses jurant, sur la montagne, de mourir pour la Liberté.

.*.

A ce moment, plusieurs coups de feu se firent entendre, et un grand tumulte gronda en se rapprochant. En même temps, des sons de trompe marine retentirent, pressés et haletants, déchirant les échos de leurs vibrants éclats. Quelques secondes après, plusieurs noirs, armés de fusils et de coute-las, firent irruption dans la case du Grand-Soleil, et l'un d'eux, hors d'haleine, et d'une voix à peine intelligible, jeta ces mots pleins d'épouvante :

— Trahis ! La troupe est dans la dernière enceinte !

— C'est bien, dit le Grand-Soleil sans s'émouvoir ; elle n'arrivera pas dans la première....

Et il s'élança hors de sa case, et jeta, à son tour, une gamme ascendante de sons impératifs.

Aussitôt, vingt noirs armés de haches apparurent, comme sortant de terre, et le Grand-Soleil s'écria d'une voix claire et distincte :

— Enfants ! coupez les cordes de la deuxième enceinte, et rangez-vous, en armes, derrière le mur infranchissable qui va tomber !

Et, après cet ordre, que la suite va expliquer, le Chef du camp rentra dans sa case, y prit une paire de pistolets qu'il passa à sa ceinture, et un fusil à deux coups qu'il jeta sur son épaule droite. Puis il montra à Casimir un autre fusil double et un coutelas, dont celui-ci s'arma à la hâte ; après quoi il lui dit :

— Suis-moi, frère ; tu vas voir s'il est aisé de nous prendre.

Le mulâtre ne se fit pas répéter l'invitation, et il s'élança aux côtés du Grand-Soleil.

A peine avaient-ils fait cent pas, qu'un épouvantable fracas hurla autour d'eux, comme la voix de la destruction. Pendant près d'une minute, soixante secondes ! dura l'horrible rugissement.... et, quand il eut cessé, le Chef du camp, regardant son compagnon :

— C'est fait ! dit-il ; nous sommes sauvés.

Casimir tombait des nues.

Quelques instants après, il eut le mot de la terrible énigme :

De tous côtés, des arbres immenses, d'une effrayante circonférence et d'une prodigieuse hauteur, barraient tous les sentiers tracés entre les imposants rochers placés comme en sentinelles par la nature. Ni cavaliers, ni même piétons, eussent-ils été chasseurs de chamois, n'eussent pu franchir cette imprenable barricade des géants de la forêt... et on vit fuir en désordre, comme poussés par le démon de l'épouvante, une vingtaine de soldats jetant bas tout ce qui pouvait gêner leur fuite, comme si tous les damnés du Dante eussent été derrière eux.

Alors, le Grand-Soleil, calme comme l'immortel Capitaine, la veille d'Austerlitz, se retourna vers Casimir, et lui dit :

— Comprends-tu ?

— La fin, oui ; les moyens, non.

— C'est bien simple : ces arbres, coupés à l'avance, comme il y en a autour de chaque enceinte, étaient retenus par des cordes, à d'autres arbres solides ; sur mon ordre, on a coupé ces cordes, et les arbres sont tombés avec le fracas que tu as entendu, et ils ont barricadé tous les chemins, comme tu le vois.

— Admirable! s'écria le mulâtre; et qui a inventé cette machine défensive?

— Moi, fit le chef....

Et il s'apprêtait à regagner sa case, quand une sorte de procession lugubre s'avança vers lui. On ne distingua d'abord qu'un noyau d'hommes semblant escorter quelque chose; mais bientôt on put voir que ce quelque chose était un grand brancard formé de branches d'arbres, sur lequel gisaient trois corps: deux soldats et un noir. Les soldats paraissaient grièvement blessés; le noir n'avait que le poignet rompu.

— Qu'est cela! fit le Chef....

— Deux soldats à peu près morts, et l'espion que j'ai pris au lacet, répondit le noir athlétique que nous avons vu en sentinelle, au chapitre précédent.

— Qu'y a-t-il parmi les nôtres? demanda le Grand-Soleil....

— Un homme tué, répondit un des porteurs du brancard.

— C'est bien; amenez le traître....

Celui-ci s'avança en tremblant, surveillé par plusieurs noirs le suivant de près.

— C'est toi, Polidor! dit le Grand-Soleil; c'est toi qui nous a trahis et vendus aux blancs! Que t'ont-ils donc donné?

Le traître éleva ses deux bras et les laissa retomber, en une pantomime qui voulait dire: rien.

— Que t'avaient-ils promis? alors......

— La liberté....et de l'or, répondit une voix qui n'était plus celle de son organe.

Un sourd murmure gronda parmi les témoins de cette scène.

— Silence! mes amis, s'écria le Chef. Je sais que tout se pardonne, hormis la trahison.

Après ces mots, on eût entendu un écureuil gambader sur une branche d'arbre.

Le traître se mit à genoux.

Debout! s'écria le Grand-Soleil; debout, Judas!

D'un double mouvement aussi prompt que la pensée, le robuste chef du camp releva de la main gauche le misérable courbé par la peur, saisit de la droite le premier coutelas qui brilla à ses yeux, puis il s'écria d'une voix nette:

— Demande pardon à Dieu!

Et, à peine ces mots lâchés, il plongea le coutelas dans la poitrine du traître, l'y laissa planté jusqu'au manche, et saisissant le cadavre, encore palpitant, au bout de ses robustes bras, il le lança par-dessus la barricade, comme un homme ordinaire eût lancé un morceau de bois léger.

— Qu'on soigne les soldats, dit-il; et, quand ils seront guéris, qu'on les laisse libres: ils ne faisaient que leur devoir!

Le lendemain, quinzième jour de son séjour au camp, Casimir dit adieu au Grand-Soleil, et reprit le chemin qu'il avait fait, accompagné de quelques uns de ses frères en esclavage. Au milieu de la nuit, grâce à ses guides, il franchissait la dernière limite du camp, et, échangeant les derniers adieux, il commençait à arpenter la route au bout de laquelle il devait retrouver tout ce qu'il aimait.

———◆———

X.

UNE TENTATIVE AVORTÉE.

Casimir était parti depuis huit jours, et Rose l'attendait chaque soir. Elle avait eu l'adresse d'endormir le mécontentement de M. Lambert, leur maître, en lui disant que Casimir était en tournée pour trouver un acquéreur qui le payât aussi cher que le capitaine américain.

Le soir du neuvième jour, Rose ne put s'endormir, tant elle devenait inquiète malgré elle. Il avait fait un orage terrible pendant la journée, et elle avait pensé que peut être son pauvre Casimir fatigué, recevait, sur la grand'route, ces ondées furieuses, tandis qu'il avait là, auprès d'elle, un si bon lit!....Quand elle vit le temps se remettre tout-à-fait au beau, un soupir de soulagement s'échappa de sa poitrine, et elle passa quelques instants à admirer le ciel rasséréné.

Elle venait de refermer sa fenêtre et de se rasseoir près d'un ouvrage de couture qui l'occupait dans ses veillées, quand elle entendit un pas assez précipité se rapprocher de sa case. Surprise, émue, elle releva la tête, tendit l'oreille et écouta.... Etait-ce Casimir?.... son cœur ne lui avait rien dit, et pourtant....

On frappa à la porte, et Rose, emportée par l'espoir, se précipita pour l'ouvrir, prête à sauter au cou du cher revenu.

C'était le nègre Thermidor....

Rose fut atterrée au premier moment; puis comme c'était une vaillante nature, elle se maîtrisa, et regardant le visiteur en face:

— Que voulez-vous ici? lui demanda-t-elle....

Son air, sa posture, son regard, tout disait au nègre qu'il allait être chassé, ou qu'un éclat immédiat allait avoir lieu. Temporiser était indispensable, risque à reprendre ensuite l'offensive, s'il était nécessaire.

— Je viens de la part de Casimir, répondit-il d'un air paterne......

— De la part de Casimir! Entrez, Thermidor, et excusez-moi de vous avoir mal reçu.

— Je comprends bien, observa le noir; l'heure est un peu avancée, et vous avez eu peur.....

La mulâtresse reprit sa place et donna un siége à Thermidor, qui commençait à se troubler un peu.

La porte était refermée; Rose attendait; le noir ne savait par où entamer le combat, car c'était un combat qu'il était venu chercher, si on ne lui accordait pas la victoire sous le coup de la menace qu'il tenait toute prête. Ne pouvant aller droit, puisqu'il avait le vent contraire, il louvoya le moins mal qu'il put, se sentant fort de ce qu'il savait et du mal qu'il pouvait faire.

— Je vous dirai d'abord, commença-t-il, que je sais tout. Casimir est parti marron pour le camp de la Soufrière....

Rose releva la tête avec une inquiétude visible.

— Qui vous a dit cela ? fit-elle......

— N'importe ; laissez-moi parler. Casimir est donc allé au camp, comme je vous le disais, pour préparer sa fuite, la vôtre et celle de Suzanne. Du coup, voilà monsieur ruiné......

Et il attendit l'effet de ses paroles.

La mulâtresse pâlit, autant qu'un visage brun peut pâlir.

— Ce n'est pas, continua le noir qui s'enhardissait peu à peu, ce n'est pas que ce soit un grand mal, pour nous, de voir nos maîtres ruinés ; au contraire ; mais pour eux c'est autre chose ! — Vous ne voulez pas être vendue, Rose, et séparée de votre mari ou de votre mère. Ça se conçoit, car vous avez de bons maîtres. Et puis moi qui sais cela, je vous dirai que l'esclavage, aux Etats-Unis, est cent fois plus horrible que partout ailleurs.

Il enfonçait le dard dans la blessure.

— Si monsieur Lambert savait cela, reprit-il, je ne sais trop ce qu'il ferait, mais alors je ne voudrais pas être à votre place, allez !

— Pourquoi me dites-vous tout cela ? Thermidor, demanda la mulâtresse qu'une crainte vague envahissait peu à peu....

— Mon Dieu....pour rien. Je voudrais vous être utile dans la circonstance difficile où vous êtes.

Rose était belle dans son inquiétude, comme elle l'était dans sa joie, comme elle l'était toujours. Ses yeux brillants et agrandis, ses lèvres tremblantes, légèrement entrouvertes, ses narines rosées qui se dilataient sous l'empire de la crainte, tout à la fois commençait à jeter le trouble dans le cerveau du noir. Il sentait la flamme accoutumée envahir tout son être, et l'audace commençait à transparaître sur son visage. Les effluves de la luxure chauffaient son sang....et il eut besoin d'un grand empire sur lui-même pour ne pas éclater toute de suite avant d'avoir tenté la menace qu'il tenait en réserve.

— Vous me disiez, Thermidor, observa Rose, que vous veniez de la part de Casimir....

— Si je ne viens pas de sa part, répliqua le noir, je viens au moins vous parler de lui et pour lui.

— Dites alors ce que vous voulez. Etes-vous pour lui ou contre lui ? Pourquoi me détaillez-vous ce que vous avez appris, je ne sais comment ? Quelles sont vos intentions, enfin ?....

Comme tous les cœurs résolus, Rose voulait savoir le mot de l'inquiétante énigme qui lui était posée. A une crainte vague elle préférait un malheur certain.

— Eh bien, dit le noir résolument, puisque vous voulez tout de suite la vérité, je vais vous la dire. Je connais tous vos secrets ; je puis vous aider ou vous perdre : ça dépend de vous, de vous seule.

Rose comprit tout, mais elle ne voulut pas encore comprendre, pour se donner le temps de se préparer à la lutte, en laissant son adversaire se démasquer.

— Comment cela ? fit-elle....

— Ecoutez, Rose, et ne vous fâchez pas, dit Thermidor partagé entre l'attendrissement et l'irritation : vous savez qu'il y a longtemps que je vous aime ; vous croyez du moins le savoir, mais vous ignorez à quel point je vous désire.... Je commettrais tous les crimes pour vous avoir! Ma discrétion sera à toute épreuve si vous voulez m'écouter, et je vous serai dévoué comme un chien. Rien qu'à vous regarder, rien qu'à entendre mes propres paroles qui s'adressent à vous, rien qu'à espérer que vous pouvez être à moi....je suis comme un damné qui entrerait tout d'un coup dans le ciel!

Sa voix et ses mains commençaient à trembler...

Rose aussi tremblait, non de peur, mais d'hésitation dans un aussi suprême moment. Se ruer sur Thermidor avec une arme prestement saisie, c'était perdre Casimir; accabler le noir de mépris ou le foudroyer sous l'indignation d'une légitime colère, c'était pis encore, parce que c'était irrémédiable! Que faire ? Que dire ?

— Casimir ne le saurait jamais, ni lui ni personne, continua le noir qui se grisait à ses propres paroles. Laissez-moi vous voir quelquefois, rarement si vous voulez.... mais que je vous possède ....et puis que je meure, s'il le faut!

Il s'était levé et s'approchait d'elle.

— Et si je dis *non* ? jeta Rose presque épouvantée....

— Si tu dis *non*, s'écria le fou, je vous perdrai tous, Suzanne, Casimir et toi! Je....te tuerai!.... Je deviendrai une bête féroce !

Rose ouvrit la fenêtre, comme si l'air extérieur devait la sauver d'une asphyxie.

— Tu vendrais tes frères! maudit.... Parce que j'aime mon mari, et que je me garde pour lui tout entière, cœur et corps, tu nous dénoncerais lâchement ! Tu briserais trois pauvres existences qui ne te font aucun mal! Est-ce que je suis seule au monde pour assouvir ta passion ?....

— Oui, tu es seule pour moi; c'est toi que je veux; c'est toi que j'aurai!

Et, comme il s'avançait vers elle hors de lui, elle le repoussa d'un mouvement énergique, et fit quelques pas, pour mettre une table entre elle et lui.

Thermidor se trouva alors près de la fenêtre,

qu'il referma brusquement.

— Tu ne crains donc rien, misérable ! s'écria la mulâtresse chez qui la colère avait effacé toute hésitation ! Tu ne crains pas la justice de Dieu !

— Je ne crains rien : il n'y a pas de Dieu pour nous, rugit le misérable en enlaçant de ses robustes bras Rose qu'il venait d'atteindre....

— Il y a un Dieu pour tous ! prononça une voix grave. C'est lui qui envoie le faible pour terrasser le fort, l'aveugle pour arrêter le criminel !

Et Salomon entra, suivi de deux noirs masqués, armés chacun d'un coutelas, et de Veille toujours grondant et irrité.

Thermidor rugit d'abord, puis baissa la tête.

— Misérable ! s'écria Salomon.... Ce n'est pas assez qu'on arrache l'enfant à sa mère, le père à son fils, le mari à sa femme, pour les vendre comme un vil bétail.... Ce n'est pas assez que nous soyons maudits, torturés, avilis par les blancs.... il faut encore que nos propres frères nous trahissent, nous outragent et nous vendent jusque sur le Calvaire !

— Thermidor ! s'écria Salomon ; Thermidor !.... que la vengeance de Dieu tombe sur toi ! car il n'y à pas de miséricorde pour absoudre la trahison....

Puis se tournant vers les deux noirs masqués ;

— Faites votre devoir, mes enfants, leur dit-il ; et toi, Rose, ne crains rien : ceux qui veillent sur toi sauront te garantir.

Puis il s'éloigna, suivi de son chien, qui n'avait attendu qu'un signe pour déchirer le coupable.

Les deux noirs garottèrent étroitement Thermidor au moyen de cordes qu'ils avaient apportées, et, après l'avoir menacé de leurs coutelas, s'il poussait un cri, ils l'enlevèrent dans leurs robustes bras, et l'emportèrent par des chemins de traverse, où le bruit de leurs pas s'éteignit bientôt.

<hr>

XI.

LA VENTE.

L'agitation règne chez monsieur et madame Lambert. On attend d'un moment à l'autre le capitaine américain, dont le navire doit partir dans huit jours....et Casimir n'est pas revenu ! Rose travaille près de sa maîtresse, car elle a dû rester après l'heure de son service, pour être *examinée* par l'acheteur. La décision est prise ; on vendra Casimir et Rose : Suzanne suffira pour le ménage et la cuisine.

Monsieur Lambert se promène d'un bout à l'autre du salon, de ce pas précipité qui dénote le mécontentement et l'impatience. Rose a les yeux gonflés des larmes qu'elle verse depuis deux jours, depuis l'annonce définitive de la vente, de la séparation et du départ ! A chaque jour, à chaque heure de retard, la pauvre fille sent redoubler son inquiétude. Qu'a résolu Casimir ? Partiront-ils pour le camp de la Soufrière, ou bien pour les Etats-Unis ?

Et si Casimir n'est pas de retour avant le départ du navire ? Quelles angoisses ! Quelles incertitudes ! Quels tourments !

....

Madame Lambert, dont nous avons peu parlé jusqu'ici, était une petite femme d'humeur douce, douée d'un grand fonds de bienveillance, facile à l'attendrissement, serviable et charitable à un haut degré. Au physique, elle était sinon belle de visage, du moins belle de formes. Un corps souple, onduleux et potelé, donnait à sa marche et à son repos d'attrayantes langueurs bien en harmonie avec le suave pays qui l'avait vue naître. Elle avait les cheveux presque noirs, et les yeux presque bleus, les dents blanches et le teint pâle ; ses mains et ses pieds étaient d'une forme souverainement aristocratique, selon le mot consacré.

— Si Casimir n'est pas revenu dans trois jours, dit monsieur Lambert, je le dénoncerai marron, à la gendarmerie, et le signalerai dans les journaux.

— Bien sûr il sera revenu, monsieur, fit Rose.

— Tant mieux pour lui ! répondit le maître.

Et il reprit sa marche saccadée.

— Ne te désole pas, Rose, dit madame Lambert : nous vous recommanderons chaudement à votre nouveau maître, comme de bons sujets, et il n'est pas probable que vous soyez malheureux. L'intérêt, autant que la justice, veut que le maître ait des soins et des égards pour l'esclave qui se conduit bien et remplit convenablement ses devoirs.

— Oh ! madame, répondit la mulâtresse, nous voyons si souvent le contraire, que vos bonnes paroles ne me consolent guère !

— Enfin, ma fille, que puis-je te dire ? Si nous n'y étions pas forcés, nous ne vous vendrions certes pas, tu le sais bien....

— Oui, je le sais, dit l'esclave en pleurant......

— Et puis, ajouta la bonne maîtresse, tu sais aussi que ta mère sera heureuse avec nous......

— Merci, merci ! maîtresse....répondit Rose en prenant les mains de madame Lambert, et en les baignant de ses larmes.

Monsieur Lambert passa la main sur son front........peut-être pour essuyer ses yeux humides......

— Neuf heures ! dit-il ; le capitaine sera ici dans quelques instants.

— Allons, Rose, murmura madame Lambert, essuie tes yeux, mon enfant ; qu'on ne voie pas que tu as pleuré.

Au même instant, un étranger fut introduit par la vieille Suzanne......qui pleurait en silence depuis le commencement de cette scène, qu'elle avait entendue à travers la porte.

C'était le capitaine Américain.

<hr>

Qu'on se représente un gros homme fort et lourd, rouge de visage, rouge de cheveux, rouge de favoris, avec du linge fin, ayant le menton rasé de frais; qu'on ajoute à cela un regard brillant et assuré, une démarche très libre, des allures mi-*gentleman*, mi-bourgeoises, un verbe haut et sans-façon, et l'on aura le portrait extérieur du nouveau personnage que nous introduisons dans ce récit. Ce personnage avait nom Jackson.

Il entra comme chez lui, s'assit sur une chaise que lui offrit monsieur Lambert, et, allongeant les jambes comme quelqu'un qui prend ses aises :

— Eh bien, monsieur Lambert, dit-il après avoir salué la maîtresse de la maison, sommes-nous d'accord pour notre petite affaire ?....

— Je le pense, répondit monsieur Lambert; nous avons dit huit cents gourdes pleines....

— Sans doute, huit cents dollars, observa l'Américain, sauf examen des deux sujets.... Où est le mulâtre ?

— Il pourra être livré dans trois jours; il est allé en tournée d'adieux chez ses parents et ses amis.

Le gros homme partit d'un éclat de rire peu révérencieux :

— Comment, dit-il, des parents ! des amis ! des adieux !.... Vous les gâtez joliment, dans ce pays-ci ! Enfin, va pour trois jours. Voyons toujours la mulâtresse.

— La voici, dit madame Lambert en montrant Rose.

— Belle fille, ma foi ! Approche ici, ajouta-t-il....

Monsieur et madame Lambert se regardèrent, étonnés de ces façons.

Rose se leva, moitié colère, moitié chagrine, et s'avança vers l'Américain.

— Bonne charpente ! fit celui-ci ; ni trop grasse ni trop maigre. Marche un peu, continua-t-il....

Rose fit quelques pas, puis revint.

— Très bien, dit l'acheteur, solide sur les hanches !....

Il se leva ensuite, et, ouvrant la bouche de Rose, il lui examina les dents; de là, son regard descendit : il prit alors les mains brunes, qu'il retourna dans ses mains rouges, et fit une sorte de grimace :

— C'est trop fin, ça ! dit-il; c'est trop doux; ça n'a pas dû beaucoup travailler; mais c'est jeune, ça se fera....

Après ces mots, dits d'un ton de commissaire-priseur, il se baissa, releva la jupe de Rose jusqu'au genou, et parut plus satisfait....

— Jambes sèches et nerveuses, dit-il ; par exemple, les pieds trop petits, trop grande dame.... mais, ajouta-t-il philosophiquement, on n'est pas parfait !

Et le brave homme, fier d'avoir montré ses connaissances anatomiques, se rassit avec satisfaction.

Monsieur et madame Lambert étaient stupéfaits; mais que dire ! N'est-il pas dans l'ordre des choses qu'on examine la marchandise avant de la payer ?

— Savez-vous demanda l'américain, à quoi je songe ? Votre sujet a un grand défaut pour un acheteur.

— Lequel ? fit monsieur Lambert....

— Elle est beaucoup trop jolie ! Vous trouvez ça drôle, n'est-ce pas ? Eh bien, je vous dirai que, si elle était laide, qu'elle eût de gros membres, enfin, qu'elle fût disgracieuse et massive, je vous en donnerais cinquante dollars de plus ! C'est comme ça. Comment voulez-vous qu'on fasse du sucre avec des élégantes comme elle ! Elle n'est bonne que pour servante de maison, et les dames ont peur souvent de ces servantes-là ! Mais c'est égal, ce que j'ai dit est dit, et si l'autre sujet répond à ce que vous m'en avez annoncé, l'affaire est conclue. Dès qu'il sera de retour, amenez-le moi à bord, avec celle là et les papiers, et je vous donnerai un *bon* à vue sur mon correspondant d'ici que vous connaissez.

L'Américain dit, et se leva pour prendre congé.

— Permettez, monsieur, ajouta madame Lambert en montrant le siége au capitaine Jackson; je voudrais vous parler....

Le capitaine fit un salut et se rassit.

— Casimir et Rose, monsieur, continua-t-elle, sont de bons sujets, d'une conduite exemplaire, fidèles et honnêtes, et je les recommande à votre bonté, à votre humanité. Je souffrirais de les savoir malheureux, et je vous supplie de leur montrer de la douceur : vous en serez le premier récompensé. Ils sont mari et femme; ils s'aiment tendrement, et ils osent espérer, ainsi que nous, que vous ne les séparerez pas....

— Madame, tant que Casimir et Rose seront à moi, je ne les séparerai pas, s'ils se conduisent bien ; vous comprenez qu'on ne peut pas répondre de l'avenir.

— Agissez pour le mieux à leur égard, dit monsieur Lambert pour couper court à cette comédie, car il voyait bien que l'acheteur ne répondait que par simple politesse.

Le capitaine Jackson s'inclina en signe d'assentiment, donna une poignée de main à monsieur Lambert, salua la jolie Créole, et se retira sans plus faire attention à Rose que si celle-ci n'existait pas.

A peine la porte extérieure se fut-elle refermée derrière l'Américain, que la vieille Suzanne se précipita dans le salon, les bras en avant, le visage inondé de larmes, et, éclatant en sanglots longtemps contenus, elle s'écria avec l'accent déchiré du désespoir :

— O mon cher maître ! O ma chère maîtresse ! ne vendez pas ma fille à cet homme ! ne la vendez pas à cet homme ! Si Rose part, Suzanne mourra ! Suzanne mourra ! — Mam'selle Louise, dit-elle ensuite en donnant à sa maîtresse son nom de baptême, moi qui vous ai vue toute petite, qui vous ai toujours suivie et toujours servie comme une fidèle

créature, venez au secours de votre vieille Suzanne !
Ça vous portera bonheur : Dieu le rendra à vos
enfants : il n'y a rien de perdu devant la Justice
de Dieu ! Dites à votre mari de ne pas nous séparer, de ne pas vendre mon enfant et le mari de
mon enfant ! En en vendant deux vous perdez
tous les trois.

Rose sanglotait ; madame Lambert ne pouvait
retenir ses larmes ; monsieur Lambert était ému...

— Ma bonne Suzanne, dit celui-ci, tu ne comprends donc pas que nous ne les vendons pas de
bonne volonté ; que c'est la justice qui nous y force. Si nous ne vendions pas nous-mêmes, on ven-
drait pour nous, et le même homme pourrait se
rendre acquéreur en mettant plus que les autres !
Ainsi, ne nous accuse pas ; ne nous prie pas : tu
nous fais de la peine inutilement. Tous les jours
les enfants quittent leurs mères quand ils sont
hommes. Prends courage ! tu auras toujours des
nouvelles, je te le promets....

— Oh ! oui, mère ! s'écria Rose ; Casimir sait
lire et écrire : tu auras toujours des nouvelles de
tes enfants....

La pauvre vieille pleurait toujours, mais la tempête de ses sanglots s'apaisait peu à peu au rayon
de l'espoir qu'elle recevait, et, accompagnée de sa
fille, elle gagna sa cabane, peu distante de la
ville.

———◆———

XII.

LES ADIEUX. HISTOIRE DE SALOMON.

Le quatrième jour, après celui de la visite du
capitaine Jackson chez monsieur Lambert, était
un dimanche. Depuis la veille, Casimir était de
retour, et, le lendemain, il devait, ainsi que Rose,
être conduit à bord du navire américain. Au milieu de la désolation des uns et du chagrin des autres, le mulâtre avait évité la punition que méritait
son escapade ; monsieur Lambert ne lui avait pas
même fait de reproches. Avant de rentrer chez
son maître, Casimir s'était arrêté quelques instants
chez Salomon, et celui-ci l'avait dissuadé de chercher un maître dans la colonie, la somme de quatre mille francs étant introuvable, comme prix
de deux esclaves, quelque bons qu'ils fussent. Le
vieux prophète s'était bien gardé de faire connaître
au pauvre vendu les circonstances du complot de
Thermidor contre Rose, trouvant, avec un tact qui
ne l'abandonnait jamais, qu'il est toujours inutile
d'ajouter une inquiétude à un chagrin.

Comme nous le disions, le jour où l'on était arrivé était donc un dimanche, veille du jour fatal de
la vente et de la livraison. Casimir et Rose étaient
venus en passer une grande partie chez Salomon,
probablement pour la dernière fois de leur vie.
Suzanne, retenue chez ses maîtres, devait venir rejoindre ses enfants après le coucher du soleil. Ce

n'était plus des conseils, c'était des consolations,
cette fois, qu'ils étaient venus chercher, et des
adieux qu'ils avaient à faire à ce pauvre noble
vieillard, à ce centenaire aveugle, dont la moitié
de la vie avait été un long martyre chrétien.

Depuis quelques instants, la conversation, souvent brisée, cherchait comme à s'asseoir sur son
sujet, ainsi que ces vents contraires qui se heur-
tent dans l'atmosphère supérieure, jusqu'à ce qu'ils
aient pris une direction nette. Et cependant, nul
n'avait encore osé faire le premier pas dans la voie
qu'il fallait pourtant aborder. Une des mains de
Rose reposait dans les deux mains de Casimir ; ils
se regardaient de temps à autre, de cet air mélancolique, chagrin et résigné pourtant, qui voulait
dire : Nous aurons peut-être à souffrir, mais nous
nous aimerons bien ! — Consolation suprême que
Dieu donne à ceux qui obéissent à son précepte
d'amour.

Veille-toujours, qui était allé aux alentours de
l'ajoupa, revint tout-à-coup au trot allongé, et, sautant sur les genoux de Rose, lui prodigua de chaudes caresses. Cet incident, tout minime qu'il était
rompit la glace, et ouvrit une issue au flux qui demandait un épanchement....

— On dirait, hasarda Casimir, que ce brave
chien connaît notre sort, et qu'il nous fait ses
adieux.

— Oui, ajouta Rose, il me caresse comme il ne
m'a jamais caressée.

— Nous ignorons ce qui se passe chez les animaux intelligents, dit Salomon.

— Ah ! père Salomon, s'écria Rose en éclatant
enfin, est-ce que je vous vois pour la dernière fois ?

— Dieu seul le sait, ma fille, et puis.... Mais
nous nous reverrons dans une autre Patrie où il
n'y a ni maîtres ni esclaves, ni grands ni petits....
dans une patrie où tout est joie et amour, bonheur
et liberté.

— Je le crois comme vous, père, car il me semble que, si nous finissions en réalité comme nous
finissons en apparence, la vie serait un vilain présent que Dieu aurait fait à presque tous les hommes.

— Tu as raison, Rose, dit Salomon ; ou bien il
n'y a pas de Dieu, ou bien il y a une autre vie,
parce qu'une partie de l'humanité ne peut pas avoir
souffert constamment, pour procurer des jouissances à l'autre partie, sans qu'un jour la balance de
la Suprême Justice fasse l'équilibre rémunérateur.

— Noble vieillard ! s'écria Casimir, vous trouvez
toujours des consolations à la hauteur des souffrances....

— Eh ! mon ami, le ciel a fait des cœurs com-
pâtissants, pour guérir un peu le mal que font les
cœur sans pitié. Celui qui aime ses frères comme
le Christ l'a enseigné par ses paroles et par son
exemple, trouve toujours à faire le bien, quelqua

pauvre qu'il soit. — Le cœur est comme la flamme : il peut se diviser à l'infini, sans s'amoindrir.

— Tenez, grand-papa, dit Rose, j'ai apporté pour vous un petit présent que je voudrais vous donner comme souvenir.

— Je sais ce que c'est, ma fille : c'est une tresse de tes beaux cheveux.

— C'est vrai ; mais qui vous a dit cela ?

— Personne ! L'as-tu dit toi-même à quelqu'un ?

— Non, à personne ! Aussi je ne sais pas comment vous pouvez....

Le vieux noir sourit doucement :

— J'en sais bien d'autres ! dit-il ; mais je ne puis m'expliquer à ce sujet, mes enfants ; après ma mort vous en saurez long...— mais donne-moi ton cher souvenir, ma fille ; je le garderai jusqu'à ma dernière heure.

Rose se leva, prit la main du centenaire, et y glissa les cheveux qu'elle s'était coupés, la veille, sans le dire à d'autres qu'à son mari. Or, Casimir n'avait pu annoncer cela à Salomon, attendu que Rose n'avait pas quitté Casimir d'une minute.

— Mes enfants, dit le vieux, quand Suzanne sera arrivée, je vous raconterai une partie de ma vie ; mon souvenir s'en gravera peut-être mieux dans votre cœur, et, dans les traverses que peut vous réserver l'avenir, il vous enseignera à savoir souffrir dignement. En attendant, comme à chaque heure suffit sa peine, nous allons travailler tous à préparer le dernier repas que nous prendrons probablement ensemble.... Ce sera la CENE des parias : que Dieu en bénisse l'intention !

Et, comme au début de cette histoire, chacun se mit à l'œuvre pour préparer ce que tous allaient manger ensemble. On mit donc de côté, autant qu'on put, toute pensée triste, ou du moins on en cacha du mieux possible la manifestation.

Sur ces entrefaites, Zamor arriva pour adresser aussi ses adieux à ses amis, et pour voir, une dernière fois, le seul amour de son pauvre cœur.

Comme à ce premier repas auquel nos lecteurs ont assisté dans la même case, Veille-toujours remplit son office de pourvoyeur d'eau fraîche et il s'en acquitta à la satisfaction générale. Le pauvre chien n'avait pas été oublié par la mulâtresse ; car, à peine eut-il terminé ses voyages à la Source au Cresson, que les belles mains, qu'il avait léchées à si chaude langue, lui passèrent au cou un beau collier orné d'une plaque de cuivre sur laquelle étaient gravés ces mots : A Veille-toujours, ceux qu'il a sauvés. Aussitôt que le noble animal se sentit décoré de cet insigne bien dû à sa vaillance, il secoua gracieusement la tête, et, d'un bond, il fut près de son maître, qu'il semblait inviter à toucher le trophée de ses exploits.

— Je sais, je sais, Veille-toujours, dit le vieux à son chien, tu reçois le prix de ton dévouement ; il n'y a jamais rien de perdu, mon pauvre ami.

Et ses mains tremblantes flattèrent la puissante encolure de cet ami fidèle.

....

— A mon tour ! dit Salomon à Casimir ; je veux te donner un souvenir que tu aimeras chaque jour davantage ; il t'enseignera à être fraternel dans les bons jours, digne et courageux dans les mauvais ; car celui-là seul est digne de la prospérité, qui porte dignement le malheur. Tu aimes déjà ce que je te destine ; tu l'aimeras bien mieux quand tu auras tout compris.

Et, ouvrant le fameux coffre que nous savons, Salomon en tira un petit livre qu'il tendit à Casimir.

— Merci, père, merci ! s'écria le mulâtre près de tomber à genoux....merci ! C'est le livre dans lequel j'ai appris à lire ; le livre qui m'a soutenu dans le droit chemin, quand la vengeance me soufflait une autre route ; le livre que vous m'avez quelquefois prêté....Et maintenant il est à moi !

— Je te donnerai autre chose encore, frère, quand je t'embrasserai, ce soir, pour la dernière fois....peut-être. Mais occupons-nous du repas ; voilà le soleil près de se coucher ; tante Suzanne ne tardera guère.

Et l'on se remit de plus belle à la besogne, pour préparer la CENE DES PARIAS....

Tout était prêt quand le soleil noya derrière l'horizon ses derniers rayons teints de pourpre et d'or. Bientôt Suzanne arriva, comme il avait été convenu, et les cinq convives prirent place devant les cinq couverts préparés. Le chagrin de la vieille mère était apaisé pour quelques heures, jusqu'à ce qu'il reprît sa dernière violence au moment suprême de la séparation. C'était comme une trève entre deux luttes, ou comme une accalmie entre deux tempêtes.

Le premier appétit satisfait, quand on fut arrivé aux fruits, si abondants et si savoureux dans ces admirables latitudes, Salomon, faisant un signe à ses quatre convives :

— Mes amis, leur dit-il, je vous ai promis le récit d'une partie de ma vie, et je vais vous le faire. Vieux comme je le suis, il est probable que ce sera la dernière fois que j'aurai à me replonger dans mon passé de grandeurs et de misères, de joies courtes et de longues douleurs, et les scènes dont j'ai été le témoin souvent, la victime quelquefois, seront un enseignement de plus pour vous et pour ceux à qui vous les raconterez après moi....

Salomon se recueillit quelques instants, puis il commença :

**

"Mes enfants, dit-il, j'étais chef d'une sorte de tribu, près de la Guinée, à l'âge de vingt-cinq ans.... il y a quatre-vingts ans de cela ! A cette époque, des navires de toutes les nations venaient dans nos parages pour échanger leurs objets d'industrie contre nos sujets. Ordinairement, ces marchés se faisaient au milieu d'une demi-ivresse de notre côté, et du plus grand calme chez les marins ; c'est-à-dire qu'ils nous grisaient avec leur *eau de feu*, tandis qu'eux, ces jours-là, avaient soin de rester tout-à-fait sobres. Nous vendions tout : nos amis, nos parents ; il y avait même des pères qui vendaient leurs enfants, des maris qui vendaient leurs femmes. Les chefs des tribus vendaient leurs sujets.... et peut-être.... qui sait ?.... peut-être notre race porte-t-elle aujourd'hui, la peine de ses crimes.... Il y a des époques de châtiment pour les peuples, comme des heures de punition pour les individus, car, s'il est une Suprême Justice, tout mal doit réagir le mal, tout bien doit éclore en bien. Comme les autres, j'ai donc vendu mes frères, et, depuis longtemps j'en demande pardon à Dieu ! Comme vous allez le voir, Dieu m'a rudement châtié, et, si vous m'avez vu si patient et si calme, si bienveillant et si résigné dans mes plus grandes souffrances, c'est que je sentais bien que je portais une croix méritée.

" Un jour donc, un brick nommé *Le Vengeur* vint mouiller au large de notre rive, et nous fit le signal convenu entre les négriers et les chefs de la tribu : C'était un pavillon noir et rouge, hissé entre plusieurs autres de différentes couleurs, afin qu'il fût confondu et n'attirât pas seul l'attention. Je me rendis à un endroit écarté près du rivage, accompagné de deux autres chefs, et nous trouvâmes là le capitaine du navire, le maître d'équipage et deux matelots. On causa, on but, et finalement, chacun de nous autres, chefs, conclut marché, qui pour vingt noirs, qui pour quarante, qui pour cinquante, hommes, femmes et enfants. La nuit venue, nous gagnâmes tous l'espèce de grotte où s'était débattu le marché, et on commença à boire rondement. Les mêmes hommes du navire étaient là, renforcés de quelques autres, et plusieurs chaloupes convenablement montées et armées attendaient au bord du rivage. Quant le capitaine nous vit au point qu'il désirait, il nous invita à venir à son bord, comme c'était convenu, et d'ailleurs d'usage, à chaque vente semblable. Nous étions cent et quelques, les trois chefs compris. Nous embarquâmes dans quatre chaloupes, et on gagna le navire. Selon l'usage encore, il y eut environ un quart d'heure entre l'embarquement de chaque chaloupe à bord du navire : c'était pour donner à l'équipage le temps de garotter, et de jeter à fond de cale, les noirs de chaque chaloupe, au fur et à mesure qu'ils étaient hissés sur le pont du navire. Ainsi, quand les noirs de la deuxième chaloupe montaient ou étaient hissés, selon leur degré d'ivresse, à bord du bâtiment, toutes mesures de précaution étaient prises à l'égard de ceux de la première chaloupe, et ainsi de suite.

"Quand nous fûmes tous à bord du *Vengeur*, le capitaine nous conduisit, les deux autres chefs et moi, dans la chambre d'arrière, et là, d'un air jovial et tout-à-fait bonhomme, il nous dit à peu près :

— Mes chers princes, vous êtes trois beaux nègres, et, puisque je vous tiens, je ne vois pas trop pourquoi je vous lâcherais ! D'ailleurs un habitant, homme très original, mais qui paye bien, nous a commandé de lui amener deux ou trois princes ; je lui ai promis de faire de mon mieux, et vous voyez que je tiens ma parole....Et puis, vous vendez bien vos sujets, je ne vois pas pourquoi vous ne seriez pas vendus aussi ! De plus, comme je fais mon dernier voyage, je m'inquiète de la Guinée comme de ma dernière pipe !

" Là-dessus, nous nous récriâmes, et appelâmes à notre aide ceux que nous venions de vendre et de livrer. Mais le capitaine fit un signe, et quelques vigoureux matelots se jetèrent sur nous.

— Donnez-leur à chacun une petite rincée ! mes gars, dit le capitaine avec bonhomie, et n'y allez pas de main morte ! Après ça ils seront gentils comme des agneaux.

" Nous fûmes immédiatement dépouillés jusqu'à la ceinture, et les matelots nous déchirèrent le dos à coups de garcettes. Une heure après, le *Vengeur* levait l'ancre et gagnait la haute mer. Toutefois, on ne nous mit pas aux fers comme les autres.

" Le lendemain matin, il faisait un temps magnifique. Le capitaine arpentait le pont d'un pas tranquille, examinant une douzaine de noirs qui, la veille, n'avaient pu être arrimés dans la cale. Solidement garrotés, ils attendaient qu'on les débarrassât de leurs cordes pour les mettre aux fers jusqu'à l'arrivée, toujours selon l'usage. Un noir d'une quarantaine d'années poussait de temps à autre, des gémissements étouffés. Le capitaine appela son maître d'équipage qui comprenait et parlait tous les jargons de la côte d'Afrique. — Vois donc ce qu'a ce gars-là, lui dit le capitaine. — Il a la jambe cassée, répondit le maître d'équipage après avoir parlé au nègre et lui avoir tâté la jambe. — Diable ! fit le capitaine, nous n'avons pas de chirurgien à bord, et moi qui suis sensible, je n'aime pas voir souffrir. Mets-le dans la baignoire, et n'en parlons plus.

" Le maître appela deux matelots à qui il transmit les ordres du capitaine. Alors l'un prit le blessé par les pieds, l'autre par la tête, et, après l'avoir balancé deux fois, ils le lancèrent par-dessus le bord. L'eau s'ouvrit, écuma un peu, se referma.... et ce fut tout.

— En voilà un qui a plus de chance que les autres, dit un des deux matelots.

"Nous étions, les deux chefs et moi, honteusement assis sur quelques piles de cordages, déplorant notre sort, et ayant sous les yeux les résultats de notre scélératesse : la cause et l'effet en présence l'une de l'autre ; notre crime et notre châtiment! L'idée de Dieu me vint alors, confuse et vague : je sentis mon cœur se serrer sous le repentir, et mes yeux se mouillèrent des premières larmes qu'ils eussent versées. Mes deux compagnons étaient mornes et abattus.

"A dix heures, le second du navire vint faire son premier rapport au capitaine. — Deux négresses ont des maux de reins, dit-il. — A la diète, répondit le capitaine. — Un nègre, une blessure à la tête. — A la diète. — Un grand noir furieux, qui veut tout casser. — Cent coups de garcette, et à la diète. — Une vingtaine, le mal de mer. — Une pinte d'eau salée en guise de tisane, et une baille d'eau sur la tête, en guise de douches. — Un jeune nègre, deux côtes cassées. — A la baignoire ! — C'est tout, capitaine. — Très bien ! allons déjeûner.

"Voilà, mes enfants, ce dont je fus témoin le premier jour ; mais, quand je pense à la scène du dernier jour, quoiqu'il y ait bien longtemps de cela, tout mon pauvre vieux corps tremble d'horreur et de dégoût.... et je ne puis oublier que j'ai été une des causes de ces abominations....

"Notre traversée fut un tissu d'horreurs, et tous ces crimes se faisaient paisiblement, sans colère et sans haine, comme une manœuvre nécessaire à la marche du bâtiment. Huit noirs furent jetés à l'eau, pour cause de blessures trop graves ou de maladies trop longues ; dix moururent de diète et de mauvais traitements, et l'un des deux chefs, mes compagnons, se donna lui-même la mort en se précipitant dans les flots.

"Deux jours avant l'arrivée, le capitaine Lebon ordonna un nettoyage général du navire et des cent noirs qui restaient. On traita les noirs absolument comme le navire, et voici comment : on les fit monter sur le pont dix par dix ; quand dix noirs étaient là, on leur ordonnait de se dépouiller entièrement, hommes, femmes et enfants, et quand ils étaient nus, des matelots les inondaient de seau d'eau de mer, et, pendant que tous ces corps trempés se séchaient au soleil, après s'être eux-mêmes rudement frottés, il fallait que chacun lavât ses guenilles et les étendît sur des cordages. En un quart d'heure, c'était fait, tant les rayons du soleil étaient brûlants. Alors, c'était le tour de dix autres, et ainsi de suite. Le navire reçut les mêmes soins, et, deux heures avant la fin du jour, tout était achevé.

"Le capitaine Lebon paraissait assez satisfait de l'état de sa cargaison vivante. Il comptait, disait-il, prendre sa retraite après cette dernière campagne, et vivre en rentier, du fruit de ses travaux. — Monsieur Rigaut, disait-il à son second, ce voyage-ci ne sera pas mauvais. Seize et demi pour cent environ, ce n'est pas un fort déchet. Dans certains voyages j'ai perdu jusqu'à soixante pour cent, et je gagnais encore ! Bel état, monsieur Rigaut, bel état ! — Et la corde ! capitaine, répondit le second.

— Ah ! dame.... les préjugés sont si niais ! Je conviens qu'il est désagréable d'être pendu à la grand'vergue d'un navire de guerre, mais.... qui ne risque rien n'a rien !

"Enfin, mes enfants, nous arrivâmes en vue de la Guadeloupe, et, quelques heures après, notre navire était mouillé à une portée de fusil du rivage, vers un endroit convenable, choisi à cet effet, pour être à l'abri des regards de la douane. Le navire ne devait pas rester plus de trois jours mouillé, et il fallait que, dans cet espace de temps, le capitaine eût tiré de sa cargaison autant qu'il serait possible ; quant aux noirs non vendus tel jour, à telle heure.........................

"Mais ici, fit Salomon, il faut que je m'arrête un instant, pour trouver le courage de continuer. Ce qu'il me reste à vous dire de ce voyage de *traite* est tellement horrible, que, si le fait n'était pas connu depuis longtemps, ceux à qui on le raconte n'y pourraient pas croire....."

Là-dessus, le vieux noir s'arrêta quelques instants, comme s'il recueillait des forces. Enfin, après un silence que nul ne songea à interrompre, il reprit :

XIII. — SUITE. — L'EMPOISONNEMENT.

"Aussitôt que le *Vengeur* fut mouillé, on nous fit une ample distribution de vivres, accompagnée de l'ordre formel de beaucoup manger ; après le repas, une mesure de tafia fut donnée à chaque homme, à chaque femme et à chaque enfant, la mesure variant suivant l'âge et le sexe ; ensuite de cela, chacun reçut un vêtement complet, qu'il dut endosser immédiatement. Nous étions arrivés le matin, de bonne heure. A midi, une seconde distribution fut faite, et une seconde dose de tafia fut versée ; de même le soir.... si bien que le lendemain, au lever du jour, tout le monde était propre, guilleret et dispos. Le capitaine connaissait son métier !

"Pendant les deux premiers jours, nous fûmes visités par des habitants, qu'on allait chercher en canot, et qu'on ramenait de même au rivage. Chacun d'eux achetait quelques nègres, payait comptant, et s'en allait avec son acquisition. Le Chef, mon compagnon, fut emmené ainsi, le deuxième jour. Quant à moi, mon air morne, triste et chagrin, n'engageait pas beaucoup les acheteurs.

"Le troisième et dernier jour, vers midi, un habitant de la Capesterre m'acheta enfin, mais il dit qu'il ne viendrait me prendre que le soir. Je restai donc à bord, et c'est à ce retard que je dus de voir l'horrible scène que je vais vous raconter.

"On avait fixé le départ du navire à dix heures du soir, lever de la lune à cette époque du mois. A six heures mon nouveau maître vint me chercher, mais voici ce que j'avais vu à cinq heures : Le capitaine s'était fait apporter, sur le pont, un grand pot d'eau douce mêlé d'environ un quart de vin, plus un paquet de poudre blanche qu'il délaya dans le tout. Quand la préparation fut achevée, il fit monter un à un, et une à une, tous ceux et celles qui n'avaient pas été vendus, et là, d'un air toujours tranquille et benin, il disait à chaque arrivant :

—Bois-moi ça, mon garçon, ou ma fille, ça te fera du bien !

"Chacun buvait, puis redescendait dans la cale....

" Vous allez voir de quoi il s'agissait....

" A six heures comme je vous l'ai dit, mon nouveau maître vint pour me chercher. Quelques jeunes négresses et quelques petits noirs, qu'on n'avait pas fait descendre comme les autres, étaient assis, près du grand mât, sur un long coffre d'outils, et causaient entre eux. Ceux-là aussi avaient pris la potion du capitaine. Mon nouveau maître les vit et remarqua une jeune négresse d'une quinzaine d'années, jolie au possible, à la physionomie éveillée et intelligente ; elle lui plut sans doute, car il l'acheta immédiatement. Quand le capitaine en reçut le prix, je vis un sourire étrange se dessiner sur ses lèvres minces, et plus tard je compris la signification de ce sourire.

" Nous partîmes donc tous les trois en canot, mon maître, Agnès et moi. Agnès était le nom de la pauvre enfant. Quand nous fûmes arrivés à l'habitation de monsieur de Rivière, notre nouveau maître, il nous présenta à sa femme, bonne et digne personne, comme son mari, et faisant avancer Agnès :

—Tiens, dit-il à sa femme, voilà un cadeau que je te fais. Vois donc comme elle est jolie, comme elle a l'air intelligent. On dit que tous les noirs d'Afrique sont laids ; as-tu jamais vu un visage plus mignon, je dirai même plus distingué ?

" Madame de Rivière fit mille amitiés à la jolie enfant, et lui donna quelques friandises. Après quoi, comme nous étions bien fatigués, on nous arrangea deux couches dans une pièce voisine, pour cette nuit-là seulement, en attendant qu'on nous donnât une case. Nous ne nous couchâmes pas toutefois sans souper. Madame de Rivière nous fit servir un bon repas, et il était à peu près neuf heures quand nous gagnâmes, Agnès et moi, chacun notre couche.

Vers onze heures environ je fus réveillé par des plaintes et des gémissements qui partaient de l'endroit où était couchée la jeune négresse. Bientôt ces plaintes et ces gémissements devinrent de véritables cris de douleur. Je donnai aussitôt l'alarme, et monsieur de Rivière accourut dans notre chambre, accompagné d'un domestique. La jeune négresse se tordait dans d'horribles convulsions. Cela fendait le cœur. Madame de Rivière vint ensuite, ainsi que deux servantes, et, peu à peu, la chambre fut pleine de monde.

— Vite un médecin ! s'écria monsieur de Rivière, Jean, montez tout de suite à cheval, et ne revenez pas seul ! Au galop, toujours au galop : vous pouvez être de retour dans une heure !....

" Le domestique partit à la hâte, et l'on s'empressa autour de la pauvre fille qui souffrait de plus en plus, et qui poussait des cris à fendre l'âme. Chacun donnait son avis et proposait un remède, sans savoir de quoi il s'agissait. Mon maître se retournant vers moi, me demanda si je comprenais quelque chose à ce mal subit. — Peut-être monsieur, lui répondis-je ; et je lui racontai la scène de la potion du capitaine. Le doute et l'indignation parurent à la fois sur son visage. — C'est impossible ! s'écria-t-il.... Pourquoi ?....

" Au bout de moins de trois quarts d'heure, Jean entra suivi d'un médecin. Quand celui-ci fut mis au fait, il s'approcha d'Agès, chez qui les douleurs étaient suspendues ou terminées, et qui était alors presque immobile, le regard vitreux, la bouche contractée, la respiration courte, les membres raides.

—Il est trop tard ! dit le médecin ; la pauvre fille est empoisonnée.

—Je ne voulais pas croire à ces horreurs ! dit monsieur de Rivière....

"Aussitôt, de l'avis de mon maître et du médecin, auquel le premier raconta la scène que vous savez, plainte fut portée au lieutenant de la gendarmerie, à défaut d'un officier civil qu'il eût fallu aller trouver trop loin. Le lieutenant fit monter à cheval un brigadier, avec quelques hommes, pour arrêter le navire s'il en était temps encore. Comme je l'appris le lendemain matin, *Le Vengeur* était parti entre dix et onze heures....ayant à bord quinze autres malheureux empoisonnés par le capitaine

....

—J'avais bien entend parler de cet horrible usage de beaucoup de navires négriers, dit Casimir au bout d'un instant ; mais j'avais peine à y croire.

—Il y a longtemps que je sais cela moi, ajouta Suzanne.

— Mais pourquoi empoisonner ces malheureux ? demanda Rose.

—Quand il n'y a plus d'espoir de vente, répondit Salomon, comme on veut se débarrasser au plus vite de bouches inutiles et d'hôtes compromettants, en cas de rencontre de quelque navire de guerre, on commence par administrer le poison à ce qui reste, et dès qu'on a gagné le large, on jette à la mer tous ceux qui succombent, ou qui sont près de succomber. De cette façon, aucun corps ne peut être recueilli vivant et servir de témoin à l'occasion.

Tous les convives étaient émus.

"Le lendemain, termina Salomon, on ouvrit le

corps de la pauvre Agès, et ou y trouva l'arsenic qui l'avait tuée.

*
* *

"Maintenant, mes enfants, je vous terminerai ce que j'avais à vous faire savoir, le plus brièvement possible. Pour ne pas couper la première partie de mon récit, que je viens de vous faire, j'ai omis à dessein ce qui m'était personnel avant qu'on m'eût enlevé de la côte d'Afrique Je vous ai dit que je savais avoir mérité mon sort, pour la part criminelle que j'avais prise plusieurs fois à cette *traite* infâme qui est la source infâme de l'infâme esclavage. Pendant trente ans j'en ai demandé pardon à Dieu, et comme Dieu est tout miséricorde, il a pardonné à mon repentir. Nous ne reviendrons plus là-dessus, et vous saurez un jour comment j'ai su que j'avais reçu grâce de la Suprême Justice.

"Lors de mon enlèvement des côtes d'Afrique, j'étais uni, depuis trois années seulement, à la fille d'un chef de camp, voisin du nôtre. Elle était plus jeune que moi de quelques années, et les autres femmes s'accordaient à la trouver belle : c'est vous dire, en peu de mots, comment elle était belle! Aurore me donna un fils, au commencement de la deuxième année de notre union. Qu'est-il devenu ? Je mourrai certainement sans le savoir! Peu-être a-t-il expiré sous le bâton d'un maître.... Peut-être traîne-t-il encore une existence misérable, dans quelque coin maudit de ces pays criminels qui donnent, sur leur sol, refuge à l'esclavage.... Peut-être plus heureux est-il retourné jeune, ou enfant encore, dans la Patrie qui nous attend tous sur le pied d'une égalité fraternelle!.... Et elle! ma pauvre et chère Aurore.... quel lot le sort misérable de nos pareils lui a-t-il donné ?....J'eusse pu vivre de longues années avec elle; nous eussions au moins souffert ensemble!.... La solitude a été ma peine, sans compter les maux physiques. J'ai vendu mes frères, et je ne verrai pas mes enfants dans cette vie !

....

"Je restai pendant dix ans chez mon premier maître, monsieur de Rivière. Jamais je n'ai connu un homme plus juste, plus humain et plus bienveillant. Chez lui, je ne fus jamais frappé. Matériellement, j'étais assez heureux. Mon jardin, que je cultivais pendant mes deux heures du midi, pendant tout le samedi et une partie du dimanche, me procurait un bien-être relatif assez grand. Je ne souffrais qu'au moral de cette solitude qui était ma punition. Jamais le souvenir d'Aurore ne s'effaça de mon cœur; il ne diminua même pas, et aujourd'hui, que je suis peut-être le plus vieux de la colonie, aujourd'hui encore je la vois, et je l'aime comme au temps où nous étions l'un à l'autre....

"Au bout de dix ans, monsieur de Rivière mou-rut, et j'échus en partage à un homme aussi avide et aussi petit que mon premier maître était généreux et grand. Alors, mon sort changea tout-à-coup, comme le temps de l'hivernage. A trois heures du matin, la cloche appelait au travail des cannes ; on avait à peu près cinq minutes pour se réveiller, se vêtir — ce qui n'est pas long !— et être présent sur les rangs, devant la chambre de l'économe. Quiconque ne répondait pas au premier appel nominal, recevait immédiatement des coup de fouet. Alors on partait pour le *jardin* — un singulier nom pour dire des champs de cannes !— et là, jusqu'à midi, il fallait que la houe s'élevât et s'abaissât sans discontinuer une seconde. Au moindre arrêt, des coups ! Hommes, femmes, forts, faibles, devaient fournir le même travail dans le même espace de temps. Les éclats du fouet retentissaient sans cesse sur cette plantation maudite. On avait quinze minutes pour manger, vers neuf heures du matin.... quand on avait de quoi manger. A midi un quart ou midi et demi la cloche sonnait pour le repos, au lieu de sonner à midi, selon les règlements des habitations ; à une heure et demie ou à une heure trois quarts, elle sonnait encore pour rappeler au travail, au lieu de sonner à deux heures. Il fallait, dans cette heure et demie, diminuée encore selon l'éloignement de la pièce de cannes où l'on travaillait, pour aller aux cases et revenir, il fallait cuire son manger, le prendre et se reposer pour éviter les plus fortes ardeurs du soleil, toujours selon les lois coloniales. Aussi, ne se reposait-on point pendant ce que nous appelons le midi, ou, si on était harrassé et qu'on tombât de lassitude sur sa natte, n'avait-on pas le temps de manger. Quand on était arrivé au jardin, au lieu de cesser le travail dès que le soleil se couche, il fallait le continuer jusqu'à la nuit noire, et il fallait encore, après cela, aller aux herbes pour les bestiaux. D'un bout de l'année à l'autre c'était le même excès de labeur. Les jours de fêtes qui nous appartiennent d'après la loi, on les prenait le plus souvent, sous quelque prétexte de punition générale, prétexte toujours facile à trouver. Aussi, nos petits jardins de case étaient-ils presque tous incultes, et la plus profonde misère nous rongeait incessamment. La distribution de vivres qui se faisait le lundi pour toute la semaine, était pesée si juste, que beaucoup étaient forcés de voler pour ne pas tomber d'inanition, la houe en main ! et quand les voleurs étaient pris, c'était des supplices et des cruautés....

"Voilà, mes enfants la vie que j'ai menée pendant douze ans! ajouta Salomon, douze ans! et je ne suis pas mort de fatigue, de misère et de souffrances !— C'est que tout infirme et tout misérable que fût mon sort, j'étais destiné à être un jour utile aux autres; c'est peut-être aussi pour cela que le Créateur m'a donné une santé de fer et d'acier.

"Vous comprendrez un jour, mes amis, ce que certaines de mes paroles ont de vague pour vous. Tout ce que je puis vous dire maintenant à ce sujet, c'est que j'appartiens à une vaste association dans laquelle sont entrés de tout cœur des hommes de toutes les conditions, riches, pauvres, libres, esclaves, blancs, noirs....qui tous tendent au même but par des routes différentes sans être opposées.

Le petit livre que j'ai donné à Casimir est une œuvre de cette association ; lisez-le dans vos peines, et vous reprendrez courage ; lisez-le dans vos courtes prospérités, si la méchanceté des hommes vous en accorde, et vous serez fraternels et charitables. Il vous élargira l'âme, vous ouvrira le cœur, et vous fera découvrir ce que chaque situation mauvaise peut renfermer de bon. Ce livre-là ne consacre pas l'esclavage ; il n'autorise pas la vengeance ; il ne prêche pas le malheur de l'homme sur la terre comme loi de la Providence. Il enseigne la route du bonheur à l'humanité, sans conseiller de précipiter les temps et de forcer les circonstances. Je ne puis tout vous dire sans manquer à un serment sacré : mais, avec ce que je donnerai à Casimir, il trouvera partout quelques amis, et Dieu fera le reste."

La nuit commençait à venir, et le repas était achevé. On resta néanmoins à causer jusqu'à dix heures environ. Alors Salomon s'adressant à Rose et à Casimir :

— Maintenant, mes enfants, leur dit-il, c'est l'heure de nous séparer. Venez que je vous embrasse, et.... Que la bénédiction du Dieu Tout-Puissant se répande sur vous ! Celui qui gouverne les mondes lit jusqu'au fond des cœurs, et je le prends à témoin des vœux que je forme pour vous.... et pour tous ceux qui souffrent sur la terre.

Rose se jeta en pleurant dans les bras du vieil aveugle, et les sanglots l'empêchèrent de parler. Casimir vint à son tour serrer dans ses bras la patiente victime qui ne priait que pour ses frères!.... Suzanne pleurait silencieusement.

— Adieu, notre père, dit Casimir au comble de l'émotion ; votre cher souvenir et vos bons conseils ne sortiront jamais de mon cœur et de mon âme... Quand j'aurai quelque bonheur, je le partagerai en pensant à vous ; quand j'aurai à souffrir, je prendrai courage en vous voyant dans mon souvenir....

— Tiens, mon fils, répondit Salomon, porte sur la poitrine cette petite Étoile qui t'a déjà ouvert le camp du Grand-Soleil ; elle t'ouvrira de nobles cœurs, et en cas de trop rude infortune, elle te sera une consolation et un secours.

— Adieu, grand-père, dit enfin Rose, qui retrouvait sa voix étranglée par la douleur, adieu...... priez pour nous, car je sens que nous allons souffrir !

— Va! ma fille, sois bonne, honnête et courageuse : le ciel mesurera tes peines à tes forces, et — crois-moi — bientôt, plus tôt que tu ne saurais le croire, de beaux jours luiront pour vous et pour nos frères, le jour où je quitterai cette terre pour aller Là-haut ! — Au revoir Suzanne, ajouta-t-il ; venez me voir dès que vos enfants seront partis...

— Je viendrai, répondit la pauvre mère, oh ! oui, je viendrai !

Et les trois désolés sortirent de l'ajoupa, que deux au moins ne croyaient plus revoir.

Veille-toujours les accompagna avec des caresses qu'on lui rendit bien, jusqu'au détour du premier morne.

XIV.
LE 8 FÉVRIER 1843.

Ce dimanche des adieux était le 5 février 1843. Le lendemain, 6, devait être le jour du départ de Rose et de Casimir. Tout était donc prêt, et l'heure à laquelle M. Lambert devait se rendre au navire, avec les deux esclaves et les papiers, était près de sonner, quand le capitaine Jackson se présenta et annonça qu'un retard forcé remettait son départ à quelques jours. Néanmoins les actes de vente furent échangés contre la somme convenue, et les deux esclaves appartinrent dès ce moment au capitaine ; ils devaient rester, pendant ces quelques jours, chez leur ancien maître.

La nouvelle fut aussitôt apportée à Salomon, qui croyait ses amis déjà embarqués. Il les invita à le venir voir pendant le temps de liberté qu'ils allaient avoir, leur fit dire qu'il les attendait ce soir-là même, et expédia sur le champ un ordre secret, à quelque distance de sa demeure.

Donc, ce lundi soir, au lieu de voguer vers New-York, la Cité-Empire des Etats-Unis, Casimir et Rose étaient encore assis dans l'ajoupa de Salomon.

Il y a tant d'événements qui traversent les projets des uns, qui modifient ceux des autres, changent ceux-ci, renversent ceux-là ! L'homme est si peu sûr, dans nos siècle de bruit et de mouvement, de ce qu'il sera et de ce qu'il fera à une année de date seulement ! La roue des événements, qui arrête les uns et pousse les autres, bouleverse tellement ce qu'elle rencontre sur son passage!.... L'homme s'agite et Dieu le mène !

Il avait été convenu qu'il ne serait plus question de la séparation et du départ, car il était au moins inutile de s'appesantir sur un fait accompli, et de déplorer un malheur sans remède. Salomon n'avait pas voulu qu'on s'attristât davantage, toujours d'après son système consolateur, qu'il y a temps pour toute chose, et qu'à chaque jour suffit sa peine.... Dans les situations difficiles et compliquées, il disait: fractionnez les difficultés, et vous viendrez à bout de les vaincre. Dans les malheurs irrémédiables, il disait : prenez votre parti ; à quoi sert de se désoler, sinon à se rendre malheureux soi-même et insupportable aux autres? Dans les positions momentanément critiques, il disait : roidissez-vous, aidez-vous avec courage, et Dieu vous aidera. Et, dans toutes les situations de la vie: ne soyez ni bas dans l'adversité, ni insolents dans la prospérité…. le courage moral, père de la dignité, est une aide puissante qui fait traverser sans chûte bien des passages difficiles."

Qui avait ainsi armé un vieux noir ignorant et aveugle ? Qui avait enseigné cette grandeur et cette sagesse à un pauvre paria réduit à l'état de machine à sucre ? Qui avait doté de cette suprême verta sociale, la bienveillance, un pauvre martyr ne connaissant de la vie que sa face rude et âpre ? …. Qui ?…. L'œuvre de l'association dont il a lui-même parlé vaguement ; le petit livre dont il a donné à Casimir un exemplaire ; une chose immense, dont rirait le monde frivole, et que béniront les âges futurs. Il y a temps d'éclosion pour toute chose, et le temps n'est pas venu de divulguer ces choses : elles font leur chemin en silence, semant le bien autour d'elles, et laissant au temps et à Dieu le soin de les faire mûrir pour le bien de tous.

La journée du lundi prit fin comme tout prend fin ici-bas. Vers les dix heures du soir, Veille-toujours annonça un visiteur, et, un moment après, Thermidor entra dans l'ajoupa.

Il était abattu et consterné. Il s'avança comme un criminel qui se recommande à la clémence de la Cour, avant le prononcé de son jugement.

— Bonsoir, père Salomon, dit-il, vous m'avez fait délivrer et dire de venir ici : me voilà.

— Je vous ai fait dire de venir, répondit Salomon, parce qu'un événement imprévu a permis que vous pussiez demander pardon à ceux que vous avez mortellement offensés. Quant à l'action que vous menaciez de commettre, peut-être ne l'auriez-vous pas commise après réflexion ; vous pouvez donc être pardonné, si vous vous repentez sincèrement.

— Oui ! je me repens, s'écria le noir avec un élan de sincérité impossible à méconnaître, et je demande pardon à mam'zelle Rose et à Casimir.

— Je vous pardonne, répondit la jeune femme ; je ne veux pas partir avec de la haine dans le cœur.

Casimir regardait tout le monde et ne comprenait pas.

— Je te dirai ce que c'est, lui souffla Rose.

— Et vous, père, demanda le noir, me pardonnez-vous ?

— Pas encore, répondit l'aveugle : je veux voir, auparavant, comment tu t'en tireras avec ton maître, qui te croit marron depuis le jour que je t'ai fait enfermer pour t'empêcher de nuire….

— Oh ! père, je vais vous le dire tout de suite : je dirai que j'étais marron, et je recevrai vingt-neuf coups de fouet aux quatre-piquets…. et tout sera dit !

— Si tu fais ainsi, répondit Salomon, viens me voir le dimanche qui suivra ton châtiment mérité…. et alors je te pardonnerai.

Thermidor souhaita le bonsoir, et sortit pour se rendre chez son maître.

Alors, Rose raconta à son mari la scène qui avait eu lieu, et celui-ci y trouva encore une occasion d'admirer la justice et la sagesse du vieil aveugle de Jolimont.

Après la punition, le repentir et le pardon, qu'y avait-il à dire ? Casimir regarda Rose avec amour pour la remercier de son courage, et Salomon avec reconnaissance pour le remercier de son secours. Quand il fut onze heures, on se dit bonsoir, et le jeune ménage regagna son *sweet home*, qu'il fallait abandonner dans quelques jours !

La journée du lendemain, 7, fut employée en courses, de droite et de gauche, en nouveaux adieux et en derniers préparatifs. Le jour du départ n'était pas encore fixé par le capitaine Jackson, mais ordre était donné de se tenir prêts à toute heure. Aussi, Casimir et Rose ne sortaient plus sans dire à monsieur ou à madame Lambert où ils allaient, et sans fixer l'heure exacte de leur retour.

∗

On était arrivé au 8 février, date lugubre, écrite en traits de sang et de larmes dans les souvenirs de tant de familles.

Casimir et Rose venaient d'entrer chez Salomon, qui devait donner au jeune mulâtre, pour les Etats-Unis, les noms de plusieurs de ses frères de l'Association dont il a été vaguement parlé. Il était environ neuf heures du matin.

— Mes enfants, dit Salomon, cette nuit j'ai fait un singulier rêve ; je dis rêve, pour ne pas employer un autre mot que vous ne comprendriez pas. Je vous dirai qu'il se prépare une grande catastrophe dans ce pays, et cette catastrophe est proche, très proche. Ne voit-on rien dans le ciel ?

— Rien répondit Casimir qui avait jeté un regard circulaire au-dessus de l'horizon ; il fait un temps superbe ; le ciel est magnifique.

Si l'on n'avait pas connu le vieil aveugle pour un esprit sain, calme et sérieux, on l'aurait pris, à ce moment-là, pour un fou ou pour un illuminé. Il semblait plongé dans une attention intérieure arrivée à l'extase et détachée des choses de la terre. On lui adressa deux fois la parole, et il ne répondit pas. Cette absence inexplicable dura plusieurs minutes ; enfin, elle cessa.

— A quelle heure devez-vous rentrer ? demanda-t-il à ses deux visiteurs.

— A midi, répondit Rose.

— C'est bien : il vaut mieux que vous soyez ici

Mais que va-t-il arriver, mon Dieu ! que va-t-il arriver !

A ces derniers mots, les amis du vieux noir commencèrent à craindre sérieusement que, vû son grand âge, il ne fût tombé en enfance, ou frappé d'aliénation mentale. Ils se regardèrent avec un commencement de consternation, et gardèrent un sombre silence que comprit Salomon.

— Ne craignez rien, mes enfants, dit-il, j'aurai ma raison jusqu'à mon dernier souffle, et j'ai encore au moins trois années à vivre.

—Comment savez-vous cela ? demandèrent Casimir et Rose au même moment....

— Vous êtes bien curieux! mes enfants, répondit, sans aigrenr, le vieux noir.

On s'occupa de diverses choses. Le temps était toujours beau, le ciel toujours serein ; rien, en un mot, n'annonçait l'horrible cataclysme qui se préparait.

L'horloge de l'église sonna la demie de dix heures.

Salomon retomba dans l'espèce de léthargie morale qui l'avait déjà absorbé.

Quelques minutes s'écoulèrent ainsi.

Tout-à-coup....le sol sembla se dérober sous les pieds qui le foulaient ; des secousses, d'abord faibles et lentes, devinrent vigoureuses et précipitées ; bientôt un horrible fracas s'élança de la Pointe-à-Pitre ; puis, des clameurs épouvantables, réunion de dix mille voix confuses, éplorées, déchirantes, insensées, égalèrent le bruit profond et terrifiant de vingt tempêtes qui se déchaîneraient à la fois.

C'était un tremblement de terre !

Non pas un tremblement de terre inoffensif, comme on en enregistre tous les jours ; mais de ceux-là qui ont englouti Herculanum et Pompéïa...

Les secousses durèrent trente-cinq secondes !.... augmentant de violence et de précipitation.

Quand ce fut fini, il n'y avait plus de ville !.... La Pointe-à-Pitre était littéralement détruite. Ce n'était plus qu'un amas informe de pierres tombées les unes sur les autres, en écrasant sous leur masse plus de six mille personnes, hommes, femmes et enfants, blancs, mulâtres, noirs, sans distinction, sans choix, sans rémission possible. Plus de ville, plus de maisons, plus de rues, rien !.... que des cris déchirants de douleur, d'épouvante insensée... Du sang partout, des ruines partout, des têtes sans corps, des corps sans têtes, des membres épars de tous côtés, chauds et sanglants, des éclaboussures de cervelles sur les vêtements des fuyards, des appels déchirants, une Babel renversée, la fin du monde !

On n'a plus peur de rien quand on a vu cela.

Ce n'était pas tout....

De vingt côtés à la fois l'incendie jaillit terrible, en toute liberté du contact des matières inflammables avec les foyers des cuisines. Nous disons en toute liberté, vu qu'il n'y avait plus ni pompes ni pompiers, rien pour s'opposer au feu, à supposer qu'il eût été possible de marcher. Or, il n'y avait plus ni rues, ni chemins, ni passages quelconques. Vous avez vu une maison jetée à terre ; eh bien, supposez toutes les maisons d'une ville tombées pêle-mêle au même instant! Seulement, toutes ces maisons étaient pleines de vivants, et maintenant elles sont pleines de corps écrasés en bouillie, déchirés en charpie.... ou lentement calcinés par le feu, après de lamentables agonies !

Si la malédiction d'un Dieu de clémence pouvait tomber sur une autre Gomhorre, ce serait par un pareil châtiment qu'elle se manifesterait.

Le tremblement de terre de la Guadeloupe inscrira, dans l'histoire des grands maux de l'humanité, la date lugubre du 8 février 1843.

Quand l'œuvre de destruction par les secousses fut achevée, ce fut, comme nous l'avons dit, le tour de vingt incendies simultanés. Le tableau, d'abord épouvantable et terrifiant, devint horrible et déchirant. De tous côtés, on entendait de ces cris qui brisent l'âme, de ces appels suprêmes qui broient le cœur. Des hommes, des femmes, des enfants, les uns demi-nus, les autres blessés, couraient en appelant, ceux-ci leurs mères, ceux-là leurs maris, d'autres leurs pères, de cette voix non humaine, pour ainsi dire, qui semble partir du plus profond des entrailles, et qui va remuer toutes les fibres de la douleur et de la pitié.... Des femmes éplorées, pâles de terreur et d'épouvante, escaladaient les montagnes de décombres, appelant leurs enfants... qui ne pouvaient plus leur répondre ! " *De profundis clamavi ad te, Domine....*" Cette parole du désespoir peut seule donner une idée des clameurs terrifiantes qui déchiraient incessamment les échos de ce qui avait été une ville. En même temps, le feu, libre de toute entrave, dévorait, dans les excavations inconnues formées par les décombres, des centaines de malheureux qui, probablement, appelaient au secours d'une voix lamentable....

Les premières heures qui suivirent le grand coup furent comme la folie du désespoir. Celles qui suivirent furent peut-être plus navrantes encore. On commençait à retrouver des cadavres, des corps vivants horriblement mutilés, des bras, des têtes, des jambes, tout cela mêlé à des poutres à demi consumées, à du gravois, à des éclats de meubles....et, à chaque être chéri ainsi retrouvé, c'était des cris, des pleurs, des gémissements à épouvanter !

Bientôt, la plaine de décombres, qui était une ville joyeuse et coquette quelques heures auparavant, se vida peu à peu. La route des Abymes se trouva alors encombrée d'hommes, de femmes et d'enfants fuyant l'immense désastre de la cité, pour aller chercher quelque repos et un peu de nourriture dans les campagnes épargnées. C'était un tableau d'un lugubre indicible, que celui de cette fuite à pas lents, la tête basse, les yeux pleins de larmes, la démarche chancelante, le corps à demi-vêtu. Comme les enfants de l'antique Messénie devant le décret de Lacédémone, les habitants de la cité détruite fuyaient devant la destruction, la famine et la menace de la peste....L'un portait un matelas arraché avec peine de dessous quelques décombres; l'autre sauvait quelques vivres avariés; de pauvres petits enfants couraient d'une femme à l'autre, cherchant leur mère avec des sanglots navrants....On a vu des mères emportant dans leurs bras les cadavres mutilés de leurs enfants trouvés sous les décombres;....leurs larmes, épandues en silence, tombaient chaudes sur ces petits corps que la mort avait glacés....Une, entre autres, — et celle-là nous l'avons vue — emportait, dans un vieux linge tout sanglant, la moitié du corps déchiré de sa petite fille! Des gouttes de sang, coulant à intervalles égaux de ce fardeau sanglant, marquaient son chemin d'une rouge traînée ;......elle était folle !

Le tremblement de terre avait eu ses deux premières phases : la panique, puis la douleur ; il allait avoir ses deux dernières : l'incendie et le danger de la peste ; et, au milieu de ce carré de lugubres misères, la famine allait s'asseoir, hâve et décharnée ! Tel riche d'hier allait vivre, pendant quelque temps au moins, de cannes à sucre, de riz ramassé dans la poussière des ruines, de morues salées arrachées par lambeaux du milieu des pierres et des poutres, sous les magasins écroulés.

L'égalité se fait devant la souffrance comme devant la mort.

La première journée se passa au milieu d'épisodes d'une tristesse et d'une douleur trop pénibles à rappeler. De ces épisodes nous pourrions écrire vingt chapitres — car nous avons tout vu ! — si le désastre dont nous parlons était lui-même autre chose qu'un épisode dans cet ouvrage. Le soir, la faim commença à se faire sentir. Quelques chariots de cannes à sucre, quelques paniers de racines-légumes arrivèrent bien des habitations voisines ; mais qu'était-ce que cette ration pour une population affamée ? Les trois quarts n'en virent rien, et la moitié ignora même qu'on eût envoyé ce pauvre secours. Après la faim vint le sommeil, et il n'y avait plus d'abri ! On campa dans les champs, à l'air frais de la nuit, sans matelas et sans couvertures, exposé à la pluie, si elle venait à tomber, et, en tous cas, à la rosée du soir et à celle du matin, presque sans vêtements, et l'estomac vide !....

La ville de la Pointe-à-Pitre avait alors son faubourg ; la séparation était marquée par le canal Vatable, du nom d'un gouverneur de la Guadeloupe, qui fit creuser ce canal pour conduire à la mer les eaux et les immondices de la ville. La Pointe-à-Pitre pouvait compter quinze mille âmes de population. Nous verrons bientôt combien il en resta après le 8 février. La ville, proprement dite, était toute bâtie en pierres, une ordonnance du Conseil colonial ayant depuis longtemps interdit les bâtisses en bois, dans la crainte de l'incendie (Aujourd'hui, on a interdit de construire en pierres ou en briques par la crainte des tremblements de terre ; pour parer aux incendies — qui sont un minime sinistre, comparé à l'autre — on a élevé des fontaines aux coins des rues.) Le faubourg, au contraire, généralement habité par de médiocres ménages, était construit en bois. Il arriva ceci: que la ville toute entière fut détruite de fond en comble, tandis que le faubourg resta debout ! Ses maisons de bois étaient bien disloquées et penchées, mais elles ne tombèrent pas, et par conséquent, n'écrasèrent personne....—Les pauvres devinrent les riches, au moins pour le moment présent, et ainsi fut accompli sur une petite échelle, au milieu d'un immense désastre, cette parole du martyre de l'égalité : " Les premiers seront les derniers et les derniers les premiers. "

Enfin chacun campa comme il put, le cœur et le corps brisés. Le malheur avait donné sa leçon d'égalité ; il donna bientôt sa leçon de fraternité. Chacun partagea parce qu'il avait peu, et qu'il pouvait, d'une heure à l'autre, avoir besoin qu'on partageât avec lui. C'était à qui offrirait un coin de matelas, le partage d'un oreiller, l'hospitalité d'une couverture, un morceau de ce qu'il avait pu trouver pour manger.... Les plaines qui bordent la route des Abymes étaient couvertes de campements improvisés ; quelques tentes légères s'élevaient çà et là pour les femmes et les enfants....

Alors....on vit de ces charités et de ces nobles vengeances chrétiennes, dont le souvenir rafraîchit l'âme et donne la certitude de la fin définitive des maux de l'esclavage....On vit de pauvres nègres esclaves descendre des habitations, chargés de fruits et de racines-légumineuses, qu'ils venaient d'arracher à leur petit morceau de terre ! Ils apportaient des bananes, des ignames, des patates, du manioc, des cannes, des madères, des mangos, des oranges, des malangas, d'énormes abricots nourrissants, tout ce qu'ils avaient pu récolter à la hâte, et ils disaient en pleurant, aux blancs dont les pères ou les frères, les parents ou les amis, les pareils en tous cas, les tenaient courbés par la force sous le joug de la servitude: "Prenez et mangez, mes pauvres maîtres !...." Et n'auraient-ils pas pu ajouter ces paroles du Christ: "Ceci est mon corps, cela est mon sang...."Car c'était en réalité, et leur corps et leur sang : chaque mesure de sueur avait arrosé leur travail, chaque goutte de leur sang l'avait consacré !

Et il y a des êtres qui croiraient que de telles

paroles et de telles actions ne sont pas entendues Là-Haut ! ne sont pas enregistrées dans le grand livre de la Suprême Justice ! Honte à ceux-là ! Ils nient Dieu parce qu'ils se sentent coupables, comme si leur négation orgueilleuse pouvait effacer la Providence !

Oui, des nègres esclaves, battus de la rigoise, déchirés du fouet, courbés, par la brutalité, sous un labeur mortel, ont nourri du partage de leur misère les blancs libres et oppresseurs qu'un désastre venait de frapper !

La faim fut encore plus impérieuse le lendemain ; bien que la douleur s'accrût, chez beaucoup, de l'incertitude du sort des leurs, maint désespoir se tut devant l'irrémédiable, et la nature physique réclama ses droits. On avait bien expédié des avis dans les bourgs voisins et dans les petites villes de la colonie, mais il faut du temps pour toute chose, et les secours bien insuffisants ! qu'on devait attendre, ne pouvaient pas arriver comme à l'ordre d'une baguette magique. La famine commença donc à sévir dès le lendemain, et il n'y avait rien pour l'apaiser !

****

Vers dix heures du matin, les malheureux campés dans la plaine des Abymes, virent venir à eux une négresse assez âgée, accompagnée d'un vigou-reux noir et d'un chien plus vigoureux encore. La négresse portait un grand panier sur sa tête, et deux plus petits à son bras droit et à son bras gauche ; le noir était chargé d'une grosse dame-jeanne placée sur sa tête et surmontée d'un gobelet de fer-blanc ; le chien tenait dans sa formidable gueule l'anse d'un lourd panier qui était loin d'être vide.

C'était Suzanne accompagnée de Zamor et de Veille-toujours.

Quand ils furent arrivés au milieu de la plaine, à l'endroit où la foule était le plus pressée, ils déposè-rent leurs fardeaux sur l'herbe, et découvrirent ce que contenaient les paniers. C'était une collection de vivres, cuits et crus, qu'ils avaient recueillis de côté et d'autre, et préparés pour venir au secours des plus grandes détresses. Ils étalèrent ces tré-sors devant tout le monde, et Suzanne commença à servir les affamés qui l'entouraient, en même temps que Zamor versait à boire à la ronde.

— Mangez, mes pauvres maîtres, disait-elle ; mangez : c'est propre !

— Que Dieu te le rende ! dit une pauvre mère dont l'enfant n'avait rien pris depuis vingt-quatre heures....

Quand la dame-jeanne fut vide, Zamor la remit sur sa tête et alla la remplir à une source voisine.

Veille-toujours, voyant Suzanne et Zamor servir avec bonté et déférence ceux qui les entouraient, comprit que le mot d'ordre du moment était à la douceur ; aussi, il allait de l'un à l'autre, flattant,

caressant, jouant avec les enfants, qui oubliaient un moment leur peine pour répondre à ses avances amicales.

Tant qu'il resta de quoi manger, Suzanne, Zamor et Veille-toujours restèrent à leur poste, l'une servant, l'autre versant à boire, le troisième pro-diguant des caresses. Dix fois le bon noir retour-na emplir la bienheureuse dame-jeanne ; il était harrassé de fatigue, et suait à grosses gouttes. Suzanne n'en pouvait plus, tant elle avait fait son office avec zèle. Vers midi, d'autres vivres appor-tés à Suzanne par deux noirs qu'envoyait Salomon, ajoutèrent encore à l'important secours arrivé si à propos....et le service de continuer, et les voya-ges à la source de se multiplier, sous les rayons d'un soleil à pic.

Ce travail charitable dura jusqu'au soir. Alors, la bonne Suzanne — qui ne suivait dans cette con-duite que les recommandations de Salomon — alla dans chaque tente et à chaque groupe où il se trouvait des femmes, et elle rendit à toutes de ces services qu'une femme peut seule rendre. Elle s'occupait en même temps des enfants, comme s'ils eussent été les siens propres ; Zamor aussi se rendait utile a tous les blancs qui voulaient bien l'employer, et la charité chrétienne de pauvres esclaves prouva, une fois de plus, qu'il n'est pas de situation où l'on ne puisse être utile à son prochain.

Ce dévouement fut remarqué, et on en parla plus tard.

Cependant, la veille, un gendarme à cheval avait été envoyé en exprès à la Basse-terre, siége du gouvernement de l'île, pour annoncer le désastre au Gouverneur. Celui-ci monta immédiatement à cheval, accompagné de quelques cavaliers, et, le matin du jour dont nous parlons, c'est-à-dire le lendemain de la catastrophe, vers six heures, il mettait pied à terre sur la place de la Victoire, tout couvert de poussière et de boue, son cheval trempé de sueur et haletant de la course précipitée qu'il venait de fournir. Quand le Gouverneur des-cendit de cheval, et qu'il eut jeté ses regards au-tour de lui, deux grosses larmes descendirent sur ses joues pâlies. Beaucoup de monde s'était réfu-gié sur cette place pour y passer la nuit, sous les gros sabliers qui la garnissent et lui font de l'om-brage quand le soleil est au Zénith. Aussi, le tableau qui frappa les regards du Gouverneur était.il fait pour exciter la douleur et la pitié. C'était une autre représentation des tristes scènes de la plaine des Abymes ; c'était pis, cent fois pis, car on y avait amené les blessés, qu'on avait couchés, tant bien que mal, et plutôt mal que bien, aux pieds des grands arbres. Des voiles de navires avaient été étendues d'arbres en arbres ; et ce fut au moins une espèce d'abri temporaire.

Aussitôt arrivé, le Gouverneur donna les ordres nécessaires pour parer, autant que faire se pouvait, aux maux les plus pressants. Une sorte de pharmacie, formée de tout ce qu'on pouvait sauver de dessous les décombres, fut installée à la hâte, et entourée de planches prises à bord des navires en rade. Quelques instruments de chirurgie furent aussi retrouvés, et tous les médecins de la Pointe-à-Pitre — car aucun d'eux n'avait péri — se mirent bientôt à l'œuvre. Il y avait des fractures à réduire, des contusions à panser, des amputations à opérer....et la place de la Victoire ressembla bientôt à une salle d'amphithéâtre d'hôpital. Des planches posées sur des tréteaux improvisés à la hâte servirent de tables, et au moment venu, on vit les couteaux diviser les chairs, on entendit les scies diviser les os. Protégés par des factionnaires, les opérateurs, en chemise jusqu'à la ceinture, avaient les bras retroussés et couverts de sang. Les plaintes des blessés, les cris de douleur des amputés, les gémissements des enfants, les sanglots des femmes, voilà le tableau que présentait la place de la Victoire, le lendemain du tremblement de terre!....

Et, pendant cela, le feu poursuivait son œuvre atroce de tourmenteur, sur des malheureux auxquels il était impossible de porter secours!

A bord des navires mouillés en rade, c'était d'autres scènes de douleur et de confusion. Une foule de gens, poussés par la terreur, s'étaient tout d'abord jetés dans les embarcations des quais, et avaient gagné les navires, craignant que le sol ne vînt tout d'un coup à manquer sous leurs pas. Quand il n'y eut plus d'embarcations pour le nombre toujours croissant des fugitifs, quelques uns, poussés au comble de la terreur, se jetèrent à la nage....et tous n'arrivèrent pas. Plusieurs canots trop chargés chavirèrent, et beaucoup de malheureux furent noyés, des enfants surtout.

Dire toutes les scènes dont nous avons été témoin, et celles où nous avons joué un rôle, ce serait écrire un ouvrage dans un autre ouvrage, et telle n'est pas notre intention.

Quelques jours après, arrivèrent les premiers secours de l'extérieur. On organisa alors un peu la distribution de ces secours. Plusieurs bureaux furent installés pour cela, et la troupe, toujours sur le qui-vive, pour maintenir l'ordre, dut prêter son appui nécessaire au début d'une réorganisation.

Beaucoup d'habitants de la ville voulurent quitter le pays après la catastrophe qui venait de le décimer, et les départs commencèrent. Chacun prenait passage sur tel navire qu'il voulait, pour tel pays qu'il choisissait, ou qu'il ne choisissait pas ; car la moitié de ceux qui partaient ne savaient pas où ils allaient.

.

Nous avons laissé Casimir et Rose à l'ajoupa de Salomon, pour suivre les phases principales du tremblement de terre qui vient de détruire la Pointe-à-Pitre.

Quand on put faire le recensement après le désastre, il se trouva que, sur quinze mille habitants, il y eut sept mille blessés ou morts, presque la moitié! Le grand coup avait duré trente-cinq secondes, un peu plus d'une demi-minute!

Lorsque la terre commença à trembler, le vieux prophète noir se jeta à genoux, entraînant Rose et Casimir par son exemple, et se mit à prier. Lorsqu'ils se relevèrent tout était fini quant à la cause; les résultats allaient commencer à se faire connaître. Alors, Salomon s'adressant à ses amis:

—Eh bien, dit-il, voilà le coup qui était suspendu sur le pays! Maintenant, à l'œuvre! Il s'agit de préparer des secours, car on va en avoir grandement besoin !

Et aussitôt, il expédia Casimir d'un côté, Rose d'un autre, et se mit lui-même à préparer un grand feu et tous les ustensiles dont sa pauvre cabane pouvait disposer.

Bientôt Casimir et Rose rentrèrent chargés de vivres, ainsi que plusieurs noirs qu'ils avaient entraînés dans leur bonne action, et tous ces vivres prirent le chemin de la malheureuse ville sur les têtes des uns et les épaules des autres.

Pour couronner cette description exacte du tremblement de terre de 1843, je reproduis ici une poésie écrite par moi sur ce lamentable sujet, et adressée à Mad. de St. Laurent, chef d'institution à St.-Martinville, poésie qui commence mon volume: "LES ECHOS," publié à la Nouvelle-Orléans, en 1849. Je lui laisse le titre qu'elle porte dans mon volume:

LA GUADELOUPE.

—o—

Comme il est pur et bleu, notre ciel des tropiques !
Sur son front azuré que de reflets magiques !
Comme il est radieux, quand un soleil ami
Baigne ses rayons d'or dans le flot endormi !....

Le soir, quand vers les cieux votre regard s'élève,
Ne revoyez-vous pas, comme au milieu d'un rêve,
Votre île gracieuse assise au bord des flots ?
Voyez-vous sur son front la royale couronne
De palmiers ondoyants que la brise environne
    Avec ses magiques échos !

Aux mâts de nos vaisseaux voyez-vous l'oriflamme
Ondoyer dans l'azur au roulis de la lame,
Comme, sur la tourelle, un amoureux signal?....
Par tous ces souvenirs si votre âme est bercée,
Laissez, laissez aller votre errante pensée
    Aux rêves du pays natal !

Hâtez-vous de goûter, pour une fois encore,
Ce fruit du souvenir que l'illusion dore,
Avant que, pour jamais, hélas ! il soit tombé ;
Avant qu'en votre cœur sonne l'heure fatale
Où, sous la main de Dieu, votre terre natale
    Comme un géant, a succombé.

O souvenir brûlant, plein de larmes amères,
Ecrit en traits de sang dans tant de cœurs de mères...
O souvenir d'horreur, plein de membres épars,
De fronts jeunes et vieux meurtris dans la poussière,
Caillots de sang noirci sur nos pavés de pierre,
    Tombeaux d'enfants et de vieillards !

Souvenir, souvenir, arrière tes images,
Tes spectres mutilés errant sur nos rivages !
Que je n'entende plus, dans des rêves affreux,
Tous ces râles de mort, tous ces cris de détresse,
Heurtés, confus, vibrants, lourd cahos qui se presse
    Comme l'orage dans les cieux !

Grâce ! grâce ! déjà je sens mon front qui brûle...
La lave du volcan dans mes veines circule...
Ma plume défaillante en mes mains va mourir !
Non, tout cela n'est pas... imposture ! mensonge !
C'est un lourd cauchemar, enfant d'un mauvais songe,
    Qui d'horreur aime à se nourrir !

Mais qu'est-ce donc, mon Dieu ?...c'est la terre qui tremble!
Ayez pitié, seigneur ! deux éléments ensemble !
Le feu de tous côtés, nous ferme le chemin....
Le sol fuit sous nos pas ! déchirante agonie !
Le silence déjà ! — ô minute infinie !
Ç'en est donc fait !... jusqu'à demain !...

  . . . .
  . . . .

Grand Dieu ! plus de cité !.... des ruines fumantes,
Des crânes fracassés, des poitrines sanglantes,
De petits corps d'enfants déchirés en lambeaux !
Et, près d'eux, à genoux, ces longs sanglots de mères,
Ces désespoirs sans nom, ces muettes prières
    Qui voudraient rouvrir les tombeaux !

Oui, j'ai vu... oui, seigneur... et je respire encore,
J'ai vu, sur le parvis où la foi vous adore,
Des enfants qui priaient, écrasés à genoux !...
Et, quand ils sont tombés, leurs petites mains jointes
Tremblaient, et vers le ciel leurs voix pures et saintes
    Cherchaient à monter jusqu'à vous !

Et puis, sur les chemins, quand la nuit fut venue,
La foule s'en alla lentement, tête nue,
Comme le condamné qui n'a pas un adieu !
Et la flamme montait, montait échevelée,
E l'écho se taisait, et la lune voilée
    Semblait cacher le front de Dieu !

Oh ! c'était une marche au lugubre silence...
Tout était mort en nous, tout, jusqu'à l'espérance !
Heureux de ne pouvoir alors nous souvenir...
Plus heureux mille fois, fantômes sans pensée,
Qu'aujourd'hui, que le temps, de sa main insensée
    Nous laisse voir dans l'avenir !

Nautonniers sans boussole, échappés du naufrage,
Qui traînons nos chagrins de rivage en rivage,
Faut-il qu'en l'avenir nous perdions tout espoir?...
Faut-il, quand nous prions et que Dieu nous écoute,
Qu'un souffle empoisonné, qu'on appelle le doute,
    Se mêle à nos hymnes, le soir !...

Non !... chassons de nos cœurs les funestes pensées...
Retrempons dans l'espoir nos âmes émoussées :
Dieu ne frappera plus notre île au bord des flots ;
Nous reverrons un jour nos rives parfumées,
Et l'écho chantera, dans nos brises aimées,
    Les chants joyeux des matelots !

Comme il est pur et bleu, notre ciel des tropiques !
Sur son front azuré que de reflets magiques !
Comme il est radieux, quand un soleil ami
Baigne ses rayons d'or dans le flot endormi !

FIN DE LA PREMIERE PARTIE.

DEUXIEME PARTIE

L'ESCLAVAGE DANS LES PAYS LIBRES.

I.

LE PREMIER VOYAGE — NEW-YORK.

Quinze jours se sont écoulés depuis le tremblement de terre que nous avons essayé de décrire dans la Première partie de cet ouvrage. Il est midi, et, depuis le matin, le trois-mâts *la Caroline*, capitaine Jackson, fait voile vers New York, ayant à son bord Rose et Casimir....

Le capitaine Jackson parlait fort mal le français, mais il le parlait suffisamment pour se faire comprendre. Chose étrange! — qui nous sera peut-être expliquée plus tard — il fit donner à ses deux nouveaux sujets une cabine comfortablement garnie, comme s'ils eussent été des passagers de chambre....Ils avaient de plus une bonne nourriture et une charmante liberté! Depuis la découverte de l'Amérique, pareille chose ne s'était probablement pas vue.

Le Capitaine Jackson n'avait imposé à ses nouveaux esclaves qu'une corvée bien légère, vû les droits qu'il aurait pu exercer sur eux : à tour de rôle, ils devaient, l'un pendant la matinée, l'autre pendant l'après-midi, passer une heure — ni plus ni moins! — à causer avec le capitaine, soit de la Guadeloupe, soit de toute autre chose. Le but de *l'excentric gentleman* était....d'apprendre le français! mais hélas! il faut bien le dire, si on ne l'a déjà deviné, le français des deux esclaves n'était rien moins que celui de l'Académie.

Le capitaine Jackson était donc à une piètre école; mais comme il n'en pouvait pas juger, il la trouvait excellente sous tous les rapports : elle le distrayait, l'instruisait et ne lui coûtait rien! Rose et Casimir se prêtaient de la meilleure grace du monde à l'originale fantaisie de leur nouveau maître, et ils se disaient que, si cela pouvait continuer de même à terre, ils ne seraient pas trop malheureux dans leur exil.

Voici un échantillon de la manière dont procédait monsieur Jackson :

A onze heures moins cinq minutes du matin, il appelait John, son mousse de chambre, et lui disait invariablement ces mots:

— John, allez appeler Rose pour la conversation....

Seulement, il disait cela en anglais et nous le traduisons dans la langue de cet ouvrage.

John répondait : Oui monsieur; et il allait chercher Rose. Arrivée près de son maître, Rose souhaitait le bonjour en français, et s'asseyait. Le capitaine répondait en français à la politesse, puis il tirait sa grosse montre, la posait sur la table, et disait :

— Onze heures! causons, Rose....

Et Rose causait de tout ce qui lui passait par la tête. Seulement, il faut dire qu'il lui passait souvent par la tête de causer de Casimir, pour le vanter à son maître. Le capitaine écoutait beaucoup, répondait peu, et questionnait souvent sur la signification des mots et sur le sens des phrases. La mulâtresse expliquait de son mieux, et le capitaine Jackson se frottait les mains en se disant : Autant de plus que je sais! — La montre était toujours sur la table. — Dès que les deux aiguilles se joignaient au sommet du cadran, le capitaine disait à Rose : "Ne causons plus; voilà midi." Alors il serrait sa montre dans la poche gauche supérieure de son gilet, se levait et demandait son diner.

A cinq heures de l'après-midi, c'était exactement la même chose. à l'exception près que, au lieu de son diner, c'était son souper que demandait le capitaine Jackson.

Il en était absolument de même avec Casimir, et celui-ci parlait de Rose, comme celle-là de lui, toujours dans le but mutuellement charitable de se poser favorablement, l'un par l'autre, dans l'estime de leur nouveau maitre.

La traversée de la Pointe-à-Pitre à New-York, n'eut rien de remarquable. Quelques grains, auxquels d'autres navigateurs que des Américains eussent fait attention, assaillirent plusieurs fois *La Caroline*, sans qu'on s'en occupât beaucoup à bord. On ne prit pas un ris, on ne rentra même pas les hautes voiles ; on se contenta seulement de haler bas les bonnettes basses de tribord et de babord, et on gouverna au plus près, vent debout, sans crainte de masquer et de voir quelque haut mat cassé et la voilure emportée au loin par le vent. Aucune tempête sérieuse ne viendra donc allonger inutilement ce chapitre.... si ce n'est une tempête presque continue que la beauté et la gentillesse de Rose allumèrent au cœur ardent du second de *La Caroline*.

Autant le capitaine Jackson était tranquille et peu à redouter pour la jalousie de Casimir, autant le second, Mr. Smith, était tourmenté et tourmentant, depuis que la belle mulâtresse avait mis ses jolis pieds sur le pont du trois-mats américain. Heureusement, Mr. Smith ne parlait ni ne comprenait un mot de français! Le pauvre homme, toujours sur mer, toujours retenu à bord pour le service intérieur du navire, quand on passait quelques jours en rade, était soumis, depuis longtemps, à une telle continence, que le séjour, à bord, d'une fille de la beauté de Rose, le soumettait journellement à des tentations terribles! On le voyait sans cesse rôdant autour de la mulâtresse, comme un caniche affamé en quête d'un os. Il en négligeait parfois le soin de la manœuvre, se trompait de poids dans la distribution des vivres, et oubliait de tourmenter ses matelots! Cette passion forcément silencieuse avait été comprise de Rose, dès le premier jour, et elle en avait fait part, en riant, à Casimir. Il n'y a rien, surtout en amour, de tuant comme le ridicule ; or, un amant qui ne peut pas dire un seul mot de sa flamme à celle qui en est l'objet, ne peut qu'être un peu ridicule. C'est pourquoi Casimir était aussi tranquille du côté du second que du côté du capitaine. Seulement, il ne pouvait s'empêcher de surveiller un peu les allures de M. Smith, malgré tout ce que Rose pouvait lui dire.

Le capitaine Jackson ne voyait rien du tout ; il faisait ses quatre repas, prenait ses deux leçons, donnait des ordres généraux, et attendait patiemment que la vigie de quart criât : terre !

Le quatorzième jour, au matin, on commença à voir les côtes se dessiner au fond de l'horizon, comme une ligne noirâtre sur un fond d'un bleu pâle mêlé de vert tendre. Le capitaine Jackson avait pris vingt-six leçons de français, avait fait cinquante-deux repas, et s'estimait un homme heureux, autant qu'il est séant de l'être en ce bas-monde.

Au bout de quelques heures, le pilote vint à bord, et prit le commandement suprême de la manœuvre.

Alors, le capitaine fit appeler Casimir et Rose dans la chambre, et leur dit :

— Vous allez maintenant vous occuper tous les deux du ménage du navire, ranger, nettoyer, préparer le couvert, et servir à table, comme des garçons d'hôtel ; il est inutile que vous descendiez à terre jusqu'à nouvel ordre. Plus tard, nous causerons.

Et monsieur Jackson, faisant signe qu'il avait fini, prépara ses papiers de bord, et s'apprêta à recevoir la Douane et la Santé.

Vers deux heures de l'après-midi *La Caroline*, remorquée par un vapeur, entra dans la belle rade de New-York, et mouilla en face de la Quarantaine·

**

La rade de New York offre, pendant trois saisons de l'année, le printemps, l'été et l'automne, un magnifique coup-d'œil. Sur toute la gauche du spectateur s'étendent et s'élèvent de vertes collines en amphithéâtre, au sommet desquelles on aperçoit de jolies maisons entourées de grands arbres. De chaque côté sont deux forts en brique rouge ; et, au fond, un peu sur la droite, la ville de New-York, avec ses milliers de mâts l'entourant d'une ceinture marine, dont on ne peut voir, de loin, qu'une faible partie. Les *Vapeurs* qui se croisent en tous sens, du matin au soir et du soir au matin ; les navires qui entrent et ceux qui sortent ; les *ferries* chargés de passagers se rendant à Brooklyn, à Hoboken, à Staten-Island, à Jersey City, et croisant ceux qui reviennent de ces différents lieux ; tout cela constitue un mouvement incessant, plein d'animation et de pittoresque....

Après leur séjour dans les villes comparativement tranquilles de la Guadeloupe, Casimir et Rose étaient émerveillés de voir ce va-et-vient continu, ces cheminées de vapeurs vômissant la flamme et la fumée, comme le dragon de l'Apocalypse; ces palettes et ces hélices dévorant l'eau avec une ardeur fébrile, pour pousser de belles maisons flottantes, aux jalousies vertes et aux vitres de mille couleurs!.... Quelle activité dévorante, après la douce mollesse coloniale !— Ils voyaient ce pavillon aux étoiles blanches sur un fond bleu, avec des lignes rouges et blanches alternées, si connu par toutes les mers.... pavillon étrange! qui symbolise la liberté et protége en même temps l'esclavage! Noble pavillon qui se lavera bientôt, dans les eaux de la justice et de l'humanité, de l'infâme souillure qui le tache encore aujourd'hui, au profond étonnement de tous les pays civilisés du monde.

(Répétons ici que cet ouvrage a été écrit en 1858.)

L'Etat dans lequel venaient d'arriver Casimir et Rose est exempt de la souillure de l'esclavage ; ils savaient cela, et ils savaient aussi qu'en touchant cette terre libre, ils seraient libres eux-mêmes. D'étranges idées fermentaient dans leurs têtes, à cette pensée envahissante. "Jusqu'à nouvel ordre," avait dit le capitaine Jackson, en leur disant de rester à bord. Ils descendraient donc bientôt à terre ! Là, ils ne seraient plus retenus par la crainte de ruiner un bon maître. Ils connaissaient à peine monsieur Jackson qui, probablement, ne possédait pas qu'eux....

Etre libres, là, tout d'un coup ! libres d'aller et de venir ; libres d'être l'un à l'autre, et à l'abri d'une séparation forcée par les hommes ; libres de choisir un nouveau *home* chéri ; libres, en travaillant, de vivre à leur guise ! N'avoir jamais, jamais ! à être dépouillés nus sur le caprice d'un sot tyran, pour être martyrisés ! Ne jamais être exposés à monter sur un tréteau d'encan, pour être vendus à la criée ! Mon Dieu ! était-ce possible ?.... Comme elle l'a fait tant de fois, la Providence s'était-elle servie d'un instrument d'esclavage pour en faire un instrument de liberté ?... Selon toute apparence, le capitaine Jackson pensait que ses nouveaux sujets, ne connaissant rien de la politique américaine, ignoraient absolument qu'ils pussent être libre au premier appel qu'ils feraient à un homme de police... Evidemment, le doigt de Dieu était là !..........

Quand vint la nuit, et que les deux nouveaux serviteurs eurent achevé la tâche que leur avait imposée leur maître, ils s'assirent l'un près de l'autre, sur un banc de la dunette, et, comme il n'y avait personne pour les entendre en ce moment, ils purent causer en toute liberté.

— Casimir, dit Rose, te souviens-tu de ce qui est arrivé à M. B...., qui tenait un grand hôtel à la Pointe à-Pitre ?

— Comme je ne l'ai jamais su, il ne m'est pas possible de m'en souvenir.

— Alors, écoute-moi. Monsieur B.... possédait un certain nombre de noirs affectés au service de sa maison. Il tenait aussi des écuries publiques, louant des chevaux et des voitures. Un jour, deux de ses domestiques s'enfuirent à la Dominique, petite île anglaise où, depuis quelques années, l'esclavage n'existait plus. En mettant le pied sur le sol anglais, ils furent libres. Monsieur B.... était furieux. Quelques semaines après, trois de ses noirs, après s'être bien fait venir de lui, et avoir fulminé des imprécations contre les fugitifs, proposèrent à leur maître de les aller reprendre à la Dominique, non par la force — ce qui était impossible — mais par la ruse. Ils l'assurèrent qu'ils mèneraient aisément à bien cette entreprise ; qu'ils feindraient de s'être enfuis, comme leurs deux camarades ; qu'ensuite ils trouveraient moyen de les attirer vers un endroit dont on conviendrait à l'a-

vance, et qu'alors, à eux trois, plus monsieur B.... faisant le quatrième, ils les embarqueraient de force, s'il était nécessaire, et enfin les reconduiraient à la Guadeloupe. Pour donner plus de force à leurs intentions loyales, ils demandèrent à leur maître la récompense d'une somme de ....destinée à la toilette de leurs femmes. Le maître promit, et fit même une légère avance. Au jour convenu, les trois noirs et monsieur B.... s'embarquèrent dans une bonne pirogue, et mirent le cap sur l'île anglaise, par un grand largue qui les y fit arriver en quelques heures. Dès qu'on eut mis pied à terre, le plus hardi des trois se retourna vers monsieur B...., et lui dit d'un air sérieux et pénétré :

— Monsieur, nous vous remercions de nous avoir rendus à la liberté, et surtout de la peine que vous avez prise de nous conduire vous-même ici !

— Et Mr. B....? fit Casimir.

— Il rentra sa rage, vû qu'il était dangereux de la faire voir, et remonta seul dans sa pirogue.... qui le ramena, après un rude apprentissage de la rame, aux quais de la Pointe-à-Pitre.

Casimir rit de bon cœur de la mésaventure de Mr. B....,comme on en avait tant ri lorsqu'elle venait d'avoir lieu.

— Ce moyen de fuite est, je le sais, dit-il, le plus facile de tous, et il est bien souvent employé avec succès. Il s'agit de démarrer, au milieu de la nuit, une embarcation quelconque, — les quais en sont bordés — de se jeter dedans, et de ramer jusqu'au lendemain. Si j'eusse été seul, ajouta t-il en regardant sa femme, et que je n'eusse pas eu un bon maître, j'aurais certainement employé ce moyen.

— Oh ! il y a encore des risques à courir, répondit Rose ; d'abord, les hommes de la douane, qui font des rondes de nuit, sur les quais ; ensuite, la vigie de quart à bord du stationnaire mouillé près de la passe, qui surveille tous les mouvements du port, et qui ne laisse rien passer après le coup de canon du soir.

— C'est justement à cause de cela que je ne risquerais pas une fuite par mer, et une traversée, avec une femme que j'aime plus que moi-même.

Rose prit une main de son mari, et la serra dans les siennes.

— Et.... fit-elle, si nous allons à terre, comptes-tu faire quelque déclaration à la justice pour avoir notre liberté ?

Casimir regarda autour de lui, mais il vit, à quelques pas, M. Smith, le second du navire, qui avait l'air d'examiner beaucoup le gréement de *La Caroline*, et qui, en réalité, ne regardait que le charmant visage de Rose. Néanmoins, Casimir répondit tout bas :

— Oui, dit-il, si nous allons à terre ; mais si nous n'y allons pas ?...

— Que sacrifierais-tu bien pour être libre ? demanda la jeune femme....

— Tout ! répondit le mulâtre ; tout.... excepté toi !

Il y eut un moment de silence.

— Vois-tu, dit Rose, c'est monsieur Smith qui est le véritable maître du navire, quand on ne navigue pas ; c'est lui qui surveille tout, qui dispose de tout, et.... si nous parlions l'anglais, peut-être y aurait-il moyen qu'il nous fît aller à terre.... et alors....

— Je comprends ! répliqua Casimir. Mais il ne ferait cela qu'à une condition, Rose !... et cette condition....

— Simple que tu es ! va.... Si nous promettions de revenir à bord, est-ce que nous y reviendrions ? Eh bien, si je lui promettais autre chose, est-ce que je tiendrais cette promesse-là ?....

— Oui, oui... mais... nous ne parlons pas l'anglais, et il ne parle pas le français.

— A la rigueur, ce ne serait pas là un bien grand obstacle....

— C'est possible ; mais j'aime mieux user d'une autre chance ! Pourquoi n'irions-nous pas à terre, demain ou après demain ?....

— Comme tu voudras, mon Casimir ; je suis à toi, toute à toi, rien qu'à toi : ordonne, dispose ; j'obéis....

— Que je t'aime ! s'écria Casimir....

Et, dans un élan passionné, il lui baisa les mains avec ardeur.

Monsieur Smith vit ce mouvement, et il s'éloigna ne pouvant supporter plus longtemps ce spectacle.

Deux jours se passèrent sans que le capitaine Jackson changeât rien à son mot d'ordre à l'égard de Rose et de Casimir. Il ne venait qu'un moment à bord, dans l'après-midi, jeter un coup-d'œil général ; il disait quelques mots à monsieur Smith, ne faisait aucune attention à ses deux professeurs de français, et s'en allait à terre tranquillement. Le troisième jour, cependant, au moment de quitter son bord, il se retourna vers Casimir et lui dit, en ayant l'air de regarder une tache à l'horizon :

— Demain après midi, j'aurai à vous parler entre quatre et cinq heures.

Quand le capitaine fut parti, Rose et Casimir causèrent beaucoup des quelques mots vagues qu'il leur avait laissés en manière d'énigme. Casimir voyait, dans ses paroles, l'annonce d'une descente à New-York. Rose ne savait que conclure ou qu'augurer, mais elle avait, disait-elle, *mauvaise idée* !....

Le surlendemain, monsieur Smith fut très-occupé de maint préparatif, et fit travailler rondement ses matelots. Un regard marin eût compris la signification de ce travail inusité, mais chaque profession a ses arcanes inintelligibles aux profanes, et, en fait de marine, Casimir et Rose étaient des profanes dans toute l'étendue du mot. Vers deux heures, le capitaine Jackson arriva à bord. Il venait de faire, à terre, un excellent dîner, selon toute apparence, car son visage était plus rouge que de coutume, et ses yeux brillaient d'une façon inusitée. Néanmoins, il conserva le phlegme américain, héritage du phlegme anglais, et ne parla pas plus que d'habitude, ce qui signifie qu'il parla fort peu et seulement quand c'était indispensable.

Vers quatre heures, on vira au cabestan, pour déraper l'ancre sur laquelle était mouillée *la Caroline*. A ce moment, le capitaine s'adressant à Casimir, qui se trouvait près de lui :

— Il n'est pas nécessaire, dit-il, que vous continuiez le service dont je vous avais chargé, votre femme et vous....

Puis il tourna le dos, et alla s'occuper de divers détails avec Mr. Smith.

Un moment après, *la Caroline*, basses voiles dehors, mettait le cap sur la passe de New-York ....et filait doucement vers la pleine mer.

— Eh bien, dit Rose, penses-tu encore que nous irons à terre ?....

— Hélas ! répondit le mulâtre en baissant la tête.

— Je savais bien, moi ! ajouta Rose, que le silence de notre maître ne promettait rien de bon....

— Par malheur tu as eu raison.

Peu à peu on perdit de vue les côtes de la véritable métropole des Etats-Unis, quoiqu'elle ne soit pas le siége du gouvernement fédéral.

Le lendemain, à onze heures moins cinq minutes, le mousse de chambre de *la Caroline* vint appeler Rose pour la conversation du capitaine Jackson. La scène que nous avons vue plus haut se renouvela avec l'exactitude matérielle d'une photographie, et le capitaine prit sa vingt-septième leçon de français comme il avait pris la première. Seulement, au moment où Rose s'éloignait après la soixantième minute qui venait de s'écouler, son maître lui dit sans la regarder :

— Nous allons à la Nouvelle-Orléans.

La seconde traversée de ce premier voyage se fit absolument comme s'était faite la première, et les vents ayant été favorables, on signala la nouvelle terre le onzième jour.

———✦———

II.

LA NOUVELLE-ORLEANS.

C'était donc là qu'étaient conduits Casimir et Rose.... à la Nouvelle-Orléans !.... la ville qu'on leur avait représentée comme un véritable enfer pour les esclaves !

Tout le temps de cette seconde traversée, les pauvres enfants de Suzanne avaient été d'une morne tristesse ; ils se faisaient part, mutuellement, de leurs impressions, et, cette fois, elles se ressemblaient fort.... .

Le capitaine Jackson ne sembla pas même apercevoir l'abattement de ses pauvres professeurs de français, tant sa dignité d'homme libre et de citoyen américain lui faisait, à ses yeux, un devoir impérieux de conserver une majestueuse impassibilité !

Où étaient-ils ces rêves de liberté, caressés dans la rade de New-York ? Oh ! quels regrets amers de n'avoir pas gagné, n'importe comment, ce sol libre, dont le seul contact fait l'esclave libre ! C'était si facile au milieu de la nuit ! Quelques brasses d'eau à traverser... et c'était fini ! ! Est-ce que Casimir ne nageait pas comme un poisson ? Est-ce que Rose elle-même, quoique moins habile en natation, n'était pas de force à faire à la nage le court trajet du navire à la Quarantaine ! Et, au besoin, le mari n'eût-il pas soutenu sa chère femme sur ces quelques flots sauveurs qu'il ne s'agissait que de traverser ?....

Regrets, regrets ! comme vous déchirez le cœur et abattez le courage, quand vous faites luire, à des yeux en larmes, le mirage d'un bien qu'on eût pu saisir en étendant le bras !...

Et quand ce bien est la liberté !..............

Alors, les pauvres exilés revirent, au milieu de l'émotion poignante du souvenir, le paradis d'où ils avaient été chassés par l'embarras des autres ! Ils revirent cette île gracieuse et poétique, tranquillement assise au milieu des flots bleus de l'Atlantique, sous un des plus beaux ciels du monde ; cette molle existence à laquelle on se laisse aller comme l'esquif au flot.... Ils revirent le morne ombreux de Jolimont, où ils allaient entendre de bonnes paroles et recueillir des consolations dans leurs chagrins des derniers temps ; ils revirent leur cabane proprette et amoureusement rangée, où ils étaient libres au moins après leur travail de la journée ; leur joli mobilier qu'ils avaient eu à si grand'peine et petit à petit, et jusqu'à leurs ustensiles de ménage, si simples et si soigneusement entretenus.... et, par-dessus tout, leur pauvre vieille mère.... esseulée maintenant, et pleurant peut-être, dans un coin obscur de sa cabane, les dernières larmes de son corps usé par le travail !

Et ils pleuraient de tristesse et de désespérance, rien qu'à voir cette triste et laide entrée de la Balise.

Le remorqueur venait de s'emparer de *La Caroline*, et remontait avec elle le Mississippi. On avait dépassé les premières flaques d'eau bourbeuse accidentée de ronces rabougries et de joncs bâtards qui suivent le mouvement du flot en se penchant tantôt à droite, tantôt à gauche. Les *maringoins* commençaient à assaillir tout le monde, serinant leur insupportable cacophonie aux oreilles, et piquant les mains et les visages de leur agaçante morsure.

L'entrée du Mississippi est une des plus disgracieuses et des plus déplaisantes qui se puissent voir. Les terres, aussi plates qu'une table de billard, sont constamment, ou noyées d'eaux fétides, ou fendillées par la sécheresse. Il s'en exhale une vapeur malsaine qui enfante, chaque été, des épidémies meurtrières. De chaque côté du fleuve, la vue est attristée et le cœur dégoûté à l'aspect des cabanes à nègres, qui sont comme l'enseigne parlante du bouge de l'esclavage. On n'entend ni chants ni éclats de gaité, comme dans les ports où travaillent des hommes libres, ni même comme dans ceux où la servitude est comparativement douce et le climat agréable. On aperçoit, sur les deux rives, des nègres en haillons, jetant un regard morne et hébété sur tout ce qui passe dans le fleuve.

Pendant vingt-huit heures, le vapeur remorqueur ayant *La Caroline* amarrée à son flanc, remonta le Mississippi, depuis la passe jusqu'à l'endroit où s'élève la Nouvelle-Orléans. Le trois-mâts américain fut conduit en face de la presse à coton de la troisième municipalité, et amarré, en deuxième rang, à un autre navire, comme cela se pratique dans le fleuve de la principale ville de la Louisiane. A ce moment la nuit était proche, et la levée presque déserte. C'était l'heure habituelle de la plus grande invasion des insupportables maringoins. Un homme de la douane, ou de la police, vint à bord, causa quelques instants, en particulier, avec le capitaine Jackson qui lui passa, de la main à la main, quelques papiers soyeux ressemblant beaucoup à des billets de banque ; puis il quitta le bord en lâchant ces deux mots sacramentels de toute fin de phrase américaine : "*All Right !*" ce qui veut dire : C'est bien !

Quand le préposé fut parti, le capitaine Jackson recommanda à ses deux sujets, en une phrase bien plus courte que nous ne saurions la faire, de ne répondre aux questions qui leur seraient faites, qu'en disant qu'ils venaient de New-York, à la suite de leur maître. "Ils auraient lieu de regretter d'en avoir dit plus long, si cela leur arrivait," avait ajouté le capitaine.

Vers neuf heures, Casimir et Rose débarquèrent avec M. Jackson qui les conduisit chez un de ses parents. Là, on leur donna une chambre provisoire dans la partie haute de la maison, pour qu'ils y passassent la nuit. Il y avait dans cette chambre, spacieuse et mansardée, un matelas étendu sur le plancher, sans aucune sorte de drap ni de moustiquaire ; une table sur laquelle était un chandelier garni d'un reste de chandelle allumée ; une chaise et quelques menus objets qu'il est inutile d'énumérer.

Lorsqu'ils se virent enfermés seuls dans cette sorte de caserne à peu près vide, à peine éclairée vers son centre, et obscure à ses extrémités, les pauvres exilés furent frappés d'un morne désespoir.

Cette lugubre solitude leur pesa sur le cœur comme un plomb, et leur brisa l'âme comme la crainte mêlée au doute. Il faisait froid au dehors, et plus froid encore dans cette vaste pièce sans foyer, dont les portes et les fenêtres donnaient un accès facile au vent de la nuit. Eux qui sortaient des pays d'un chaud soleil tempéré par la brise marine, ils tombaient tout-à-coup au milieu d'un climat humide et froid pendant l'hiver, brûlant et pestilentiel pendant l'été! Malgré la température assez basse de leur triste chambre, les maringoins leur sifflaient aux oreilles une agaçante musique, et leur piquaient les jambes, les mains et le visage. La maison où ils étaient formait un des angles des rues Bourbon et de l'Esplanade. Ils ouvrirent une fenêtre pour jeter un regard au dehors; c'était encore plus triste qu'au dedans. Quelques rares passants longeaient silencieusement les trottoirs, et le bruit périodique des bâtons ferrés des *Watchmen*, sur les dalles ou les briques, interrompait seul le triste silence de la nuit.

Pas une étoile ne brillait au ciel; de gros nuages sombres y couraient, poussés par un vent de nord chargé d'humidité.

Casimir ferma bien vite la fenêtre, se jeta sur le matelas, et laissa tomber tristement sa tête entre ses deux mains. Rose s'assit sur la seule chaise de leur refuge, et se prit à fondre en larmes.

— Oh! s'écria-t-elle, il valait cent fois mieux la vie maronne du camp de la Soufrière!

— J'y songeais, ma pauvre femme....et je la regrettais aussi. Voilà deux occasions manquées: celle du camp, à la Guadeloupe, et celle de la rade, à New-York! Quand je nous vois déjà si malheureux, et que je songe que c'est surtout par délicatesse que j'ai préféré nous voir vendus à ruiner notre maître, je me demande si l'honnêteté n'est pas une duperie....

— Ma pauvre mère! s'écria Rose....

Casimir se leva de son matelas, et se mit à marcher précipitamment d'un bout de la chambre à l'autre.

— Hé! là-haut, s'écria, de l'étage inférieur, une voix courroucée, ne marche pas si fort, moricaud! ou je monte avec un *tordu!*

— Misère! rugit Casimir en s'arrêtant court, mieux vaut être mort qu'esclave!

— Tais-toi, tais-toi! fit Rose épouvantée, car son mari parlait à haute voix, sans contenir sa rage: tais-toi, Casimir, ou je vais mourir de frayeur. Lis-moi plutôt un passage du livre de Salomon: cela nous consolera peut-être.

Au nom de Salomon, et à la mention du livre qu'il en avait reçu, Casimir se calma tout-à-coup. Il eut honte de son stérile emportement, et s'approcha de sa femme qui, noyée elle-même dans la douleur, cherchait à le consoler!

Rôle admirable que les femmes de cœur savent bien remplir, que celui de consolatrices! Leur douce voix et leurs gestes caressants ont le don, quand elles le veulent, d'apaiser les tempêtes du cœur et d'éteindre les foudres de la colère!

Casimir tira de sa poche le petit livre qui ne le quittait jamais, et, à la triste lueur d'un reste de chandelle, au milieu d'un sombre grenier où entrait la bise glaciale, il s'apprêta à lire la première page qui s'ouvrirait sous ses doigts.

Rose avait la tête penchée sur l'épaule de son pauvre et cher compagnon d'infortune; c'était un tableau plein à la fois de tristesse et de grandeur.

— Voyons, dit Casimir, je vais penser à Salomon en lisant ce passage; et il lut:

"Qu'est la vie sans la Foi ?... non pas une foi inepte, sans raisonnement et sans cœur, mais une foi qui s'appuie sur le cœur et sur le raisonnement ?

"Il y a des hommes que vous enviez et qui vous semblent bien heureux, parce qu'ils ne manquent ni du nécessaire ni du luxe. Presque toujours vous vous trompez... Ces hommes-là ont des souffrances d'autant plus rongeuses qu'elles sont plus cachées, et qu'ils ne peuvent pas ou n'osent pas en chercher le remède. Vous ne voyez pas au travers des murs chargés de richesses, mais la cabane du pauvre est bien plus transparente!

"Qu'est la vie du pauvre sans la foi? C'est une vie dix fois plus rude que la pareille avec la foi...

"Quand on est sous les griffes du malheur, et qu'on ne voit dans l'avenir aucune rédemption, c'est-à-dire qu'on ne croit à aucun changement, et qu'on n'espère aucun secours, y a-t-il quelque chose de plus affreux ?...

"Pour la Liberté comme pour l'aisance, deux biens que l'humanité attend et qu'elle recevra, la foi est une clé qui ouvre les portes....

"Croyez et espérez: si votre croyance était une illusion, et votre espoir un leurre, vous seriez plus grands, vous qui les concevriez, que Dieu qui n'y répondrait pas!"

Casimir baissa la tête et pleura; Rose mêla ses larmes à celles de son cher mari....et ils furent consolés....car leurs larmes étaient des larmes d'attendrissement et d'espérance....

— Oui croyons! s'écria-t-il....

— Et espérons! ajouta-t-elle....

— Et prions! dit encore Casimir en s'inclinant..

Et il récita à demi-voix, avec onction et avec âme, l'oraison écrite dans le livre qu'il venait de fermer, et qu'il savait par cœur:

"Notre père, qui êtes aux cieux, entouré, dans "votre gloire, par les Bons-Esprits, que votre nom "soit béni sur la terre comme il l'est dans le ciel! "Que votre sainte volonté soit faite et aimée par- "tout. Donnez-nous notre pain du corps et de "l'âme. Pardonnez-nous nos offenses comme nous "pardonnons à ceux qui nous ont offensés. Laissez "venir à nous les Bons-Esprits que nous invo-

“quons, pour qu’ils noús préservent de la tentation
“du mal.”

. . . .

Le lendemain, au point du jour, on frappa à
grands coups à la porte du grenier. Casimir se hâta
de se lever et d’ouvrir. Rose était restée sur le matelas, couverte d’une sorte de rideau qu’elle avait
trouvé dans un coin; elle ne s’était déshabillée
qu’à demi. Quand la porte fut ouverte, un jeune
blanc de vingt ans environ se précipita dans la
chambre comme un fou, et s’écria:

— Allons, debout, debout! et descendez à l’office; on vous donnera votre tâche, en attendant...

C’était un frêle jeune homme, assez beau de visage et bien pris dans sa taille. Seulement, cette
fraîche et élégante jeunesse était gâtée par un ton
sottement impérieux et par un air d’une arrogance
ridicule. On voyait déjà en lui le maître capri-
cieux, rogue et absolu, accoutumé à se croire pacha au milieu d’esclaves forcément soumis. Le
jeune Augustin — nous ne lui donnerons que ce
prénom de fantaisie — était le fils unique d’un
homme d’une mollesse extrême, et d’une femme rè-
che, acariâtre et méchante. Gâté, comme on dit,
dès le plus bas âge, entouré de domestiques noirs
appartenant à sa famille, ce pauvre jeune homme
était, hélas! le type d’une notable partie de toute
jeunesse pervertie par le tableau trop contrastant
de maîtres et d’esclaves. Plus tard nous le con-
naîtrons mieux, par sa conduite, que nous ne pourrions le connaître par toutes les explications possibles.

Il était donc entré comme un énergumène, or-
donnant à Casimir et à Rose de descendre à l’instant pour être mis immédiatement au travail. Rose
s’était rajustée à la hâte, tout en restant sous son
espèce de couverture, de sorte qu’elle se leva tout-
à-fait habillée. Quand le jeune Augustin l’aperçut,
il fut quelque peu décontenancé, et rougit jusqu’au
front. Il s’attendait probablement à voir quelque
mulâtresse assez laide, et il était frappé par l’aspect du plus joli visage et de la plus séduisante
tournure qu’on pât voir. Rose avait de grands
yeux noirs garnis de longs cils gracieusement recourbés; elle avait des dents admirables de blancheur et de régularité dans leur pose; ces deux
beautés frappaient tout d’abord, animant singulièrement un visage d’un brun d’or, qui semblait sa-
tiné et doux, rien qu’au regard; ses cheveux pouvaient avoir leurs pareils, mais, à coup sûr, pas
leurs supérieurs. Avec cela, au calme moral, Rose
respirait la douceur et la bonté....Son corps était
un modèle de moëlleuses rondeurs et de suave dé-
sinvolture.—Le Créateur s’était probablement
trompé en donnant de tant de charmes une humble
esclave!

Cependant, à la première impression, œuvre du
sentiment naturel, avait succédé bien vite, chez le
jeune Augustin, la seconde impression, œuvre de
l’éducation et des orgueilleux préjugés. D’abord
surpris et même ému, il redevint ce qu’il était toujours, impérieux et arrogant.

— J’ai dit qu’on se dépêche! continua-t-il, et, si
vous devez rester ici, sachez, une fois pour toutes,
que c’est moi qui suis le maître! Le Vieux ne
s’occupe de rien, et la Vieille ne voit que l’église et
les curés....

Ce que le jeune Augustin, âgé, comme nous l’a-
vons dit, d’une vingtaine d’années, appelait *le
Vieux*, c’était son père; ce qu’il appelait *la Vieille*,
c’était sa mère! — *ce genre* est assez commun chez
la jeunesse américaine; ce qui mène peut-être à
cette réflexion, que l’excès de liberté, dans les
mœurs, ne vaut pas mieux que l’excès de despotisme. L’un entraîne la mort de tout sentiment d’a-
mour, de respect et de bienveillance: l’autre mène
à l’abrutissement et au servilisme.

Quand le jeune homme eut lâché la phrase que
nous venons de rapporter, Casimir et Rose se regardèrent; puis ils s’apprêtèrent à descendre, ainsi
que l’avait ordonné cet imberbe qu’ils voyaient
pour la première fois, et qui prenait, de prime saut,
sur eux, une autorité aussi absolue et aussi ridicule.

Aux fruits jugez l’arbre. — En voyant de près les
pays à esclaves, et la plupart des maîtres d’esclaves, vous jugerez de l’esclavage.

Casimir passa le premier, Rose ensuite, puis le
jeune Augustin.

— La fille! dit ce dernier à Rose, vous allez d’a-
bord faire ma chambre, et nous verrons après....
Quant à lui, qu’il aille en bas, et qu’il fasse ce qu’on
lui ordonnera. Suivez-moi, ajouta-t-il.

Casimir descendit et Rose suivit le jeune homme.
Celui-ci la conduisit dans sa chambre et lui montra
ce qu’il y avait à faire. Au bout de quelques instants Augustin changea tout-à-coup de ton avec la
mulâtresse....

— Je me suis levé aujourd’hui de bonne heure,
lui dit-il, parceque je vais à la chasse. Pendant le
temps que vous resterez ici, ma chère, vous viendrez, à huit heures, me réveiller et ranger ma
chambre....

— C’est bien, répondit Rose.

Et elle continua à mettre tout en ordre.

Le jeune homme — qui devait aller à la chasse —
n’avait pas l’air de se presser. Tout en prenant un
cigare, en l’allumant et en commençant à le fumer
il regardait Rose allant et venant, et, plus il la regardait, moins il paraissait occupé de la sortie
dont il avait parlé. A deux ou trois reprises il
sembla prêt à entamer une conversation....et il
ne put. Il était gêné, et c’était si rare qu’il fût
gêné, qu’il en souffrait évidemment. A la fin, il
se décida du moins mal qu’il put.

— Comment vous appelez-vous? demanda-t-il.

—Rose, monsieur, répondit la jeune femme.

—Un joli nom ! Eh bien, Rose, savez-vous une chose ? c'est que vous êtes bien belle ! Est-ce qu'il y en a beaucoup comme vous dans votre pays ?

—Je n'y ai pas fait attention, monsieur....

"Elle fait la prude, se dit le jeune homme — ne pouvant imaginer qu'une esclave fût honnête femme — mais je suis bien sot de ne pas aller tout droit ! Elle est superlativement belle, et, ma foi ! je ne vois pas pourquoi je laisserais échapper l'occasion...."

Il cherchait à s'enhardir, et ne pouvait en venir à bout. La dignité et la réserve de Rose lui imposaient malgré ses habitudes d'importance et d'autorité. Quant à Augustin, il n'y pensait seulement pas, ou bien, s'il y pensait un moment, c'était pour se dire que rien, de la part d'un blanc, ne doit tirer à conséquence pour une esclave. Et puis, il y a mille moyens d'écarter un sujet qui gêne, quand on est le maître !

—J'ai fini, monsieur, dit Rose, que faut-il faire ?

—Descendez chez ma mère, répondit-il ; elle veut vous parler.

Il indiqua à Rose la chambre où il fallait qu'elle allât, et la regarda descendre l'escalier jusqu'à la dernière marche.... Puis il rentra chez lui.

—C'est singulier, se dit-il, cette fille-là commence à me tourmenter.... A mon âge, je devrais pourtant bien être au fait de toutes ces singeries de réserve ! Est-ce qu'elles ne sont pas toutes les mêmes dans tous les pays !....

Malgré tous ces beaux raisonnements, malgré *son âge* et *son expérience*, le jouvenceau se sentait horriblement gêné ; il cherchait à se donner à lui-même de bonnes raisons, qui n'étaient que de mauvais prétextes, pour excuser sa retenue.

—Je n'ai rien voulu brusquer, se dit-il ; d'ici à quelques jours, nous verrons bien ! Il ferait beau voir qu'une mulâtresse....

Et sa conscience lui répondait : tu mens ! tu n'as pas osé, parce que sa réserve et sa dignité t'imposent.

Le moi menteur et le moi vrai entraient en lutte et en discussion dans cette jeune nature, qui eût probablement été bonne dans d'autres milieux, et qui était déjà viciée par le contact des résultats forcés qu'entraîne avec elle l'institution de l'esclavage. Néanmoins, il partit pour la chasse, comme il l'avait dit, ou du moins il sortit muni d'une carnassière et d'un fusil.

Comme on le sait, Rose était descendue chez la mère du jeune Augustin : nous ne la désignerons que par l'initiale L.... En entrant dans la chambre qui lui avait été indiquée, Rose aperçut, étendue sur une *rocking chair* — chaise berceuse — une longue femme sèche et maigre, en déshabillé de nuit. Elle tenait à la main un gros *Paroissien*, et marmottait sans doute quelque prière, avec cette sécheresse de mécanique que contractent les personnes qui se font une règle aride d'une chose de cœur et d'âme ; qui, au lieu de se sentir emportées vers Dieu à certaines heures de la vie, font, pensent-elles, leur salut en récitant niaisement des lignes imprimées dans des livres banals.

—Attendez à la porte ! s'écria la bigote d'une voix de cuivre ; je dis mes oraisons matutinales !

Rose sortit de la chambre, où elle était à peine entrée, et alla s'appuyer sur un poteau de galerie d'où l'on pouvait voir dans la cour. De là, elle aperçut Casimir pansant un cheval, sous l'inspection d'un grand noir ventru qui paraissait être une manière d'intendant dans la maison. Probablement Casimir s'acquittait de sa tâche à la satisfaction de l'inspecteur noir, car celui-ci fit quelques hochements de tête approbateurs, et s'éloigna en sifflant.

—Casimir ! murmura Rose d'une voix que nul autre n'eût entendue, et qui fit retourner celui à qui elle s'adressait....

Quand leurs yeux se furent rencontrés, Rose regarda tout autour d'elle, et n'apercevant personne qui pût la voir, elle envoya à son mari un baiser de ses belles lèvres et de ses jolis doigts. Celui-ci, pour réponse, mit la main sur son cœur.. et ils furent consolés......

O amour, amour ! Quelle puissance tu as ! Tu es plus fort que la douleur : tu es au-dessus de la misère ; tu domptes les mauvaises passions ; tu enfantes les héroïsmes ; tu fais une oasis aux parias des institutions humaines ; tu relèves de l'abjection : tu enseignes la fraternité dans les grandeurs et la pitié dans les infortunes ; tu panses les blessures de l'âme et les guéris comme un baume magique ; tu opposes au mal une infranchissable barrière et ouvres au bien de larges voies ; tu es l'archange terrassant le démon... Toutes les puissances mauvaises ne peuvent prévaloir contre toi parceque le mal vient de la terre et que toi tu viens du ciel !

....

—Vous pouvez entrer maintenant, glapit à ce moment une voix aigre ; je vais me mettre au lit jusqu'à neuf heures, je veux vous parler.

Rose suivit Mme L., après avoir jeté à Casimir un dernier regard tout chargé de douces promesses.

III.

UNE BIGOTE PEU CHRÉTIENNE.

—Venez ici, dit madame L., à Rose, après s'être remise au lit, et répondez à mes questions. D'abord, êtes-vous catholique ?

—Je suis née dans cette religion-là, madame, répondit Rose ; mais je crois que ceux qui ont été élevés dans une autre valent autant que moi, s'ils remplissent honnêtement les devoirs de leur position.

— Vous vous trompez grandement. Apprenez qu'il n'y a que ce culte qui plaise à Dieu, et que, hors de la sainte église catholique, il n'y a pas de salut !

— Si j'osais, madame, répondit Rose, je vous demanderais qui vous a dit qu'il n'y a que le culte catholique qui plaise à Dieu,....

— Qui ! Les ministres de Dieu, donc....

— Mais, madame, les ministres des autres religions en disent autant !

— Ceux-là sont dans l'erreur, une erreur funeste qui sera leur perdition.

— Comment sait-on quels sont ceux qui sont dans l'erreur ?

— On le sait, et cela suffit ! Je vous trouve bien raisonneuse pour une négresse !

— Madame m'a ordonné de lui répondre, et elle me fait des questions....

— Les questions veulent des réponses, et non des observations !

— Alors, je me tais.

— Il ne faut pas vous taire ; il faut répondre ! Vous avez été baptisée ?

— Oui, madame.

— Vous avez fait votre première communion ?

— Non, madame ; mon maître ne s'en est pas occupé.

— Et pourquoi cela ?

— Je n'en sais rien, madame.

— C'est un damné, que votre ancien maître : un grand coupable qui sera puni de l'enfer !

— Il dit qu'il n'y a pas d'enfer autre que celui des misères de la terre, qui viennent des méchants....

— Cet homme-là doit avoir tous les défauts, tous les vices !

— Oh ! madame....il est la bonté même ! Juste, humain, charitable. Il n'avait que trois esclaves, ma mère, mon mari et moi, et il ne nous a jamais touchés ; tout le monde l'estime et l'aime....

— Hypocrisie, mensonge, faux semblants ! On n'a pas de qualités quand on n'a pas de religion, de piété.

— Mais, madame, il est pieux et religieux ; il a sa manière de voir ; il croit en Dieu et l'aime, au lieu de le craindre, ce qui, selon lui, est une injure à sa bonté. Je ne dis pas qu'il a eu raison de ne pas nous faire communier ; mais s'il se trompe il est au moins sincère.

— Peste d'avocat ! comme ces impies ont la langue pendue ! Si nous vous gardons, belle parleuse ! il faudra que cela change : nous avons bien des moyens de conversion ! Vous allez en avoir un échantillon tout-à-l'heure....

— Je vous en prie, madame, ne me forcez pas à assister à des cruautés ?

— Qu'appelez-vous cruautés, je vous prie ! Il faut que mes esclaves fassent leur salut à tout

prix.... je suis responsable de leur âme devant le Dieu vengeur.

— On m'a toujours dit, madame, que Dieu est un père clément et miséricordieux.

— Oui, il est clément — pour ceux qui pratiquent la sainte religion catholique ; miséricordieux — pour ceux qui y reviennent après s'en être écartés.... comme vous, par exemple, si vous vous repentez un jour de vos hérésies !

— Madame, est-ce que la douceur et la persuasion ne valent pas mieux que la violence, pour ramener à la vérité ceux qui sont dans l'erreur ?

— On commence par la douceur....on finit par la rigueur !....Est-ce que Dieu ne châtie pas les peuples corrompus et les hommes impies ? Eh bien, nous autres maîtres, nous devons imiter Dieu en châtiant nos esclaves désobéissants !

— Dieu n'a point d'esclaves....madame : il n'a que des enfants, et il les aime.

— Et moi je vous prédis que votre bavardage vous vaudra de rudes corrections, si vous ne vous amendez au plus tôt !—Allez-vous à la messe ? ajouta madame L, reprenant l'interrogatoire.

— Quelquefois, madame....

— Ce n'est pas quelquefois qu'il faut, c'est tous les jours. On rattrape ce temps-là en travaillant à la lumière pour ses maîtres....Allez-vous à confesse ?

— Non madame ; notre maître nous le défendait....

— Ah ! votre maître vous le défendait ! Et pourquoi vous le défendait-il ?

— J'aurais peur de vous offenser en vous le disant, madame ; et d'ailleurs je ne m'en souviens plus....

— Cela suffit ; j'en tiendrai bonne note ! Faites-vous maigre, les jours fixés par l'Eglise ?

— Non, madame ; on nous a enseigné qu'il faut manger ce que la Providence nous donne, sans nous inquiéter si c'est gras ou maigre, et j'ai entendu dire à mon ancien maître que Saint Augustin a écrit que : "Le royaume de Dieu ne consiste pas dans le boire et le manger, mais bien dans les bonnes actions."

— Comment ! votre maître se commettait avec vous autres jusqu'à vous parler de prétendues paroles d'un écrivain sacré, jusqu'à chercher à vous inculquer ses faux principes !

— Madame me parle bien aussi de sa religion !

— C'est bien différent ! je daigne m'abaisser jusqu'à vous pour vous convertir et sauver votre âme des peines éternelles, tandis que lui vous entraînait dans le gouffre où il veut tomber, l'impie !

— Il nous disait aussi, madame, que : supposer des peines éternelles pour punir des fautes passagères, c'est faire outrage à Dieu....

— Mais il mérite dix fois les flammes ! s'écria

madame L., en sortant à demi, des couvertures, son corps décharné....

— Je n'en sais rien madame, répondit Rose d'un ton qui voulait dire : je n'en crois rien.

— C'est assez pour aujourd'hui, finit madame L. ; nous reparlerons de cela un autre jour, et, si nous nous arrangeons de vous deux avec notre parent, le capitaine Jackson, je vous ferai bien revenir au chemin du salut! Allez maintenant m'appeler Rosalie, qui est en bas, et remontez avec elle....

Rose sortit de la chambre, pour exécuter l'ordre qu'elle avait reçu.

Quelques instants après, Rose entra accompagnée de celle qu'elle avait été chercher. C'était une mulâtresse un peu plus foncée que Rose, peu remarquable de visage, mais paraissant bien faite de corps. Elle pouvait avoir vingt-cinq ans. Sa maîtresse lui fit signe de s'approcher de son lit.

— Rosalie, lui demanda-t-elle, le *père* vous a-t-il donné l'absolution hier à confesse ?

— Non, madame, répondit la servante.

— Et pourquoi cela ?

— Il a dit que je ne la mérite pas encore et...

— Ah! que vous ne le méritez pas encore.... cela veut dire que vous êtes une pécheresse endurcie! Comme je veux vous sauver malgré vous, je vais vous aider à vous améliorer.... La dernière fois je vous ai à peine corrigée; mais aujourd'hui, je vais vous fouetter d'importance! Allez me chercher le martinet qui est dans ce tiroir, et ôtez votre robe....

Pendant que la pauvre fille obéissait à cet ordre, madame L. sortit de son lit, passa une robe de chambre, et dit à Rose qui était toute tremblante:

— Vous allez voir, vous, que, pour une femme, je ne m'acquitte pas mal des corrections que j'inflige.... pour le bien de l'âme! Ce sera peut-être bientôt votre tour, si vous vous endurcissez dans le péché.

Rosalie avait apporté le martinet, et ôté sa robe.

— Otez votre chemise aussi, lui dit sa maîtresse, et mettez-vous à genoux : je veux que vous vous souveniez de cette correction !

La mulâtresse obéit en tremblant.

Alors madame L. prit le martinet, composé de six bouts d'une corde assez forte, attachés à un manche court.... et elle fit pleuvoir, sur les épaules nues de son esclave, une grêle de coups aussi fortement appliqués que sa force le lui permettait. Elle alla d'abord lentement ; puis, s'excitant elle-même à cette tâche par ses propres paroles, et par ce mystérieux énivrement du supplice sur certaines natures, elle accéléra jusqu'à la plus grande vitesse. La pauvre fille poussait des cris étouffés....

— Je te chasserai le demon du corps! s'écriait la mégère, ou je périrai à la peine! Ame endurcie! scélérate incorrigible! tiens, tiens!.... et les coups de martinet de pleuvoir plus dru sur tout le corps de la malheureuse!

Madame L. s'arrêta et s'assit.

— Ce n'est pas fini, dit-elle à Rose épouvantée ; je me repose pour reprendre de plus belle...Vous verrez qu'elle aura son billet d'absolution !

— Grâce, madame, fit Rose en joignant les mains....

— Grâce! êtes-vous folle ? Où serait l'efficacité du remède si la dose était ménagée ?....

— Mais, voyez, madame, son dos est tout déchiré !

— Oh ! il n'y aura pas que son dos tout-à-l'heure ! Si ça ne suffit pas, dans quelques jours je la ferai fouetter par mon nègre, et plus tard encore, je l'enverrai à la geôle pour être passée à la palette !

Rose cacha son visage dans ses deux mains.

— Allons, dit madame L., qui était un peu reposée, couche-toi maintenant sur ce canapé ; tu n'as pas encore fini la séance! Quand je n'en pourrai plus, j'arrêterai....

Rosalie se releva et alla s'étendre où sa maîtresse lui avait ordonné. Alors commença la vraie fustigation, c'est-à-dire que madame L., perdant toute raison, sembla en proie à la fureur la plus extravagante, frappant partout à tour de bras.... jusqu'à ce que, comme elle l'avait dit, il lui fut impossible de continuer, tant elle était lasse.

— Maintenant, dit la pieuse maîtresse à cette dernière, vous pouvez aller voir en bas s'il y a quelque chose à faire. Vous reviendrez dans une heurre faire ma chambre : je vais dormir pour me reposer....—Que ces misérables esclaves nous donnent de tourments! ajouta-t-elle philosophiquement, comme en s'adressant à elle-même....Et elle s'alla remettre au lit pour calmer l'agitation de son sang et de ses nerfs. Rose ne se fit pas répéter l'ordre, et sortit au plus vite de cette chambre de bigote où l'instrument de supplice était posé sur un livre de messe. Rosalie était toujours sans mouvement.

Il vient d'être question de la correction par la palette ; il faut que nous disions en quoi elle consiste :

Il y a, à la geôle de la Nouvelle-Orléans, un homme dont l'emploi consiste à venir, tous les matins, infliger les corrections aux esclaves que leurs maîtres envoient à cet effet. Il y a trois sortes de corrections: *le tordu, le fouet, la palette.* Le tordu est fait d'une forte lanière de cuir de bœuf, enroulée sur elle-même à l'état humide, et gardant sa forme à l'état sec. Il va en s'amincissant, et est long d'environ un mètre. Chaque coup, bien appliqué, boursoufle la peau ou la déchi re, car c'est toujours à nu qu'on frappe. Les plaies sont hideuses et laissent des cicatrices ineffaçables. Une quantité de nègres et de négresses ont le corps tout hâché, à la suite de cette correction répétée, qui s'applique toujours sur le dos. On sait ce qu'est un fouet en général, mais tout le monde ne sait pas ce qu'est un fouet à esclaves. C'est un manche court auquel est attachée une très longue torsade de peau terminée par une mèche déliée, garnie de petits nœuds. Le patient est couché, nu, sur une échelle étendue à terre. Ses mains et ses pieds sont attachés aux barreaux de l'échelle, de manière à le maintenir bien allongé. Celui qui fouette se place assez loin, mesurant la distance dont il a besoin, et, comme il doit être habile en ses fonctions, il coupe la peau à chaque coup, si l'ordre du maître porte cette condition. Cette seconde correction ne s'applique pas sur le dos. — La palette est un morceau de bois dur, de peu d'épaisseur, long environ d'un pied et demi, et large de quatre pouces à peu près. Il est percé de plusieurs trous ronds, de sorte que chaque coup, médiocrement appliqué, produit l'effet de la ventouse sèche, faisant saillir les parties incluses dans chaque trou ; et que, fortement appliqué, il fait en plus jaillir le sang.

Quand un maître veut faire *corriger* son esclave — mâle ou femelle, jeune ou vieux — il donne à cet esclave un ordre écrit, portant le genre de châtiment et le nombre de coups à infliger, plus le prix de la correction, qui est généralement de vingt-cinq sous. Les esclaves se rendent à la geôle, et, quand l'heure est venue, le bourreau arrive, se met à l'aise, et exécute toutes les sentences, l'une après l'autre ; ensuite de quoi, sans colère et sans rancune, il cause avec ceux qu'il vient de martyriser, puis remet son habit, et sort vaquer en ville à ses affaires personnelles.

Ainsi, chaque matin à la même heure, le passant qui se trouverait dans la rue d'Orléans, entre les rues Trémé et Marais, entendrait des cris déchirants partant de l'intérieur de la prison de ville.

L'homme qui, depuis bien longtemps, remplit ces fonctions de bourreau, est un noir haut d'environ quatre pieds six pouces, et gros comme une barrique. Il a le visage placide et l'air d'un bon bourgeois qui ne fait de mal à personne ! On l'a surnommé le Capitaine Bidonnier.

*
* *

Quelques jours s'écoulèrent sans que le sort de Casimir et de Rose fût fixé. On attendait pour cela l'arrivée du capitaine Jackson qui était en tournée dans les campagnes, pour ses affaires. La passion d'Augustin pour Rose avait grandi, et menaçait de faire explosion. M. L. continuait à être chez lui un vrai zéro, et madame L. redoublait de bigotisme et de méchanceté. Elle allait à l'église tous les matins et faisait l'enfer en rentrant chez

elle. Rose avait assisté à d'autres scènes de coups toujours administrés par la bigote qui semblait y trouver un certain plaisir ou la satisfaction d'un certain besoin. Peut-être l'habitude qu'elle en avait prise lui en avait-elle fait une nécessité, comme le deviennent le café et le tabac....La femme de Casimir devait assister encore à un de ces actes où conduit le désespoir, dans la malheureuse classe dont nous résumons l'histoire en celle d'une famille et des personnages qui se meuvent alentour.

Un matin que Rose était occupée à l'arrangement de la chambre de sa maîtresse provisoire, pendant que celle-ci était au lit après *ses prières matutinales*, elle reçut encore l'ordre d'aller chercher Rosalie, sans qu'il fût question du motif de l'appel.

— Si c'est encore pour me battre comme la dernière fois, dit Rosalie à Rose, je la tue ! J'ai fait le sacrifice de ma vie....Mon enfant est mort l'année dernière pour avoir pris mon lait gâté par suite de mauvais traitements ; mon mari a été vendu dans l'État de l'Alabama : je ne tiens plus à rien. Qu'elle prenne garde !

Et elle fit voir à Rose un couteau caché sous son corsage.

Elles entrèrent ensemble dans la chambre de madame L. qui, d'une voix doucereuse et traînante, dit aussitôt à Rosalie :

— J'ai parlé à notre confesseur, et, d'après son rapport, vous vous endurcissez de plus en plus dans le péché. Il voudrait vous marier à un nègre pieux et sage, et vous refusez, comme si vous deviez avoir une volonté ! Qu'avez-vous à dire à cela ?

— J'ai à dire, répondit assez cavalièrement la mulâtresse, que les esclaves sont au moins maîtres de leurs unions avec ou sans prêtres, et que le noir qu'on me propose ne me convient pas du tout....

Madame L. se souleva sur le coude et regarda sa servante, sincèrement ébahie. Il est probable que jamais elle ne s'était entendu répondre ainsi. Ce fut au point qu'elle resta un moment sans pouvoir parler, ne sachant que dire.

Rosalie était décidée à tout, et, quand on est décidé, on est fort !

Cependant, madame L. retrouva la voix quand son premier étouffement fut passé.

— Tu dis, je crois, que vous avez le droit de prendre pour homme ou pour mari qui bon vous semble !.... Tu dis que le nègre qu'on veut te donner ne te convient pas ! Voilà donc où mène l'inobservance des choses de la religion ! Eh bien, mon enfant, pour ton bien futur, je vais mettre dès à présent à exécution la menace que je t'ai faite : jusqu'à soumission absolue, tu iras recevoir à la geôle, tous les huit jours, vingt coups de palette, à commencer d'aujourd'hui.... sans compter ce que je t'administrerai ici moi-même. Nous verrons qui se lassera la première de nous deux.

— Je crois que vous ferez mieux de me vendre, répliqua la servante d'un ton qui frisait l'insolence: Vous y gagneriez, et, pour moi, je serais partout mieux que dans cette maison d'enfer! Si je dois mon travail à mes maîtres, je ne leur dois pas compte de ma conscience et de mon goût en fait de mari.

— Tiens, fit madame L. frappée comme de la foudre par ce ton si nouveau pour elle, je ne te battrai pas moi-même aujourd'hui, car je te tuerais, ou la colère m'étoufferait! mais je vais te donner un ordre pour la geôle, et, quand tu en reviendras, nous verrons si tu seras plus souple !

Madame L. se leva et alla tracer quelques lignes sur un morceau de papier qu'elle remit à Rosalie. Celle-ci le prit avec un sourire de dédain, qui n'échappa point à Rose, mais qu'elle ne sut pas interpréter.... et les deux mulâtresses sortirent ensemble.

— Adieu, Rose, dit Rosalie quand elles furent dehors, tâche de ne pas rester dans cette maison-là....

Tu vas partir marronne ! répondit Rose.

— Oui....marronne....et pour longtemps!

Après ces mots, Rosalie sortit de la maison, tourna à gauche pour remonter la rue Bourbon jusqu'à la rue d'Orléans ; mais, arrivée au coin de cette rue, au lieu de prendre à droite pour gagner la prison, elle descendit en sens inverse, se dirigeant du côté du fleuve.....................

Il était un peu moins de sept heures quand Rosalie quitta la maison de sa maîtresse pour s'aller faire battre; ordinairement les corrections étaient terminées à huit heures, et le capitaine Bidonnier remettait alors son gilet, son habit et son chapeau, et sortait de la geôle, tantôt précédé, tantôt suivi de sa canne, presque aussi haute que lui. A neuf heures, Rosalie n'était pas revenue. Sa maîtresse pensa que les blessures des coups l'avaient peut-être forcée à se faire panser, et elle attendit. A dix heures, à onze heures, à midi, aucune nouvelle. Elle envoya alors aux informations, et il fut répondu qu'on n'avait pas vu Rosalie! Le soir, elle n'était pas rentrée; on la déclara marronne à la police, et un Avis fut envoyé aux journaux, comme cela se pratique, annonçant l'offre d'une récompense à qui ramènerait la fugitive. Le lendemain l'Avis parut, et la mulâtresse ne revint pas..

Quatre jours après seulement, son corps fut retrouvé flottant, sous la levée du quartier américain, au milieu d'immondices de toutes sortes ; il était verdâtre et commençait à entrer en putréfaction.

Rosalie avait coûté à son maître douze cents piastres, autrement dit six mille francs......

IV.

LES THÉORIES DU CAPITAINE JACKSON

Nous avons dit, au précédent chapitre, que la passion du fils de madame L. pour Rose grandissait chaque jour, et qu'elle menaçait de faire explosion. Dix fois par jour, M. Augustin trouvait moyen de se faire l'ombre de la nouvelle servante : il avait toujours quelque chose à lui demander ou à lui commander ; il éloignait Casimir le plus souvent qu'il était possible, et paraissait en proie à une incessante agitation pleine de tourments. Au lieu de courir les cafés et autres lieux publics, *quos nominare nequemus,* — selon son habitude depuis plusieurs années — il était devenu sédentaire et casanier. On avait fort bien remarqué son manége, dans la maison, et les domestiques voyaient parfaitement ce qu'il cherchait. Rose savait cela depuis le premier jour, et Casimir l'avait appris d'elle. Le mulâtre n'avait jamais encore été mis à l'épreuve du côté de la jalousie, mais ses réponses à sa femme, au sujet de Mr. Smith, pouvaient donner à penser qu'il ne serait pas d'humeur aisée, en ce qui attaquerait son bien le plus cher, son seul bien! Si madame L. eût su tout cela, elle eût été probablement fort embarrassée, au milieu de l'égale attraction que lui eussent faite, d'un côté sa religion, de l'autre, sa faiblesse pour son fils ; car elle était en même temps le tyran de la maison et l'esclave de son unique enfant. Or, entre l'immoralité dont il se serait agi, et le violent désir d'Augustin, on peut douter du parti qu'elle aurait pris : ou éloigner la mulâtresse, ou tout faire pour la pousser dans les bras d'Augustin. Comme, aux yeux des bigots, il est avec le ciel des accommodements, madame L. eût pu, en machiavélesque casuiste, se dire qu'une esclave n'est qu'une esclave ; que toutes à peu près sont très faciles aux blancs ; que, si ce n'était l'un ce serait l'autre, et qu'enfin un fils unique est un fils unique.... D'un autre côté, entre ses pratiques — nous n'oserons pas dire religieuses — et son amour maternel, il faut observer que le dernier était complètement sincère, et que les premières pouvaient ne pas l'être tout-à-fait. Peut-être, dans le doute du parti que prendrait sa mère, Augustin n'osait-il pas tenter quelque grand moyen, de peur d'un scandale ; ou bien, malgré sa précoce corruption, et *l'expérience de son âge,* était-il encore bien jeune et plus timoré qu'il ne le pensait lui-même... Toujours est-il que ses amoureux tourments ne s'étaient encore traduits qu'en importunités vagues dans leur but. Rose n'avait rien à faire, rien à dire en de telles circonstances. En honnête femme, elle ne pouvait qu'avertir son mari, et c'est ce qu'elle avait fait.

Quelques jours s'étaient écoulés depuis le suicide de Rosalie, quand, un dimanche, on reçut une lettre annonçant l'arrivée du capitaine Jackson, pour le soir. Le lien de parenté qui unissait la bigote et le capitaine était bien faible: celui-ci avait pour femme la sœur cadette de monsieur L., une excellente personne avec laquelle nous aurons, plus tard, à faire connaissance.

Dès qu'ils surent la prochaine arrivée du capitaine Jackson, Casimir et sa femme — qui, ce jour-là, avaient à peu près leur liberté — s'entretinrent beaucoup de ce qu'il en pouvait résulter. D'après les quelques paroles vagues qu'ils avaient entendues, chacun de leur côté, il était possible qu'ils devinassent la propriété de monsieur L. Ce n'était pas ce dernier qui les inquiétait beaucoup, mais restaient sa femme et son fils, c'est-à-dire deux périls constants, deux menaces continuelles : d'un côté le despotisme ultramontain, de l'autre côté la tyrannie amoureuse.

— Mon pauvre cher homme! disait Rose, tout nous vaudrait mieux que de rester dans cette maison. Je ne pourrais jamais être assez fausse pour feindre de partager les sottises et les superstitions fanatiques de madame L., et alors elle ferait de moi ce qu'elle faisait de Rosalie! Quant à M. Augustin, il arriverait un jour quelque catastrophe, car je vois chaque jour sa fatale passion grandir. J'aimerais mieux mourir que de lui céder, mais ma résistance serait un second sujet de tourments de toutes sortes.

— Il faudrait, répondit Casimir, que M. Jackson nous gardât : il n'est ni bavard ni grondeur : c'est un morceau de marbre qui mange et qui boit, et je m'en accommoderais assez.... dans les circonstances où nous nous trouvons.

— Moi aussi, mais c'est là justement la question! Il faut tâcher que l'un de nous deux soit là, ce soir, quand il arrivera; peut-être un bon *courant* — comme dit Salomon, pour remplacer le mot *hasard* — nous fournirait-il l'occasion de faire pencher la balance du côté de notre désir....Je voudrais d'autant plus être dans une maison tranquille, mon ami, que......

— Que quoi ? Rose....

— Que.... Devine cher.... cherche bien, et regarde-moi!

— Je te regarde, ma Rose, et je te trouve plus belle chaque jour; mais je ne devine pas.

— Cher mari! s'écria la jeune femme en jetant ses deux bras au cou de Casimir, je suis enceinte!

Il se fit un long silence....

Un double sentiment leur étreignait le cœur, et les laissait en suspens entre la joie et le chagrin. Ces impressions-là arrivent à l'âme comme l'éclair, et sont longues à dire. L'annonce d'un premier enfant, quand on est jeune et qu'on s'aime! c'est une de ces minutes de bonheur entier, qui efface d'un trait toutes les préoccupations de la vie ordinaire .... c'est la Révélation de quelqu'ange inconnu qui, d'une minute vous fait complet, en vous an-

nonçant que vous avez soudé votre anneau à la chaîne sans fin d'un monde éternel comme son Créateur. Un autre être, né de vos joies, qui vous trace au cœur et au front l'étoile d'or de la paternité! Ce jour-là, si on n'a jamais songé à Dieu, on y songe....

Oui.... quand on est libre.... mais quand on est esclave!.... quand votre enfant n'est pas votre enfant! quand on peut vous l'arracher de la mamelle pour le vendre! Quand on peut le battre sous vos yeux, si ses cris importunent! Quand on peut lui ôter votre lait et le nourrir à l'aventure, afin qu'il ne vous détourne pas de votre tâche!

Le battre!.... le vendre!.... votre premier-né.... votre vous!....

L'institution de l'esclavage donne aux maîtres tous ces droits!

Vous n'avez qu'à courber le front.... et pleurer....

Ou bien, comme tant l'ont fait, à prendre dans vos mains l'être né de vos seules joies, et lui briser la tête sur quelque pierre moins dure que le cœur des hommes.

Le premier mouvement de Casimir fut de rendre grâce à Dieu et de jeter haine à l'homme. Plus le don du ciel était grand, plus le vol de la terre était infâme.... Avec les amendements de la réflexion, vint le doute. C'est que, dans son premier élan, le cœur monte, et que, dans le second, il descend. Tout ce dont nous souffrons vient de nous ; tout ce dont nous jouissons vient de Dieu.

— Rose, Rose! s'écria Casimir quand il put parler, si tu m'eusses annoncé cela à la Guadeloupe ou à New York, nous serions ou marrons au grand camp, ou libres dans une cité libre de l'Union.

— Remercions Dieu! répondit Rose....

— Alors, maudissons les hommes!

Ils se turent encore pour laisser parler leurs pensées.

— Mais si l'on te frappait maintenant, je deviendrais assassin! s'écria Casimir sortant de ses réflexions.

— Mon Dieu....mon Dieu! murmura Rose, que votre main protectrice s'étende sur nous et sur notre enfant!

Et elle pleura..

Rose entra au salon au moment où on annonçait le capitaine Jackson.

⁂

Le capitaine entra comme c'était son habitude, c'est-à-dire très rondement. Il prit lui-même un fauteuil et une chaise : sur le fauteuil il s'installa bien à l'aise ; sur les barreaux de la chaise il appuya ses pieds, dans une position presque horizontale. Quand cela fut fait, il jeta un regard sur sa demi-belle-sœur, et lui demanda des nouvelles de sa santé.

Il ne faut pas oublier que le capitaine Jackson

était en ce moment chez une parente, et n'avait pas à se gêner.

— Ça va mal, monsieur Jackson, ça va mal ! Une perte de douze cents dollars tout d'un coup ! Vous avez appris que cette misérable Rosalie s'est noyée ?....

— Oui, oui, j'ai entendu parler de cela, et, ma foi ! à sa place, je crois que j'en aurais fait autant....

— Et pourquoi cela ? monsieur....

— Parce que, d'abord elle n'a plus ni son mari qu'elle aimait, ni son enfant qu'elle idolâtrait ; vous avez vendu l'un et tué l'autre....

— Comment, tué ?....Moi, j'ai tué son enfant ! voilà qui est fort....

— Parbleu ! oui, vous l'avez tué. Vous n'avez pas pris un couteau de cuisine pour le lui plonger dans la poitrine, mais, aux yeux de Dieu, vous avez fait pis....Je n'ai pas besoin de vous raconter un épisode de votre propre histoire....

— Nous ne pouvons pas nous entendre au sujet des choses divines, répondit la bigote d'un air de dédain ; vous êtes un protestant, autrement dit un hérétique !

— Je suis cent fois plus chrétien que vous, ma chère belle-sœur : je ne tyrannise personne à propos d'opinions religieuses ; je ne fais pas mourir de misère les petits enfants, et je ne noie pas les femmes. Je tiens à distance ceux qui ne sont pas encore à mon niveau, mais je vois des frères dans toutes les créatures humaines....

— Alors, vous avez autant d'orgueil que vous avez peu de logique. Si les esclaves sont vos frères, pourquoi ne fraternisez-vous pas avec eux ?

— Il est possible que j'aie de l'orgueil : je n'ai pas la prétention d'être parfait. Quant à ne pas être logique, c'est ce qu'il s'agit de voir. Il y a une infinité de blancs, libres comme moi, citoyens américains comme moi, que j'estime en masse et que j'aime en général, en ma qualité de chrétien ; mais, en particulier, je ne les reçois ni ne les fréquente, parce que, jusqu'à nouvel ordre, j'aime que chacun soit à sa place.

— Voilà une singulière explication ! — Mais je vais vous embarrasser beaucoup : Pourquoi avec vos idées, achetez-vous des noirs ? Pourquoi avez-vous acheté Casimir et Rose ?.... Pourquoi....

— Pas tant de pourquoi d'un coup ! je vous prie : ayons de l'ordre, si c'est possible. Primò, je n'ai pas pour coutume d'acheter des noirs : je n'en ai pas un seul qui m'appartienne ; secondò, j'ai acheté Casimir et Rose pour des raisons à moi connues, et qu'il me plaît de ne pas vous dire. En politique, je suis de l'école du silence : je manque rarement mon but, parce que je garde pour moi mes projets !

— Il y a donc de la politique dans vos acquisitions ?

— Il se pourrait bien qu'il y en eût dans l'acquisition que j'ai faite, et non dans *mon* acquisition...

— Je ne saisis pas bien la distinction, répliqua madame L.

— Il importe peu, riposta le capitaine.

— Comme vous voudrez, cher beau-frère....

Depuis le commencement de cet entretien, Rose était passée dans un cabinet voisin, d'où elle entendait tout à clair....

— Changeons de sujet, si vous voulez, reprit madame L.; voulez-vous nous vendre Rose ?

— C'est selon, répondit le capitaine. Dites-moi franchement ce que vous en voulez faire....

— Mais, une servante, probablement ! Rosalie doit être remplacée : c'était un bon sujet, sauf son impiété.

— Qu'est-ce que ça vous faisait son impiété ?

— Nous autres maîtres, répondit madame L., nous avons charge d'âmes ! Pour nos esclaves nous remplaçons Dieu sur la terre, et......

Le capitaine partit d'un formidable éclat de rire :

— Vous êtes, dit-il, des dieux bien aimables !...

Cette hilarité intempestive et cette réponse moqueuse agirent vivement sur les nerfs de la bigote :

— Monsieur ! s'écria-t-elle, est-ce pour m'insulter que vous venez ici ?......

— Moi ! pas le moins du monde......Je ris de votre divinité, voilà tout : Il y a bien de quoi, j'espère !......

— Alors, reprit madame L. radoucie en vue de son intérêt, reprenons les choses où nous les avons laissées, et ne parlons que de Rose. Je vous disais que je désire l'acheter pour remplacer Rosalie....

— Si vous procédiez avec elle comme avec l'autre, ne craindriez-vous pas le même résultat ?.... demanda monsieur Jackson.

— Celle-là tient à quelque chose : elle a un mari qu'ell aime......

— Et vous ne parlez pas d'acheter le mari......

— Nous n'en avons guère besoin ! Vous pourriez le vendre dans la ville, et ils se verraient.... quand je serais contente d'elle. Ce serait même un moyen de l'amener où je voudrais la voir ?....

— Et où voudriez-vous la voir ?

— J'adopte votre politique de silence, et je garde pour moi mes projets, répondit madame L. d'un petit ton victorieux.

— Mais je les devine vos projets : ce n'est pas difficile....Vous en voudriez faire une bigote, avant d'en faire une servante !

D'abord, Monsieur Jackson, je ne sais pas si vous l'ignorez, mais le mot *bigote* n'est pas poli.

Monsieur Jackson poussa quelques *hum, hnm*, en manière de toux ou en façon de doute, au choix de l'auditeur. Madame L. aima mieux y voir une queue de rhume qu'une manifestation équivoque.

— Mais, dit le capitaine, avez-vous réfléchi, ma chère belle-sœur, que si, sachant vos habitudes de correction — qui me répugnent, surtout pour leur motif — je vous vendais un bon sujet, je serais doublement coupable, d'abord comme homme, ensuite comme chétien !

—Chrétien ! murmura madame L....

— Oui, chrétien, par le Dieu éternel ! Croyez-vous donc qu'il n'y ait que les catholiques de chrétiens ? Parce que nous avons réformé vos abus, vos ventes, vos tyrannies et vos superstitions, croyez-vous que nous ne soyons plus les Disciples de Celui qui est mort pour avoir enseigné la Liberté, l'Egalité et la Fraternité ! — Croyez-vous, s'écria le capitaine, hors de lui par exception, que le culte fasse la religion ? .... Si vous croyez cela, connaissez votre erreur :

" La religion, ce n'est pas le culte, ce n'est pas le dogme, c'est l'amour de Dieu et des hommes. Jésus-Christ n'est pas venu réunir les hommes dans un même culte, mais devant un même Dieu, suivant cette parole adorable : "C'est la miséricorde que je veux, et non le sacrifice." Aussi quiconque aime Dieu comme un père, et les hommes comme des frères ; quiconque tend la main à ses ennemis et bénit ses persécuteurs, fût-il sectateur de Mahomet, peut se dire disciple du Christ. Voilà comment l'Evangile est appelé à civiliser le monde. Faites seulement que sa morale pénètre dans l'âme des barbares, et vous verrez s'éteindre la polygamie, les mutilations, les castes, l'esclavage, la tyrannie, qui est le mépris de l'homme, et le fanatisme, qui est l'ignorance de Dieu. Toutes ces abominations effacées, que restera-t-il en face des idoles ? Des chrétiens. "

— L'esclavage est dans la bible ! répliqua madame L ; il y est question de maîtres et de serviteurs....

— Aussi, ne vous parlé-je pas du livre de Moïse, mais de celui de Jésus ! Vous êtes presque tous d'une telle ignorance touchant les choses dont vous vous faites les adorateurs fanatiques, que vous ne savez pas, pour la plupart, que l'ancien Testament et le nouveau Testament sont le feu et l'eau ! Il vous a plu de relier tout cela sous la même couverture, ivraie et bon grain, et vous avez baptisé ce mélange hétérogène du nom de Bible, Livre par excellence ! Il faut pourtant distinguer, et choisir entre les immoralités des vieux temps et la morale des temps nouveaux, entre les castes et l'égalité, entre l'égoïsme et la fraternité, entre la servitude et la liberté.... c'est-à-dire entre le passé et l'avenir !

— Je n'ai jamais réfléchi à tout cela, dit la belle-sœur du capitaine avec un embarras qu'elle ne put cacher. Nous avons le pape, l'église, les sacrements et les prêtres ; c'est bien assez pour les femmes.

— En effet, je pense même que c'est trop....

— Pensez tout ce que vous voudrez, mon cher beau-frère ; mais puisque vous m'accusez d'ignorance en matière de *ma* religion, je vous prouverai que je puis, aussi bien que vous, faire des citations. Saint-Augustin que vous citiez tout-à-l'heure, a dit au concile de Cirte : " Quiconque est hors du sein de l'Eglise catholique, quelque louables d'ailleurs que soient ses actions, ne jouira point de la vie éternelle." Que dites-vous de ces paroles, en les rapprochant de celles du même saint, que vous m'avez citées ? .... J'espère que voilà une flagrante contradiction !

Et madame L. regarda son beau-frère d'un air de victoire....

— Cela prouve, ma chère dame, répondit tranquillement le capitaine, que les hommes sont sujets à errer, qu'ils soient ou non canonisés.

— Et le pape Grégoire-le-Grand, qui enseignait que : " Dieu ne peut être véritablement adoré que dans l'Eglise catholique, et que tous ceux qui sont séparés de cette Eglise ne seront pas sauvés. "

— La même réponse pourrait servir aux deux, sauf qu'il y en a une meilleure pour votre Grégoire : Monsieur Josse vendait des bijoux, et votre pape des indulgences !

Madame L. parut scandalisée de la comparaison; mais elle aima mieux abandonner un terrain sur lequel elle n'était pas de force.

— Si vous voulez, monsieur Jackson, dit-elle, nous ne reparlerons plus jamais ensemble de toutes ces questions : nous ne nous entendrions point, et je risquerais que le démon se cachât sous votre enveloppe, pour me tourmenter.

— Je vous remercie beaucoup de prêter si charitablement mon enveloppe à votre démon ; mais je pense que, s'il lui prenait la fantaisie d'une métamorphose, il ne pourrait choisir qu'une robe de bigote. C'est ce qu'il fait, du reste, souvent.... dit-on. Mais laissons là toutes ces discussions oiseuses; posez votre demande catégoriquement, je vous répondrai de même.

— Eh bien, voulez-vous me vendre Rose, et combien en voulez-vous ?

— Je ne la vendrai pas sans Casimir.

— Pourquoi cela ?

— Parce que je ne veux causer le chagrin de personne.

— Est-ce que les nègres sont quelqu'un !

— Ne recommençons pas les discussions, je vous prie. Je crois que tous les hommes sont quelqu'un : chacun son opinion.

— Si on connaissait vos opinions dans ce pays, répondit la belle-sœur, vous seriez en danger, capitaine !

— Oh ! je connais le pays, allez ! Je sais jusqu'où va la liberté que la question de l'esclavage y laisse, et je n'ai pas envie d'y jouer sottement un rôle de martyr ; mais je suis honteux, pour mon pays, de voir certaines étoiles dans son pavillon.

— Libre à vous. Eh bien, combien vendriez-
vous les deux ?

— Je ne vends pas d'hommes, je ne vends pas
de femmes, je ne vends pas d'enfants ; je ne vends
pas mes semblables, répondit le capitaine en se
levant. Si j'ai acheté ceux-là, c'est qu'on a des
vues sur eux.... Sur ce, chère belle-sœur, je vous
souhaite le bon soir, et retourne à mon hôtel. J'ex-
pédie *La Caroline* à Boston, et demain matin je
viendrai chercher Casimir et Rose, que j'emmène
à Baton-Rouge où je passerai quelque temps pour
mes affaires.

— C'est donc une mystification que cette vente
probable ! et un mystère que cette acquisition faite
à la Guadeloupe !

— Ce sera tout ce que vous voudrez, ma chère
dame. Vous savez que je suis un *excentric*, ce que
vous appelez en français un original.

Et le capitaine Jackson sortit satisfait en se
disant : Je lui ai donné une leçon.... *All right !*

Le capitaine Jackson était à peine dans la rue
que Rose se jetait dans les bras de Casimir en s'é-
criant dans le délire de la joie :

— Nous ne serons pas vendus ici !.... peut-être
pas vendus du tout ! Le capitaine Jackson est un
homme de cœur....

V.

UNE HONNÊTE FEMME.

Le lendemain, vers dix heures du matin, le capitaine Jackson, accompagné de ses deux domestiques, nos héros, sauvés au moins pour le présent,
montait à bord du *Patrick Henry*, steamboat faisant les voyages entre la Nouvelle-Orléans et
Baton-Rouge. Bientôt la ville disparut dans un
nuage de fumée noire sortant des cheminées du
vapeur, et on commença à remonter le Mississippi.
Les rives de ce grand fleuve sont plus belles à
mesure qu'on le remonte. Les habitations, plus
riches que dans le bas, présentent à l'œil, de loin
en loin, l'aspect de belles maisons de maîtres, entourées de grands arbres, quelquefois de jardins,
fort beaux durant la belle saison. Les terres si
plates et si tristes, à partir de l'embouchure du
fleuve, commencent à s'accidenter quand on a par-
couru une certaine quantité de milles au-dessus de
la Nouvelle-Orléans. Des diminutifs de montagnes
surgissent de loin en loin, couvertes de bois épais,
au milieu desquels on aperçoit de jolis cottages aux
jalousies vertes et aux toitures rouges. On se
croise assez souvent avec d'autres bateaux à vapeur
descendant le fleuve à grande vitesse. Ces *steamboats* sont fort curieux à voir pendant quelque
temps. On s'en lasse ensuite et on les trouve
monotones. Toutefois, ils méritent une courte
description.

Un *steamboat* du Mississippi est comme une
maison de bois à un étage, quelquefois à deux étages, qu'on aurait posée toute faite sur une carcasse
de navire à ras d'eau. Une galerie couverte, mais
non fermée, court tout autour de l'étage ou des
étages. Là vont et viennent les passagers de
chambre. Par-dessus le tout est une sorte de
cage-belvédère où se trouve la roue du gouvernail
à l'avant du bateau, et dans laquelle nécessairement se tient le pilote. De longues cordes, partant de cette cabine du pilote, vont rejoindre la
barre du gouvernail, placé à l'arrière comme toujours. Cette position élevée et à l'avant du *steamboat* est nécessaire pour gouverner dans les fleuves,
et surtout dans les petits et sinueux affluents qu'on
appelle *bayous* dans le pays. Deux énormes cheminées, très-hautes, s'élèvent à l'avant, communi-
quant avec les foyers placés sur le premier pont.
Les marchandises, balles de coton, boucauts de
sucre, denrées de l'ouest, s'entassent dans la cale
et tout le long de la galerie extérieure d'en bas, au
centre de laquelle sont les machines. Il y a beaucoup de luxe et de comfort dans la grande salle
affectée aux passagers, et surtout dans la chambre
de l'arrière, dite chambre de dames, où ne sont
admis, en fait d'hommes, que ceux qui accompa-
gnent des dames. Les grands bateaux à vapeur
ont ordinairement un piano dans cette chambre
privilégiée, et toujours une énorme Bible dorée sur
tranches, posée au milieu d'une table ronde tenant
le centre exact de la chambre, ou si l'on veut, du
salon. Les cabines de passagers sont rangées
tout le long de chaque bord, à l'étage dont nous
avons parlé, et ont chacune deux issues, l'une sur
la galerie extérieure, l'autre sur la salle commune.

Les explosions ne sont pas bien rares parmi ces
maisons flottantes, tant on prend peu souci des
capacités des capitaines et des ingénieurs ; mais
il faut qu'on sache, en passant, que la vie des gens
est ce qui préoccupe le moins aux Etats-Unis. La
perte de marchandises y est bien plus sérieuse ;
aussi prend-on plus de précautions pour celles-ci
que pour ceux-là. Tout marche si vite, dans ce
pays de *go ahead !* les progrès matériels y sont si
rapides, qu'on semble n'y pas songer à demain, et
qu'aujourd'hui est tout.

Nous en aurions long à dire si nous voulions ne
rien omettre, mais nous aimons les descriptions
courtes, et nous pensons que la majorité des lecteurs partage ce goût ; aussi, nous contentons-nous
toujours de ne décrire que ce qui ne saurait être
omis.

....

Ce n'était pas, à bord du *Patrick Henry*, comme
à bord de *La Caroline*: le capitaine Jackson n'a-
vait plus de conversations avec Casimir et Rose
pour se perfectionner dans la langue française. Le
décorum s'y opposait ; de plus monsieur Jackson
n'était plus, en ce moment, capitaine du bord,

mais seulement passager ; or, dans un pays comme la Louisiane, il n'eût pas été prudent de manifester des goûts *négrophiles* :

Là où les noirs sont esclaves les blancs ne sont pas libres.

Casimir avait tout de suite lié connaissance avec les garçons de service, mulâtres comme lui ; il les aidait dans leur travail, et partageait la chambre de l'un d'eux. Rose avait fait de même avec la fille de chambre, en sorte qu'ils n'avaient, à bord du steamboat, aucune relation avec leur maître.

Quelques retards dans la traversée ayant assez considérablement allongé le voyage, on n'arriva à Bâton-Rouge que le lendemain matin.

La veille au soir, quand tout le service fut achevé après le souper des passagers, Casimir et Rose se retrouvèrent, et devisèrent longtemps ensemble de ce qui venait d'arriver.

— J'ai tout entendu, disait Rose à son mari, et je n'ai rien oublié, va ! Il a discuté très chaudement avec cette méchante femme, et, à plusieurs reprises, il l'a blessée au vif. Il n'était pas muet comme à bord ! Finalement, madame L. voulait nous acheter tous les deux, et j'ai bien compris qu'elle t'aurait revendu aussitôt qu'elle eût été notre maîtresse, car elle a d'abord dit qu'elle n'avait pas besoin de toi.... Dieu nous a protégés !

— Et l'esprit de Salomon a communiqué avec le mien ! dit le mulâtre de l'accent d'une profonde conviction, car, pendant que j'étais seul, à attendre, comme j'avais le front penché dans mes deux mains, et que mes yeux étaient fermés, j'ai vu le vieil aveugle me dire : " Espère ! " Je l'ai vu comme je te vois ; je l'ai entendu comme je t'entends !

— Je ne comprends rien à cela, dit Rose....

— Ne pas comprendre n'est pas une raison pour nier.

— Je ne nie pas, Casimir ; je m'étonne....

— Enfin continue, ma chère femme....

— Alors, le capitaine s'est levé et a répondu — j'ai bien retenu sa phrase ! — : " Je ne vends pas d'hommes ; je ne vends pas de femmes ; je ne vends pas d'enfants, je ne vends pas mes semblables !...'

— Mais il en achète bien !

—Attends donc ! Il a ajouté ; "Si j'ai acheté ceux-là, c'est qu'*on* a des vues sur eux. "

— On a des vues sur eux......murmura Casimir ...... Qui, *on ?* Quelles vues ?...... Je m'y perds......

—Enfin, cette fois tout est pour le mieux, quant à présent : le temps nous apprendra le reste...... ayons confiance en Dieu !

— Oui, ma chérie : Un heureux début ne doit pas faire augurer une fin mauvaise ; sans cela la vie entière se passerait à souffrir ; manquer de confiance, ce serait de l'ingratitude.

— Et, comme il est écrit dans ton Livre : " L'ingratitude est pire que l'assassinat. "

— Mon Livre me rappelle Salomon, Rose, et Salomon me rappelle la promesse qu'il nous a faite de ne pas nous laisser sans nouvelles de ta mère, et de la Guadeloupe. Je me demande comment il fera pour nous faire parvenir des lettres, notre vie errante ne lui permettant pas de savoir où nous sommes......

— Puisqu'il l'a promis, il le fera, répondit Rose. Monsieur Lambert nous a fait la même promesse ; à eux deux ils trouveront moyen....

— Et Suzanne, ajouta Casimir, s'en occupera aussi.

— Et madame Lambert, qui est si bonne, ne nous oubliera pas.

— Tu vois, ils seront quatre à vouloir, ma chère petite, et quatre bonnes volontés qui tendent au même but pour le bien, c'est fort !

Ce soir-là le ciel était tout constellé d'étoiles brillantes : la nuit était claire et le temps très doux. Le *Patrick Henry* filait dix à douze nœuds, sous la vigoureuse et bruyante impulsion de ses palettes fouettant l'eau avec vigueur. Le silence régnait à bord ; toute la nature semblait s'être mise à l'unisson du contentement de nos pauvres héros allant vers l'inconnu avec une sorte de joie confiante.

Ils restèrent à causer jusqu'à minuit, et alors ils se séparèrent pour aller chacun à sa couche.

— Bonsoir, mon Casimir, dit Rose....

— Bonsoir, ma Rose..... — Nous allons donc chacun d'un côté, au lieu d'aller ensemble.... comme de coutume !

— C'est pour une fois, cher !.... et nous penserons l'un à l'autre !

Leurs mains étaient enlacées. Ils regardèrent autour d'eux : ils ne virent personne, leurs lèvres se joignirent, et un baiser fut leur adieu jusqu'au lendemain....

**

Ce lendemain, on arriva à Bâton-Rouge, comme nous l'avons dit. Il y avait une heure seulement qu'il faisait jour. Casimir et Rose étaient sur pied, lui satisfait, presque joyeux, elle plus fraîche et plus jolie que jamais. Depuis la connaissance de sa prochaine maternité, la belle jeune femme semblait transfigurée ; ses beaux yeux brillaient d'une joie humide ; elle portait la tête plus allégrement que de coutume, et semblait avoir oublié ce que leur position avait d'incertain. Et lui !....

La joie est de tous les âges et de toutes les situations. Elle épanouit plus souvent peut-être le visage du pauvre que celui du riche ; elle console parfois le prisonnier dans son cachot, l'exilé dans sa nostalgie, le paria dans sa misère et dans son abjection. Rayon céleste, elle descend, comme un messager consolateur, sur les fronts courbés.... qui se relèvent peu à peu, en reconnaissant qu'elle s'appelle l'Espérance.

Bâton-Rouge est une assez jolie petite ville dont le terrain n'est pas plat, bas et humide comme celui de la Nouvelle-Orléans. Ses environs sont assez agréables, quoique peu accidentés.

Le capitaine Jackson descendit dans un hôtel où il était connu pour y faire son séjour chaque fois que ses affaires l'appelaient dans la localité. Il prit deux chambres, une pour lui, une pour ses deux serviteurs, et sortit sans dire quand il reviendrait. Casimir et Rose se trouvèrent donc livrés à eux-mêmes, sans savoir ce qu'ils avaient à faire, et absolument libres de leur temps.

Décidément, le capitaine Jackson était un vrai original.

Il ne revint qu'au bout de quatre jours. Comme, la veille, on était venu offrir à Casimir de l'ouvrage pour un jardin, celui-ci demanda à son maître s'il pouvait accepter cette offre.

—Vous le pouvez, lui répondit son maître : le travaille est bon,

Et, ayant prononcé cette longue phrase, il tourna le dos et partit.

Rose, assise tranquillement dans sa chambre, confectionnait des petits bonnets et d'autres objets de layette.

Quand ils avaient quitté la Guadeloupe, les enfants de la vieille Suzanne avaient vendu leur mobilier, leurs ustensiles de ménage et divers autres objets; de tout cela ils s'étaient fait quelqu'argent qu'ils avaient joint a leurs modestes épargnes; madame Lambert y avait ajouté quelques petites pièces d'or de ses fonds particuliers, en sorte que les exilés n'étaient pas pécuniairement au dépourvu. Avant de quitter la Nouvelle-Orléans, Rose avait acheté ce qu'il fallait pour préparer à son cher petit attendu de quoi le vêtir et le faire beau à son entrée dans la vie.

—Je vais commencer demain le travail qu'on m'a offert, dit Casimir en allant vers sa femme; notre maître a dit : "Vous pouvez accepter; le travail est bon."

—Il faut convenir, mon ami, observa Rose, que notre maître est une véritable énigme ! A la Pointe-à-Pitre, il fait mépris de nous, m'examine comme une bête curieuse, nous achète, nous emmène, nous fait causer, une heure par jour chacun, avec lui sans plus s'occuper de nous que si nous n'existions pas ! Arrivés à New-York, il nous laisse à bord, puis lève l'ancre, fait voile pour la Nouvelle-Orléans, où il nous conduit chez un de ses parents. Là, un beau jour, il change brusquement de façons, se proclame ennemi de l'esclavage, refuse de nous vendre, et nous emmène avec lui à Baton-Ronge! Ici, il nous abandonne, à l'hôtel, va à ses affaires, ne nous commande rien et te permet de travailler pour ton compte, en te disant: "Le travail est bon...." Comprends-tu quelque chose à tout cela, Casimir ?......

—Si on comprenait le capitaine Jackson, Rose, il ne serait pas un original ! Je crois que le mieux est de suivre le courant sans nous inquiéter. Nous vivons bien ; nous sommes tranquilles ; je vais gagner quelqu'argent, tout est pour le mieux. Quand il nous dira : Partons ! nous ferons nos paquets, et nous le suivrons.

—Tout cela m'intrigue fort....En premier lieu, j'ai jugé le capitaine un homme sans cœur ni âme, un acheteur et un vendeur de chair humaine; en second lieu, je l'ai jugé un vrai chrétien, un homme de cœur, selon la charité et la fraternité; aujourd'hui, je ne sais plus que croire: il prête à toutes les suppositions.

—Donc, termina Casimir, ne nous fatiguons point l'esprit à deviner une énigme aussi obscure.

—Ainsi-soit-il ! fit Rose....— et ils parlèrent d'autres choses.

Le lendemaie, Casimir partit de bonne heure, pour commencer le travail qu'il avait accepté avec la permission de son maître. Le jardin auquel il devait travailler était distant de la ville d'environ un mille et demi; une demi-heure suffisait grandement pour qu'on fît ce trajet. Rose resta donc seule, occupée, dans sa chambre, à la chère besogne que nous savons. Son mari ne devait revenir que le soir, tant que dureraient ses nouvelles occupations.

Vers dix heures, on frappa à la porte; Rose se leva, ouvrit, et ne fut pas médiocrement étonnée en voyant M. Augustin L. Elle regagna sa place et attendit, avec quelque trouble, que le jeune homme fît connaître le motif de son étrange visite.

M. Augustin avait un tout autre visage que le jour où il s'était précipité comme une avalanche dans le grenier de la maison de sa mère, où les époux avaient passé leur si triste première nuit, à la Nouvelle-Orléans. Il était pâle et grave, autant que vingt ans peuvent porter de gravité. Il était même embarrassé et ne pouvait parvenir à le céler. Il avait fait une toilette de bon goût, juvénile mais peu voyante, comme s'il se fût rendu à une soirée de gens graves réunis pour une fête exceptionnelle, ...et vraiment il était beau, ainsi dépouillé de cette morgue et de cette laide hauteur, fruits naturels d'habitudes précoces de commandement sans contrôle. Un peu plus il eût été humble !

—Je suis venu à Bâton-Rouge, pour les affaires de mon père, et, ayant su de ma mère que vous étiez ici, je viens....pour vous parler.

Rose sans répondre, le regarda d'un air si étonné, que son regard équivalait à une interrogation.... Le jeune homme paraissait chercher la suite de son exorde, pour se poser plus à l'aise dans ce qu'il voulait réellement dire.

—Oui, continua-t-il, je voulais vous engager à parler à votre maître, pour qu'il vous.... *laissât*...

à ma mère; (Il n'osait pas dire: *vendît*!) — ne croyez pas, ajouta-t-il, que vous seriez malheureuse....et traitée comme Rosalie! Je suis là, moi! et, comme je fais ce que je veux à la maison, je ferais en sorte que vous fussiez libre de votre conscience. Ma mère est une folle qui nous ruine avec ses sottises d'églises; moi, j'ai été mal élevé, mais depuis quelque temps j'ai réfléchi, et je veux devenir meilleur.

— Tant mieux pour ceux qui seront chez vous! répondit Rose; mais je ne vois pas, quant à mon mari et à moi, pour quel motif nous chercherions à appartenir à votre famille, monsieur.

— Pour quel motif, Rose! dit le jeune homme un peu plus enhardi, pour quel motif! Ne le savez-vous pas?

— Non monsieur....

— Rose, n'avez-vous pas compris que je vous aime! Oh! ne me jugez pas d'après les premiers instants où vous m'avez vu! je suis bien changé, allez! Et je vous aime comme je n'aimerai jamais! au besoin je saurais vous le prouver!

— Monsieur, répondit Rose, j'aime mon mari de tout mon cœur.

— Eh bien, il serait heureux aussi....à cause de vous, si....

— Monsieur, si j'étais une femme libre, dit Rose d'une voix que l'émotion gagnait, je vous prierais de sortir, et, si mon mari n'était pas esclave, il vous demanderait compte de votre conduite!

— Oh! je ne vous ai pas tout dit, et j'aurais dû vous faire connaître tout de suite ce que je ferais pour vous. Je vous parle poliment; pourquoi vous fâcher!

— Vous pouvez parler, monsieur; je vous ai dit ce que je ferais si j'étais une femme libre; comme je ne le suis pas, il faut bien que je souffre tout ce qu'il vous plaira de me dire!

Ces paroles dignes et grandes imposèrent au jeune homme, malgré sa mauvaise éducation. S'il n'eût été si violemment épris, peut-être eût-il abandonné cette poursuite difficile, mais, plus il voyait Rose, plus il l'entendait, plus elle le repoussait avec une mélancolique amertume, plus il sentait le désir pénétrer en lui, âcre et voluptueux tout à la fois. Ses vingt ans le rendaient inflammable au plus fort degré; la poudre était dans ses veines, l'étincelle était dans les yeux de Rose, dans sa beauté, dans sa grâce, dans ses formes suaves, dans sa résistance excitante.

— Ce que je vous dirai, reprit-il, c'est que je vous aime à en devenir fou; c'est que je suis prêt à tous les sacrifices possibles et impossibles, pour vous avoir! Je vous ferai libre, si vous m'écoutez! Ma famille est riche. Ma mère a beaucoup d'argent.. qu'elle amasse et cache. — Je lui ai volé mille piastres.... que j'ai là! dans ce portefeuille — dit-il en montrant à Rose un maroquin plein de billets de banque — Je lui en volerai d'autres pour donner la liberté à votre mari! Ne soyez plus au capitaine, ne soyez pas à ma mère; soyez libre! et après.... devenez ma maîtresse aussi longtemps que je me ferai aimer de vous, aussi peu longtemps que vous voudrez, si vous ne m'aimez pas après m'avoir appartenu! — Rose, Rose! s'écria le jeune homme hors de lui, dites *oui*, et je pars.... et je reviens près de vous avec votre affranchissement! J'aurai foi dans votre promesse.... Vous aimer, vous avoir! t'avoir.... Rose! Quel paradis pour ma jeunesse! Tiens, c'est moi qui suis esclave; c'est toi qui es libre.... Je suis à tes pieds.... je t'aime, je t'aime comme un insensé!

Et, emporté par le délire, par la passion, par l'amour, par le feu de sa jeunesse, il était tombé aux pieds de la mulâtresse, tremblant et pleurant.

Effrayée et attendrie, Rose se leva avec une sorte de pitié douloureuse, et Celui qui voit au plus profond des cœurs vit seul ce qui tressaillit dans le cœur de la jeune femme, à l'offre de la liberté... A ce moment de légères secousses se firent dans ses entrailles, et le mirage s'effaça devant la souriante figure d'un nouveau-né.... Un éclair passa dans la raison chancelante de la pauvre esclave; il illumina jusqu'aux profondeurs de sa conscience, et une voix inconnue cria en elle: "Tu as hésité!"

— Allez-vous-en, Monsieur Augustin, dit-elle d'une voix suppliante; mon mari m'aime comme je l'aime, et je travaille à vêtir notre enfant!

Augustin était debout avec ce dernier mot, bouleversé, ému, égaré. Ses yeux tombèrent alors sur un tout petit bonnet presque achevé, et une sorte de calme tiède se mêla à ses bouillantes ardeurs....qu'il abattit.

— Rose, dit-il, je vous aimerai toujours! Je suis jeune; j'ai le temps pour moi, et quelque chose me dit que nous nous reverrons, fût-ce dans dix ans! Je veux être votre ange protecteur, ne pouvant vous avoir comme je le voudrais. Vous n'êtes plus pour moi une esclave, et tous les esclaves qui se trouveront sur le chemin de mon existence, à partir de ce moment, auront en moi une protection qu'ils devront à vous seule....Je sens que vous m'avez fait bon! — Adieu, Rose, ajouta-t-il en s'apprêtant à sortir, adieu....et souvenez-vous que, si nous sommes méchants, c'est l'esclavage qui nous fait ainsi!

— Adieu, monsieur Augustin, répondit Rose; quand la liberté aura lui pour tous, vous trouverez des amis!

Et elle tendit sa belle main au jeune homme.... qui la couvrit de baisers convulsifs....et s'éloigna.

....

Quand Casimir revint le soir, sa femme lui raconta ce qui s'était passé. Le mulâtre l'écouta jusqu'à la fin sans l'interrompre.... puis après quelques minutes de réflexion :

—L'honneur est donc plus fort que la liberté ! s'écria-t-il....

—Non, dit Rose, la liberté est plus forte que l'honneur....

—Mais alors, qui est plus fort que la liberté ?

—L'amour ! répondit la jeune femme en embrassant le petit bonnet de l'enfant qui n'était pas encore né....

VI.

SURPRISES ET NOUVELLES.

Huit jours après la scène qui précède, Rose reçut de la Nouvelle-Orléans une petite caisse en bois d'acajou, dans laquelle était une jolie layette composée d'objets de deux couleurs seulement : rose et bleue. Aucune lettre, aucune note, aucun signe n'indiquait l'expéditeur de ce cadeau ; mais Rose devina bien vite de qui il venait, et cette délicatesse la toucha. Nous avons tous un côté faible ou plutôt un côté bon. Il eût été impossible d'imaginer quelque chose de plus agréable pour la future jeune mère, qu'une telle prévoyance pour l'enfant qu'elle allait bientôt mettre au monde. A mesure qu'elle déployait et admirait chaque objet, ses yeux devenaient humides ; elle voyait, avec une joie reconnaissante, qu'elle avait changé une passion dangereuse en une mélancolique amitié ; qu'au lieu de s'être fait un ennemi irréconciliable d'un homme repoussé, elle s'en était fait un ami. Tout bien porte avec soi sa récompense, comme tout mal sa punition, quelque cachés qu'ils soient l'un et l'autre.

Lorsque Casimir apprit le soir la nouvelle, il n'en conçut aucune mauvaise pensée, car il avait au cœur les délicasses qui sont la poésie de l'existence. Prendre de l'ombrage, c'eût été mal reconnaître l'honnêteté de sa femme, et, touchant le jeune homme, il comprit qu'un pareil envoi annonçait l'abandon de toute intention mauvaise. Si sa femme eût reçu pour elle-même des robes et d'autres objets de toilette, c'eût été autre chose, et il eût tout renvoyé ; mais l'hommage fait à la seule maternité avait quelque chose de probe qui devait exclure tout soupçon de mal.

—C'est affaire à toi, dit-il à sa femme, de changer les louveteaux en brebis !

Pendant ces huit jours, le capitaine Jackson n'était venu qu'une fois à l'hôtel, sans plus s'inquiéter de ses deux sujets que s'il ne les eût jamais connus.

Quelques semaines se passèrent encore, sans rien amener de nouveau qui puisse être consigné dans ce récit. Casimir gagnait un peu d'argent ; Rose travaillait toujours à son même ouvrage, malgré le présent qu'elle avait reçu ; ils n'avaient rien à payer à l'hôtel : tout était pour le mieux jusque-là.

Le bonheur est chose monotone à raconter, ou plutôt il ne se raconte pas, parce que ce serait trop tôt fait ! Qu'ajouter à ces mots : ils étaient heureux ?

Eh bien, Casimir et Rose n'étaient heureux qu'à demi, à cause de l'incertitude qui les tenait depuis longtemps. Ils eussent désiré une solution à cet état de choses, tout facile et doux qu'il était.— C'est que, si l'âme à soif de l'inconnu, l'esprit demande du positif : si l'âme tend à monter vers l'infini, le corps tend à descendre vers le fini. Chacune des deux portions de notre être est attirée incessamment vers sa source : l'une, le ciel et l'éternité ; l'autre, la terre et le temps.

Il y avait un mois que Casimir travaillait au jardin de l'habitant de Bâton-Rouge qui l'avait engagé, quand, un soir, monsieur Jackson entra dans la chambre de ses deux serviteurs, prit une chaise, s'assit et parla en ces termes :

—Casimir, Rose, il y a longtemps que je vous connaissais quand je vous ai achetés tous les deux de M. Lambert, à la Pointe-à-Pitre. Je vous ai achetés en vue de votre bien, si vous le méritez pendant le temps, inconnu à vous, que j'ai fixé pour cela. Comme je ne parle que quand il est l'heure, il se passera probablement une année avant que je revienne sur ce sujet. Ma famille est ici depuis ce matin ; vous allez me suivre à la maison, et, comme nous n'aurons que vous deux pour serviteurs, outre une cuisinière, faites bien votre devoir ! Nous avons une année à passer ici ; après quoi, toutes mes affaires terminées, nous quitterons, probablement pour toujours, la Louisiane, et alors vous serez fixés sur tout ce que vous voudriez bien savoir aujourd'hui.... J'ai deux enfants, et ma femme est enceinte ; elle est délicate, et a besoin de soins intelligents et dévoués. Je compte sur vous pour le présent ; comptez sur moi pour l'avenir, si vous le méritez.—Je n'ai plus qu'une recommandation à vous faire : je ne veux pas entendre chez moi, les mots de *maître* et *maîtresse; monsieur et madame* suffisent.— Maintenant j'ai quelque chose à vous remettre : c'est une lettre de la Guadeloupe ; la voici ; Je viendrai vous chercher dans une heure.

Et le capitaine Jackson sortit de l'hôtel.

Casimir et Rose se jetèrent dans les bras l'un de l'autre en versant des larmes de joie. Une lettre de la Guadeloupe ! Ils avaient une lettre de la Guadeloupe ! ce bonheur effaça pour un moment la satisfaction que leur avaient donnée les bonnes paroles du capitaine.

—Lis, Casimir, lis, s'écria Rose....toi qui sais lire !

—Ecoute, chère femme ; si tu veux me croire, gardons un peu la joie de cette lecture, pour la goûter plus complète ! Nous n'avons qu'une heure pour être prêts, et une heure, avec notre maître...

— *Maître* est défendu ! dis avec *monsieur ?*

— C'est juste. Une heure avec monsieur, c'est juste soixante minutes ! Quand nous serons dans notre chambre, nous aurons tout le temps de lire, de relire et d'embrasser cette chère lettre ! et de la commenter à notre aise !

— Tu as raison, mon ami ; la certitude d'une joie prochaine est déjà une joie : cela nous en fera deux.

— Allons, vite, préparons nôtre départ de cette chambre, et que monsieur voie qu'il est compris.

Ils se mirent prestement à la besogne, et, un quart d'heure avant le moment fixé, tout était prêt.

Monsieur Jackson ouvrit la porte à la dernière fraction de l'heure annoncée. Rose avait à la main un sac de voyage, et Casimir une malle portative. Ils suivirent leur maître qui, après plusieurs détours, s'arrêta devant une assez belle maison, située non loin du Pénitentier. Il tira de sa poche un passe-partout, ouvrit et entra avec ses deux serviteurs. Le vestibule dans lequel on se trouva d'abord était éclairé ; l'escalier qu'on monta était aussi éclairé. Tout était luisant de propreté et rangé avec ordre et symétrie. On reconnaissait à ces détails une vie comfortable et réglée, peut-être un peu puritaine, c'est-à-dire un peu froide, mais digne.

Le capitaine fit entrer Casimir et Rose dans un salon du premier étage, dans lequel étaient trois personnages : une femme d'une trentaine d'années, un petit garçon de neuf à dix ans, et une petite fille de six ans. C'était madame Jackson et ses deux enfants.

Madame Jackson était une belle grande femme, un peu maigre, d'un visage portant la bonté écrite en toutes lettres. Elle était blonde, avait de grands yeux bleus pleins de douceur, et un teint d'une blancheur rosée séduisante à voir. Ses lèvres étaient comme deux lignes sinueuses de corail, gracieusement tracées. Sa tenue générale était un mélange de grâce naturelle, de dignité, et un peu de froideur au premier abord.

Henry, le jeune garçon, était un assez joli blond un peu *ardent*, à la mine éveillée, au regard franc et quelque peu mutin. Loïsa, la petite fille, semblait être l'image enfantine de la mélancolie. Elle avait les yeux noirs, les cheveux blond-cendré, et le teint d'un blanc mat. Elle promettait d'être, un jour, ce qu'on appelle une beauté originale. Les deux enfants jouaient aux dames quand leur père entra précédant les nouveaux serviteurs de cette famille ; en disant qu'ils jouaient aux dames, il faut entendre qu'ils poussaient les pions, tantôt sur les casiers blancs, tantôt sur les noirs, prenant à tort et à travers sans aucun souci des règles prescrites. Madame Jackson lisait un livre qui semblait l'é-

mouvoir beaucoup, car, à l'entrée de son mari, elle poussa doucement le livre d'une main, et passa l'autre sur ses yeux humides.

— Bonsoir, ma chère, dit le capitaine à sa femme ; je vous amène vos deux serviteurs ; j'ai tout lieu de croire que vous en serez satisfaite.

Casimir et Rose saluèrent avec déférence, mais sans gaucherie, et madame Jackson leur rendit convenablement leur politesse.

— Qu'elle est jolie ! murmura madame Jackson en regardant Rose....

Ce à quoi le digne capitaine ne répondit rien. Casimir ne pouvait ni ne devait rien répondre, mais il éprouva un mouvement de légitime fierté en entendant apprécier ainsi, à première vue, celle qui faisait toute sa joie.

La petite Loïsa examinait le mulâtre et sa femme, depuis leur entrée au salon, avec une attention qui paraissait sérieuse. Quand elle jugea que son examen avait suffisamment duré, elle se leva, alla à Rose, et lui prenant une main dans ses deux petites mains :

— Veux-tu être amie avec moi ? lui demanda-t-elle.

Rose sourit en la caressant.

— Mon ami, dit madame Jackson à son mari, je ne commencerai à m'occuper d'eux que demain matin ; voulez-vous sonner la cuisinière, et lui dire de leur montrer leur chambre ?

Le capitaine tira un bouton de cuivre, et une sorte de cloche retentit au rez-de-chaussée. Une femme d'une quarantaine d'années, à la figure *bonasse*, et un peu hébêtée, entra quelques instants après, et regarda tout le monde comme si elle sortait d'une caverne qu'elle eût habitée dix ans sans voir visage humain. Au lieu de lui parler, le capitaine lui fit de ces signes qui sont le langage habituel des sourds-muets. Il fut immédiatement compris, car la cuisinière agita la tête de haut en bas. Ayant ainsi répondu affirmativement, elle conduisit Casimir et Rose jusqu'à la porte d'une chambre située au deuxième étage, qui était le dernier de la maison ; puis, ayant indiqué cette porte du doigt, elle se retira à pas comptés.

— Elle est probablement sourde, dit Rose à son mari.

— C'est assez évident, répondit Casimir.

Et ils entrèrent ensemble dans leur chambre, qui était éclairée.

....

Quelques secondes s'écoulèrent dans un tel silence, que l'un pouvait entendre battre le cœur de l'autre. Puis, ils se regardèrent muets, paralysés, semblant se demander du regard : rêvons-nous, ou veillons-nous ? Enfin, une double explosion de joie brisa leur stupéfaction, desserra leur gosier, délia leur langue, et ils s'écrièrent ensemble :

— Mon Dieu ! mon Dieu !

Et ils se serrèrent l'un contre l'autre dans une convulsion de joie indicible.

Leurs chers meubles étaient là, devant eux, dans le même ordre qu'en leurs jours de contentement! Tous les témoins inanimés de leur douce union les avaient suivis et semblaient les contempler comme des amis fidèles!....Le beau lit à colonnes, en acajou de la Guadeloupe, surmonté de sa corniche ouvragée, et entouré de sa blanche moustiquaire soutenue par de jolis glands de soie et laine; la table pliante, du même bois que le lit; l'armoire, les quatre chaises, la console supportant les mêmes verres et les mêmes tasses de porcelaine blanche.. tout était là, tout! rangé dans le même ordre, et garnissant une chambre semblable à leur chambre de la Guadeloupe, quoique plus finie.

S'il n'eût pas été aussi tard, Casimir et Rose se seraient précipités dans les escaliers, pour aller au plus vite remercier leur maître de cette délicate grandeur. Ils mirent au lendemain à lui témoigner leur profonde reconnaissance, et, en attendant ce moment désiré, ils allèrent, comme des enfants, toucher chaque objet, presque le caresser, autant de la parole que des mains et du regard.

—Mon Dieu! que je vous remercie, disait Rose....Mon bon lit! mes jolies chaises, notre belle table, tous nos amis sans voix, qui me rappellent ceux dont les accents nous étaient si chers! ma bonne mère Suzanne, Salomon, Zamor! et toi aussi, Veille-toujours!....

— Et c'est sur cette table que nous allons lire notre lettre! dit Casimir....

Rose s'essuya les yeux, et, s'approchant de son mari, elle attendit, toute émue, qu'une seconde joie vînt se joindre à la première.

*
* *

Salomon à Casimir et à Rose.

Pointe-a-Pitre, 20 Mars 1843.

Mes bons amis, mes chers enfants,

Il y a aujourd'hui quarante jours qu'a eu lieu le tremblement de terre, et il y en a vingt-cinq que vous nous avez quittés. Depuis votre départ, bien des événements se sont passés. On déblaie toujours les rues; on relève encore des cadavres. La ville est inondée de chlorure de chaux venu des îles voisines; sans cela nous aurions certainement la peste. Quand je dis qu'on relève des cadavres, je me trompe; on enlève, par pelletées, des chairs informes, putréfiées quand elles ne se sont pas calcinées, en commençant par les noyer de chlorure, et on enterre tout cela, pêle-mêle, dans de larges trous très profonds. Au fur et à mesure qu'une rue se trouve déblayée, on y élève des maisons de bois. Elles ont, généralement, un rez-de-chaussée, un premier étage et un grenier. Du sol à la hauteur du premier, ces bâtisses sont briquetées entre poteaux, et, du premier à la toiture, elles ne sont que

bois. Par ce moyen un nouveau tremblement ayant lieu, personne ne serait plus écrasé. Il y a quelques jours, des matelots du navire de l'Etat étaient occupés à la démolition d'un mur resté de bout quoique tout lézardé; le mur s'est abattu au moment qu'on s'y attendait le moins, et quatre de ces hommes ont été écrasés sous sa chûte! Leur service mortuaire s'est fait en pleine rue; toute la population était là, et il y a eu encore des pleurs... Ce malheur a fait changer de système; on a essayé d'abattre à coups de canon; mais les boulets ne faisaient que des trous, et les maçonnages ne tombaient pas. Alors on a recouru au moyen des chaînes mordant le sommet des murailles par des grappins, et qu'on cire ensuite à force de bras; il faut aussi de grandes précautions avec ce dernier système.

La terre continue à trembler, mais légèrement, et de loin en loin, comme si elle cherchait son assiette ordinaire.

Il y a plus de mariages que jamais! Chaque dimanche, on publie, à l'église — située maintenant au Morne-à-Cailles — de dix à douze *bancs*. Presque tous ces mariages se font entre gens de couleur libres.

Beaucoup de monde quitte la colonie; j'ai bien peur qu'avant longtemps la plupart ne le regrette: on parle d'indemnités accordées à tous ceux qui ont fait des pertes dans ce grand cataclysme, et cela ne saurait manquer d'arriver. Ceux qui auront quitté le pays, tous dans le plus complet dénuement, n'auront nécessairement droit à rien, et ils arriveront sur la terre étrangère dans les plus mauvaises conditions possibles.

Voilà, pour cette fois, les renseignements que je puis vous donner. J'ai commencé ma lettre par eux, afin de ne plus m'occuper que de choses qui vous intéressent personnellement.

. . . .

Remerciez la Providence, mes enfants: votre chère mère Suzanne a obtenu sa liberté, par décret du Gouverneur et du Conseil colonial, en date du premier Mars! Le prix de son estimation, plus un tiers, a été payé à monsieur Lambert; en outre, une somme de mille francs a été donnée à Suzanne, le tout en récompense de sa belle conduite après la catastrophe du 8 février. Une partie de cet argent a été employée à construire, pour votre mère, une maisonnette près de ma cabane, à Jolimont. Nous sommes presque toujours ensemble, Suzanne et moi, et il ne faut pas demander de quoi et surtout de qui nous parlons sans cesse! Veille-toujours partage son temps entre nous deux; il s'est fait le compagnon de la bonne mère, toutes les fois qu'elle fait quelque sortie. Nous pensons que, sous peu, Zamor et quelques autres auront aussi leur liberté. Le Conseil est en séance presque perpétuelle, tant il y a à faire après un pareil malheur !

Quand votre bonne mère a reçu ses papiers d'affranchissement, accompagnés du mandat de mille francs sur le trésor, sa première idée a été d'aller vous rejoindre ; mais je lui ai représenté que cela aurait plus d'inconvénients que d'avantages, et elle s'est rendue à mes raisons. Ici, avec un morceau de terre et quelque peu de travail, elle vivra tranquille et matériellement heureuse. Mon jardin va doubler de rapport, grâce à ses soins, et nous partageons tout, comme frère et sœur ; elle connaît tout le monde, est aimée et estimée, n'a pas à souffrir du froid, sous notre chaude latitude à laquelle elle est habituée....La-bas, aux Etats-Unis, elle n'aurait aucune certitude d'existence et de repos ; où vous iriez elle irait ; ce serait de continuels déplacements peut être. Si vous aviez des chagrins et des tourments, elle en prendrait sa part, sans diminuer la vôtre, et son âge ne lui permet pas de courir toutes ces mauvaises chances. La Providence, qui l'a sauvée, trouvera bien une voie pour vous sauver aussi un jour, et je vous prédis — moi qu'on appelle prophète — que nous nous retrouverons réunis sous le pauvre toit de Jolimont, où je vous ferai mes derniers adieux....

Patience et courage !

Si Rose met un enfant au monde, laissez-moi lui donner un nom : cela me rendra heureux. Si c'est un garçon qu'elle a, appelez-le Francis, si c'est une fille, appelez-la Rosine.

Votre bonne mère pleure doucement depuis que je dicte cette lettre à celui qui tient la plume pour moi. Je console Suzanne, et Veille toujours la caresse, en lui faisant voir le beau collier que Rose lui a mis au cou.

Que faites-vous, mes chers enfants ! Que devenez-vous ! A qui appartenez-vous ? Si le capitaine Jackson vous a gardés, quel homme est-il ! — Voilà bien des questions, mais elles ne renferment pas le quart de ce que nous voudrions apprendre !

Lis ton livre, Casimir, lis-le à ta chère et belle Rose, et ne te sépare jamais de la petite Etoile d'argent que je t'ai donnée ! Un jour, tu sauras ce qu'elle vaut dans l'infortune, si l'infortune vous assaille ! Sous peu, je t'enverrai la deuxième partie du même ouvrage, car ce que tu as n'est que le préliminaire d'une œuvre sainte d'où sortira la liberté des noirs d'abord, puis l'indépendance de tous les peuples. Tu n'es pas encore *initié*, parce qu'il n'est pas temps encore ; mais il y a des regards fixés sur toi, sans que tu t'en doutes.

Votre mère vous envoie un baiser à chacune de ces lignes, et prie Dieu pour votre réunion ; Zamor m'a chargé, dimanche dernier, de ne pas l'oublier quand je vous écrirais ; Thermidor a noblement subi le châtiment de sa folie envers Rose, comme vous le savez ; mais, ce que vous ne savez pas, c'est qu'il est *placé* avec Victoire, la belle griffonne du bourg de Sainte-Anne, en attendant qu'un meilleur état de choses leur permette d'être tout-à-fait *mariés*. Si les esclaves pouvaient se marier, le maître ne pourrait plus vendre le mari sans la femme, ou le code ne serait plus le code, et les maîtres ne veulent perdre aucun de leurs droits. — Mais cette question m'a entraîné plus loin que je ne voulais aller.

Ecrivez-moi le plus tôt possible, mes bons amis ; votre mère et moi, nous attendons avec une bien naturelle impatience, vos premières nouvelles.

Dieu vous garde....et fasse libres tous nos frères ! "

— Cher et noble Salomon ! s'écria Rose quand la lecture fut terminée, quel bien me fait sa lettre ! Ma pauvre vieille mère libre !.... Seulement cette joie lui sera moins grande qu'à d'autres qui seraient jeunes ou malheureux ; elle appréciera moins sa liberté parce qu'elle a trop longtemps vécu dans un esclavage doux. N'importe ! Dieu soit béni !...

— Et nous accorde un jour le même don ! ajouta Casimir, afin que nous puissions revoir notre chère île et ceux qui nous y aiment !

— C'est ce que le vieil aveugle nous prédit, dit Rose.

— Hélas ! pour nous consoler.... pour que la liberté de notre bonne mère ne nous fasse pas sentir plus durement notre servitude !

— Tois-toi, Casimir, tais-toi.... Prends garde de devenir ingrat !

— C'est vrai, mon Dieu ! c'est vrai.... Un digne et honnête homme nous donne de bonnes paroles que nous devons interpréter favorablement ; il nous rend, sans promesses et sans avertissement, les objets témoins de nos bons jours ; il nous confie le soin de sa respectable famille.. et moi !....— O esclavage ! tu contiens donc tous les crimes et tous les vices, puisque tu peux voiler le bienfait et enfanter l'ingratitude ! — Que Dieu me pardonne ! ajouta-t-il ; l'iegratitude n'est pas dans mon cœur..

— Non, mon Casimir ; Dieu sait bien aussi que ses pauvres créatures ne sont pas parfaites, et que les paroles amères qui sortent des lèvres d'un paria ne séjournent pas longtemps dans son cœur, quand il est croyant comme toi....

— Nous répondrons à cette bonne lettre dans quelques jours, dit Casimir ; laissons les choses se dessiner un peu.

Ils regardèrent encore leur cher mobilier, se regardèrent ensuite, et, l'heure étant un peu avancée, ils se préparèrent à passer une nuit toute autre que leur première nuit à la Nouvelle-Orléans.

VII.

L'OASIS DANS LE DESERT.

Dès le lendemain, les occupations de Casimir et de Rose leur furent bien définies et bien expliquées par madame Jackson. Rose était le ministre de l'intérieur, Casimir le ministre de l'extérieur. La maîtresse de la maison était la reine,.... comme dans le gouvernement actuel de la Grande Bretagne. Les sujets c'était l'ouvrage. Quant à Ursule, la cuisinière sourde, comme elle ne sortait pas de son laboratoire quatre fois par an, on ne la comptera que pour mémoire. Restaient les deux enfants, Henry et Loïsa, qu'on pourrait représenter comme l'opposition, dans cette miniature d'État, mais une opposition mignonne et fort tolérable, point systématique dutout !

Ainsi, tandis que, dans le même pays, aux environs, bien près peut-être, les coups pleuvaient avec cruauté sur de pauvres corps déjà exténués par des labeurs excessifs, le calme régnait dans cette tranquille maison où les événements, ou plutôt la Providence avait conduit les deux exilés. Tandis que, sur les habitations sucrières, les esclaves, plus mal nourris, plus mal soignés, et cent fois plus battus que les bêtes de somme, traînaient péniblement une ignoble existence, au milieu de la saleté et de la puanteur, on menait, dans cette maison évangélique et vraiment chrétienne, une vie douce et réglée, propre et digne !

Dès le second jour de leur installation, madame Jackson avait dit à ses serviteurs :

— Il y a ici une église catholique et plusieurs temples protestants, de diverses sectes ; il y a des prêtres pour l'une, des ministres pour les autres. Vous êtes libres de votre conscience et de vos opinions religieuses, autant que toute créature pensante doit l'être ; suivez donc tel culte qui plaira le mieux à votre cœur, sans appréhension que jamais personne s'en mêle ou s'en inquiète....

— Madame, répondit Casimir, nous sommes nés, il est vrai ; dans la religion catholique ; mais naître dans une religion ce n'est pas l'accepter, car on n'a pas l'exercice de son intelligence en venant au monde ; je veux dire que pour notre classe, ce n'est pas cette religion-là qui convient ; aussi, ne sommes-nous catholiques que de naissance, c'est-à-dire pas plus catholiques qu'autre chose.

Nous avons une *Croyance* qui n'a besoin que de bonnes exhortations, d'un bon cours de morale, et surtout de bons exemples. Nous irions volontiers là où l'on glorifie Dieu sans lui prêter les erreurs des hommes. Tout le reste nous serait plus nuible qu'utile....

— Vous avez raison, répondit madame Jackson ; la vraie explication, et la continuation de la parole du Christ, c'est la religion la plus sensée et la plus sensible, celle qui va, par conséquent, le mieux à l'esprit et au cœur....

— Oh ! oui, dit Rose, les images sont superflues quand la réalité est si belle !

— Je vois, dit madame Jackson, que vous n'êtes pas des ignorants, et je vois avec encore plus de plaisir que vous n'avez pas l'âme en léthargie, comme l'ont ainsi tant de millions d'êtres sur la terre ! Mais, dites-moi, qui vous a instruits et éclairés, surtout dans votre position ?

— Un vieux noir du nom de Salomon, âgé de cent cinq ans, libre depuis l'âge de quatre-vingts ans, et qui a voyagé dans divers pays de l'Europe, madame, répondit Casimir.

— Je vois que c'est un sage, dit madame Jackson ; mais, si le sort vous eût mal placés, n'eussiez-vous pas été plus malheureux avec ces lumières, que dans une complète ignorance ?

— Je ne le pense pas, madame, répondit Casimir, On nous a enseigné que nulle vérité ne saurait nuire, et notre Croyance nous dit que toute mauvaise chose, venant de l'homme, ne peut être de longue durée : c'est une consolation, sinon pour soi-même, au moins pour ses enfants.

— Les ministres protestants se marient, n'est-ce pas, madame ? demanda Rose....

— Oui, ma fille, et ceux qui ont le plus de temps de ménage sont les plus respectés, parce que le célibat est opposé à la loi sociale et à la loi divine. Nous pensons qu'un père de famille, connaissant mieux les choses de la vie, et ayant l'usage de ce qu'elle offre à l'homme complet, est plus accessible, et plus honorable forcément, que le célibataire tourmenté par la grande loi qu'il enfreint, et ne connaissant qu'en théorie la famille.

— C'est justement ce qu'enseigne notre Croyance, madame, dit Casimir.

— Eh bien, votre Croyance me paraît avoir des points de ressemblance avec la nôtre. S'il en était tout autrement, je ne vous en estimerais pas moins, pourvu que vous remplissiez honnêtement vos devoirs ; mais il est heureux qu'on puisse s'entendre sur ces choses qui élèvent l'âme et rendent meilleur. Quelquefois nous causerons de ces choses, et mes enfants, qui nous entendront, apprendront de bonne heure à devenir bons chrétiens. — Vous êtes.... comme moi, Rose, ajouta madame Jackson en examinant la mulâtresse avec un sourire plein de bonté. Peut-être serons-nous mères en même temps, moi pour la troisième fois....et vous ?..

— Moi, madame, pour la première fois, répondit Rose.

— Alors, ajouta la digne femme, il faut prendre garde de ne pas lever d'objets lourds, de ne pas exécuter de travaux dangereux pour votre santé... Vous devriez peut-être ne pas laver....Je donnerais notre linge au dehors.

— Oh ! madame, répondit la servante touchée de cette délicate attention, je puis encore laver pendant quelque temps ; il suffira que je cesse à la dernière quinzaine....

— Ne faites que selon vos forces, ma fille, et surtout sachez que je me regarde comme responsable du mal qui pourrait vous arriver en travaillant pour mon service !

Rose regarda Casimir comme pour lui dire : Ce n'est pas partout ainsi !

Et le regard de Rose avait raison! mille fois raison......

Après la courte conversaiion de madame Jackson avec ses serviteurs, il fut convenu entre ceux-ci que Casimir enseignerait la lecture et l'écriture à sa femme, et la première leçon fut fixée au soir même. N'ayant pas revu le capitaine depuis la délicate surprise qu'il leur avait faite, Rose avait remercié Madame Jackson en attendant, et une charmante idée, suggérée par la reconnaissance. leur était venue. De cela nous n'avons pas à nous occuper en ce moment.

Ce soir-là donc Rose prit sa première leçon. Comme elle connaissait déjà ses lettres, elle put au bout d'une heure, épeler les monosyllables aisés. On s'en tint là pour la premiere fois, et la deuxième leçon fut remise au lendemain à la même heure,

Lecteur jeune, qui avez encore le bonheur de caresser de charmhantes illusions, et vous lectrices qui n'avez pas vu plus de dix-huit fois le retour des roses ; vous aussi, hommes et femmes déjà mûrs, chez qui une automne tranquille n'a pas effacé les souvenirs de votre printemps.... imaginez-vous ce qu'est ou ce que peut être une leçon donnée à celle qu'on aime, reçue de celui qu'on aime ! Faut-il vous narrer les mille petits riens — les parenthèses — les suspensions — les réflexions — les distractions — les rires — les gronderies — les jeux....qui se glissent entre les explications du pédagogue et les réponses de l'écolière? N'est-ce pas qu'il y a joie à se souvenir de tout cela, ou à l'imaginer ?....N'est-ce pas qu'ils sont bien monotones et bien à plaindre, ces jeunes vieillards et ces vieux enfants qui rient de pitié moqueuse à ces tableaux ?....Il n'est pas donné à tous d'avoir vécu autrement que par les organes matériels ; d'avoir goûté aux mignonnes poésies de la vie ! *Non datur omnibus ire Corinthum.* De même qu'il est des pays sans printemps et sans étés, de même il est des existences sans fleurs et sans fruits, sans amour et sans joies. La manie d'être vieux à vingt ans, et de se faire jeune à soixante, intervertit l'ordre des saisons de la vie, et arrive à la stérilité de l'esprit et du cœur, qui se cache sous le masque d'une dignité austère....et ridicule.

Les leçons de Casimir à sa jeune femme, près de devenir jeune mère, durèrent deux mois sans discontinuer un seul jour. Au bout de ce temps-là, Rose lisait très-couramment le livre de Salomon. Casimir, et commençait à lire le manuscrit. L'écriture avait marché de front avec la lecture, en sorte que Rose pouvait aussi copier, tant bien que mal, les passages qui lui plaisaient le plus du *vade mecum* donné par le vieil aveugle. Et c'était bien le cas d'appeler cette douce et calme existence, conti-

nuellement dorée par le soleil de l'amour, au milieu d'un pays de coups de fouet, l'Oasis dans le désert!

Une seule chose est à mentionner parmi les soixante jours de ces deux mois : la réponse de Casimir à Salomon :

*_**

Casimir et Rose à Salomon.

BATON-ROUGE, Louisiane,....Avril 1843.

Cher et respectable ami,

Nous avons reçu, il y a quelques jours, des mains du capitaine Jackson, notre cher maître, l'excellente lettre que vous nous avez adressée. Nous vous demanderions bien d'abord comment vous vous y êtes pris pour nous faire parvenir cette lettre, mais nous avons quelque chose de plus pressé à écrire

Nous avons remercié, et nous remercions chaque jour Dieu, de la liberté de notre chère et bonne mère ! Son existence tranquille et assurée, près de vous, sur la verte colline de Jolimont, nous a touchés jusqu'aux larmes, et a fait une vraie joie du chagrin que nous aurions pu ressentir de ne la point voir avec nous, car nous l'aimons pour elle et non pour nous. Suzanne est donc libre! Ce qui lui a valu cette chère liberté donne à faire d'étranges réflexions....Le coup qui a frappé toute une ville, qui a jeté le deuil dans des milliers de famille, lui a valu à elle le premier des biens ! D'autres encore, parmi lesquels Zamor, récolteront peut-être aussi le même fruit sur le même arbre ! Mieux il vaut ne voir, dans ces inexplicables décrets de la Providence, que ceci ; Rien n'est perdu.

Dites à Thermidor de bien aimer sa femme, et de mettre le bonheur d'un attachement mutuel au-dessus de toutes choses. C'est la plus grande consolation dans les peines, et le plus grand bonheur en toute position. Rose vient de sacrifier, à ce trésor, la liberté qu'on lui offrait pour nous deux ! et nous sommes déjà récompensés de cela.

Il faut ici que je vous donne quelques détails de nos aventures depuis notre départ de cette pauvre et chère Guadeloupe :

Pendant toute la traversée jusqu'à New-York, nous n'avons rien eu à faire qu'à converser, à tour de rôle, Rose et moi, avec notre maître, dont le but était d'apprendre ainsi le français. Nous avons été traités comme des passagers de chambre, et n'avons pas eu une minute de peine. Arrivés à New-York, il ne nous à pas été donné d'aller à terre. Au bout de quelques jours nous sommes partis de New-York pour la Nouvelle-Orléans, où nous sommes arrivés après une traversée exactement semblable à la précédente. Ni Rose ni moi n'avons été malades un seul instant.

Nous n'oublierons jamais notre arrivée à l'embouchure du Mississippi — qu'il faut remonter vingt-huit heures, en navire voilier, pour atteindre la Nouvelle-Orléans. — L'aspect affreux d'un sol plat et triste ; les piqûres insupportables de milliers de maringoins ; des terres plus basses que le fleuve — qu'il faut contenir par des levées ; — tout nous a frappés d'une tristesse mortelle.... Et quand nous avons atteint la ville ! C'était le soir ; le temps était froid et humide ; les rues, presque solitaires et à peine éclairées, nous ont paru comme de lugubres chemins de cimetière. Ce capitaine Jackson nous a conduits chez un de ses parents où nous sommes restés quelques jours. Horrible maison ! Rose a dû assister à des scènes de coups atroces, infligés par la maîtresse de la maison à sa servante, sous prétexte de son salut en l'autre monde ! Poussée à bout et envoyée à la prison pour s'y faire fouetter, la malheureuse s'est allée noyer au fleuve ! La cruelle bigote, coupable de ces excès, voulait acheter Rose pour la convertir de la même façon ! Le capitaine, notre maître à refusé, disant qu'il ne vendait pas ses semblables, et il nous a emmenés à Bâton-Rouge où nous sommes encore en ce moment, aussi heureux matériellement qu'il est possible de l'être, quand on ne s'appartient pas.

Nous sommes donc dans une bonne maison, au milieu d'une respectable famille d'où les mots *maître* et *maîtresse* sont proscrits. Nous connaissons notre devoir, et le remplissons avec conscience ; en retour, nous sommes traités comme les serviteurs des anciens temps. Monsieur et madame Jackson, un jeune garçon de dix ans, et une petite fille de six, forment toute cette maison, sans compter une femme sourde qui fait la cuisine.

Chère mère, cher grand papa — comme vous appelait Rose — nous avons éprouvé une joie telle, en rentrant, le premier soir de notre installation, dans notre chambre qui nous attendait, que vous raconter cette joie nous la double encore. Notre mobilier de la Pointe-à-Pitre était devant nos yeux, dans l'ordre où nous l'avions ! C'est monsieur Jackson, notre cher maître, qui, sans nous en dire jamais un seul mot, l'avait fait racheter, et cacher à bord de son navire, puis fait mettre en place dans notre chambre !

C'est sur notre belle table d'acajou du pays que je vous écris cette lettre. Comprenez-vous tout cela, chers amis ! On dirait qu'une protection invisible et inconnue veille sur nous. — Notre maîtresse est une bonne et charitable personne ; sa religion me semble jusqu'ici s'accorder beaucoup avec notre Croyance, et cela établit comme un lien entre elle et nous. Sans rien deviner, sans rien prévoir, nous augurons bien de cet heureux début, et nous acceptons la bonne prédiction du cher vieux prophète....

Ma bonne et belle Rose donnera avec plaisir un des deux noms, choisis par Salomon, à l'enfant que nous attendons dans quelques mois : Francis ou Rosine. Nous devinons d'où vient le premier nom : pauvre Salomon ! c'est sans doute celui de son enfant qu'il n'a pas revu ! Quant au second, c'est celui même de Rose, un peu allongé : ils nous sont chers tous les deux, et nous les emploierons tous les deux *s'il arrive un temps où nous puissions le faire.*

Rose sait lire et saura bientôt écrire. En deux mois elle l'a appris de moi, malgré toutes nos folies pendant les leçons.

Nous vous embrassons de tout notre cœur, et terminons cette lettre en souhaitant, comme celle de Salomon, que la Liberté luise bientôt pour nos pauvres frères !

La prochaine fois, Rose écrira à son tour, si elle continue à faire les progrès qu'elle a faits jusqu'ici. "

*_**

Un mois plus tard, Rose se trouvant un soir à travailler près de madame Jackson, se retourna vers elle et lui dit :

— Si vous voulez, madame, comme il n'y a ici que de mauvaises-écoles, et que vous hésitiez à y envoyer Loïsa, je me chargerai, le soir après mon travail, et le matin, avant de le commencer, d'enseigner la lecture et l'écriture à cet enfant.... Elle m'aime beaucoup et apprendra bien avec moi, je l'espère....

— Comment, Rose, vous savez lire et écrire maintenant ? répondit madame Jackson.

— Oui, madame ; Casimir m'a donné des leçons, et je suis en état de remplir la mission de confiance que je vous demande....

— Je vous remercie, ma fille, et j'accepte ! répondit la digne femme avec quelque émotion.

L'offre délicate de la mulâtresse était la réponse pratique à la surprise non moins délicate faite, quelques mois auparavant, par le bon et taciturne capitaine Jackson.

Quelque temps se passa encore, au milieu du même calme, dans cette tranquille et digne famille. Henry s'était attaché à Casimir ; Loïsa avait pris Rose en grande amitié ; la sourde Ursule continuait à rester ensevelie dans les bas-fonds de sa cuisine, ne paraissant qu'au tocsin de la cloche placée près de ses oreilles ; le capitaine Jackson se plaisait à causer avec Casimir et avec Rose de leur Croyance.... qui était la perfection de sa religion à lui.... et ils se rencontraient presque toujours dans leurs opinions, parce qu'ils ne cherchaient que le pur christianisme des temps premiers de sa venue, au lieu de se perdre dans le dédale impie des théologies insensées et des tyrannies dogmatiques. Lorsque Casimir avait lu à sa maîtresse quelque passage de son livre, dont le titre était : LA VRAIE CROYANCE, madame Jackson lisait à son tour la douce et suave poésie de JEAN, qui est comme le miel de la doctrine du Christ. Là, ils ne voyaient ni Dieu vengeur, ni peines éternelles, ni institution d'un dogme, ni infaillibilité d'un pape, ni exclusivisme tyrannique et absurde, mais bien la douceur, la mansuétude et la miséricordieuse fraternité de l'*Agneau de Dieu*.... " *Agnus Dei qui tollit peccata mundi*.... " On eût dit une sainte et patriarcale famille que cette maison vivant paisible dans la paix du Seigneur ; une maison où les serviteurs devenaient des amis ; où chacun tenait dignement sa place, infime ou élevée, sans envie d'un côté, comme sans orgueil de l'autre.... et cela au milieu d'un pays à esclaves !.. C'était comme un point du ciel toujours calme et bleu, au milieu d'orages perpétuels et de fréquentes tempêtes. Encore une fois, c'était vraiment l'Oasis dans le désert !

Comme nous l'avons dit quelque part dans le précédent chapitre, le bonheur ne se raconte pas. Nous sauterons donc tout de suite—pas bien loin !—à quelques jours de ce qui va être dit dans le chapitre suivant.

VIII.

WILLIAM ET ROSINE.

Depuis quelques jours, Rose était souffrante ; comme le terme attendu était proche, il n'y avait pas à s'inquiéter ; aussi ne s'inquiétait-on pas. Au contraire, Casimir était dans la joie, et Rose portait avec bonheur son cher fardeau. Madame Jackson était aux petits soins pour sa servante, pour l'institutrice primaire de sa petite fille. Elle ne se doutait pas que bientôt Rose serait plus que cela pour elle.... Le capitaine Jackson était de retour pour quelque temps, car sa femme était près aussi du moment assigné par la nature, quoiqu'elle fût moins avancée que Rose.

Enfin, le 25 décembre, la belle mulâtresse mit au monde une petite fille, grasse et d'une superbe santé. Quelques douleurs, courageusement supportées, suffirent pour donner le jour à la petite innocente.... qui au moins poussa ses premiers vagissements au milieu d'un état prospère et doux. Les premiers bruits qu'elle entendit ne furent pas les éclats du fouet et les cris de la douleur. Quand, au bout de dix à douze jours, ses yeux purent voir la lumière, ils ne furent pas frappés de tableaux sinistres, de maîtres orgueilleux et d'esclaves courbés, de tourmenteurs et de martyrs.... La petite créature respira un air calme et doux, entendit des voix caressantes et vit des visages heureux autour de son berceau : un père, ivre de joie, une mère fière de sa fertilité, des maîtres souriants et placides.... Au bout d'une heure la petite prit le sein d'une bouche avide, et ne but pas, comme l'enfant de Rosalie, un lait empoisonné par les coups et par les tourments de toutes sortes.

Depuis son dernier retour chez lui, le capitaine Jackson n'était plus le même, au moins en apparence. A sa taciturnité et à sa réserve habituelles

avait succédé une certaine expansion, quelquefois verbeuse. Il avait pour Casimir un langage presque paternel, des façons polies, et surtout un grand soin de son confortable. Quant à Rose, la voyant si aimée de sa Loïsa, et, remontant aux causes de cet attachement, il était profondément touché. Lorsque, semblant ne rien voir et ne rien entendre, il voyait et entendait parfaitement Rose donnant sa leçon à Loïsa, de cette voix douce et musicale dont il a été question, son cœur de père éprouvait une douce joie. " Allons, se disait-il à lui-même, le temps de l'épreuve tire à sa fin, et je suis de plus en plus satisfait d'eux. C'est avec bonheur que j'obéirai à mon pauvre père ! Je ne sais lequel des deux j'aime le mieux, vraiment ! " Et la voix de flûte de Loïsa se mariait à la voix d'harmonica de Rose.... pendant qu'à quelques pas de là, dans les cours du Pénitencier, retentissait parfois l'injure courroucée d'un gardien et les cris d'un prisonnier....

Huit jours après la naissance de Rosine, madame Jackson fût prise des douleurs de l'enfantement.

Cette fois la nature ne fit pas tout, et la pauvre femme souffrit horriblement. Peu s'en fallut qu'elle ne laissât la vie en la donnant à son troisième enfant. Les secours de l'art furent nécessaires pour mener à fin ce long supplice. Toutefois, l'enfant naquit viable et en assez bonne santé, mais la pauvre mère donna des craintes très-sérieuses. Il lui fut impossible de donner le sein à son garçon, et Rose offrit de le nourir en même temps que Rosine. A cette offre, peu s'en fallut que le capitaine Jackson ne sautât au cou de Rose pour l'embrasser. " Ah ! s'écria-t-il, c'est dommage qu'il n'y ait pas encore douze mois ! " Et il alla lui-même chercher son petit William qu'il apporta à Rose.

L'enfant libre prit le sein gauche de la mulâtresse, tandis que l'enfant esclave se nourrissait au sein droit ; l'enfant libre était quelque peu chétif ; l'enfant esclave était resplendissant de santé.

Voilà donc deux nouveaux personnages en miniature, faisant leur entrée dans notre drame.

Les uns s'en vont ; d'autres viennent : c'est la loi de la nature et le moyen de pérennité de la création. Le petit William et la petite Rosine — abstraction faite des bons milieux où ils naissent — nous représentent la bienvenue, dans la vie, du privilégié et du paria. Nés tous les deux de la femme, animés tous les deux du même souffle vital descendu des mystérieuses hauteurs inaccessibles au regard humain, ils vagissent les mêmes vagissements, ils poussent les mêmes cris pour les mêmes besoins, ont sur les lèvres le même sourire, et dans les yeux le même rayon de soleil de l'innocence ; ils sont soumis aux mêmes joies et aux mêmes douleurs, ont a traverser les mêmes dangers pour arriver à plus de force ; en un mot ils ont le même point de départ, parce que l'ordre social

n'est pas encore venu, pour eux, tracer ses barriè-
res, faire ses choix, jeter celui-ci à droite, celui là à
gauche, en leur disant : Toi, tu es destiné à jouir ;
toi à souffrir ; passez chacun de votre côté....et
ne soyez plus rien l'un pour l'autre ! Voilà l'enseignement fraternel de l'ordre social, après dix-huit
cents ans de la Mission du Christ, qui dit : Aimez-
vous les uns les autres, et vous aurez tous les
biens par surcroît !....

....

L'Etat de madame Jackson ne s'améliorait pas.
Chaque jour c'était de nouvelles visites de médecins, quelquefois des consultations alarmantes.
Monsieur Jackson souffrait en silence, et maigris-
sait à vue d'œil. Casimir et Rose se doublaient
avec un zèle qu'on n'eût jamais obtenu d'esclaves
ordinaires, traités à la manière ordinaire.

On eut recours à tant de guérisseurs, que la
gangrène se déclara au bout de dix jours. Du
moins, c'était le dire des uns, quand d'autres sou-
tenaient le contraire. Trois jours après cette triste découverte contestée, un mieux très-sensible se
déclara ; les négateurs de la gangrène se crurent
victorieux, et s'enorgueillirent de leur science. Le
capitaine Jackson renaissait à l'espérance et à la
joie....

Le lendemain, madame Jackson était morte.

Pendant que sa pauvre mère marchait vers la
mort, le petit William marchait vers la vie, aussi
ignorants l'un que l'autre du chemin qu'ils parcouraient en sens inverse. Le lait de Rose profitait
admirablement à ses deux nourrissons. Rosine
continuait à nager en pleine santé ; William était
remis des malaises provenant de l'accouchement
laborieux de sa pauvre mère, et semblait vouloir
suivre la trace de sa sœur de lait. Henry et Loïsa,
éloignés de la maison dès que l'état de la malade
avait alarmé, ignoraient le malheur qui venait de
frapper leur enfance. Le capitaine Jackson était
plongé dans un état de prostration tenant le milieu
entre la douleur et la résignation. Casimir et
Rose étaient tristes, parce qu'ils aimaient ceux de
qui ils étaient aimés.

Le temps passe sur les douleurs comme sur les
joies, changeant les premières en mélancolie, les secondes en souvenir....

Quelques semaines après la mort de sa femme,
le capitaine Jackson dut reprendre la mer ; mais
c'était, dit-il, son dernier voyage de long cours.
Trente ou quarante jours devaient lui suffire pour
cette dernière absence un peu longue. Il confia le
soin de sa maison aux deux serviteurs dévoués et
honnêtes, qu'une longue épreuve lui avait prouvés
sûrs. Les enfants furent ramenés à la maison et
on leur dit que leur mère était en voyage. Casimir se chargea de Henry, Rose de Loïsa, et le pauvre père partit triste, mais tranquille — et résolu,
après son retour, à quitter pour toujours la Louisiane....

.*.

Le terme d'une année, fixé par le capitaine Jackson à Casimir et à Rose, pour la fin de leurs incertitudes touchant l'avenir, arrivait à grands pas.
Quelques jours après le retour de ce dernier voyage, la dernière heure de l'année d'épreuve devait
sonner, et l'on sait, qu'avec le ponctuel capitaine,
il n'y avait ni avance, ni retard aux termes arrêtés
pour ses décisions.

— Mon Casimir, disait Rose, pendant que les
deux nourrissons étaient suspendus à ses seins,
dans sept semaines il y aura un an que le capitaine
Jackson nous a parlé de la fin de nos doutes, et du
départ définitif de ce pays.... Sept semaines seulement ! et nous saurons enfin ce qu'il y a sous les
paroles de ce digne homme. Que crois-tu, toi ?
Moi, je n'ose regarder jusqu'au fond de mon espoir,
la vertige me prendrait....

— Je ne sais que penser, ma Rose ; j'ai peur
quand, nous voyant si heureux, mes rêves ajoutent
à ce bonheur un bonheur trop grand pour que j'ose
le nommer ! Qu'aurions-nous donc fait pour mériter un tel sort ?.... Notre mère déjà libre ; un
peu d'argent devant nous.... pour.... voyager
.... pour....—O mon Dieu ! quel réveil, si....
Quelle déception amère ! Ce serait à en mourir !
Non.... ne nourrissons pas de trop beaux rêves :
la réalité pourrait être si affreuse !....

— Mais enfin, Casimir, que pourrait faire encore
pour nous notre maître, après l'existence si enviable qu'il nous a donnée ? sinon....

Il y eut un long silence.

— Tu as raison, dit ensuite Rose ; tu as raison,
Casimir ; à quel titre, pour quels motifs le capitaine.... Tu me comprends bien, n'est-ce pas ?

— Oui ! oui.... et maintenant j'ai peur !....
Cependant pour quel motif aussi a-t-il fait transporter notre cher mobilier en Louisiane ?

— C'est vrai, c'est vrai ! dit Rose. Enfin, nous
avons attendu plus de dix mois ; nous attendrons
bien quelques semaines.

Les deux nourrissons souriaient à celle dont le
lait coulait dans leurs veines, changé en un sang
riche et vermeil.

IX.

LA REVELATION.

Il y avait six semaines que le capitaine Jackson
était parti, laissant Casimir et Rose à la tête de sa
maison. Tout avait bien marché pendant cette
période d'attente. Les enfants, instruits peu à peu
de la mort de leur mère, avaient vu s'effacer aussi,
jour à jour, leur jeune chagrin ; les deux nourrissons étaient beaux comme la santé. Toute la
maison était tenue dans le plus grand ordre ; les

comptes de dépense, inscrits par Casimir, présentaient un chiffre témoignant d'une sage économie. Le maître pouvait arriver, il trouverait tout sur 'e pied le plus convenable, et ses serviteurs toujours les mêmes. Le bon arbre avait produit de bons fruits ; le bon maître avait fait bons les serviteurs. et l'avenir s'annonçait sous les plus favorables auspices.

Mais hélas!.... à quoi tiennent les destinées humaines!....

De jour en jour, ou plutôt d'heure en heure, on attendait chez lui le capitaine Jackson, lorsqu'un soir, vers huit heures, le galop d'un cheval s'arrêta devant la porte de la maison. Casimir et Rose se précipitèrent, ouvrirent, et se trouvèrent en face de M. Augustin.

— Entrons! mes amis, dit-il ; j'ai à vous parler....

Sa voix était haletante, sa parole brève ; on voyait qu'il s'était hâté.

Aussitôt qu'on fut dans la salle du premier étage, où se trouvaient les berceaux, et que chacun eut pris sa place :

— Savez-vous la nouvelle? demanda M. Augustin....

— Quoi? dit Casimir, de l'air d'une parfaite ignorance.

Rose attendait avec anxiété.

— Le capitaine Jackson n'est plus! dit le jeune homme. *La Caroline* s'est perdue, corps et biens, sur un récif des bancs de Terre-Neuve.

Les deux serviteurs se regardèrent anéantis. Toutes leurs espérances avaient-elles fait naufrage avec le navire de leur digne maître?....

— Les dernières nouvelles télégraphiques, arrivées à la Nouvelle-Orléans aujourd'hui même, ont annoncé ce malheur. Je revenais de voyage, et n'ayant trouvé aucun steamboat près de partir pour Bâton-Rouge, je suis venu à cheval pour vous annoncer cela, et pour voir si je pourrais vous être utile. Je ne sais ce qu'il résultera pour vous de ce malheur....car j'ai une révélation bien importante à vous faire, et, si depuis cinq semaines, je ne suis pas venu ici pour cela, c'est que le jour même qu'elle m'a été connue, j'ai dû quitter la Nouvelle-Orléans pour aller à la Havane.

A ce moment, comme s'ils se fussent donné le mot, les deux nourrissons de Rose crièrent pour demander leur douce nourriture. La jeune femme les prit et se détourna pour leur donner le sein. Augustin pâlit une seconde, puis se remettant :

— Ecoutez-moi bien, dit-il ; il faut que vous sachiez tout, afin que nous voyions ensuite s'il n'y a pas, ici ou ailleurs, quelque papier qui puisse devenir votre salut :

" Il y a environ cinq semaines, le capitaine est venu chez nous, la veille de son embarquement, et il est resté près d'une heure à causer avec ma mère.

Pour la tourmenter probablement, il lui a confié ses projets sur vous, par la raison, dit-il, que le moment serait arrivé, à son retour, de les mettre à exécution. Il lui révéla donc que Casimir est le fils de son père à lui Jackson ; que ce père, emporté en quelques jours par la fièvre jaune, et sur le point de mourir, lui confia qu'il avait eu jadis, d'une griffonne, sa maîtresse à la Pointe-à-Pitre, lors des voyages qu'il y faisait, un enfant du nom de Casimir ; ce Casimir appartenait à un nommé monsieur Lambert, très-bon maître, et qu'il désirait que cet enfant — alors homme — fût libre. En conséquence, il recommandait au capitaine Jackson, son fils légitime, d'aller à la Guadeloupe, d'y acheter Casimir — et sa femme, s'il en avait une, et qu'elle fût digne de la liberté — de les emmener avec lui, et, au bout d'une année d'épreuves, de leur donner la liberté, afin que, sortis *choses* de la Guadeloupe, ils y pussent retourner *êtres*. — Le capitaine Jackson, ajouta Augustin, était de Boston, capitale de cet Etat du Massachusetts, le plus ardent adversaire de l'esclavage. Le capitaine obéit aux dernières volontés de son père, vous acheta, vous fit une vie heureuse, en attendant la fin de l'épreuve, et, à son retour, il vous eût donné à tous les deux la liberté ! Maintenant qu'il est mort, a-t-il consigné ses volontés dans quelque acte authentique, dans quelque testament ? Voilà ce qu'il s'agit de savoir, et de savoir au plus tôt. "

— Pauvre petit orphelin ! dit Rose en embrassant William qui s'était endormi sur le sein ému de sa belle nourrice....

— C'est vous qui nourrissez cet enfant, depuis la mort de sa mère? demanda M. Augustin....

— Oui, monsieur, répondit Rose. Il était assez chétif quand je l'ai pris ; voyez maintenant....

Et elle fit voir au jeune homme la figure pleine et rosée du petit William.

La mulâtresse baissa les yeux sous le regard ardent du jeune homme, qui, du nourrisson s'était relevé vers la nourrice.

Casimir, pensif, avait la tête baissée. Sa pensée voyageait....

— Nous reparlerons de tout cela demain, dit le jeune blanc ; cette nuit je vais voir si, parmi les papiers de mon pauvre parent, ne se trouve pas quelque titre qui garantisse votre avenir. Faites-moi un lit dans son cabinet, sur le plancher : si le sommeil me dompte, j'y céderai deux ou trois heures. Comme la nouvelle va se répandre vite, j'ai peur que les intéressés n'interviennent défavorablement pour vous.

— Je vais vous arranger une couche, répondit Rose.

Et elle remit dans leurs berceaux William et Rosine.

Henry et Loïsa dorment? demanda le jeune homme.

— Oui, monsieur, répondit la mulâtresse. Quel réveil ! Après leur mère, leur père !....

Rose sortit de la chambre et alla vers le cabinet de feu son maître.

Alors Casimir releva la tête.

— Monsieur Augustin, dit-il, croyez-vous sincèrement qu'il ait quelqu'espoir pour nous.

— J'ose à peine y croire, répondit le jeune homme ; mais qui sait !

— Ni moi non plus je n'y crois pas, dit le mulâtre abattu, nous avons été heureux trop longtemps ! Le bonheur des esclaves est un vol fait aux hommes libres ! — Pauvre et digne.... capitaine ! Le fils de mon père....

— Votre frère ! trancha Augustin....

— Oui, mon demi-frère !.... Lui, le citoyen libre d'un grand pays qui n'a qu'une tache ; moi l'esclave dans ce même pays !.... Mon Dieu ! si je doute de votre justice, je suis perdu : je me tuerai ! — Et mon enfant ! Et ma femme, qui, pour moi, a refusé d'être libre !.... murmura bien bas le pauvre homme, car il ne voulait pas blesser celui qui cherchait à lui être utile....

— Calmez-vous, Casimir dit Augustin : rien n'est encore désespéré ; peut-être, selon la coutume des gens de mer, le capitaine Jackson a-t-il fait un testament où seraient écrites ses volontés....Dans ce cas-là, je me chargerais de trouver un avocat, et vous gagneriez votre cause....

— Et s'il n'y a pas de testament ! demanda le pauvre homme.

Augustin ne répondit pas et baissa la tête.

— Nous deviendrions la propriété de ces enfants, Henry, Loïsa, William, n'est-ce pas ! dit-il.... Ce petit que Rose nourrit serait son maître !

— Sans doute, Casimir ; mais jusqu'à leur majorité, vous seriez sous l'autorité de celui qui serait nommé tuteur par un conseil de famille.

— C'est vrai ! dit Casimir. D'après cela, il suit qu'un jour ce jeune Henry, que j'aimais tant déjà, pourrait me vendre au premier venu ; que la petite Loïsa, à qui ma femme a enseigné à lire et à écrire, lui donnât un billet pour la geôle, comme on faisait de Rosalie ; que William, qui se nourrit du lait de Rose, pourrait, quand il sera grand, faire déchirer du fouet le corps qui a été sa couche, le sein qui l'aura apaisé et endormi !....Oh ! l'esclavage est une noble et chrétienne institution !...

L'amertume débordait du cœur ulcéré du paria qui, au sortir de la plus fraîche oasis qu'il eût pu trouver dans le désert de sa vie, voyait en perspective les tristes et lamentables tableaux qu'évoquait son imagination alarmée.

Rose rentra à ce moment.

— Tout est prêt, monsieur Augustin, dit-elle ; le bureau qui renferme les papiers est ouvert. Quand vous voudrez vous reposer....

— Je vous remercie, répondit le jeune homme. Et il passa dans le cabinet de son parent.

— Attendons à demain, dit Rose à Casimir qu'elle voyait abattu ; attendons à demain avant de nous désoler, mon pauvre ami.

**

A dix heures du matin, le lendemain, Augustin qui venait de prendre seulement trois ou quatre heures de sommeil, sortit du cabinet et entra dans la même salle que la veille. Rose s'y trouvait seule, entre les deux berceaux de ses deux nourrissons. La tristesse était peinte sur son joli visage....ce qui ne l'avait pas empêchée de se vêtir plus coquettement que de coutume, quoiqu'elle fût toujours fort propre.

La femme est toujours la femme, et la toilette est son Dieu.

Rose avait préparé à déjeûner pour leur hôte, et, dès que celui-ci entra dans la salle, la cloche *ursulienne* retentit, et l'on vit bientôt apparaître l'éternelle cuisinière avec son air éternellement étonné. Elle apportait deux plats couverts qu'elle déposa sur une table, puis sortit pour ne plus revenir qu'à un nouvel appel de son augmentatif de sonnette.

— Mangez, monsieur, dit Rose, je vais vous servir : vous devez avoir grand appétit.

— Rose, dit le jeune homme — qui voyait bien que la pauvre mulâtresse attendait quelque chose avec anxiété — Rose, je n'ai rien trouvé qui fût relatif aux intentions du capitaine à votre égard. Toutefois, il ne faut pas encore désespérer. Je connais le notaire du capitaine, à la Nouvelle-Orléans ; peut-être le papier que nous cherchons est-il déposé chez lui ; je le verrai dès demain à ce sujet, et, s'il y a une bonne nouvelle, je vous en écrirai immédiatement. Un silence de deux jours serait un *non.*

Rose soupira profondément comme pour dire : pauvre chance !

Le jeune homme se mit à table, et, servi par celle qu'il aimait tant, ou plutôt peut-être qu'il désirait ou qu'il avait désirée si fort, le jeune homme mangea, non sans mainte distraction, que la jeune femme n'eut pas l'air d'apercevoir....

— Nous aussi, dit-il, nous venons d'être frappés d'un rude coup. Le voyage que j'ai fait à la Havane avait trait à cela. Un banqueroutier nous enlève le plus clair de notre fortune, et si les poursuites qu'on fait en ce moment sont vaines, nous serons tout d'un coup réduits à une bien médiocre aisance. Ma mère, de son côté, a légèrement aventuré ses ressources secrètes dans une affaire d'église ou de couvent, et mon père, qui est la nullité même, ne sait où donner de la tête. Sans cela, ajouta-t-il, j'aurais peut-être trouvé moyen....

Sur ces derniers mots Casimir entra.

— Tenez, lui dit Augustin en lui remettant une enveloppe assez large et assez épaisse, hier au soir je n'ai pas voulu vous donner cela, vous voyant consterné et malheureux ; j'ai attendu que le premier choc fût passé. C'est un capitaine venant de Saint Pierre, Martinique, qui a apporté chez nous ce paquet, recommandé aux soins de monsieur Jackson, et adressé à vous. Cela vient probablement de la Guadeloupe.

Casimir reçut la missive sans cette expansive manifestation de joie qu'il avait montrée à la première. C'est qu'alors il y avait grand espoir, et que, cette fois, il n'en restait que bien peu. Rose y fut, ou y parut plus sensible, et ce fut elle qui remercia le jeune homme.

— Maintenant, je vais repartir, dit Augustin. Il est bien entendu que, si deux jours se passent sans lettre de moi, c'est qu'il n'y a rien chez le notaire de la Nouvelle-Orléans. S'il n'y a rien, la décision du conseil de famille ne sera connue que dans huit jours. Vous avez donc huit jours à rester comme vous êtes. Ne vous désespérez pas encore..... et comptez sur ma bonne volonté.

Le nouvel ami des deux serviteurs s'éloigna après cette assurance, monta à cheval, et partit...

<hr>

X.

HUIT JOURS D'ATTENTE.

Ils avaient donc deux jours pour savoir si tout espoir était perdu, et huit jours pour savoir ce qui en adviendrait, les deux protégés du pauvre capitaine Jackson !.... Allaient-ils périr au port, ou bien une planche de salut allait-elle les sauver ?

Nous ne redirons pas leurs réflexions, leurs entretiens, leurs longs désespoirs et leurs courtes espérances. Que le lecteur imagine, après avoir suivi les phases de ce récit, ce qui devait s'échanger entre ces braves et dignes serviteurs qui, arrivés à la porte d'un paradis, trouvaient béantes devant eux les gouffres d'un enfer !

Il n'y avait qu'à attendre ; ils attendirent.

Les enfants n'en furent pas moins soignés ; la maison n'en fut pas moins bien tenue ; tout alla comme avant la fatale nouvelle.

L'enveloppe de la Martinique fut brisée, et l'on trouva, sous cette enveloppe, des fragments de la seconde partie de *La Croyance Universelle*, œuvre de l'Association dont il a été parlé, accompagnés d'une courte lettre de Salomon, dans laquelle était annoncée la liberté de Zamor et de sept autres noirs dont la belle conduite, lors du tremblement de terre, avait été remarquée et signalée à qui de droit. La vieille Suzanne envoyait à ses enfants toutes les bénédictions de son cœur maternel ; et madame Lambert souhaitait à ses anciens sujets toutes les prospérités que méritait leur belle conduite. Monsieur et madame Lambert étaient hors de peine ; Salomon portait toujours gaillardement ses vingt-cinq lustres ; Veille-toujours avait toujours son beau collier ; enfin la ville se rebâtissait peu à peu, et ceux qui y étaient restés recevaient des indemnités pour les pertes qu'ils avaient subies.

— Vois-tu, dit Rose à son mari, l'envoi de Salomon vient à propos pour occuper nos soirées pendant les jours d'attente anxieuse où nous sommes. Outre le bien que cette lecture peut nous faire, elle occupera notre esprit et notre cœur, et empêchera le découragement d'y pénétrer....

— Tu as raison, ma chère femme ; mais je t'avoue que je ne compte point sur une lettre de M. Augustin. Il nous a dit cela pour ne pas nous enlever tout espoir ; mais je suis certain qu'il ne croit pas lui-même à ce qu'il nous a dit....

— C'est aussi mon opinion, répondit Rose. Faisons notre devoir jusqu'au bout.... et qu'il arrive ce qu'il plaira à Dieu !

— Non, pas à Dieu ; mais aux hommes, répondit Casimir ; ne rendons pas Dieu responsable des fautes et des crimes du libre arbitre des hommes.

Le soir même, tandis que les deux nourrissons dormaient ou prenaient le sein, et après que Henry et Loïsa furent couchés, Casimir fit la lecture des pages envoyées par Salomon.

Dix heures sonnèrent comme cette lecture finis' sait. Elle avait éloigné les préoccupations de la cruelle incertitude que devaient supporter, encore pendant huit jours, Casimir et Rose. La journée du lendemain n'amena rien de nouveau. Elle fut triste et résignée. Les heures s'en traînèrent lentes et silencieuses. *Afflictis lentæ, celeres gaudentibus horæ.* Enfin, la journée passa, et rien ne vint de la Nouvelle-Orléans. Le lendemain, il en fut de même ! Peut-être le steamboat de la malle avait-il éprouvé quelque retard ? Peut-être le jeune homme avait-il envoyé à la poste un moment après l'heure ?.... On pouvait compter un jour de plus pour les événements imprévus. S'il n'y avait plus guère d'espoir, il y en avait encore un peu, et l'espoir, si petit qu'il soit, suffit à faire vivre. Casimir et Rose s'efforçaient de faire taire la voix inquiète qui parlait en eux. Ils remplissaient machinalement leur office de gardiens-économes d'une maison d'où on pouvait les arracher d'un moment à l'autre.... d'une maison où ils avaient été si heureux et qui, déserte maintenant, ou au moins veuve des deux dignes créatures qui en étaient l'âme, n'était plus, pour eux, que comme un lieu d'attente d'où ils devaient partir bientôt.... pour où ?....

Le troisième jour vint et passa aussi : c'était le jour de grâce pour la réception de la lettre de M. Augustin. Aucune lettre n'arriva. Cet espoir était mort. Restait maintenant à attendre cinq autres jours pour savoir ce qui adviendrait de la séance du conseil de famille.

Enfin, heure à heure, jour à jour, la semaine s'écoula, et le matin du huitième jour se leva comme les autres. L'inquiétude était arrivée à son comble ; elle se changeait presque en peur, tant elle était lourde, tant elle durait !

L'inconnu qui nous menace a quelque chose

d'effrayant, comme l'est, pour les enfants, une nuit bien sombre et bien silencieuse, dans un endroit désert. C'est comme une arme invisible qui peut frapper le bras, la tête ou le cœur, sans qu'on sache comment en parer le coup.

XI.

MONSIEUR JEAN ROQUE ET MONSIEUR MICHAUD.

Vers deux heures de l'après-midi, un violent coup de sonnette retentit jusque dans les profondeurs de la maison. Casimir courut ouvrir, et se trouva en présence de trois personnages : un homme d'une quarantaine d'années, blond, grand, robuste, à la physionomie rude et au regard hautain ; un autre blanc, de vingt-huit à trente ans, d'un visage assez beau, d'une tournure aisée ; et un troisième qui était un domestique griffon, trapu, éveillé, jeune encore, et assez bien mis pour sa position sociale, car, selon toute apparence, c'était un esclave.

Les trois personnages, l'un suivant l'autre dans l'ordre que nous avons indiqué, montèrent au premier étage sans dire un mot, comme des maîtres malappris qui rentrent chez eux. Quand ils furent arrivés dans la pièce du premier étage, le premier dit au deuxième :

— Monsieur Michaud, faites-leur savoir de quoi il s'agit, et transmettez-leur mes ordres. Pendant ce temps-là, je vais visiter un peu la maison....

Monsieur Michaud s'inclina avec quelque déférence, puis alla vers Casimir qui attendait les premiers mots dans une mortelle inquiétude. Rose regardait tour à tour les trois personnages de cette scène, puis reportait ses yeux vers son mari, semblant se demander à elle-même : Que va t-il arriver ?

—Ce monsieur que vous venez de voir, dit M. Michaud à Casimir, c'est monsieur Jean Roque, nommé tuteur des enfants du capitaine Jackson, et administrateur de ses biens. C'est un homme sévère ; il faut marcher droit avec lui ! J'en sais quelque chose, moi qui suis l'économe d'une de ses habitations ! Maintenant voici ses ordres : A quatres heures, une charrette va arriver ; vous prendrez vos effets de corps avec vous, et vous monterez, vous, la mulâtresse, l'enfant et lesdits effets, dans la charrette en question, et on vous conduira à l'habitation, où vous arriverez demain soir, en voyageant toute la nuit, s'il n'arrive pas d'accident en route.

Casimir sentit un frisson lui passer par tout le corps.

— Et l'enfant que ma femme nourrit ? demanda-t-il à monsieur Michaud.

— Il y a sur l'habitation où vous allez travailler, répondit l'économe, une douzaine de négresses, griffonnes, mulâtresses et quarteronnes, qui sont chargées de nourrir les petits enfants ; une d'elles arrivera ici à deux heures pour remplacer Rose, jusqu'à ce que le maître ait loué la maison, et, aussitôt la maison louée, on fera revenir le mulâtre, la nourrice et les enfants à l'habitation.

— C'est bien, monsieur, répondit Casimir ; je vais aller préparer notre départ.... — A propos, ajouta-t-il, et notre mobilier ?

— Monsieur Roque décidera. En attendant, l'ordre est de tout laisser ici.

—C'est très-bien, fit Casimir avec un sourire amer.

Et, se retournant pour s'éloigner, il vit Rose qui pleurait en regardant *son* petit William qui lui tendait les bras.

— Quelle vie ! murmura-t-il en s'éloignant.... Il n'y a pas de bonheur possible dans l'esclavage !

— Prends courage ! lui glissa sa femme à voix basse. Songe à notre enfant !.... songe à ta Rosine.... et à moi !....

— Oh ! oui, murmura-t-il en s'éloignant, il faut que je songe à vous, mes bien-aimés, pour n'en pas finir d'un coup !

Après la sortie de Casimir, M. Michaud resta quelques instants seul avec Rose, qui allaitait son nourrisson blanc.... pour la dernière fois, pensait-elle. Le griffon, appelé par son maître, l'avait suivi dans la visite que faisait celui-ci.

— Pourquoi m'ôte-t-on cet enfant ? demanda-t-elle à l'économe. Est-ce qu'on trouve qu'il est mal soigné ?

— Pour cela, répondit le blanc, je ne saurais vous répondre : je n'ai point d'ordre ! Monsieur commande sans jamais motiver ses volontés. On marche militairement, sous lui ! Si vous n'avez jamais vu une habitation bien tenue, vous en allez voir une, allez ! On n'y passe rien à personne ; nous avons un code inflexible, et une justice aveugle. Tenez, cet enfant-là — et il désigna du doigt Rosine qui dormait — cet enfant-là....

— C'est ma fille, interrompit Rose....

— Cette enfant-là, votre fille, eh bien, je ne pense pas qu'on vous la laisse.... C'est-à-dire qu'on vous laisse la nourrir : ce serait une infraction à la règle, si.... enfin.... je m'entends !....

Et il complétait sa réticence par le regard d'admiration qu'il promenait sur Rose.

Celle-ci, frappée de stupeur, regarda sa petite Rosine, puis l'horizon, au fond duquel son regard sembla se perdre....

Monsieur Michaud la regardait toujours et murmurait : C'est qu'elle est belle jusqu'au possible ! Gare à Sultane !

A ce moment, monsieur Michaud vit deux larmes descendre silencieuses des yeux de la mulâtresse, et tracer sur ses joues un sillon mouillé. Rose alors baissa la tête, sa poitrine se souleva, et un sanglot étouffé en sortit, qui alla remuer, chez l'économe, toutes les fibres sur lesquelles Dieu a placé la sensibilité humaine.

La douleur silencieuse et calme émeut bien plus que les pleurs bruyants accompagnés de gestes et de cris. C'est que, dans toute chose exagérée, il y a une partie fausse, et que la seule vérité porte avec elle la conviction et l'effet que la conviction produit.

Monsieur Michaud ouvrit la boûche pour parler, en faisant un pas vers Rose; mais il se contint, et rentra en lui ce qui en allait sortir. Il se retourna et commença à marcher d'un bout de la chambre à l'autre, comme fait un marin sur le pont du navire qu'il monte.

Monsieur Roque rentra à ce moment, suivi de son domestique:

— Il n'y a rien à dire, fit-il, tout est en ordre. Partons, monsieur Michaud! Vous avez communiqué mes ordres!

— Oui, monsieur, répondit l'économe.

— Toi, dit monsieur Roque au griffon, reste ici; tu commenceras ton service quand les autres seront montés en charrette. Et, sans attendre une réponse inutile, il s'éloigna avec son économe, aussi poliment qu'il était entré.

.*.

— Ainsi, disait Casimir à sa pauvre femme, nous voilà fixés! Nous avons été emmenés ici pour y recevoir la liberté au bout de douze mois, et, l'année finie, nous allons partir plus esclaves que jamais, pour aller faire du sucre sur une plantation louisianaise! sous un maître rigide et inflexible! dans un pays où il n'y a pas de *Camp de la Soufrière;* où les bois sont d'affreux marécages inhabitables, ou explorés à toute heure; où la nature ne produit rien sans de rudes labeurs, ce qui rend toute vie marronne impossible; où les taons, les maringoins, les moustiques dans l'air; les serpents, dans les broussailles; les crocodiles, sur le bord des bayous et dans les flaques d'eau, rendent la vie dangereuse, insupportable, atroce! Notre bonne maîtresse, qui t'aimait déjà, est morte; notre bon maître, mon frère de père! est mort.... et, jusqu'à la majorité des jeunes enfants, nous sommes sous la domination d'une espèce de barre de fer qui marche, respire et mange! — Providence, Espérance, Croyance, Dieu, vous êtes des mots! des mots tirés des lettres du même alphabet d'où l'on tire hasard, malheur, injustice, néant!

Rose épouvantée se leva, alla se courber sur le pied de son lit, et d'une voix tremblante de crainte et de larmes:

— "Je crois en Dieu, le Père Tout-Puissant, Créateur du Ciel et de la Terre....s'écria-t-elle. — Mon Dieu, ajouta t-elle. — Pardonnez au cœur trop plein qui déborde, à la douleur qui s'égare, à la folie qui blasphème! Pardonnez à ceux qui, souffrant trop, nient votre saint nom, votre miséricorde et votre justice!

A ce moment, la petite Rosine endormie, visitée sans doute par quelque rêve séraphique, comme le sont souvent les innocents des hommes, poussa de légers cris joyeux, sourit d'un sourire adorable, et agita ses petites mains, comme si elle rendait autour d'elle des baisers reçus....

— Oh! mon enfant, mon enfant! s'écria la jeune mère en courant au berceau d'où elle tira Rosine qui souriait toujours, viens sauver ton père!

Et elle alla porter la petite créature dans les bras de Casimir....

— Tiens, dit-elle, voilà la Providence, voilà l'Espérance, voilà la Croyance, voilà Dieu!....

Le père prit son enfant, et songeant alors à ce Père de tous, qu'il venait de maudire, il éclata en sanglots.

....

A deux heures précises, une charrette s'arrêta devant la porte de la maison. Casimir et Rose, appuyés à la fenêtre, l'avaient vue venir avec un nouveau serrement de cœur. C'était la lourde voiture à deux mulets, toute couverte de boue séchée, et toute grise de poussière récente. Elle était — comme on dit en plaisantant — *suspendue sur essieu,* et, par conséquent, faite de façon à communiquer tous les cahots de la route, avec une rigidité absolue. Deux banquettes la traversaient dans le sens de sa largeur, placées assez près des roues pour que la boue qui s'attachait à ces roues frottât et sâlit tout vêtement dépassant la ligne de la caisse. Cet ignoble véhicule, non couvert, était conduit par un gros noir près duquel était assise une mulâtresse plus grosse encore. C'était une énorme femme, large de base, large du sommet, à l'air *homasse,* et douée d'une telle proéminence sur la poitrine, qu'elle eût pu aisément, à n'en juger qu'à la vue, nourrir deux jeunes veaux affamés. A part ses formes massives et effroyablement riches en chair, c'était une assez jeune femme, dont le visage avait de la fraîcheur, malgré son apparente dureté. Le nègre sauta le premier à terre.

— Allons, tant' Charlotte, dit-il à l'énorme nourrice, appuyez-vous sur moi pour descendre. Si vous êtes un lourd boucaut, je suis, moi, une solide charpente: je ne ploierai pas!

— Vous êtes toujours farceur et aimable! Silène, répondit Charlotte en faisant ses préparatifs de descente avec toutes les précautions nécessaires.

— Ouf! fit-elle, quand ses larges pieds touchèrent le sol, en voilà une corvée!

Et elle entra dans la maison.

Casimir et Rose n'avaient pu s'empêcher, malgré leur tristesse, de sourire à la vue de ce tableau grotesque.

— Voilà donc ma remplaçante! dit Rose....

— S'il n'y avait qu'elle et moi sur une île, dit Casimir, l'île serait un jour tout-à-fait déserte. ».

Rose alla embrasser William qui dormait; puis, suivie de son mari, elle descendit les degrés de cette demeure où elle avait été si heureuse, y laissant, outre les souvenirs du temps qu'elle y avait vécu, le cher mobilier de la Guadeloupe, auquel elle n'osa aller faire ses adieux. Casimir portait Rosine; les effets de corps de la petite famille étaient en bas, renfermés dans des paquets. Quand ces paquets furent déposés au fond de la charrette, Casimir donna pour un moment Rosine à Silène, prit Rose dans ses bras et l'éleva sur la banquette de derrière; ensuite il lui passa leur petite fille, puis d'un saut fut près d'elle. Silène grimpa à son tour sur la banquette de devant, prit d'une main la corde de pitre qui servait de guides, de l'autre son fouet, et la machine roulante s'ébranla au petit trot, sous la vigoureuse traction de deux mulets doucement avertis par un vigoureux coup de fouet.

On roulait sur une terre demi-ferme, demi-molle, sur laquelle ni les pieds des mulets ni les roues de la charrette ne faisaient aucun bruit. Au bout de quelques instants, la conversation s'entama entre le cocher et les deux nouveaux sujets de monsieur Roque. Silène y jeta les premiers mots, en commençant par de courtes phrases insignifiantes, sur le temps, sur la route, sur la chaleur, et autres sujets tout aussi intéressants. Le gros noir était un jovial garçon, dont les plaisanteries, toujours assaisonnées au gros sel, avaient le don inappréciable de le faire rire lui-même d'une façon bruyante, et comme le silence lui était aussi antipathique qu'à nos chères mères, sœurs et filles, il fallait absolument qu'il parlât et qu'on lui répondît. La position qu'il occupait devant, sur la première banquette, tandis que ses *voyageurs* étaient derrière, sur la seconde, rendait incommode un échange de paroles; mais il faut souffrir un peu pour acquérir le droit de jouir. Le gros noir se retournait donc chaque fois qu'il avait besoin d'interroger ou de répondre, et, pour faciliter ces conversions continuelles, il se tenait obliquement sur sa banquette, l'œil droit à ses mulets, l'œil gauche vers le banc de l'arrière.

— Comme ça, disait-il à Casimir, vous êtes nouveaux dans le pays?

— Il y a une année que nous y sommes, répondit Casimir.

— Et vous n'avez pas fait d'autre maison que celle d'où vous sortez?

— Nous sommes restés quelques jours chez madame L., à la Nouvelle-Orléans; de là, nous avons été conduits chez le capitaine Jackson... d'où sa mort seule nous a fait sortir.

— On en a assez parlé, ici et dans les environs, du capitaine Jackson et de vous autres, allez! Les blancs disaient: Le capitaine est une espèce d'abo-

litioniste que nous ferions bien d'emplumer et de rôtir, un jour ou l'autre; il a chez lui un mulâtre et une mulâtresse, qu'il a amenés on ne sait d'où, et qu'il traite comme des princes: c'est d'un mauvais exemple pour les autres esclaves.—Nous autres, excepté les jaloux, nous disions:

Il n'y a pas beaucoup de maîtres comme celui-là! il n'y en a même pas deux, probablement.... et ceux qui appartiennent à cette maison sont bien heureux!

— Oh! oui, nous étions bien heureux, dit Rose....

— Tant pis, répondit Silène: la différence vous paraîtra plus grande.... à moins que....

— Ecoutez, dit Casimir; vous ne nous connaissez pas encore, c'est vrai, mais, quand je promets une chose, on peut y compter. Eh bien, sur ma chère enfant que voilà, et que j'aime déjà autant que moi-même; sur ma femme que j'aime bien plus que moi-même, et plus que tout au monde, je vous jure, Silène, que je ne répéterai pas un mot de ce que vous répondrez à mes questions, si vous voulez y répondre! Croyez-vous à cette promesse, à ce serment?

— Oui, j'y crois, répondit le noir; mais.... votre femme?....

— Moi, dit Rose, je jure devant Dieu, sur tous ceux que j'aime, que je serai aussi discrète que Casimir vous jure d'être discret!

— Eh bien alors, dit le cocher noir, demandez-moi tout ce que vous voudrez: je répondrai tout ce que je sais.

— Eh bien, Silène, demanda Casimir, que croyez-vous qu'on va faire de nous?

— Je crois — je dis je crois — qu'on vous enverra aux cannes tous les deux, *d'abord*......

— Que voulez-vous dire par tous les deux *d'abord?*....

— Je veux dire tous les deux pendant quelques jours, et ensuite, l'un de vous deux seulement....

— Lequel *ensuite* et pourquoi ce changement?

— Il faut donc vous mettre la langue sur le piment, pour que vous sachiez qu'il n'est pas sucré? Ecoutez et suivez bien....

— Nous écoutons, dirent deux voix à la fois.

— Je connais mon maître, et voilà pourquoi je suis le plus heureux de l'habitation, sauf une quarteronne... qui est peut-être plus heureuse que moi. Seulement, j'ai bien peur pour elle, que son bonheur ne soit pas, *maintenant*, aussi long que le mien! Elle s'appelle Sultane: je vous parlerai d'elle tout-à-l'heure, si vous m'y faites penser....

— Je ne l'oublierai pas, dit Rose; continuez....

— Je vous disais donc que je connais mon maître: cela vous explique beaucoup de choses...et ne vous étonnez pas de mes questions! Premièrement vous, Casimir, vous dites que vous aimez votre femme plus que vous-même, c'est bien ; mais l'aimez-vous de façon à la vouloir pour vous seul, malheureux et persécutés tous les deux ; ou bien de façon à fermer les yeux sur certaines choses, vous — et elle à ouvrir les oreilles sur les mêmes choses — avec le résultat d'être tous les deux les privilégiés du maître ?

— Jamais ! s'écria Casimir.... j'aimerais mieux mourir !

— Et moi, dit Rose, je me tuerais plutôt avec mon enfant !

— Alors, reprit Silène, je vous dirai bien le commencement, mais je ne saurais deviner la fin. On vous enverra donc tous les deux aux cannes ; là, vous serez recommandés de façon à ce qu'on vous poussera au travail au point que, le soir, vous soyez harrassés. Quand vous serez bien sur les dents, on gardera Rose à la maison, comme servante. Là elle aura quelques jours de repos et de bon temps, et sera aussi bien couchée et aussi bien nourrie qu'elle l'aura été peu et mal pendant les temps du travail des cannes. Et puis, un beau jour, le maître demandera à Rose ce qu'elle préfère : du travail du dehors ou de celui du dedans. Comme elle préférera le plus doux, le maître lui proposera encore mieux, la place de Sultane, par exemple — mais.... à la condition que vous savez ! Si elle dit oui, je sais la fin ; si elle dit non, je ne la sais pas.

Casimir et Rose échangèrent entre eux quelques mots.

— A propos de Sultane, vous nous avez promis un récit, dit Rose.

— Oui ; écoutez donc : Monsieur n'était pas riche quand il a commencé. Il n'avait que quatre négresses et deux nègres. Au bout de la première année, il avait en plus, sans avoir acheté aucun sujet, deux petites mulâtresses et deux petits nègres. L'année d'après, un peu plus un peu moins, la même augmentation avait lieu, partie d'une couleur, partie de l'autre, ceux-ci de tel sexe, ceux-là de tel autre, et toujours de même. Il vivait de rien, et ses esclaves d'encore moins. Les récoltes se vendaient bien : il amassait de l'argent. Il a quarante-cinq ans, et a commencé à vingt-cinq. Au bout de quelques années, il acheta douze autres sujets à un encan forcé, qu'il avait dit être remis à huitaine, à tous ses voisins ; il acquit pour presque rien, et continua son système.... qui était d'augmenter lui-même son atelier. Un beau jour, il échangea vingt négrillons et mulâtres, des deux sexes, — la moitié était ses propres enfants — contre dix forts sujets qu'il mit rudement au travail. Quelques récoltes après, il était déjà riche et achetait une deuxième habitation en bonne marche. Alors il changea de système. Il avait quarante ans, trois cents sujets, beaucoup de terres, des rentes, etc.... Il abandonna ses anciennes habi-

tudes, cherchant à satisfaire ses passions, comme il cherchait auparavant à augmenter le nombre de ses esclaves. Il choisit donc celle qui lui plaisait le mieux, et en fit sa maîtresse en titre, choyée, oisive, toujours bien mise, servie par les autres, comme une reine, n'ayant à s'occuper que des plaisirs du maître. Celle-là mourut en couches. Elle s'appelait Vénus. La deuxième, Justine, était très-habile : elle l'irrita tant et tant, qu'elle sut l'amener au point de se faire affranchir par lui, et, quelques jours après, elle le quitta. A la troisième, nommée Céline, il promit la liberté....qu'elle n'a jamais eue. Il se dégoûta d'elle à la vue d'une quatrième qu'il acheta, et qui fut assez longtemps la favorite ; son nom est Victoire. Il en eut deux enfants d'un coup : ils moururent tous les deux, et la favorite fut répudiée. Ces dernières furent renvoyées aux cannes, et y sont encore. A la dernière succéda Sultane, la maîtresse actuelle, dure et méchante, demandant toujours des châtiments, et en administrant elle-même, quoiqu'esclave. Mais depuis quelque temps sa faveur baisse. Monsieur n'aime pas qu'un autre que lui commande chez lui. Je les ai connues toutes ; eh bien, foi de Silène ! il n'y en a pas une seule qui eût pu et qui puisse approcher de Rose pour la beauté !.... Voilà pourquoi j'ai peur pour Sultane....et pour vous deux. Dieu seul sait comment cela finira, mais je crois avoir deviné comment cela va commencer.

— Mais, observa Casimir, rien ne dit que monsieur Roque désirera Rose ?

— Rien ! Je vous ai dit que je connais mon maître, et je vois votre femme ! Vous ne savez donc pas que c'est la plus jolie du pays ?

Casimir fut flatté d'abord, il trembla ensuite.

— Je m'habillerai mal, dit Rose ; je serai malpropre, maussade ; je marcherai gauchement ; je ne me peignerai plus ; je ne comprendrai que la moitié de ce qu'on me dira ; enfin je serai laide !

Le gros cocher siffla un petit air qui voulait dire bien des choses. Puis reprenant la parole :

— D'abord, dit-il, monsieur vous a vue.

— Il ne m'a pas seulement regardée !

— Croyez cela ! il vous a vue. Ensuite, si vous vous habillez mal, il vous ordonnera de vous habiller mieux ; si vous êtes malpropre, il vous fera nettoyer comme il faut ; si vous êtes maussade, vous n'en serez pas moins jolie ; si vous marchez gauchement, il s'en inquiétera fort peu, vu qu'il devinera que vous jouez une comédie ; si vous ne vous peignez pas, il vous donnera cinq minutes pour arranger vos cheveux convenablement ; si vous ne comprenez pas ses ordres à première audition, il se fera comprendre comme je me fais comprendre de mes mulets. Vous voyez bien que vous ne pourrez pas vous faire laide !

— Ma pauvre femme, dit Casimir, tes petits

moyens sont de l'enfantillage, et ne sauraient tromper personne. En haillons comme en toilette, tu es toujours la rose des femmes de couleur de la Guadeloupe, c'est-à-dire du pays où les femmes de couleur sont les plus belles.

— Flatteur! dit la jeune mère : je suis peut-être ainsi pour toi, mais....

— Mais, interrompit Silène, c'est encore mieux pour les autres !

— J'espère que tu n'as plus rien à dire ! conclut Casimir.

— Peut-être.... Nous prendrons conseil des circonstances.

A ce moment, on arrêta à une halte où le noir fit donner à manger à ses mulets. C'était une sorte de petite auberge borgne, tenue par un vieux noir libre. Casimir glissa quelques mots à l'oreille de Rose ; celle-ci fit un signe de tête affirmatif.

— Silène, dit Casimir, combien de temps pouvons-nous arrêter ici ?

— Une demi-heure au moins, une heure au plus.

— Eh bien, restons une heure, et acceptez le déjeûner que ce brave homme peut nous servir.... voulez-vous ?

— Ce n'est pas de refus, répondit le cocher ; j'ai bon appétit et je suis passablement fatigué.

Le vieil aubergiste noir avait des œufs, de la volaille, de la salade et des fruits, du café et du rhum. En attendant les événements, les trois convives firent un bon repas, que Casimir paya. Rose donna le sein à Rosine. Les mulets avaient bien mangé. On se remit en route au bout d'une heure, mais cette fois au grand trot.

La libéralité de Casimir l'avait mis bien vite dans les bonnes grâces de Silène. Celui-ci voyait en outre qu'il n'avait pas affaire à des esclavers ordinaires ; prévoyant peut-être quelque *bonne chance* pour eux — malgré les protestations du mari et de la femme, à l'endroit d'un contrat répugnant — il se pouvait qu'il cherchât à se bien mettre à l'avance avec eux.

Le labyrinthe du cœur de l'homme — esclave ou libre — a tant de détours, qu'on ne saurait supposer un fil trop long pour s'y guider.

*
* *

Jusque-là, la route s'était faite d'une manière supportable, à cause du chemin assez doux et assez uni qu'on avait eu à suivre, à cause aussi du grand jour et de la grande chaleur qui, joints au mouvement d'un bon trot, avaient empêché à peu près l'attaque des insectes. Tout alla encore assez bien pendant deux ou trois heures ; mais la nuit vint, et, avec la nuit, des myriades de moustiques, de taons et de maringoins qui assaillirent la petite famille d'une façon cruelle. Rose avait toutes les peines du monde à préserver Rosine, en se préservant elle-même. Casimir pestait et jurait, descendait de charrette pour aller à pied, puis remon-

tait pour ne pas laisser Rose seule. A l'approche des bois, tous ces tourments redoublèrent, car là les insectes ailés formaient comme de petits nuages compactes, dont les fractions entraient dans les narines, dans les oreilles, dans la bouche et dans les yeux des voyageurs. Rose finit par envelopper sa fille dans un petit drap ; elle s'entoura elle-même la tête toute entière d'un mouchoir, et Casimir s'en fit autant au moyen d'une cravate. Quant à Silène, il était accoutumé à ces désagréments, et de plus il avait allumé sa pipe, dont il tirait une épaisse fumée qui éloignait un peu ses assaillants. Malgré toutes ces précautions, Casimir et Rose étaient piqués aux mains, aux bras et aux jambes.

— Enfer de pays ! s'écria le pauvre homme. Si vous saviez, Silène, quelle différence avec la Guadeloupe ! Certainement que l'esclavage est partout l'esclavage, et qu'il entraîne partout à des horreurs; mais ce qui me parait ici la régle est là-bas l'exception. A part ces exceptions, et aussi à part l'esclavage, quelle bonne vie ! Quel beau climat ! Il n'y a pas de misère chez nous, et on n'y voit pas un mendiant. La plus grande partie de ceux qui se déshonorent par des cruautés envers les esclaves, sont des européens arrivés pauvres et nus, puis enrichis par tous les moyens. C'est ce qu'on appelle des parvenus. Il n'y a rien de plus avide, de plus insolent et de plus cruel. J'ai toujours remarqué que les gens comme il faut — que les autres appellent fiers et aristocrates, parce qu'ils se tiennent à l'écart de tout ce qui est grossier — sont, pour les esclaves et pour les malheureux, les plus généreux et les plus humains, tandis que ceux qui ont toujours traîné la savatte, comme on dit, qui ont toujours été misérables, deviennent orgueilleux, méchants et cruels, dès qu'ils ont quelque fortune.

— Je n'aurais pas cru cela, répondit Silène. Il me semble que, quand on a été malheureux, on doit mieux compâtir au malheur des autres....

— Vous avez raison dans un sens, dit Casimir. Ceux qui ont été malheureux et qui sont d'une bonne et généreuse nature, sont les plus enclins à la pitié, les plus charitables, les plus fraternels, c'est-à-dire les meilleurs; mais ceux-là ne sont jamais ce qu'on appelle des parvenus, d'abord parce qu'ils *parviennent* rarement, ayant le cœur trop bon ; ensuite parce que, s'ils s'élèvent à un état meilleur, ils ne font que reconquérir leur place légitime, d'où les avaient chassés les événements.

— Comme ça, je comprends, dit le gros noir avec un commencement de déférence pour son voyageur. Mais, ajouta-t-il, savez-vous, Casimir, que vous n'êtes pas comme nous autres, vous ! Vous parlez comme un blanc instruit.... Qui donc vous a élevé ?

— Oh ! mon Dieu, j'ai été élevé comme les autres, avec cette exception que je n'ai eu pour maîtres que des gens de bonté et de condition. De plus, j'ai été un peu instruit par un vieux noir nommé Salomon, qui est aujourd'hui libre, et qui a cent six ans. Il a voyagé en Europe avec de bons maîtres, et s'est instruit à leur contact. Son dernier maître était un avare qui l'a fait libre quand le pauvre Salomon a eu quatre-vingts ans, parce qu'il ne pouvait pas trouver à le vendre, et qu'il a pensé que son travail, à cet âge, ne valait pas sa nourriture. Voilà comment il se fait que vous me voyez moins ignorant que la plupart des esclaves.

— S'il y en avait beaucoup comme vous, répondit Silène, je pense que l'esclavage ne serait plus possible.

— Je le crois, répondit Casimir. Aussi, la première chose serait, pour les esclaves, d'apprendre à lire par tous les moyens.

— Vous savez lire! vous, s'écria Silène....

— Et écrire, mon ami; Rose aussi.

— Bon Dieu! je donnerais tout ce que je gagne qselquefois le dimanche, pour apprendre a lire, dit Silène....et si ce n'était pas si dangereux....

— Comment, dangereux?

— Oui, dangereux pour celui qui enseigne et pour celui qui apprend. Il n'y a rien de plus défendu, ici! Dernièrement un blanc, qui appartient à une Association que je ne connais pas, a été surpris, une nuit, enseignant la lecture à quelques noirs, sur une grande plantation: on l'a pris, on l'a roulé dans du goudron, puis dans de la plume, et, quand il a été bien couvert de plumes, on y a mis le feu!

— Horreur!....Et les esclaves?

— Les esclaves?....Ils ont reçu chacun cent coups de fouet, à nu, attachés sur une échelle étendue à terre; puis, leurs plaies ont été pansées avec du vinaigre pimenté....

— Horreur! horreur!!

— Ce n'est pas tout. Dans cet état, ils ont été mis aux fers dans un cachot, pendant un an. Dès que leurs plaies ont été cicatrisées, chaque matin, pour nourriture, ils ont reçu chacun vingt coups de *tordu*. Les uns sont morts au bout de deux mois, d'autres au bout de trois, de quatre, de six. Un seul survivait. Comme il ne pouvait plus marcher, et qu'il était tout-à-fait hébété, on lui a administré quelque chose....et ça été fini....

— Seigneur tout-puissant! s'écria Rose....

— Mais....la justice! fit Casimir.

Silène se mit à siffler son air qui voulait dire tant de choses.

— Probablement c'est trop cher pour nous, dit-il enfin....

....

Il était près de minuit. A ce moment, la nature du sol sur lequel on roulait changea. De mou il devenait dur et raboteux. Les cahots commencèrent à se faire rudement sentir, et Rosine cria.

— Si nous arrêtions jusqu'au petit jour? demanda Casimir à Silène....

— Je n'arriverais pas à temps, répondit le cocher, et je serais battu.

— Silène, dit Rose de sa voix musicale, si invinciblement sympathique, nous dirons que mon enfant était malade. Je vous en prie, arrêtons: je tombe de sommeil, et je suis brisée....

— Ma foi, dit le noir, arrive qui arrive! Je forgerai un conte d'ici là, ou bien je carresserai mes mulets de manière à leur doubler les jambes; mais je crois, Rose, que le bon Dieu en personne ne pourrait rien refuser à une musique comme votre voix! Ah!, Sultane, Sultane, tu n'es pas solide sur ton trône!.

En disant ces mots le cocher avait arrêté.

— Vous disiez que vous tombez de sommeil, Rose, dit-il; faites-vous une couche dans la charrette, et étendez-vous-y avec votre petite. Tenez, voilà une grosse capote qui vous servira, tant bien que mal, de matelas; quelque linge, tiré d'un de vos paquets, servira à vous couvrir et à vous préserver des maringoins. Vous pourrez dormir quatre heures.

— Merci, dit Casimir....

— Merci bien, mon ami, dit Rose; un jour ou l'autre, je vous rendrai votre bonne obligeance.

— Moulin à vapeur! se dit Silène, — c'était son plus habituel jurement — voilà une fille à faire le bonheur d'un roi, et le tourment d'un évêque! Quand elle parle, on dirait les notes douces de l'orgue, à la grand'messe du dimanche! Décidément Sultane peut affiler sa pioche!....

La jeune mère arrangea tout du mieux qu'elle put, concha sa petite fille, et, s'adressant à son mari:

— Viens à mes côtés, Casimir, dit-elle; en nous serrant un peu, il y aura place. — Et vous, Silène, où dormirez vous?

— Moi, je ne dormirai pas: je veillerai sur tout le monde.

Au bout de quelques minutes, notre petite famille paraissait plongée dans le sommeil.

— Pauvres jeunes gens! dit le charitable Silène se parlant à lui-même; pauvres jeunes gens! si beaux, si braves, si instruits! aller gratter la terre, sous le fouet, pour faire du sucre à l'avantage d'un gredin qui a cent fois plus qu'il ne lui faut! Moulin à vapeur! il faut que j'apprenne à lire, et quand je saurai, j'enseignerai à d'autres, et, quand beaucoup sauront, on verra s'il n'y a pas moyen de secouer un peu ces fainéants qui ne savent vivre que de nos sueurs!

Le gros noir était bien seul, et, ne craignant pas d'être entendu, il se grisait à ses propres paroles. Son monologue, commencé à voix basse, s'était élevé peu à peu jusqu'à l'accent non contenu de la colère.

— Est-ce que ce Casimir, continua-t-il, n'est pas supérieur à M. Jean Roque ? Est-ce qu'il n'est pas supérieur à un tas de planteurs qui ne savent que donner des coups et empocher l'argent que nous gagnons ?.... Et Rose ! est-ce qu'il y a beaucoup de femmes qui pourraient lui être comparées, si on était dans un pays libre, en France, par exemple ?... Eh bien, il faut que ces deux chrétiens, intelligents, honnêtes, jeunes et courageux, fassent tout ce qui conviendra à un homme corrompu, et cela, parce qu'il s'appelle le maître !

— Silène, dit Casimir — qui ne dormait pas, et qui avait tout entendu — je vous enseignerai la lecture et l'écriture. Nous nous cacherons assez bien pour n'être pas découverts, et, comme vous le disiez, quand vous saurez, vous enseignerez aux autres. Je suis maintenant assez sûr de vous pour vous offrir cela.

— Oh ! merci, merci ! s'écria le noir avec l'accent de la plus sincère reconnaissance ; instruisez-moi, frère, et je le rendrai aux autres, afin que la science se propage et nous aide, ou à conquérir nous-même notre liberté, ou à en être dignes, si le ciel nous l'envoie.

— Vous avez raison, frère, répondit Casimir : avant de jouir d'un bien, même d'un droit, il faut le mériter, et l'ignorance absolue n'est digne de rien que du mépris. Pour nos frères, mon opinion est peut-être injuste, parce qu'ils ne peuvent pas, et que qui ne peut ne peut ; mais, quand je vois des blancs qui ne savent ni lire ni écrire — et il n'en manque pas ! — je me dis que ceux-là mériteraient d'être esclaves, parce qu'un homme qui s'appartient, quelque misérable qu'il puisse être, n'a pas le droit de ne point savoir lire.

— Mais, riposta Silène, ceux à qui leurs parents n'ont rien enseigné ?

— Ceux-là peuvent apprendre à tout âge : à vingt, à trente, à quarante ans, n'importe ! On peut toujours prendre une heure chaque nuit, sur son sommeil, pendant trois mois, six mois, un an, s'il le faut, pour apprendre à lire....et on trouve toujours un ami, un camarade, un voisin, disposé à vous enseigner cela. Donc, celui qui ne sait pas lire est coupable ; il se ravale au-dessous des autres, et il mériterait de les servir, comme s'étant fait lui-même d'une espèce inférieure.

— Vous avez toujours raison, Casimir, et maintenant je pense comme vous. Mais, pour nous autres qui, sauf exceptions, ne pouvons absolument pas, votre opinion ne peut être soutenue, n'est-ce pas ?

— Non, et je ne la soutiens pas non plus. Mais patience ! si nous nous entendons bien — et je crois que nous nous entendrons — nous aiderons plus au progrès de l'Emancipation, avec un alphabet, qu'avec des sabres et des fusils !....

— Que je suis heureux de vous avoir rencontré ! s'écria Silène.

— Et moi aussi, mon ami ; sans écoliers à quoi serviraient les instituteurs, et qui y perdrait, si ce n'est la cause générale ? Votre bon vouloir a autant de mérite que le mien, et nous courons chacun le même danger.

— Allez ! répondit le noir, maintenant c'est entre nous, à la vie à la mort ! Si je puis vous être utile en quoi que ce soit, vous pouvez compter sur moi, vous, votre femme et votre enfant.... et, dans la lutte qui va s'ouvrir contre vous — je le pressens — je ferai, tout esclave que je suis, ce que peut faire un homme qui fait bon marché de sa vie.

Casimir se leva, s'approcha du noir, et ouvrant les bras :

—Embrassons-nous, dit-il avec émotion, et jurons de tout faire pour nous protéger mutuellement, afin d'être plus longtemps utiles à la cause sacrée de l'Emancipation de nos frères !

La lune, qui venait d'entrer dans son plein, éclairait vivement cette étrange scène.... Les deux esclaves restèrent un moment embrassés, puis ensemble :

— Nous le jurons devant Dieu ! dirent-ils....

Puis ils s'écartèrent un peu l'un de l'autre, sans qu'une de leurs mains à chacun se désunissent. Dans ce mouvement, l'Etoile d'argent toujours appendue au cou de Casimir, sortit de sa chemise entrouverte. Le noir la vit scintiller aux rayons du doux soleil des nuits.

— Que signifie cette Etoile ? frère, demanda-t-il.

— Tu le sauras un jour, bientôt peut-être, répondit Casimir. Laisse-moi avoir le droit de te le dire, et alors j'aurai fait un heureux.

J'attendrai donc, dit Silène avec reconnaissance.

.

Le jour était venu. Rose était levée, et on s'était remis en marche. Bientôt les rayons du soleil commencèrent à percer les grands bois, sur la lisière desquels roulait la charrette. La route était cahoteuse et étroite. Rose avait de la peine à se tenir sur la banquette, qui était tout simplement une planche brute, posée en travers, et fixée au moyen de clous ; cette planche était élevée d'environ un pied et demi du fond de la caisse. La petite Rosine, doucement couchée sur les genoux de sa mère, la tête appuyée sur un sein qui lui faisait le plus doux des oreillers, ne ressentait ni secousses ni cahots, amortis qu'ils étaient, pour elle, par le tiède édredon de sa couche vivante.

Le gros noir réfléchissait beaucoup, à en juger par son silence inaccoutumé, et par la pose qu'il gardait. Il réfléchissait sans doute à cet important événement de sa vie — si peu fertile en événements — qui lui avait donné un frère, un ami dont la supériorité, loin de le rendre jaloux, le rendait fier et heureux. Peut-être aussi calculait-il les dangers que la beauté extraordinaire de Rose attirerait bientôt sur la pauvre et intéressante petite famille. Les passions exigeantes et despotiques de ce pacha qui avait nom Jean Roque, lui faisaient peur pour ses nouveaux amis ; peut-être cherchait-il si le rat de l'esclavage ne pourrait pas gêner les allures du lion de l'absolutisme ; si lui, pauvre diable sujet aux coups, à la mort, sur un caprice, ne pourrait pas entraver quelque peu la marche terrible de l'homme libre, riche, méchant et puissant....

Casimir aussi semblait plongé dans de profondes réflexions.

— Silène, dit-il enfin, nous avons parlé, hier, de monsieur Roque ; dites-moi maintenant ce qu'est monsieur Michaud....

— C'est plus difficile, ça ! répondit le noir. Monsieur Michaud n'est ni méchant, ni bon, du moins en apparence. Il suit exactement les ordres du maître, et ne fait pas châtier pour son propre compte. Il y a, je crois, un mystère en monsieur Michaud. Vous, Casimir, qui êtes un savant, auprès de nous autres, peut-être découvrirez-vous ce mystère. On voit quelquefois M. Michaud s'efforcer de contenir son émotion, quand il commande un châtiment par ordre du maître. Quelquefois, le regard qu'il jette sur M. Roque est terrible, mais il s'abaisse aussitôt, de peur peut-être d'être rencontré. Il faut suivre strictement les règles posées par le maître. Il ne parle jamais avec douceur aux esclaves, mais il les regarde quelquefois comme ferait Jésus. Sa voix et son regard ne paraissent pas appartenir au même corps. Enfin, on ne comprend rien à cet homme-là. Sa demeure, isolée et composée de trois chambres, est située à une certaine distance des cases à nègres, et à une distance plus grande de la maison du maître. Souvent, en rôdant la nuit, j'ai aperçu quelques hommes arriver, par divers chemins, chez monsieur Michaud, avec des précautions témoignant qu'ils cherchaient à n'être point vus. D'autres fois, c'est monsieur Michaud qui se rend, toujours la nuit, à quelque rendez-vous pareil à ceux qu'il donne, car je l'ai vu, pendant que tout le camp dormait, s'éloigner silencieusement : je l'attendais ; il ne revenait que deux ou trois heures avant le jour. Qui reçoit-il, où va-t-il, et pourquoi ces rendez-vous ? C'est ce que je n'ai jamais pu découvrir. Je vous le répète, il y a un mystère là-dessous, et je voudrais bien percer ce mystère.

— Peut-être, dit Casimir, cette conduite est-elle toute simple. On vient voir, de nuit, l'économe, parce que, pendant le jour, il est occupé. Quand il sort lui-même, peut-être va-t-il voir quelque maîtresse, car enfin, ce n'est point un vieillard, et....

— Non, non, Casimir ; je puis répondre à cette objection. J'ai d'abord observé ses jours de réception : c'est le mardi et le vendredi. Les lundi et mercredi, c'est lui qui sort, comme je vous le disais. Quant à ce que vous disiez touchant une maîtresse, nous connaissons tous, et monsieur Roque connaît aussi la maîtresse de monsieur Michaud. C'est une blanche, une anglaise, jolie et distinguée. Elle ne se cache pas le moins du monde. Tous les jeudi et samedi, vers le coucher du soleil, elle arrive à cheval, et repart le lendemain, à dix heures, à onze heures, quelquefois à midi. Vous voyez que, de ce côté, il n'y a aucun mystère.

— C'est vrai, Silène. Alors, d'après vos paroles, je crois qu'il serait important de percer le mystère dont s'environne l'économe, non dans un but d'indiscrétion et de mal, mais au contraire dans un but de bien. Je vous dirai, quand il en sera temps, les pensées que me suggère votre confidence. En attendant, le plus important serait de protéger ce secret—si c'en est un—contre les autres noirs de la plantation, tout en tâchant de le découvrir pour nous. S'il y a danger pour l'économe dans sa conduite mystérieuse, il faut que notre vigilance éloigne de lui ce danger. Rose nous sera peut-être utile en tout cela. Quand nous serons arrivés, nous reparlerons de ce sujet, et nous nous entendrons pour organiser nos moyens. Avec un peu d'adresse et beaucoup de patience, nous devons arriver, un jour ou l'autre, au résultat que nous cherchons....

Vers midi, on fit une autre halte pour manger, et pour faire manger les mulets. Depuis le matin, Silène avait vigoureusement poussé ses bêtes, et on avait rattrapé presque toute la route perdue par la station de nuit. On prit à peine le temps de faire un léger repas, et on repartit bon train.

Le soir, une heure après le coucher du soleil, la charrette et les voyageurs arrivèrent à la plantation ; on avait regagné tout le temps perdu.

———◆———

XII.

UNE SUCRERIE EN LOUISIANE.

Comme Rose, aidée de son mari, descendait, moulue et brisée, de la charrette à mulets, et que Silène lui remettait entre les bras la petite Rosine qu'il avait prise un instant, la cloche de l'habitation sonnait pour la fin des travaux de la journée.

Bientôt arriva le troupeau des esclaves revenant des champs, accompagnés de deux commandeurs, le fouet en sautoir.

Monsieur Michaud, posté en avant des cases, examinait tous ces nègres, négresses, quarterons, quarteronnes, mulâtres, mulâtresses, griffons, griffonnes ; jeunes, vieux, grands, petits ; toutes les couleurs, tous les âges ; les uns robustes, les autres débiles ; plus de la moitié aux trois quarts et demi nus ; le tout portant une pioche et un petit vase de fer blanc ; quelques uns un sabre à cannes.... en totalité environ deux cents sujets se rendant chacun dans sa case, pour souper ou se reposer, la dernière chose à la portée de tous, puisqu'il n'y a qu'à s'étendre pour cela ; la première, à la portée de ceux seulement qui avaient de quoi manger.

Ce jour-là était un samedi. Le lendemain était donc jour de repos.

Quand M. Michaud aperçut la charrette et la petite famille appartenant au successeur du capitaine Jackson, il quitta son poste d'observation, et, s'avançant vers Casimir et Rose :

— Monsieur Roque est absent pour quelques jours, leur dit-il ; mais j'ai reçu ses ordres. Suivez-moi, je vais vous mener à votre case.

Silène était allé rentrer la charrette, désarnacher les mulets et mettre chaque objet à sa place, sous un hangar. Dès qu'il eut fini, il courut sur les pas de ses nouveaux amis, et arriva en même temps qu'eux à la case où les avait conduits l'économe.

— Ah ! c'est toi, Silène, dit M. Michaud. Rien de nouveau du voyage ?

— Rien, monsieur, répondit le noir, absolument rien.

— Ainsi, dit l'économe à Casimir, voici votre case, arrangez-vous-y à votre guise. Lundi matin, à la cloche, vous suivrez l'atelier aux champs, ainsi que votre femme.

— Et nos meubles ? fit le mulâtre....

— Je n'ai pas d'ordres. Quand monsieur Roque reviendra, parlez-lui-en....

Et, après ces mots, il s'éloigna dans la direction de sa maison.

La nouvelle demeure du jeune ménage était une cabane en *bousillage*, couverte en merrains, et d'à peu près douze pieds carrés. A l'intérieur on voyait un escabeau fait à la hache, une table massive, et un gros rouleau posé debout dans un coin. Ce rouleau était une natte de joncs sauvages, qui, déroulée, était le lit. La cheminée était comme la cabane, en bousillage non plané. C'était tout, pour l'intérieur et pour l'extérieur.

Le lecteur ne se plaindra pas des longueurs de la description.

Le *bousillage* est un mélange de terre jaunâtre et de *mousse* d'arbres, sorte de crin végétal qui pend, en grosse touffes, des branches de vieux arbres. Voici le moyen de construire en *bousillage*; On creuse un grand trou, on y jette de l'eau et de la mousse, on y descend et on y piétine — sans chaussure, bien entendu — jusqu'à mélange satisfaisant. Cela fait, chacun des travailleurs prend un tas de cette boue jaune, et va l'appliquer, avec les mains seulement, entre des poteaux destinés à la maintenir. Au bout de quelques jours, c'est sec, et la cabane est achevée.

Donc, c'est une cabane de ce genre qui était la demeure de la petite famille....et, si l'on se souvient de leur *sweet home* de la Pointe-à-Pitre, et

de leur chambre chez le capitaine Jackson, on comprendra l'amère tristesse qui dut leur serrer le cœur.

Ils se regardèrent consternés, autant qu'on peut se regarder sans lumière, dans une presque obscurité. Rose s'assit sur l'escabeau, pour donner le sein à Rosine. Casimir se servit de la table en guise de chaise, et ils ne parlèrent plus.

— Moulin à vapeur ! s'écria Silène qui était resté debout, il n'y a rien ici ! Attendez un peu, mes pauvres amis ; je cours à ma cabane, et je reviens bien vite....

Cela dit, il s'élança au dehors et disparut.

La nuit s'épaississait, et le ciel, assez beau toute la journée, se couvrait de nuages, en même temps qu'une brise inaccoutumée commençait à traverser l'atmosphère. On ne pouvait plus se voir dans la cabane.

— Prends courage ! ma Rose, dit Casimir à sa femme dont il entendait la respiration chargée de pleurs ; quand le maître reviendra, je lui parlerai au sujet de notre mobilier. En attendant, demain, dimanche, j'emprunterai une truelle, j'achèterai de la chaux, et je passerai la journée à planer nos murailles et à les blanchir, ainsi que la cheminée.

— Oui, mon ami, répondit Rose, et si monsieur Roque nous rend nos meubles, au moins pourrons-nous les mettre à peu près à l'abri.

A ce moment, des pas se firent entendre, et, si on eût eu de la clarté, on eût pu voir entrer dans la cabane deux personnes convenablement chargées, plus un grand chien noir, à longs poils, agitant sa queue panachée, en signe évident de satisfaction. L'un des personnages qui venaient d'entrer frotta une allumette sur la muraille, et la flamme qui en jaillit alluma une chandelle qu'il avait apportée ; il la fixa dans un goulot de bouteille, et posa le tout sur la planche brute de la cheminée.

Alors, Casimir et Rose virent Silène qui venait de jeter sur le plancher un matelas enroulé ; une grande et forte griffonne qui posait à côté du matelas un paquet assez volumineux ; enfin un grand chien de Terre-Neuve qui vint, comme une connaissance de dix ans, lécher les mains de Rose et le visage de Rosine.

— C'est Veille-toujours ! s'écria Rose....moins le collier.

— Mes amis, disait Silène, nous vous apportons ce que nous pouvons, ma femme et moi, en attendant mieux. Vous savez, Casimir, ce que je vous ai dit ; je suis tout à votre service.... et Junon aussi ; n'est-ce pas ? femme....

— Oh ! oui, de tout mon cœur, répondit la femme de Silène. Pour commencer je vais faire votre couche, mes enfants, pendant que Rose — je sais déjà vos noms, allez ! — pendant que Rose donne à téter à sa petite.

— Bien merci ! Junon, répondit Rose avec un sourire reconnaissant.

— Quelle musique que cette voix-là! s'écria la griffonne. Voyons donc celle à qui elle appartient....

Et, sans plus de façons, l'obligeante esclave prit le *flambeau* qui était sur la cheminée, et l'approchant du visage de Rose qui souriait de son plus doux sourire.

—Jésus Seigneur! s'écria-t-elle, qu'elle est belle! qu'elle est belle!

— Hein! fit Silène, est-ce que je t'ai menti? femme.

— Oh non! tu étais bien loin de la vérité, encore....

Casimir regardait sa femme avec amour, puis Junon avec plaisir.

— C'est bien malheureux, pour une honnête femme, d'être aussi jolie que cela, quand elle est esclave, soupira Junon, surtout dans une habitation de monsieur Roque! — Par exemple, ajouta-t-elle, quand on se moque de tout et qu'on veut avoir ses aises et ne rien faire, c'est différent!

— Ce qu'il y a de certain, quoi qu'il en soit, ajouta Silène, c'est que la belle Sultane risque fort de revenir aux cases!

— Oh! pour ça, oui! répondit Junon.... et personne ne la plaindra, l'orgueilleuse bête! Avant elle était jolie et même belle, mais à présent, elle va s'effacer, comme la lune devant le soleil....

— Avez-vous déjà travaillé aux cannes? demanda Silène à Casimir.

—Oui, répondit celui-ci, mais il y a longtemps.

— Et votre femme?

— Jamais.

Le gros noir poussa un profond soupir, puis regarda Rose avec commisération.

— Avec du courage et de la patience, on peut faire bien des choses, dit-il.

—Silène, dit Casimir, demain j'aurai besoin d'une truelle et d'un peu de chaux. Pourrais-je emprunter l'une et acheter l'autre?

— Certainement, répondit le noir. Pour l'instrument, je vous le prêterai; quant à la chaux, l'économe vous en vendra autant qu'il vous plaira, pour le compte du maître, bien entendu! — Vous voulez arranger les murs? ajouta-t-il....

— Oui, j'y passerai la journée de demain.

— Et moi aussi, Casimir; car je viendrai vous aider........d'autant plus que votre plancher est tout décloué, et qu'il y manque même quelques morceaux.

— Merci, mon ami, dit Casimir; j'accepte à charge de bonne revanche.

A ce moment, un des deux commandeurs, nègre esclave comme les autres, entra dans la cabane, tenant à la main deux vases de fer blanc.

— Voici, dit-il, ce que monsieur Michaud vous envoie: c'est pour jusqu'à lundi soir, jour de la distribution pour la semaine.

Et il se retira sans dire bonsoir, comme il était entré.

Noirs ou blancs, les hommes sont partout les mêmes, c'est-à-dire que partout il y a des bons et des méchants, des grands et des petits, des égoïstes ou des cœurs ouverts, des lâches et des courageux. La classe nombreuse des petits ambitieux — qu'on appelle parvenus, quand ils réussissent — est partout la même: vaniteuse et insolente. Les commis subalternes ne valent jamais les chefs; les petits bourgeois qui ont boutique, ou quelques rentes, ne valent pas les vrais riches; les domestiques sont généralement plus grossiers que les maîtres, et ainsi de suite. De là, le vieux proverbe: "Il vaut mieux s'adresser à Dieu qu'à ses saints."

— Quel est ce malhonnête qui sort d'ici, demanda Casimir....

— C'est un flatteur du maître, qui s'est fait nommer commandeur pour n'avoir qu'à faire travailler les autres. Son office consiste à conduire des noirs aux champs, à se planter derrière ceux de sa section, c'est-à-dire la moitié, et là à activer le travail en allongeant des coups de fouet à ceux ou à celles dont le *rang*, ou sillon, est en retard. De plus, il exécute les châtiments ordonnés par le maître, et comme il sait le maître dur et impitoyable, il n'y va pas de main morte! Voilà ce que c'est, ici, qu'un mauvais commandeur.

— Hélas! répondit Casimir, c'est de même à la Guadeloupe; ce doit être de même dans tous les pays à esclaves.

— Eh bien, continua Silène, parmi ceux qui remplissent cette sorte d'emploi de bourreaux de leurs frères, il en est de bons. Celui qui sort d'ici, Apollon, est tout le contraire de son confrère Charlot. Ce dernier crie bien un peu derrière les retardataires, car, si le travail allait mal, c'est lui qui serait châtié; mais il ne s'acharne après personne, comme fait Apollon, et n'allonge un coup de fouet, bien mou, qu'à la dernière extrémité. Si vous tombez sous Apollon, je vous engage à ne pas rester en arrière!

Casimir crispa les poings et grinça des dents en regardant Rose.

Silène et sa femme souhaitèrent une bonne nuit à leurs nouveaux camarades, et regagnèrent leur cabane. Quand ils furent partis, Casimir découvrit les deux vases qu'on lui avait apportés: dans l'un était de la mélasse et du gru (maïs concassé); dans l'autre un morceau de porc salé, presque entièrement gras. C'était leur nourriture pour deux jours.....

....

Dès six heures du matin, le lendemain dimanche, Silène était à la cabane de Casimir; il avait apporté un seau de chaux et des truelles, plus des clous, une hachette, et quelques bouts de planches. Il venait aider aux réparations et à *l'embellissement* de la triste cabane de son nouveau frère.

— Nous n'avons pu fermer l'œil, de la nuit, lui dit Casimir : les maringoins nous ont assassinés.

— Il faudrait que vous eussiez une moustiquaire, dit Silène.

— Nous avons quelque argent ; mais il nous répugne d'acheter une moustiquaire pour la faire traîner sur le plancher. Il y en a une à notre lit, d'ailleurs ; mais savoir quand nous aurons nos meubles, et même si nous les aurons, bien qu'ils nous appartiennent ?....

— Cela dépend ! fit Silène....

— Je vous comprends, mais vous savez ce que nous vous avons dit.... et si vous nous connaissiez mieux, vous sauriez ce que valent nos paroles.

— Oh ! oui ! ajouta Rose....

— Et puis, nous n'avons plus au monde qu'une joie, qu'un bonheur : la joie d'être l'un à l'autre, le bonheur de nous aimer ! Cela ne gêne personne, je suppose....

— Vous supposez mal, mon cher ami : vous oubliez M. Roque !

— Ah ! ça.... mais.... ils n'ont donc pas de blanches, ces planteurs-là, pour prendre une femme ou une maîtresse ! Il faut qu'ils se pourvoient parmi les nôtres !....

— Dam ! une femme gêne....quelquefois ; une maîtresse, ça coûte souvent cher, et ça vous plante là pour un oui, pour un non ! Il est bien plus commode d'avoir en propriété absolue l'instrument de ses plaisirs !....Et puis, je me suis laissé dire que beaucoup aiment mieux les mulâtresses que les blanches, celles-ci, disent ils, n'ayant pas la même richesse d'organisation, étant plus molles et plus froides. Quant aux négresses, il est rare qu'ils s'en servent à l'âge mûr ; le contraste des couleurs serait trop frappant. M. Roque l'a fait dans sa jeunesse, par calcul, et il les choisissait toutes jeunes, presque enfants.

— Alors, dit Casimir, si ce que vous craignez arrive, Silène, tout cela finira mal, parce qu'il n'y a rien que je mette en balance avec la perte de mon seul bonheur.

Le noir baissa la tête, ne sachant que répondre.

Au milieu de cette conversation, on s'était mis à l'ouvrage rondement. Vers dix heures, Junon apporta à manger à Silène. Elle avait confectionné une copieuse soupe de son invention, de manière qu'on pût en offrir à Casimir et à Rose. De plus, elle avait acheté du pain en quantité suffisante pour les trois bouches qui le devaient consommer ; mais Casimir exigea et obtint, à force d'insistance, qu'on le laissât payer ce pain. Le lard et le gru restèrent donc au fond de leurs vases ; la mélasse servit à la fois de plat et de dessert.

Enfin, la journée entière s'écoula dans le travail, et laissa à nos jeunes mariés la triste perspective du lendemain.

***

Il était quatre heures du matin quand la cloche de l'habitation annonça aux esclaves qu'il était temps de se lever. Casimir et Rose se hâtèrent, pour ne pas donner prise, dès le premier jour, à quelque brutalité. Cinq minutes après, la même cloche tinta quelques coups seulement. Cela signifiait qu'il était temps de sortir des cabanes et de se rendre vers la maison de l'économe.

La veille, Silène avait tout expliqué à Casimir et à Rose. Il avait dit à celle-ci qu'elle aurait à déposer sa petite à la Cabane aux Nourrices, qui était sur son chemin, et que, le soir, en revenant, elle la reprendrait, et de même....jusqu'à nouvel ordre.

Rose portant Rosine, et Casimir marchant à côté d'elles, sortirent de leur cabane, aux derniers tintements de la cloche, et se dirigèrent, suivant les autres, vers la demeure de M. Michaud. Sur le seuil de la porte de la cabane aux nourrices, se tenait une grande négresse qui recevait les enfants, au fur et à mesure que passaient les mères, et les donnait, l'un après l'autre, aux femmes chargées d'en prendre soin pendant la journée.

— Donnez la petite ! cria-t-elle à Rose dès qu'elle aperçut celle-ci à la lueur d'une torche de bois de pin fixée en terre devant la cabane.

Rose mit son enfant dans les bras de la négresse, et continua sa route. Comme elle n'était plus dans le rayon de la lumière, on ne vit pas les pleurs dont son visage était inondé. Rose s'était vêtue le plus mal qu'elle avait pu. Une chemise, une mauvaise jupe, un vieux mouchoir noué sur la tête, de mauvais souliers aux pieds voilà quel était son accoutrement. Casimir la regardait, et, s'il eût fait jour, on eût pu voir ses yeux non voilés de larmes, mais injectés de sang et brillants de rage contenue.

On arriva devant la porte de l'économe. Monsieur Michaud — qui allait regagner son lit après le départ des nègres — était vêtu d'un caleçon de couleur et d'une vieille redingotte boutonnée sur sa chemise. A sa droite se tenait Charlot, à sa gauche Apollon, chacun d'eux tenant une pioche de la main gauche, et leur fouet de la main droite.

— Casimir ! appela M. Michaud à haute voix...

— Me voici, répondit le mulâtre en s'approchant de l'économe.

Alors, Charlot lui remit la pioche qu'il tenait (A la Guadeloupe, le nom est : houe.), et lui fit signe de le suivre, avec ceux de sa bande.

Casimir suivit, après avoir jeté sur sa femme un regard profond.

— Rose ! appela le même économe....

Elle s'approcha sans répondre — elle ne pouvait point parler — et reçut la pioche que tenant Apollon.

— En route ! lui dit le commandeur d'un ton grossier....

Et la bande d'Apollon tourna à droite, comme la bande de Charlot avait tourné à gauche.

Le mari et la femme étaient séparés.

Nous laisserons la bande de gauche pour suivre celle de droite, celle de Charlot, qu'avait suivie Casimir, pour celle d'Apollon, qu'avait suivie Rose.

XIII.

SUITE. — LE PREMIER COUP DE FOUET.

Depuis le petit jour, Rose *piochait* son sillon de toutes ses forces. Comme c'était la première fois qu'elle exécutait ce travail, c'est avec bien des efforts qu'elle était parvenue à suivre les autres, qui allaient cependant avec une lenteur apparente. Il était onze heures. A neuf heures, il y avait eu suspension de quinze minutes, pour laisser le temps à l'atelier de manger quelques bouchées, apportées par chacun dans un petit fer-blanc. Rose, qui n'avait rien apporté, ne mangea point. A onze heures, ses forces étaient à bout, et son sillon commença à ne plus tenir la ligne des autres.

— Allons donc ! la princesse….cria Apollon, ou gare à la mèche !

La mèche voulait dire le bout du fouet.

A ce nom de *princesse*, plusieurs nègres et négresses poussèrent un gros rire. Cette grossièreté les vengeait de la supériorité de Rose, dont on leur avait parlé comme d'une fille de grand ton….

Il y a des lâches partout.

Le commandeur se sentit fier des applaudissements de la partie du troupeau qu'il était chargé de conduire, quand on était aux champs.

Quelques minutes après, un coup sec retentit comme celui d'un pistolet de poche….et Rose jeta un cri. Quoiqu'appliqué par-dessus sa jupe et sa chemise, le coup qu'elle venait de recevoir était si bien administré, qu'il avait coupé la jupe au-dessous des reins, comme l'eût fait une lame tranchante.

Ce qui passa dans tout l'être de la pauvre jeune femme ne saurait se dire complètement. La douleur, la honte, l'humiliation, la firent chanceler. Un nègre esclave la battre ainsi ! quand elle suait des efforts qu'elle faisait pour suivre les autres. Ce beau corps, jusque là pur de tout flétrissant et douloureux contact, déshonoré du fouet, au caprice d'une ignoble brute excitée par la jalousie de voir une nature supérieure à la sienne !….Elle pensa à Casimir….S'il eût vu cela !….si ce cri qu'elle avait poussé, il l'eût entendu !….

Elle ne pleura pas. Seulement, un fluide glacial lui passa dans tous les membres et lui étreignit le cœur. Ses compagnons, et surtout ses compagnes rirent plus fort que la première fois, quand ils entendirent son cri. Ils trouvaient, les uns et les autres, qu'on est bien délicat de crier pour un seul coup de fouet appliqué par-dessus du linge. Que serait-ce donc du *quatre-piquets*, à nu ?

Midi arriva, et la cloche sonna, *un quart d'heure après*, pour la suspension des travaux jusqu'à soi-disant deux heures. C'était déjà un quart d'heure volé au repos de deux cents pauvres travailleurs exténués. Total pour le maître : cinquante heures de bénéfice illégal.

Rose ne dit rien à Casimir ; elle recousit sa jupe à l'endroit déchiré, et tâcha de garder un visage calme. Mais Casimir avait déjà appris le fait par un ami de Silène. Il l'eût, du reste, appris une heure plus tard par le premier venu, tant les mauvaises nouvelles peuvent aisément se passer de télégraphe ! Mais Casimir fit comme Rose : il se tut…. et il fallait un épouvantable courage pour qu'il gardât le calme apparent qui était empreint sur son visage.

— Eh bien, Rose, dit-il, quoi de nouveau ? As-tu été capable de suivre les autres ? ma pauvre chère amie…. toi qui n'as jamais touché une houe !

— Ça m'a été d'abord assez dur, répondit Rose ; mais je me suis efforcée et j'en suis venue à bout. Je crois que je m'y ferai. Seulement, comme j'avais oublié ou négligé de porter à manger avec moi, je n'ai rien pris à neuf heures, et…. vers…. midi, je me suis sentie assez faible.

— Il faut, demain, emporter à manger, Rose, dit son mari : cela t'aidera.

— Oui, mon ami ; mais toi, comment t'en es-tu tiré ?

— Oh ! facilement. Notre terre est molle comme du beurre.

— Je n'ai vu ni Silène, ni Junon, dit Rose après quelques instants.

— Junon est de la bande de Charlot, et Silène, qui est muletier, ne travaille aux cannes que durant la récolte.

Quand elle eut mangé, avec répugnance, un morceau de lard et un peu de gru, Rose se jeta toute habillée sur le matelas prêté par la bonne Junon, et, brisée par la fatigue, elle s'endormit bientôt. Casimir prit une serviette tirée d'un de leurs paquets, et se mettant à genoux près de Rose, il chassa les maringoins qui la voulaient piquer. Cette action machinale n'occupant point sa pensée, cette pensée retourna au sujet qui lui serrait le cœur, au coup de fouet injustement appliqué par le commandeur, et aux autres coups qui pouvaient suivre celui-là.

Rose était couchée sur le côté. Sa hanche saillait fortement en voluptueux contour, et sa jambe moulée était découverte jusqu'au genou. Casimir aperçut alors la reprise de la jupe — qui d'abord ne lui avait fait naître aucune idée — et cette reprise, qu'il avait vu exécuter, lui fit venir un soupçon.

— Je veux voir ! dit-il….

Et, doucement, avec mille précautions, il releva peu à peu les vêtements de sa femme, et arriva à une enflure longue et étroite, correspondant exactement à la coupure du vêtement de dessus. Alors, le visage illuminé par le feu de la rage et de l'indignation, et les mains toutes tremblantes, il rabattit les vêtements qu'il avait relevés, puis sortit de la cabane et alla trouver Silène, avec lequel il causa quelques minutes. Après avoir appris, sans doute, ce qu'il désirait savoir, il revint à sa case. Rose dormait toujours, et, tout en dormant, elle pleurail sans bruit. Casimir lui essuya et lui baisa les yeux, puis reprit la serviette et recommença à éloigner les maringoins du visage de sa bien-aimée.

A une heure trois quarts — au lieu de deux heures — la cloche rappela au travail. C'était encore cinquante heures pour le maître. Casimir secoua Rose aussitôt, lui offrit de l'eau fraîche, pour qu'elle s'en mouillât le visage, et ils partirent. Après quelques pas faits ensemble, le mari prit d'un côté, la femme de l'autre, en se faisant des signes d'adieux, avec chacun une arrière pensée...

— Il ne sait rien, se dit Rose ; cela passera ignoré. Tant mieux !

— Pauvre cher bonheur à moi ! se dit Casimir, tu sauras si je t'aime !

Nous laisserons encore Casimir pour suivre Rose.

Quand on fût arrivé à la pièce de terre qu'on retournait à la pioche, une méchante petite griffonne d'une vingtaine d'années, et laide comme une chenille, s'écria :

— Tiens ! elle a déjà raccommodé sa jupe ! la princesse....

— Tais donc ta langue de vipère ! mauvaise guenon lui riposta un jeune nègre bâti en Antinoüs, et qu'on avait surnommé *le beau*.

— Tiens ! est-ce qu'on ne peut pas rire ? Pierre, riposta piteusement la laide fille.

— Si, on peut rire des choses plaisantes ou ridicules, comme ta tournure et ton museau, vilaine orfraie !

— Voyez-vous !....s'écria la négresse blessée, il la flatte parce qu'elle est jolie ! Peut-être bien qu'ils sont déjà d'accord....

— Que vous ai-je donc fait pour que vous m'insultiez ?....dit Rose à la négresse, en la regardant de ses doux yeux....

A cette voix de harpe éolienne, à ce regard de velours, la négresse baissa la tête et s'éloigna.... sans pouvoir répondre.

La journée se passa sans autre incident. Rose fut brutalisée en paroles par le commandeur noir, qui ne lui épargna pas des épithètes que nous ne saurions reproduire dans ce récit.

•*•

Le mari et la femme se retrouvèrent ensemble le soir avec leur petite Rosine, que sa mère avait reprise en passant, comme il avait été convenu.

Vers neuf heures, Casimir dit à Rose qu'il avait rendez-vous avec Silène, pour commencer la dé-

couverte du secret de monsieur Michaud, et il s'éloigna en promettant de ne pas rester plus d'une heure, ou une heure et demie, dehors. Il revint, en effet, vers dix heures et demie, et dit à sa femme qu'il n'y avait encore rien de nouveau.

— Du reste, ajouta-t-il de son air accoutumé, il nous faudra peut-être plusieurs semaines, peut-être plusieurs mois, pour arriver au résultat que nous poursuivons ; mais, plus tôt on commence, plus vite on finit.

Vers minuit, on frappa à la porte de la cabane.

— Qui est là, demanda Casimir en se levant....

— Silène ! répondit le visiteur. Ouvrez, j'ai quelque chose à vous annoncer....

Casimir ouvrit aussitôt, alluma la chandelle, et donna une poignée de main à son nouvel ami.

— Tiens ! c'est vous, Silène, dit Rose, qui s'était éveillée au coup frappé à la porte.

— Oui. Figurez-vous qu'on vient de ramener à sa cabane le commandeur Apollon, tout couvert de sang et de contusions. On dirait qu'il a reçu cinquante coups de bâton d'une main vigoureuse !

— Ce pauvre diable ! fit Casimir.... et n'a-t-il pu parler ?

— Si fait. Il a déclaré qu'il a été arrêté sur la route par un nègre inconnu, d'une habitation voisine, probablement, et que ce nègre, fort comme un hercule, l'a assommé de coups et laissé sur la place.

— Quelque vengeance de jaloux, dit Casimir....

— Ça se pourrait bien, répondit Silène, car aucune femme ne reste longtemps avec lui : il est trop brutal.... Et alors, il est toujours en quête d'amours faciles.

— Pas si faciles ! observa le mulâtre. Il se sera mal adressé, cette fois, et il a reçu une correction...

— Et une solide ! ajouta Silène. Monsieur Michaud dit qu'il en aura pour quinze jours à garder la cabane.

Rose ne dit rien ; mais elle observait son mari et Silène, de ce regard qui n'appartient qu'aux femmes.

On s'entretint encore quelques instants de l'évènement, puis Silène regagna son logis, après avoir fait au mulâtre un signe d'intelligence.

— Casimir, dit Rose, te doutes-tu de quelque chose ?

— De quoi ? Rose....

— Ne crois-tu pas que c'est Silène qui a fait le coup ?

— Et pourquoi l'aurait-il fait ?

— Je ne sais.... mais.... vous êtes amis déjà tous les deux.... et peut-être qu'il n'aura pas agi pour son compte ?....

— Je ne comprends pas le moins du monde, ma chérie. Le sommeil te brouille sans doute les idées.

Rose n'avait pas quitté d'une seconde le visage de Casimir.

— Approche donc un peu, dit-elle....

Casimir s'approcha en s'efforçant de sourire.

Tu as du noir.... ici.... et là.... dit-elle en mettant le doigt sur plusieurs endroits du visage de son mari. Casimir, Casimir ! je comprends tout !

Et elle lui jeta les bras autour du cou, pour l'embrasser.

— Chère femme, dit-il, en lui rendant ses caresses, nul ne te frappera impunément !....

Le lendemain matin, quand on alla aux champs, Pierre fut nommé commandeur par monsieur Michaud, jusqu'au rétablissement d'Apollon. Le beau noir n'avait pas sollicité cet emploi ; mais il ne pouvait le refuser sans se rendre coupable du délit grave de désobéissance. Seulement, en jetant le fouet sur ses épaules, il se jura bien qu'on ne l'entendrait jamais retentir, entre ses mains, à moins d'ordre formel.

La veille, avait eu lieu la distribution des vivres pour une semaine : viande salée en petite quantité, gru et mélasse.

Quelques jours se passèrent sans événement digne d'être consigné, et monsieur Roque arriva un matin à sa plantation.

———◆———

XIV.

SUITE. — SULTANE.

Quelques heures après son arrivée, monsieur Roque eut un entretien d'un quart d'heure avec son économe, monta à cheval et alla aux champs pour inspecter les travaux. Après avoir visité la bande de Charlot, lequel lui rendit de bons témoignages du zèle de Casimir, il se dirigea vers celle d'Apollon, conduite provisoirement par Pierre.

— Comment va la nouvelle mulâtresse ? demanda-t-il à son commandeur, après avoir promené son regard d'un bout à l'autre de la ligne.

— Bien, monsieur, répondit le beau noir ; elle fait tout ce qu'elle peut.

— J'ai appris qu'Apollon l'a fouettée dès le premier jour....

— Oui, monsieur. Elle avait négligé d'apporter son déjeûner, de sorte qu'elle était faible ; et puis, c'était la première fois qu'elle touchait une pioche ; alors son rang était un peu en arrière, à onze heures.

Monsieur Roque réfléchit un moment, et ne répondit rien.

— Sait-on quelque chose sur ce qui est arrivé à Apollon ? dit-il ensuite à Pierre....

— Non, monsieur ; Apollon a dit qu'un nègre, qu'il ne connaît pas, l'a arrêté sur le chemin, et l'a cruellement battu.

— A quelle heure était-ce ?

— Entre dix et onze heures, monsieur.

— Qu'avait-il à faire d'aller courir la nuit ?

— Je ne sais pas, monsieur.

— Tout cela fait trois semaines perdues pour le travail ! Quand il sera guéri, tu lui donneras vingt coups de fouet sur l'échelle. Je vais en parler à l'économe.

Pierre s'inclina en signe d'obéissance.

— Et puis, tu garderas l'emploi de commandeur....et tâche de t'en acquitter comme il faut, et que les travaux marchent rondement !

Monsieur Roque fit alors marcher lentement son cheval dans le travers des sillons, passant ses sujets en revue, comme un général d'armée. Celui qui eût pu l'examiner depuis le premier pas de son cheval, eût remarqué que les yeux de M. Roque n'avaient point quitté l'extrémité de la ligne, où travaillait Rose. Après l'avoir longuement regardée, il s'éloigna dans la direction de sa maison....

Quand, après la cloche de midi, l'atelier repassa devant la maison de l'économe, celui-ci fit signe à Rose de s'approcher, et il laissa les autres continuer leur route. Lorsque tous eurent dépassé la maison :

— Rose, dit-il, rendez-moi votre pioche : vous n'irez plus travailler aux champs. Monsieur Roque veut que vous soyez employée à son service. Vous servirez à table, et vous occuperez de couture et de repassage.... jusqu'à nouvel ordre. A la cloche de deux heures, soyez prête à vous rendre à la maison, c'est-à-dire vêtue comme vous l'étiez chez le capitaine Jackson. Monsieur exige que ses servantes et ses domestiques mâles aient une tenue convenable. Allez, et obéissez toujours ponctuellement, sans jamais demander un pourquoi : c'est la loi de l'habitation.

— C'est bien, monsieur, répondit Rose avec douceur : je ferai ainsi qu'il est ordonné. — Et mon mari, demanda-t-elle, sera-t-il employé comme moi.

— Votre mari continuera à travailler aux champs, jusqu'à ce que son maître en ordonne autrement...

Rose s'éloigna après avoir salué M. Michaud, et rentra dans sa cabane où elle trouva Casimir assez inquiet. Elle lui raconta aussitôt ce qui venait de lui être communiqué par l'économe, de la part du maître.

— Silène avait donc raison, dit-il ; on nous a envoyés aux champs tous les deux d'abord ; puis je vais y aller seul, tandis que tu seras employée ici. La lutte va commencer, mais quelle lutte ! le serviteur contre le maître, l'esclave contre l'homme libre, le pauvre contre le riche, le paria contre le privilégié, tout ce qu'il y a de plus bas et de plus misérable, contre tout ce qu'il y a de plus fort, de plus élevé, de plus puissant ! — Ecoute, Rose, écoute bien, ma chère femme.... et n'oublions pas que nous sommes esclaves.... Si cet homme te poursuit de ses désirs, tu pourras peut-être le contenir quelque temps, mais il arrivera un moment où ses désirs deviendront de la passion, puis de la rage, puis de la folie ! Après avoir peut-être prié, supplié, offert telle ou telle faveur, il voudra, il exigera, il agira de violence. Tu seras tourmentée, tyrannisée, malheureuse.... battue peut-être, à nu, sous ses yeux lubriques! qui sait? La passion monte toujours, comme la marée, et brise tout, si elle ne se brise elle-même.... Il ne prendra pas de témoins dans cette lutte; il trouvera, dans son droit absolu, mille raisons de te voir, mille prétextes pour te faire souffrir, s'il tourne à la colère. Nous connaissons ses antécédents, et ce n'est pas à son âge que sa nature changera! De vingt à trente ans, la passion d'amour peut tourner à la générosité ou s'évaporer en phrases et en soupirs: mais de quarante à cinquante, il lui faut impérieusement toutes les réalités; de vingt à trente, elle échauffe et tourmente; de quarante à cinquante, elle brûle et torture. Or, M. Roque a quarante-cinq ans; il est vigoureux, d'une florissante santé.... et il est *le maître!*

— Eh bien, Casimir, que puis-je faire à tout cela, et où en veux-tu venir?

— Voici où je veux en venir, Rose. Avant de commencer cette lutte, il est bon de bien nous entendre, car peut-être nous séparera-t-il nuit et jour .... Il est bon que nous puissions correspondre et nous voir, afin que tu me tiennes au courant de tout. — Chère femme, ajouta le mulâtre ému, en prenant les deux mains de Rose, comme s'il lui disait un dernier adieu, nous sommes ici seuls, et sans secours, loin de notre pays, loin de notre mère, loin de Salomon, misérables jouets d'un maître absolu qui a pour lui la loi, la force, l'autorité. Nous avons un enfant, issu de notre amour, esclave aussi Toi, je t'aime autant que peuvent aimer le corps, le cœur et l'âme réunis! J'aime Dieu avec mon âme; toi, je t'aime de tout mon être, et, le jour où je te perdrais par la faute des hommes, il n'y a ni père, ni mère, ni enfant qui m'empêcherait de mourir de ma propre main. Réfléchissons donc avant d'accepter la lutte : nous sommes le pot de terre, lui c'est le pot de fer recouvert d'acier....Réfléchissons! Rose....

— Que veux-tu dire? cher trésor....Veux-tu donc que je me donne?....

— Non! si tu te sens de force à tenir jusqu'au bout....Mais si tu n'as pas la foi, si tu doutes de vaincre; si tu prévois que ta volonté pourrait faiblir un jour ou l'autre....il vaut mieux me le dire; j'irai au bord d'une falaise, et je me précipiterai, la tête la première, pour ne pas assister à un spectacle atroce, pour te laisser le champ libre ....et tu soigneras notre enfant....en pensant à moi....

— Casimir! s'écria la mulâtresse en bondissant hors de l'étreinte de son mari, Casimir! est-ce ainsi que tu m'aimes, que tu doutes de moi!....

— Non, chère....mais c'est toi qui seras le champion faible de ce duel; moi, je n'en serai que le témoin : on me tiendra à distance, tout impuissant

que je suis. Qui t'aidera, qui te soutiendra, qui te défendra, quand tu seras seule en face de cet homme?

— Moi-même et Dieu! répondit la mulâtresse. Si je suis vaincue, j'ai un refuge assuré, avant qu'on ne recueille les fruits de la victoire; j'ai un refuge où nul ne me viendra prendre....j'y entrainerai notre enfant, et toi....si tu veux m'y suivre.

— Quel refuge? Rose....

— La mort.

— Si je veux t'y suivre! dis-tu....Toi aussi, tu doutes de moi!....

— Eh bien alors, Casimir, dit Rose en se rapprochant de son mari, puisque nous sommes décidés, nous serons forts; puisque la mort est le pis-aller de la lutte, et que nous ne craignons pas la mort, nul ne pourra nous vaincre....et Dieu nous jugera!

— Oh! la liberté et toi! s'écria le malheureux.

Et ils se tinrent embrassés comme deux naufragés que la vague vient de jeter ensemble sur le rivage.

. . . .

A la cloche de deux heures, Rose était prête, et prête comme il lui avait été commandé de l'être. Seulement, au lieu des robes qui habillent ordinairement les femmes blanches, et qui endimanchent les femme de couleur, la belle fille de la Pointe-à-Pitre s'était habillée à la mode de la Guadeloupe. Comme le jour où nous l'avons vue chez Salomon, dans la première partie de cet ouvrage, elle portait une jupe bleue, d'une étoffe claire et d'un tissu léger, un peu courte devant, un peu trainante derrière, et bien serrée à la taille, par-dessus une chemisette de batiste blanche, aux manches courtes, retenues au-dessus du coude par deux doubles boutons d'or. Sur ses magnifiques cheveux était posé un coquet madras de la Dominique, aux couleurs fraîches et voyantes, mais posé comme aux Antilles seulement on sait le faire. Un peu penché en arrière et de côté, il laissait voir le satin bruni du front, et le noir d'ébène des cheveux voluptueusement ondés. Toute la chaussure était irréprochable, et Rose semblait exhaler autour d'elle cet arôme de fraîcheur printanière, qui est le fluide magnétique de la jeunesse jointe à la beauté et à la grâce.

Quand elle fut ainsi parée, elle regarda Casimir.... dont tout le cœur s'inondait de souvenirs, et dont les yeux s'emplissaient de larmes. Alors, elle se jeta à son cou, et le couvrant de douces caresses, comme pour le consoler :

— Je n'ai été qu'à toi, lui dit-elle : je ne suis qu'à toi; je ne serai jamais qu'à toi — mon changement de costume t'a fait songer à notre Guadeloupe, n'est-ce pas?

Casimir la pressa sur son cœur,

— Va, lui dit-il, va! ma femme chérie, l'heure

est sonnée, ne soyons en retard ni l'un ni l'autre.

Rose s'arracha des bras de Casimir, et sortit de la cabane en prenant le chemin de la maison du maître.

Quand les nègres, tous sortis de leurs cases, virent Rose passer, comme une belle reine, au milieu d'eux, embellie encore d'une parure toute coloniale qui leur était inconnue, ils furent frappés d'un sentiment d'admiration et presque de respect. Pierre, qui se trouvait là, la regardait ébahi. Il en oubliait son troupeau de noirs, arrêté comme lui au milieu du chemin.

— Vous ne travaillez plus avec nous ? lui dit-il.

— Pour le présent, non, répondit Rose amicalement. Jusqu'à nouvel ordre, le maître veut que je sois employée à la maison.

— Le travail des champs n'est pas fait pour vous, dit Pierre....

— Celui que je vais faire sera peut-être encore plus dur ! murmura la jeune mère...

— Je comprends, riposta le noir ; la lutte est difficile.

— M'en voulez-vous ? vint demander à Rose la griffonne qui avait insulté celle-ci....

— Non, je ne vous en veux pas, dit la mulâtresse en tendant la main à celle que Pierre avait appelée guenon ; ce n'est pas votre faute.

— A la bonne heure ! dit Pierre, si tu es sincère, c'est bien.

On avait fait cercle pour voir de près la belle Rose.

— Qu'y a-t-il donc ? cria l'économe. Pierre, à quoi penses-tu ?

Aussitôt le nouveau commandeur fit reprendre la marche, et s'éloigna avec sa bande.

Rose continua son chemin vers la maison.

_

Quand Rose entra, une autre mulâtresse, à peu près de sa nuance, trônait, au milieu de la salle, sur un large fauteuil de velours cerise. C'était une jolie femme, un peu forte pour sa taille, ronde et grasse, avec un beau reste de fraîcheur. Elle portait une robe de mousseline rose, à ramages blancs, extrêmement décolletée, à manches courtes, amplement garnies. Ses cheveux noirs, luisants de pommade et imprégnés d'irritants parfums, étaient relevés à la Marie Stuart, et donnaient à son visage un peu terne d'expression, une certaine mutinerie provoquante. Ses mains étaient belles : ses pieds étaient petits et cambrés. La nonchalance et l'amour de la *pose horizontale* — comme a dit un poëte de ce siècle — étaient empreints dans toute sa personne. Ses yeux, grands et bien fendus, se fermaient habituellement à demi, comme s'ils sortaient du sommeil, ou y allaient entrer. En somme c'était une jolie femme, mais une femme dont tout l'extérieur dénotait trop *l'emploi*. Elle était loin d'exhaler ce parfum d'honnêteté qui ajoute une

beauté morale à la beauté physique. Elle représentait bien la courtisane, à la fois soumise et rebelle, pour qui la paresse est la première condition de l'existence..

C'est Sultane.

Elle confectionnait des confitures, pendant que trois ou quatre servantes, assises à ses côtés, sur des siéges ordinaires, bouchaient des bocaux, les couvraient de papier, et les ficelaient. Un jeune négrillon, d'une dizaine d'années, passait à la favorite tout ce dont elle avait besoin : cuillères d'argent, assiettes de porcelaine, pots de cristal, couteaux à dessert, car Sultane eût plutôt abandonné son occupation que se lever pour se servir elle-même.

A la vue de Rose, Sultane s'arrêta, le bras en l'air, les yeux tout-à-fait ouverts par la curiosité... et attendit. Les servantes la dévorèrent du regard, et le petit négrillon, joli chérubin d'ébène, croisa ses mains en signe d'admiration superlative.

— Monsieur Michaud m'a ordonné de venir ici, de la part de monsieur, dit Rose en regardant Sultane.... dont cette voix harmonieuse augmenta la surprise.

Sultane regarda ses compagnes.... en ce moment ses inférieures, semblant demander : Savez-vous ce que cela signifie ?

Les servantes ne répondirent rien à cette question muette, et l'une d'elles sourit comme devait sourire Voltaire, quand il avait à lancer quelqu'épigramme.

Voyant qu'on ne lui répondait pas, Rose prit un siége et s'assit. Mais le négrillon, qui était sorti sans qu'on s'en aperçût, revint bientôt accompagné de M. Roque.

Si M. Roque n'eût pas été *le maître,* il eût été fort embarrassé, car il le parut un peu en voyant, pour ainsi dire en présence, Sultane et Rose. Pour échapper sans doute à cet embarras, humiliant pour un homme comme lui, il prit sur-le-champ un parti décisif, sûr que nul ne s'étonnerait qu'il brisât un peu ses propres vitres.

— Ah ! j'avais oublié, dit-il ; Sultane j'ai besoin de quelqu'un pour diriger l'hôpital, car d'hier j'ai vendu Hortense. Vas-y tout de suite ; j'irai bientôt t'indiquer ce qu'il y a à faire.

La favorite regarda en face son amant-maître, puis Rose, jeta devant elle la cuillère qu'elle tenait à la main, se leva sans dire un mot, et sortit.

— Nancy, dit alors M. Roque, à la servante qui avait souri ironiquement de la stupéfaction de Sultane, monte avec Rose à la chambre du second qui donne sur le jardin, et restes y avec elle jusqu'à ce soir. Occupez-vous toutes les deux comme vous voudrez jusque-là. Nous verrons demain ce que je déciderai.

Cette Nancy était une quarteronne qui avait dû être jolie ; mais une maladie de peau l'avait changée. Elle était la bête noire de Sultane qui était jalouse de sa malice et de son intelligence éveillée. A l'ordre de son maître, elle fit signe à Rose qui la suivit, et elles montèrent ensemble à l'étage supérieur de la maison.

— Tiens ! fit Nancy qui était entrée la première, comme on a meublé cette chambre !

Rose était à deux ou trois pas derrière Nancy. Un pressentiment la frappa quand elle entendit l'exclamation de la quarteronne, et elle s'arrêta une seconde. Ce pressentiment lui.fut un coup douloureux, tandis qu'en toute autre circonstance, il ne lui eût causé que de la joie.

Elle entra dans la chambre et vit tout son mobilier en place !

Quand on reçoit un service auquel est attachée une condition tacite qu'on ne veut pas accepter, ce service attriste ou effraie. Rose fut effrayée. Elle vit, dans ce transport de ses meubles, qui, de la part du capitaine Jackson, avait été une suprême délicatesse, elle vit, disons-nous, un indice de plus de la vérité des choses que lui avait dites Silène, un signal presque infaillible de la lutte qui allait s'ouvrir. Aussi, n'éprouva-t-elle qu'une seconde de satisfaction à la vue des compagnons inanimés de son cher pays.

— Qu'est-ce que c'est que ces meubles-là ! demanda Nancy ; savez-vous ?

— Oui, répondit Rose, c'est mon ménage de la Guadeloupe, que j'avais chez mon défunt maître, le capitaine Jackson.

— Et monsieur vous l'a déjà fait transporter ! s'écria la quarteronne : c'est bon signe, cela !

— C'est bien mauvais signe, au contraire ! dit Rose....

— Par exemple ! Est-ce que par hasard, vous ne comprendriez pas ce que je veux dire ?

— Mais je crois que je comprends parfaitement.

— Nous allons voir. Avez-vous remarqué Sultane, et avez-vous reconnu qu'elle est la maîtresse du maître ?

— Je le savais déjà ; mais cela se voit assez !...

—Eh bien, savez-vous qu'au lieu d'aller se tuer le corps et l'âme au travail des champs ; qu'au lieu de vivre de gru, de mélasse, et d'un peu de salaison de temps en temps; qu'au lieu d'être malpropre, à moitié nue, et logée comme un animal.... savez-vous, dis-je, qu'au lieu de tout cela, elle n'a rien à faire que ce qui lui plaît ; qu'elle mange comme monsieur, et qu'elle boit de bon vin ; qu'elle est toujours vêtue comme une reine et parfumée comme un autel; qu'elle a une belle chambre.... meublée comme la vôtre ici, et que les servantes de la maison lui obéissent, et que Zéphir, le joli négrillon que vous avez vu, est tout à son service ! Hein....saviez-vous cela ? Rose....

— Oui, et même qu'elle peut avoir un jour sa liberté....

— Eh bien, savez-vous ce que je crois ? Que Sultane sera renvoyée, si elle ne l'est déjà ! et que vous prendrez sa place ! — Eh bien, à présent, est-ce bon signe, ou mauvais signe ?

— Nancy, c'est le plus grand malheur que je redoute !

La quarteronne regarda Rose avec une stupéfaction hébétée.

— Comment ! fit-elle....vous ne voudriez pas..

— J'aimerais mieux me tuer !

— Est-il possible !....Ah ! si j'étais belle comme vous ! seulement la moitié ! quel bon temps je me donnerais ! moi....; quelles toilettes ! quels dîners ! quel repos dans un bon hamac, ou sur un lit bien mou ! Est-ce que tout cela ne vaut pas mieux que de *misérer* jour et nuit ? Et qu'est-ce que ça coute ? Prendre un homme au lieu d'un autre homme : la belle affaire !....

— Cet autre homme, dit Rose, je l'aime ! c'est mon mari, le père de mon enfant ! Il m'aime à en mourir si je le trompais, et moi je l'aime à me tuer si l'on me voulait forcer à le tromper ! Je n'ai jamais été qu'à lui, je ne serai jamais qu'à lui, vivante....

— Si vous l'aimez tant que ça, dit Nancy, on fait ses affaires en secret, et on ne va pas les lui raconter.... du moins, il me semble.

— Il vous semble mal, quant à moi : Casimir vivant, je n'aurai que Casimir ; lui mort, ou je resterais seule, ou je m'unirais avec un de mes semblables, pour l'aimer fidèlement.

Nancy ne répondit plus rien....et les deux jeunes femmes se mirent à fureter des paquets pour y trouver quelque chose à coudre.

Une autre scène se passait en bas:

Dès que M. Roque fut parti, après avoir envoyé Sultane à la direction de l'hôpital, et Rose en haut avec Nancy, Zéphir, le négrillon de la favorite chancelante, s'était installé majestueusement dans le fauteuil de velours cerise que venait de quitter sa maîtresse temporaire. Zéphir était un véritable enfant terrible, remarquant tout, retenant tout, répétant tout quand il y avait lieu, d'après son malicieux jugement.

— Vous autres ! s'écria-t-il quand il fut carrément assis dans le fauteuil, attention aux confitures ! Une ! deux ! trois !....

Et il avala une pleine cuillérée de la marmelade qu'avait laissée la favorite.

Les servantes se mirent à rire à gorge déployée.

— A présent, dit-il ensuite, il s'agit de faire comme moi, et en mesure ! ou bien je vous fais administrer quinze coups de fouet....sans chemise !

— Une ! deux ! trois !....fit-il encore....

Et il avala une deuxième cuillérée de confitures, ce qu'imitèrent les trois servantes avec une scrupuleuse exactitude.

— Attendez, dit-il, je reviens dans deux minutes.

Il sortit, et, un instant après, rentra, portant sur un plateau, une certaine quantité de gâteaux qu'il avait été prendre dans la chambre de Sultane.

— Maintenant, dit-il en remontant sur son trône, il s'agit de faire une collation, et ceux qui auront fini les premiers aideront les autres! Voilà seize gâteaux: c'est à chacun quatre; attrapez!

Et il lança à chacune quatre gâteaux, en garda quatre pour lui, et une mastication précipitée commença au milieu des éclats de rire des quatre jeunes gosiers.

— Mais, dit l'une d'elles, Zéphir....si Sultane rentrait, elle t'abimerait de coups!

— Brrrit! fit le négrillon : je me sauverais sous les jupes de Rose!

Et les rires de redoubler! Et les confitures d'aller bon train.

— Ah ça, dit à la fin une des servantes, est-ce que vraiment nous serions débarrassés de Sultane!

— Parbleu! fit Zéphir, c'est plus clair que le jour, et aussi agréable que les confitures! Le maître est monté à cheval, profitons-en! Je propose de boire un petit verre à la santé de Sultane....qui va soigner les malades!

— Un petit verre de quoi! dit l'une....

— D'anisette, donc! répondit Zéphir.

Et, en deux sauts, il fut à la chambre de Sultane, d'où il revint encore plus vite, tenant d'une main une longue bouteille blanche encore au quart, et, de l'autre main, quatre petits verres de cristal.

— Voilà, s'écria-t-il.... A la santé de Sultane!

Et, après avoir passé à chacune un petit verre plein, il avança le sien qui rencontra les autres: on trinqua et on but.

— J'espère que c'est assez bon! dit-il, et je pense que les nègres des champs n'en boivent pas comme ça à tous leurs repas!

— A présent, dit-il, après avoir salué celle qui s'en va, saluons celle qui vient. A la santé de Rose!

— A la santé de Rose! répétèrent les trois femmes....

Et l'on avala un second petit verre d'anisette.

— Vite! un peu d'eau dans chaque verre, et rinçons! s'écria alors Zéphir: que j'aille tout remettre en place....

Les verres rincés, Zéphir retourna à la chambre de Sultane, et remit la bouteille et les verres là où il les avait pris.

XV.

SUITE. — LE SOLEIL COUCHANT ET LE SOLEIL LEVANT.

Rose était donc restée jusqu'au soir avec Nancy, occupées toutes les deux à coudre. Dans l'ignorance du lieu où elle coucherait cette nuit-là, à la cabane ou dans cette chambre, et ne sachant pas,

le soir venu, si elle pourrait rejoindre son mari, Rose, aidée de Nancy, avait commencé par confectionner, de quelques restes d'étoffes, une moustiquaire commune, ne voulant pas prendre celle qui était fixée autour de la corniche de son beau lit à colonnes. Si Casimir devait coucher seul à la cabane, elle trouverait moyen de lui faire tenir l'indispensable barrière qu'il faut opposer aux maringoins, si l'on veut dormir — à moins qu'on ne soit très accoutumé à ces insupportables insectes. Quand la cloche du soir sonna, Nancy quitta Rose, en lui disant qu'elle allait rejoindre, à un endroit convenu, un domestique de l'habitation voisine, lequel était depuis peu son *mari*. Rose resta donc seule. Elle regarda à sa fenêtre donnant sur le jardin. Il faisait encore un reste de jour qui lui permit d'apercevoir, parmi la bande de Charlot, son cher Casimir s'avançant pensif, la tête baissée. Junon, qui marchait près de lui, et qui n'était pas ensevelie dans de sombres pensées, aperçut Rose à la fenêtre, et la fit voir à Casimir. Celui-ci regarda sa femme de toute la force de ses yeux, semblant lui faire mille demandes, du regard. Rose lui adressa un signe amical, et lui indiqua en même temps qu'elle allait descendre. En effet, dès que le jour fut tout-à-fait tombé, et que la nuit commença à tout assombrir, elle enveloppa la moustiquaire, et, ne voyant personne lui venir donner d'ordres touchant ce qu'elle avait à faire, elle descendit doucement, sortit par une porte donnant sur le jardin, et, du jardin, passa sur le chemin conduisant aux cases.

Quand elle entra dans la cabane, elle trouva Casimir assis sur l'escabeau, la tête appuyée dans ses mains, et les coudes sur ses genoux. Au pas de sa chère compagne, il se leva tout frémissant de bonheur, et la prit dans ses bras, comme si, perdue, il venait de la retrouver.

— Ah! c'est toi! te voilà! s'écria-t-il.... Ma Rose! mon trésor! je puis donc encore te voir!

— Oui, cher! oui, mon Casimir! oui, mon bien-aimé! Aussi longtemps que je trouverai les portes ouvertes et les chemins libres, je viendrai à toi!...

— Voici les nouvelles, dit-elle ensuite: Notre mobilier est dans la chambre à la fenêtre de laquelle tu m'as aperçue. J'ai vu Sultane, la maîtresse de monsieur: il l'a envoyée diriger l'hôpital, et je n'ai pas revu monsieur depuis cela. Une nommée Nancy et moi avons cousu cette moustiquaire, que j'apporte à la cabane.

— Pour moi! demanda le mulâtre.

— Pour nous! aussi longtemps que ce sera possible; car si l'on ne m'envoie pas chercher, je couche ici....

— Tu auras un bien mauvais lit! ma chère femme....

— Méchant! dit Rose émue, pourquoi me dis-tu cela! Le mérité-je!

— Pardon ! pardon, ma Rose : je n'ai pas voulu te faire de peine. Ainsi, ajouta-t-il, nos meubles sont là !

— Oui, Casimir, tous…. mais j'aimerais mieux qu'ils fussent ici !

— Ecoute, chère consolation ! Si, demain, on t'ordonne de ne plus venir aux cases, fais-le moi savoir par un signe mis à la fenêtre. Junon est dans nos intérêts ; elle m'aidera de toutes façons, si les événements y donnent lieu.

— Eh bien, si cela arrive, si je suis forcée de rester la nuit dans cette chambre, dès que je le saurai, je mettrai, en dehors de la fenêtre, un morceau de drap rouge, si c'est le jour ; si je ne l'apprends que le soir ou de nuit, au lieu de mettre ma lumière sur une table, je la poserai sur le bord intérieur de la fenêtre, et l'élèverai assez, au moyen d'une boite, pour qu'elle brille au milieu du deuxième carreau, à commencer d'en bas.

— Très bien, chère femme, et moi je tâcherai d'aller à toi, quand tu ne pourras pas venir à moi…

— Oui, mais prends bien garde que monsieur ne te voie dans la maison ! Pour le coup tu courrais de grands risques ! et si je te voyais traité comme j'en ai vu, je crois que j'en mourrais….

— Je ferai de mon mieux, Rose, et, puisque privé de toi je ne saurais vivre, que ne puis-je risquer pour te voir ?

Cette journée-là était décidément une bonne journée pour nos héros, car leur nuit fut encore une nuit heureuse. Casimir avait été reprendre Rosine et l'avait apportée à sa mère ; personne n'était venu les déranger ni les séparer. Ils n'y comprenaient rien.

**

La salle du rez-de-chaussée, dans laquelle nous avons vu trôner Sultane, arriver Rose, et plaisanter le négrillon Zéphir, était, le lendemain, transformée en une sorte de salon de réception destiné aux étrangers. La salle de travail des servantes privilégiées avait été, par l'ordre de M. Roque, transportée au premier étage. Une grande table recouverte de drap vert tenait le milieu de cette salle, et des chaises en rotin, ainsi que le fauteuil velours cerise, entouraient la table, sur laquelle étaient étalés divers objets de lingerie d'hommes : chemises, faux cols, cravates d'été, etc. Il était environ neuf heures du matin ; l'éclat du jour et le rayonnement du soleil étaient tamisés et à demi voilés par de grands rideaux de mousseline brochée, appendus à de belles corniches de cuivre doré, et gracieusement relevés en cœur par de gros glands de soie rouge. Une natte fine et molle, à carreaux en damier, garnissait le plancher. Deux belles consoles d'acajou, surmontées de vases de fleurs artificielles, se faisaient vis-à-vis aux deux extrémités de cette salle ; enfin, plusieurs tableaux de

chasse et de marine décoraient les murailles tapissées d'un frais papier peint.

Sur les chaises en rotin étaient assises les servantes de la veille ; sur le fauteuil d'honneur se tenait Rose, ayant à ses côtés l'espiègle négrillon embelli du nom de Zéphir. Tout ce monde-là était occupé de couture, sauf l'espiègle enfant.

Comme on le voit, au lieu de s'occuper de friandises, on s'occupait à des travaux d'utilité. C'est que Rose n'était pas Sultane, et que, ne voulant pas acquérir, pour son maître, une valeur de fantaisie, elle avait résolu d'avoir tout de suite une valeur réelle, par un travail utile et honorable. Rose était vêtue à la mode coloniale, moins le madras qu'elle avait posé, tout plié, sur un guéridon. Ses magnifiques cheveux, d'un beau noir mat, laissaient voir en plein leurs ondulations naturelles, rebelles à tous les efforts du peigne qui les eût voulu aplanir. Rose les portait en bandeaux gonflants, joints et fixés par derrière, avec quelques boucles tombant sur le cou. Sa chemise tte de batiste, retenue par un double bouton d'or, voilait toute sa gorge, mais en laissait saillir les fermes rondeurs, comme fait un vêtement mouillé.

Nancy, d'après les ordres du maître, avait annoncé à Rose la place qu'elle devait occuper, et Rose, renonçant à tous les subterfuges qu'elle avait dit vouloir mettre en usage pour se rendre laide, s'il eût été possible, s'était, au contraire, vêtue élégamment, à la mode de son pays. Elle avait fait cette sage réflexion : me tenir mal pour éloigner de moi, c'est dire : *J'ai peur !* Garder mes avantages et paraître telle que je suis, c'est dire : *J'ignore.* Quant à me défendre, il en sera temps lorsqu'on m'attaquera.

Au lieu de prendre un ton d'arrogance et des airs de commandement, comme avait fait Sultane, Rose avait trouvé moyen de demander à chacune de ses compagnes quelques conseils touchant les ouvrages de couture qu'il y avait à exécuter, bien qu'elle en sût plus qu'elles toutes à ce sujet. Elle cherchait à prendre une position humble, pour effacer l'impression issue de la position qu'on lui avait faite au-dessus des autres, sans la consulter. Ne voulant pas devenir maîtresse de l'homme, elle ne voulait pas user de ce que ce titre lui eût donné de droits temporaires. Et même, Rose eût-elle consenti à servir aux plaisirs de M. Roque, qu'elle fût probablement restée ce qu'elle était de nature : bonne, douce et bienveillante.

....

Monsieur Roque se faisait toujours invisible ; Rose n'y comprenait rien. Tout en redoutant les premières tentatives de son maître, elle s'inquiétait presque de ne pas le voir commencer. Il y a comme une contradiction dans ce sentiment qui fait désirer ce qu'on redoute ; mais cette apparente contradiction s'explique par l'horreur du danger inconnu. Soyez dans un bois, avec la connaissance du voisinage d'un tigre qui, vous le savez, doit vous éventrer; eh bien, l'attente du danger vous tourmentera tellement, que vous en arriverez à désirer voir ce danger se produire. Serait-ce que les vaillantes natures préfèrent la lutte au sommeil de l'ennemi? Serait-ce qu'on redoute même la déception d'un non-malheur? Que chacun résolve la question comme il l'entendra : nous nous contentons de mentionner le fait et de hasarder ces quelques *peut-être*.

Donc, la belle mulâtresse travaillait fort tranquillement, sans rien voir apparaître, et les servantes qui lui faisaient compagnie s'étonnaient, comme elle, de ce calme plat....

Mais, comme le jour allait finir, le pas d'un cheval s'arrêta devant la maison, et une minute après monsieur Roque entra. Le maître sortait apparemment de quelque copieux dîner ou de quelque séance bachique, car son visage enflammé et ses yeux ardents portaient des signes évidents d'excitation artificielle. Son pas était ferme et retentissant, sa poitrine effacée, sa tête haute. Il entra délibérément, la cravache à la main, les éperons aux bottes, le chapeau crânement posé sur le côté, comme dut le faire Louis XIV au parlement, quand il lança cette phrase digne de Jupiter : "L'Etat c'est moi!"

Quand monsieur Roque entra, le négrillon Zéphir, juché derrière le fauteuil de Rose, passait légèrement ses doigts noirs dans la noire chevelure de la mulâtresse, comme s'il les carressait en les admirant.

— A bas! singe effronté....s'écria le maître.

Et il allongea, sur les épaules de l'enfant, un coup de cravache qui coupa l'air en sifflant.

—Vous, dit ensuite monsieur Roque à la belle fille, vous coucherez dorénavant dans votre chambre; je ne veux plus que vous alliez aux cabanes, parmi ce sale atelier de nègres!....

— Mais mon mari est là! répondit doucement Rose....

— Paix! cria le maître en agitant sa cravache; quand je donne un ordre, il faut obéir....et se taire!

Rose tremblante ne souffla plus mot. Les trois servantes étaient penchées sur leur couture, faisant les mortes devant ce commencement de tempête.

Monsieur Roque se mit à arpenter le salon d'un pas de gendarme impatient. Il regardait Rose, et ses yeux brillaient du feu de la convoitise, irrité encore par le feu de l'alcool. La mulâtresse avait peur, et son sein, agité comme les vagues sous le fouet du vent, s'élevait et s'abaissait sous le tissu étroit et transparent qui le dessinait au lieu de le cacher.

— Rose, dit enfin monsieur Roque — d'une voix un peu chevrotante, qu'il tâchait de maîtriser — laissez là cette couture et allez faire ma chambre....

La jeune femme se leva et marcha vers la porte, puis elle disparut.

— Quelles formes! quelle marche! Qu'elle est admirablement belle! murmura le maître....Cette fois, je n'en changerai plus!

Il sortit à son tour, et alla rejoindre la mulâtresse dont la beauté le tourmentait si fort.

XVI.

SUITE. — LE COMMENCEMENT DE LA LUTTE.

Monsieur Roque entra dans sa chambre à coucher autrement qu'il n'était entré dans le salon de couture. L'ivresse du désir amoureux, excité encore par l'ivresse des liqueurs fortes, avait succédé à celle-ci. Ses yeux n'étaient pas moins brillants, mais la lueur qui les éclairait n'était pas cette lueur sèche des fumées bachiques; c'était la flamme alanguie des désirs. Et puis, son orgueil de maître, devant ses esclaves, s'était affaissé devant celle dont ses passions le faisaient lui-même l'esclave.

— Rose, dit-il à la mulâtresse après avoir ôté les éperons de ses bottes et posé sa cravache dans un coin, Rose, voulez-vous être heureuse ici, n'avoir à faire que ce qui vous plaira, être servie au lieu de servir, vivre enfin d'une vie qui convienne à votre genre, à vos habitudes, à votre beauté?....

— Monsieur, répondit Rose, je n'ai pas de volonté, puisque je ne m'appartiens pas. Si mon maître veut me rendre heureuse, ainsi que mon mari, je ne saurais que lui en être reconnaissante.

— C'est bien parler; mais vous ne me comprenez pas. D'abord, si vous méritez, par votre docilité, que je vous fasse du bien, j'en ferai aussi à Casimir; seulement, je l'enverrai sur mon autre habitation, et lui confierai quelque poste doux et avantageux; mais la première chose est que Casimir et vous soyez séparés....

— Oh! monsieur, s'écria Rose, si nous sommes séparés, il n'y a plus de bonheur pour moi!

— A la rigueur, pour récompenser la bonne volonté que j'attends de vous, je garderais ici Casimir, mais à la condition que vous n'auriez plus avec lui de rapports intimes.

— Mais, monsieur, puisque Casimir est mon bonheur, si j'étais privée de lui, je serais malheureuse....

— Ecoutez-moi, reprit le maître en se levant, il faut que je m'explique clairement, afin que vous n'ayez pas le prétexte de ne pas comprendre :

Je suis trop jeune encore pour vivre seul, et trop vieux déjà pour me marier. Je veux une maîtresse assez belle et assez bonne pour me rendre la vie agréable et douce. A celle-là, je donnerai un jour la liberté et de quoi vivre. J'ai jeté pour cela les yeux sur vous : vous êtes plus belle que toutes celles que j'ai pu avoir et même voir depuis que j'ai l'âge d'apprécier. Tout en vous me plaît, et je veux vous rendre heureuse en qualité de maîtresse.... mais maîtresse.... à moi seul !

— Monsieur, répondit Rose, je ne puis pas être votre maîtresse.

— Et pourquoi cela ? A cause de ce Casimir ? je puis le vendre et l'éloigner tellement que vous n'en entendiez plus parler !

— Monsieur, s'écria la mulâtresse, vous ne ferez pas cela !....

— Non, si vous êtes docile....

— Hormis d'être votre maîtresse, monsieur, je ferai tout ce que vous voudrez, dit Rose d'une voix que l'émotion faisait enchanteresse, pour le libertin qui l'écoutait....

— Parbleu ! dit-il, n'êtes-vous point à moi, au moins jusqu'à la majorité de mes pupilles ?....et même, en représentant votre valeur en espèces, lors de ma reddition de comptes, n'êtes-vous pas tout-à-fait à moi ?....

— Je le sais monsieur, mon temps et mon travail sont à vous ; mais....

— Mais quoi ?

— Mais....mon corps....est à moi, monsieur.

— Ton corps, répliqua le maître attaqué dans *sa propriété*, ton corps m'appartient jusqu'à ce qu'il retourne à la terre ! et si je demande ton consentement pour en faire ce qu'il me plaît, c'est qu'il n'y a de vrai plaisir que par la bonne volonté.

— Alors, monsieur, répliqua Rose, si mon corps vous appartient, je dirai mon cœur....

— Je m'inquiète bien de cela, moi ! Je ne demande pas d'amour parce que je n'en puis pas exiger ; je veux de la bonne volonté, voilà tout.

— Je ne saurais, dit Rose, je ne saurais.

— Comment ; tu ne saurais....Un mulâtre, un vil esclave aurait tout de toi, et moi, un blanc, ton maître ! je n'en pourrais rien avoir !....

— Vous en avez tout, monsieur, hormis mon amour, qui est à mon semblable....que j'aime !...

— Ton amour, ton cœur, tout cela est bon dans les romans ! il s'agit d'être à moi, et tu seras à moi !

— Jamais ! monsieur, de bonne volonté au moins....

La colère commençait à prendre monsieur Roque qui n'était pas accoutumé à la résistance.

— Et pourquoi, pourquoi ! misérable sotte, s'écria-t-il....pourquoi ne veux-tu pas être à moi de bonne volonté !....

— Parce que j'aime mon mari, et que je veux être honnête ! monsieur.

— Ton mari ! est-ce que vous avez des maris, vous autres ? Vous avez un mâle.... Tu veux être honnête ! Qui t'a enseigné ces niaiseries-là ! Tu veux périr de misère et de travail, d'avanies et de coups de fouet ; voilà ce que signifie pour toi être honnête !

— Il arrivera de moi ce qu'il plaira à Dieu, répondit la mulâtresse.

— A Dieu ! Je ne connais pas ça, moi ! Tu es à moi tant que tu seras vivante ; tu seras à ton Dieu, si tu veux, quand tu seras morte ! Voilà ma religion.

Rose était debout près d'un canapé, le bras gauche appuyé sur le dossier latéral. Monsieur Roque se laissa aller sur ce canapé, et, d'un seul mouvement, saisissant le bras nu de la mulâtresse, il la fit ployer de façon qu'elle tomba assise près de lui. Alors, sans lâcher le bras frémissant qu'il tenait de ses deux mains :

— Voyons, Rose, dit-il d'une voix radoucie, pourquoi me mettre ainsi en colère ? Je ne sais pas quel effet tu produis en moi, mais il y a des instants où volontiers je te tuerais, d'autres où je pleurerais à tes pieds ! Je n'ai jamais été ainsi ; je ne me reconnais pas ; j'ai honte de moi, je crois...

La mulâtresse essayait doucement de retirer son bras des mains de son maître, mais elle ne pouvait pas et osait à peine. Celui-ci, chez qui l'enivrement des sens grandissait à ce contact magnétique, ne garda plus le bras de Rose que d'une main ; il passa l'autre pardessus les belles épaules qui semblaient palpiter près de lui, et son regard ardent dévora les riches et voluptueux contours dans lesquels il plongeait. L'ivresse monta à son cerveau déjà excité, et il approcha tellement son visage des chairs satinées qui l'attiraient, que les effluves enivrantes du corps de feu qu'il tenait lui firent perdre un instant la raison.

— Rose, Rose ! cria-t-il à demi-voix, je te ferai libre ! je te ferai riche ! je te ferai heureuse ! Sois à moi....

Et il dévora ses épaules, son cou, sa gorge, de baisers ardents.... Deux gouttes chaudes lui tombèrent sur le visage. C'était les larmes de la mulâtresse.

— Tu pleures ! dit-il d'une voix tellement molle que peut-être cette voix lui était inconnue à lui-même....tu pleures, Rose ! et pourquoi pleures-tu ?

— Parce que vous me brisez le cœur ! monsieur....

— Moi ! je te brise le cœur.... non, Rose, car je ne parle plus en maître.... tu vois bien ! J'ai besoin de toi ; je ne vivrais plus sans toi !....

Rose se laissa glisser du sofa, et se mettant à genoux :

— Monsieur, dit-elle d'une voix pleine de larmes, monsieur, épargnez-moi.... je ne puis être à vous, je ne puis être à personne qu'à mon mari....j'aime mieux mourir que me prostituer !

Le voile tomba des yeux du maître ; l'ivresse s'échappa de son cerveau, quand le magnétisme de l'attouchement cessa.

— Mourir dit-il en se levant; on ne meurt pas aussi vite qu'on le dit. Se prostituer!....où voyez-vous qu'il y ait prostitution à être la maîtresse d'un seul homme ?

— Non, d'un seul....quand on l'aime; et puisque j'aime celui que j'ai, et que je ne veux avoir que lui !....Mais si je me donnais à un autre, je me prostituerais....

— Laissons-là les grands mots, ma fille, et montrez-vous docile; vous y gagnerez.

Rose se releva, et ne répondit pas tout de suite. Monsieur Roque ne la pouvait quitter des yeux : un charme plus puissant que sa volonté le tenait comme une serre invisible.

— Réfléchissez un peu, dit-il; nous reparlerons de cela plus tard. Souvenez-vous, dans tous les cas, qu'il ne faut plus que vous couchiez aux cases. Allez-y pendant le midi, jusqu'à nouvel ordre, à la condition d'en laisser la porte ouverte !

— C'est bien, monsieur, répondit Rose en s'apprêtant à quitter la chambre.

— Un moment, fit le maître en étendant le bras; réfléchissez que la docilité c'est pour vous deux un sort enviable: plus de travaux pénibles, plus de dangers de coups, plus de nourriture d'atelier, et le reste....tandis que la mauvaise volonté de votre part à vous, Rose, c'est pour tous les deux quelque chose de pire que ce que vous croyez ! Peut-être votre....Casimir sera-t-il plus sage, plus raisonnable que vous....

— Oh ! monsieur....

— C'est bien, c'est bien, allez, réfléchissez, et soyez toujours dans votre chambre, à partir de la cloche du soir....

Monsieur Roque fit un geste — et Rose sortit.

Rose ne pouvait pas voir Casimir ce jour-là, car elle n'avait la permission d'aller aux cases que pendant le midi des noirs, et il était près de sept heures du soir. Mais elle avait la ressource des signaux; aussi, en sortant de la chambre de son maître, elle monta chez elle, prit un morceau de drap rouge préparé à l'avance, et le mit à la place convenue. Après quoi, elle descendit à la salle de travail.

Quand elle entra, toute émue encore de la scène qu'elle venait de subir, les trois servantes la regardèrent, puis se regardèrent entr'elles d'une façon qui avait la prétention de dire bien des choses....

— C'est fait ! dit bas Nancy à sa voisine; la voilà reine !....

— Nous sommes certaines, à présent, répondit de même l'autre, de ne plus revoir Sultane....

— Bravo ! s'écria le négrillon : c'est mademoiselle Rose qui va commander maintenant; je l'aime bien mieux que Sultane !

— Vous vous trompez, mes amis, dit Rose qui avait remarqué les regards avant d'entendre l'observation; vous vous trompez : je sais ce que j'é-

tais hier, et je serai de même à l'avenir, une esclave comme vous, et n'ayant à commander à personne.

Après avoir dit ces mots, elle prit le fauteuil *d'honneur*, le roula contre la muraille, mit une chaise à sa place, et s'assit sur cette chaise.

Zéphir semblait pétrifié; les servantes étaient ébahies.

— Comment, Rose, osa dire Nancy, tu n'as donc pas voulu.... ou bien *on* ne t'a rien proposé ?....

— Je n'ai pas voulu, dit Rose, et je ne voudrai jamais !

— Hein, si c'était toi, Catherine ?.... dit Nancy.

— Ce serait bientôt fait ! répondit la servante interpellée.

— Et toi, Julie ?

— Moi, je le ferais bien languir, pour en obtenir davantage.

— Tiens ! mais.... ça n'est pas si sot ! — Qui sait ? ajouta-t-elle en regardant Rose, qui se contenta de hausser les épaules.

— Comme ça, observa l'enfant terrible, il n'y a plus de mam'selle !

— Bah ! dit Catherine, ça peut aller ainsi pendant quelques jours, mais monsieur n'aime pas être seul.... et puis, il a des moyens particuliers de se faire obéir ! Il ne faut pas que Rose croie que ce soit fini.

— Je sais bien, répondit celle-ci, que cela ne fait que commencer; mais je sais aussi à quoi je suis décidée.

— Pauvre biche ! dit Nancy, tu verras, tu verras !

— Pourvu que Sultane ne remonte pas sur le trône ! dit Julie.

— Il n'y a pas de danger, riposta Nancy; monsieur a vu Rose; il l'a probablement vue de près, touchée peut-être; ils sont restés assez longtemps ensemble, dans tous les cas....et il n'en voudra point d'autre.

— Aussi, pourquoi es-tu si belle ? dit l'une....

— Pourquoi es-tu si jolie ? dit une autre....

— Pourquoi es-tu si bien faite ? ajouta la troisième....

— Et si bonne ! termina Zéphir....

La pauvre Rose ne put s'empêcher de sourire à ce feu roulant de compliments techniques; mais son sourire avait de la tristesse. Tout-à-coup elle éclata en sanglots; elle venait de songer à Casimir.......................................

*
* *

Il était neuf du soir, et, depuis une heure environ, Rose était dans sa chambre; la pauvre femme de Casimir était plongée dans de sombres réflexions touchant l'avenir, un avenir bien proche ! Elle pensait aussi à ce cher mari....esseulé dans sa cabane, après une journée de rude labeur ! Elle ici, lui là ! séparés par quelques pas, et ne pouvant se voir ! Rosine, qu'on lui avait apportée, dormait paisiblement après avoir pris le sein. L'enfant, que Rose voyait, lui montra le père qu'elle ne pouvait voir....et elle pleura en silence.

— Mon Dieu ! dit-elle, faiblirais-je déjà, au début ? Faudra-t-il que, par moi, deux êtres que je chéris soient malheureux, mon cher mari et mon adorée enfant ! Me trompé-je sur le bien et le mal ? Le bien et le mal sont-ils les mêmes pour l'esclave et pour le libre ? Douté-je sitôt ?....Oh ! Casimir, Casimir ! que j'ai bssoin de te voir !....

A ce moment, Rose entendit frapper doucement aux vitres de sa fenêtre. Une pensée plus rapide que l'éclair lui traversa le cœur, et elle s'élança... C'était Casimir ! En une seconde, la fenêtre fut ouverte, le mulâtre fut dans la chambre, et Rose dans les bras de son mari. Ils ne pouvaient parler ni l'un ni l'autre, tant l'émotion leur coupait la voix.. Quelques instants se passèrent ainsi....et quels instants !....

— J'ai vu ton signal, put enfin dire le mulâtre, et me voilà !

— Cher trésor ! répondit Rose, que je tremble pour toi ! Comment es-tu monté jusqu'ici ?

— Au moyen d'une échelle : Silène m'a aidé....

— Oh ! merci, mon Dieu ! merci....fit Rose avec exaltation....

— Où est notre Rosine....que je l'embrasse !

Après avoir doucement embrassé tous deux le cher lien de leur cœur, Casimir et Rose s'assirent l'un auprès de l'autre, sur le bord de leur lit colonial, et Rose raconta à son mari toute la scène de la chambre du maître, sans oublier les baisers délirants dont l'avait couverte monsieur Roque, dans un moment de frénésie. A ce récit, le mulâtre devint froid des pieds à la tête, et pâlit, autant que peut pâlir un visage bronzé.

— Le gant est donc jeté ! s'écria-t-il quand sa femme eut fini....Si je ne trouve que la mort dans cette lutte, je remercierai Dieu ! O ma Guadeloupe ! O Salomon ! O Suzanne ! ne vous reverrai-je plus ?....et notre Rosine, et toi, chère et vaillante femme !....vous pouvez tous souffrir du regard d'un libertin, propriétaire d'esclaves ! Mon Dieu, mon Dieu ! je ne vois plus que vous pour nous secourir !

Jusqu'à dix heures Casimir et Rose s'entretinrent, tantôt comme deux naufragés enveloppés dans le même dénûment et cherchant le même secours, tantôt comme deux amants surveillés, auxquels défense expresse est faite de se voir, et qui trouvent moyen de violer la défense.

— Il n'y a ni clef ni verrou à ta porte, dit Casimir à Rose....

— Comme tu vois, mon ami ; mais j'ai eu soin d'arcbouter une chaise contre le bouton de la porte ; au moins, nul ne pourra entrer sans que nous soyons prévenus.

— C'est cela, Rose, et je m'en irai avant la cloche....Mais si nous nous couchions ? il est bien l'heure, et il faut que je sois levé avant le jour....

— Je ne sais, Casimir, mais j'ai peur ! Si cet homme allait venir ! il te ferait périr sous les coups ! ...et moi...Crois-moi, attendons encore une heure ; alors je serai plus rassurée. Tu auras au moins quatre heures à être auprès de moi..............

Rose achevait à peine ces mots, qu'un pas d'homme retentit dans l'escalier. Le mari et la femme se regardèrent épouvantés. Un frisson passa par tous les membres de Rose, et Casimir sentit une sueur froide perler sur son front...

— Si c'était lui ! dit le mulâtre....

— C'est lui ! répondit la mulâtresse.

— Que faire ?...l'échelle ne sera là qu'à un signal convenu...

— Vite, cache-toi sous le lit....et, quoiqu'il arrive, Casimir, ne bouge pas : je puis encore le contenir....

Les pas approchaient ; quelques secondes encore et on était à la porte.

— Rose ! plutôt la mort que....

— Vite, vite ! cache-toi et ne crains rien : il me tuerait auparavant !

Et le mari, dans tous ses droits, dut fuir devant un amant qui s'imposait par la violence ! Il faut dire que le mari était un esclave. L'esclavage est une morale institution !

A peine Casimir était-il blotti sous le lit profond où il était presque impossible qu'on le découvrit, que la porte de la chambre fut secouée par une main qui essayait de l'ouvrir ; en même temps, la voix de M. Roque disait :

— Qu'est-ce que ces obstacles-là ?....

Rose alla enlever la chaise.

— On se barricade donc ! dit-il en entrant ; et pourquoi faire ?

— Mais, monsieur, pour que le premier venu ne pénètre pas dans ma chambre....

— Et qui veux-tu qui ait cette audace, sinon moi ? Or, pour moi, il n'y a pas, chez moi, d'obstacle !....

Et, sur ces mots, le planteur prit une chaise et s'assit.

— Voyons maintenant, dit-il, avons-nous réfléchi ? Que dit ce.... Casimir, auquel on veut quand même rester fidèle ?....

— Monsieur, je n'ai pas vu mon mari, puisque je n'ai la permission d'aller aux cases que pendant le midi.

— Ah ! c'est vrai. Mais n'importe ! tu lui parleras ou tu ne lui parleras pas de tout cela, à ton choix. Seulement, mon choix est fait : de gré ou de force, tu seras à moi, parce que je te veux !

L'amant disparaissait pour faire place au maître.

— Monsieur, s'écria Rose, vous ne ferez pas violence à une pauvre femme ! N'en avez-vous pas à volonté sur vos habitations ?....

— Les belles guenons! en vérité, au prix de toi, Rose.... C'est toi que je veux, et jamais une autre ne prendra ta place, dussé-je vivre cent ans!

— Sultane est belle, monsieur; gardez-la, et épargnez-moi, pour l'amour de Dieu!

— Sultane! un vrai boucaut à sucre, qui dort tout debout! allons donc! Mais regarde-toi, Rose: voici un miroir, et vois si, te possédant en toute propriété, je te laisserais plus longtemps faire le bonheur d'un nègre!— Que faisais-tu quand je suis entré? demanda-t-il ensuite.

— Je finissais un travail de couture, monsieur, et j'allais me mettre au lit.

— Eh bien, mets-toi au lit: je te tiendrai compagnie jusqu'au jour.

La mulâtresse ne bougea pas.

— Voyons, dit monsieur Roque, finissons-en; il n'y a que le premier pas qui coûte: demain tu seras trop heureuse....

La mulâtresse se fit de marbre. Seulement, elle commença à regarder M. Roque avec mépris. Celui-ci bondit vers elle, la saisit, la poussa vers le lit sur le bord duquel ses reins ployèrent, et on eût entendu le bruit d'une lutte ardente. Le flambeau qui était sur la table tomba....et l'obscurité se fit.

Mais tout-à-coup deux pieds glissèrent, un bruit mat retentit, et M. Roque tomba lourdement sur le parquet où sa tête frappa en plein et rebondit....

— A moi! s'écria-t-il d'une voix râlante....

Et un silence lugubre succéda à tout ce bruit.

Rose, bientôt remise, comprit tout, ralluma la bougie et vit son maître sans connaissance, le visage baigné de sang. Elle regarda sous le lit: Casimir n'y était plus.

Alors, trempant un linge dans de l'eau fraîche, elle lava la blessure de son maître, qui revint bientôt à lui.

— Tiens! dit-il en ouvrant les yeux, je suis tombé.—

Il prit la lumière et se regarda dans la glace.

— Je suis défiguré comme par un coup de poing! dit-il....

— C'est l'angle de la table que vous avez rencontré dans votre chûte, monsieur, se hâta d'observer Rose....

— Ah! oui, c'est cela... fit M. Roque d'un air ironique. Ce qui est différé n'est pas perdu, ajouta-t-il... Bonsoir, et à une autre fois.... Tu seras à moi, Rose, ou j'y périrai.

Et il s'éloigna sans attendre de réponse.

— Mulâtresse de l'enfer! murmura-t-il avec rage dès qu'il fut dehors... elle me rendra fou, si je ne la brise auparavant.—S.... n.. d. D...! si je ne l'avais vue seule, je jurerais que quelque vigoureux poing s'est abattu sur mon visage!—Voyons toujours du côté des cases.

Monsieur Roque se mit à marcher comme une ombre entre les cabanes de ses nègres. Quand il fut arrivé à celle de Casimir, il pesa sur le loquet, et la porte s'ouvrit. Alors, aidé d'une faible clarté lunaire, il tâtonna, arriva au matelas du mulâtre, dont les pieds se trouvèrent sous sa main. De là, il alla vers la tête, et écouta la respiration: elle était profonde et égale. Evidemment, Casimir dormait du sommeil du juste.

— J'étais fou! se dit M. Roque en regagnant sa chambre: le pauvre diable ne pense pas plus à sa femme que moi à celle de Putiphar!

— Exécrable tyran! murmura sourdement Casimir quand M. Roque eut refermé la porte de la cabane.

— Cher Casimir! disait Rose en se mettant au lit.

XVII.

SUITE. — UN VENDREDI CHEZ MR. MICHAUD.

Monsieur Roque ne fut pas vu sur l'habitation, le lendemain de la scène que nous venons de rapporter. Seulement, au jour, longtemps après que les deux ateliers étaient aux champs, Silène le muletier, caché par quelques charrettes sous le hangar où il rangeait ses harnais, vit passer son maître à cheval. Un bandeau de soie noire, traversant d'une ligne oblique le front de M. Roque, masquait complètement un de ses yeux. Vers dix heures, M. Michaud, qui inspectait la bande de Charlot, reçut un billet des mains d'un messager noir de la seconde habitation de M. Roque. A ce moment, l'économe se trouvait près de Casimir, qui piochait son sillon comme de coutume.

— Tiens! dit l'économe après avoir lu, M. Roque est parti pour la Nouvelle-Orléans, et ne doit revenir que dans huit jours au plus tôt.

On eût pu croire que l'économe disait cela de façon que Casimir l'entendît, car il le regardait en parlant. Après cela, peut-être était-ce un simple hasard....

Casimir ne se retourna pas, ne ralentit pas son travail d'une seconde, mais qui eût été placé devant lui eût pu voir un sourire de malice, et en même temps de satisfaction, paraître sur ses lèvres.

— C'est bien, avait répondu M. Michaud..

Et le messager était parti.

— C'est même très-bien! se dit à lui-même Casimir; huit jours de répit c'est quelque chose; pour moi, c'est huit jours de bonheur!

Il ne faut pas demander si Rose était à la cabane, dès la cloche du midi! On peut supposer aisément de quoi parlèrent les deux inséparables.... qui mettaient leur bonheur intime au-dessus de toute chose, et le défendaient si bien! Silène vint les voir, et l'on causa bas des événements tragiques de la nuit précédente.

— Casimir, dit Silène, prends bien garde! tu ne

risques rien moins que la corde ou le feu, en continuant une pareille lutte ! Les lumières ne tombent
pas tous les jours !....

— Que veux-tu....répondit le mulâtre, si je
n'eusse été là, et tout risqué, Rose était victime
d'un abominable viol...

— C'est vrai, c'est vrai ; mais, toi pendu ou brûlé, Rose devenait une proie facile......

— Je me serais tuée le lendemain ! dit Rose.

— Oui, le lendemain !....Selon moi, ce n'est pas
tout cela qu'il faut. Ne vaut-il pas mieux que le
coupable soit puni seul ? Une femme que l'on force
n'a rien à se reprocher, et la vengeance a le temps
pour elle.

— La vengeance ! murmura Casimir....la vengeance !

— Eh oui donc ! J'ai bien entendu dire qu'il est
beau et grand de pardonner, et que c'est un crime
que se venger ; mais moi, qui ne suis ni un savant
ni un méchant, je dis qu'il faut distinguer les cas.
Ainsi, je comprends qu'on pardonne à qui se repent et cesse d'être coupable ; mais qu'on pardonne
à une injustice qui se reproduira le lendemain, à
une tyrannie qui frappe chaque jour plus fort, à
des violences lâches qui doivent se renouveler, je
dis que c'est duperie ! Si M. Roque était mort hier
soir, il ne recommencerait pas dans huit jours, et
trois existences ne seraient pas suspendues à un
fil qu'il peut trancher à sa volonté! Le pardon est
beau quand la vengeance n'est pas d'absolue nécessité......

— La vengeance ! murmura une seconde fois Casimir en se plongeant dans un océan de réflexions......

— Si tous ceux qui veulent faire le mal étaient
bien certains d'être frappés à leur tour comme ils
vont frapper les autres, ils réfléchiraient longuement, et s'abstiendraient souvent, continua Silène.

—C'est vrai cela, dit Rose ; je crois que prêcher
la grandeur et le pardon à ceux qui sont persécutés,
c'est éterniser le règne du mal.

— Qu'on pardonne à un inférieur ou même à un
égal, gronda le mulâtre, c'est bien ; mais à un supérieur, c'est absurde !

— Ce qui prouve, conclut Silène, qu'en toute
chose il faut distinguer.

Et le gros noir sortit et regagna sa cabane.

— J'ai fait un plan, dit Rose à son mari dès que
Silène fut parti, et le voici : le petit Zéphir m'aime beaucoup ; je crois même qu'il n'aime que moi.
Reste ce soir ici, jusqu'à ce qu'il vienne te chercher
de ma part ; il te guidera par la maison, sans que
tu sois aperçu, et tu n'auras pas besoin, mon pauvre ami, de passer par les fenêtres au moyen d'échelle ! Puisque notre tyran est absent pour huit
jours, ayons huit jours à être ensemble !

Casimir sauta au cou de Rose, qu'il remercia
comme un amant remercie sa maîtresse, ou un ma

ri sa femme, quand ils ont le bonheur d'être encore
amants.

Vers neuf heures du soir, un diablotin noir glissait, comme une ombre, entre les cases, et, dix minutes après, Casimir était près de Rose.

....

— C'est ce soir réception chez M. Michaud —
disait, le lendemain, le mulâtre à sa femme, pendant le repos du midi —; nous allons tâcher, Silène et moi, de découvrir quelque chose. S'il est
plus de minuit quand je pourrai quitter mon poste,
te sera-t-il possible de me faire ouvrir ?

— Oui, si nous trouvons un signal muet de ta
part. Cherchons....

— Après quelques secondes de réflexion, Rose
avait trouvé la première.

— Voici, dit-elle : je laisserai pendre, de ma fenêtre, une ficelle qui descendra jusqu'à terre ; l'un
des bouts sera attaché, dans ma chambre, à la
poignée d'un fer à repasser : tu n'auras qu'à tirer
l'autre bout, et Zéphir, que je ferai coucher près
de notre lit, ira t'ouvrir et te guidera. Comment
trouves-tu ce petit moyen ?

— Fort bon, comme tout ce qui est simple. Oh !
les femmes ! les femmes !..

— Et le chien de M. Michaud ? demanda Rose,
celui que j'appelle Veille-toujours....

— Nous sommes bons amis, lui et moi : il ne me
trahira pas. Quant à Silène, ce chien l'aime, je
crois, plus encore qu'il n'aime son maître, et Junon
est sa vraie favorite ; ainsi, de ce côté point de
danger.

La maison qu'habitait M. Michaud était élevée
d'environ deux pieds et demi du sol, et était posée
sur douze petits blocs carrés, en briques brutes, de
la hauteur que nous avons dite. Entre chacun de
ces blocs-supports, étaient clouées des planches,
ce qui fermait tout-à-fait le vide laissé sous la
maison.

*
* *

C'était un vendredi. Il était environ dix heures
du soir. Casimir, assez commodément accroupi
sous la maison de l'économe, pouvait voir et entendre tout ce qui se faisait et se disait dans la
salle principale, où huit personnes étaient réunies.
Avec un peu de patience et d'adresse, il avait, à
l'avance, pratiqué, entre les fissures étroites du
plancher, une ouverture suffisante pour son regard,
et qu'on ne pouvait remarquer de l'intérieur. Pendant ce temps-là, une ombre opaque était assise
derrière un hallier épais posé au bord du chemin
passant près de la maison ; une autre ombre semblable se tenait entre la maison de l'économe et
celle du maître. Ces deux ombres, aussi noires
que la nuit profonde qui régnait en ce moment,
étaient deux corps parfaitement vivants ; l'un avait
nom Silène, l'autre répondait à celui de Junon.
Fala, le chien de l'économe, rôdait autour du bâti

ment, allant tantôt de Junon à Silène, tantôt de Silène à Junon ; quand à Casimir, il avait refermé sur lui la planche qu'il lui avait fallu déclouer, sans bruit, pour se glisser à son poste.

Comme dix heures finissaient de sonner à la pendule de la salle de réunion, un coup de timbre retentit deux fois, et chacune des personnes assises autour d'une longue table étroite, se passa au cou un ruban bleu d'azur, sur le côté gauche duquel était appliquée une étoile à cinq branches, faite de paillettes argentées. A l'extrémité de chaque ruban, pendait une étoile d'or pareille, en dimension, à l'étoile argentée dont nous venons de parler. Quand chacun fut prêt, un profond silence régna pendant quelques secondes ; puis, M. Michand, qui semblait présider cette séance, prit un livre manuscrit placé sur la table, et lut à assez haute voix pour qu'on entendît du dehors, à supposer qu'on y écoutât.

" Séance du 19 février 18..

" La Croyance Universelle, lien universel de l'humanité, ciment indestructible de l'alliance des peuples, commencera son règne avec la génération prochaine. Les enfants en seront le plus pur noyau premier, parce que l'enfance de la génération du vingtième siècle ne sera imbue d'aucune erreur du passé, d'aucun des préjugés barbares qui ont tenu les peuples enchaînés depuis les siècles. Les femmes y aideront puissamment, pour la régénération du genre humain : la femme, étant la cause première de la famille et la joie de la maison, exerce une influence constante et aimée. C'est de la femme que se sont servis les dominateurs religieux, pour créer l'erreur, l'injustice et le malheur; c'est de la femme que la Croyance attend le signal de l'abandon des cultes mauvais. La femme domine l'enfant par la douceur de l'autorité, et domine l'homme par la douceur de l'amour: c'est elle qui aidera à racheter ce qu'elle a aidé à perdre. L'homme se chargera de la propagande du Travail de l'Avenir, par la parole, par la presse, par l'action. Il sera la force de la Vérité, comme l'enfant en sera la source, comme la femme en sera le moyen.

" La Croyance universelle traite de tout: de la fraternité, de la charité, de la liberté, du bonheur, du présent, de l'avenir, de la grandeur de l'homme sur la terre et de sa félicité dans le ciel ; de l'égalité possible dans l'ordre social, de la question de fortune, de l'autorité, de la propriété, du divorce, de la peine de mort, des célibats de convention, des hiérarchies sociales; de la Naissance, (Bienvenue) de l'Union *humaine*, (Communion) du Mariage, du Départ ; (la mort) — Elle enseigne à aimer Dieu, à honorer les hommes de bonne volonté, à mépriser la richesse coupable, et à respecter la pauvreté méritante ; elle donne à chacun selon les œuvres de son libre arbitre, ne rendant nul responsable des fautes d'autrui. Elle établit la solidarité

dans le bien, et la nie dans le mal; elle enseigne les moyens infaillibles d'arriver à la somme de bonheur promise à l'homme par Dieu ; elle détruit et réédifie en même temps, en donnant pour toutes choses des raisons que puissent comprendre toutes les intelligences. En un mot, elle est complète, rationnelle, honnête et progressiste, parce qu'elle part de Dieu et finit à Dieu. "

....

Pendant le temps qu'avait duré cette lecture, le plus respectueux recueillement avait régné autour de la table où étaient assis les huit hommes. Quand elle cessa, quelques commentaires furent faits à demi-voix par l'un et l'autre, sur ce qu'on venait de lire. Casimir, abîmé dans ses pensées, semblait chercher quelque réminiscence rebelle......

— Oh! se dit-il tout-à-coup, je me souviens, je me souviens! J'ai entendu lire cela à la Guadeloupe, dans une réunion secrète, comme celle-ci, où m'avait fait accepter Salomon.... — Va-t-on lire quelque *Communication* sur l'esclavage? Oh! que je le voudrais !

Au moment où Casimir émettait ce vœu, une voix fraiche et argentine vint frapper ses oreilles; surpris, il appliqua l'œil à son observatoire, et reconnut, sous des habits d'homme, la jolie anglaise, maîtresse de l'économe.

Comme il était encore sous le coup de la surprise, un nouveau son de timbre retentit, et M. Michaud reprenant le livre qu'il avait posé devant lui, commença la lecture d'un second morceau :

Séance du 12 Novembre 18..

" L'homme qui aime ses frères doit être le défenseur de la vérité, et non l'esclave de l'erreur ou du mensonge. La Vérité, c'est le phare de l'humanité placé aux confins du ciel. Il faut savoir comprendre son origine et ses devoirs, et ne pas se ravaler soi-même jusqu'à douter de Dieu....

" Quand on est élu pour aider à la propagation d'une vérité, il faut savoir d'avance qu'on a une route semée d'épines à traverser. Cette route d'épines est l'œuvre des hommes qui ne comprennent pas, ou qui ont mauvais vouloir. Mais il faut savoir aussi que, après cette route ardue, on arrive à une découverte qui doit profiter à l'humanité tout entière.

" Celui qui sert la Vérité est le maître de la matière, parce que le plus emporte le moins, et que la foi enfante tous les biens.

" L'homme vulgaire s'attache avant tout et en tout, aux choses de la matière. L'homme supérieur, c'est-à-dire digne de son titre et de sa mission, s'occupe d'abord des choses de l'humanité ; pour cela, il ne s'adresse ni aux faveurs des grands ni aux flatteries des petits, mais à la conscience du genre humain.

" Au bout de toute théorie, il faut bien croire à la Puissance et à la Justice de Dieu.... et, avec cette foi, comment imaginer que celui-là sera abandonné, qui donne tous les jours de sa vie au bien général ? Les écueils et les malheurs partiels ne signifient rien ; les désertions ne prouvent que l'indignité des déserteurs.... Mais la sainte et grande cause marche toujours dans son vaste milieu, comme un grand fleuve dans son vaste lit, malgré les cailloux que peuvent apporter les petits ruisseaux voisins."

....

Après les commentaires auxquels donna lieu cette deuxième lecture :

— Mes frères, dit monsieur Michaud, je terminerai par une *Communication* sur l'esclavage, après quoi nous causerons, comme de coutume, des affaires de l'Association.

Après ces quelques mots, la dernière lecture commença, dès qu'un nouveau coup de timbre eut retenti :

" *Séance du 10 Juillet* 18..

" L'esclavage est le grand corrupteur du monde. Tous les pays qui ont donné refuge à cette horreur et à cette erreur sociale, sont les plus corrompus et les plus arriérés, et se préparent le plus de malheurs, en en faisant jaillir autour d'eux. L'esclavage ne fait pas seulement le malheur de ceux qui sont esclaves, il fait le malheur de ceux qui le possèdent et l'exploitent. Voyez une jeunesse élevée au milieu de ce fléau ! Qu'est-elle ? Orgueilleuse, ignorante et cruelle. Elle ne peut pas lutter, à forces égales, contre une jeunesse exempte de cette corruption-mère. Ainsi, c'est pour ceux qui possèdent des hommes, comme pour les hommes possédés, que vous combattrez, quand nous vous donnerons le signal de la lutte.

" Tirez de là les enseignements qui en découlent naturellement, et voyez que vous travaillez pour l'humanité tout entière, et que, si ceux qui vous jetteront le plus la pierre, pouvaient lire dans l'avenir, ils n'auraient que des bénédictions à vous prodiguer.

" Il n'y a qu'une lutte, aujourd'hui, dans le monde ; c'est celle du privilége contre la démocratie, de la tyrannie contre la liberté. Des deux côtés il y a des forces immenses, et la lutte pourrait bien durer pendant des siècles, sans qu'on arrivât à rien, si la Croyance Universelle n'était proche. Sans le secours d'une Croyance Universelle, la victoire de la liberté est impossible, et en voici la preuve :

" Combien de fois des milliers d'hommes ont-ils lutté contre le despotisme ? Combien de flots de sang a-t-on répandus inutilement pour l'indépendance ?....et quel est, aujourd'hui, le résultat des courages et des martyres ? Il faut que les défenseurs de la liberté sachent où ils doivent aller, et quels moyens ils doivent employer, s'ils veulent réussir....et où voulez-vous qu'ils cherchent cette lumière, eux qui sont ceux qu'on prive, autant qu'on peut, de la lumière ? Par la Croyance Universelle ils apprendront leur chemin ; par elle ils sauront que ce n'est pas en tuant ceux qui sont en haut qu'on rendra libres ceux qui sont en bas, mais bien en nivelant le terrain sur lequel tous sont portés ! Ils apprendront qu'il faut attaquer les tyrannies par leur base, c'est-à-dire en sapant les fausses religions, qui sont le piédestal des faux pouvoirs. "

....

Casimir n'avait pas bougé pendant cette lecture. A mesure qu'elle avançait, les souvenirs revenaient en foule à l'esprit et au cœur du pauvre mulâtre. Ces morceaux détachés il les avait entendu lire, à la Guadeloupe, par des hommes de cœur et de dévouement, qui consacraient leur vie à la défense et au triomphe des libertés et, par conséquent, et avant tout, à l'extinction de l'esclavage. Il commençait à comprendre ce que lui avait dit vaguement Salomon ; il voyait déjà quelle importance et quelle étendue avait cette Association courageuse et libérale, dans laquelle étaient confondus des membres de quatre grands peuples : Français, Anglais, Allemands, Américains. Il comprenait surtout, pour le présent, que M. Michaud était, comme les sept *frères* qui l'entouraient, membre d'une société abolitioniste....et il trembla pour lui, car il savait ce qu'on fait des abolitionistes, dans les pays à esclaves ! Alors il commença à combiner dans son esprit un plan de surveillance pour protéger les séances de l'économe.

La lecture terminée, une conversation commença entre ceux qui entouraient la table des séances. Rappelé à la situation par les voix qui frappaient son oreille, Casimir regarda et écouta.

***

— J'ai reçu des nouvelles de la Martinique et de la Guadeloupe, disait un des assistants. Le chef de la séance des noirs de la Pointe-à-Pitre, le vieux Salomon, nous fait dire de surveiller, et au besoin de protéger un mulâtre et sa jeune femme, qui appartenaient, il y a peu de temps, au capitaine Jackson, un de nos *frères*, décédé....

—Comment nommez-vous ce mulâtre ? demanda M. Michaud.

— Casimir, répondit celui qui avait raconté la nouvelle.

— Mais....il est ici ! s'écria l'économe ; il est ici avec sa femme. Vous dit-on s'il est de l'Association ?

— Il n'en est pas encore ; mais on pense qu'il sera bientôt digne d'y entrer....

— J'ai bien peur pour lui ! dit M. Michaud. Le R. est fou de Rose, la femme de ce mulâtre, qui paraît être un excellent sujet et une belle nature, mais qui, pour ce qui touche son bonheur intime, est, je crois, capable de tout....mais de tout ! comprenez-vous ? J'ai déjà appris quelque chose sur lui, à propos d'un commandeur qui avait injustement frappé du fouet sa femme qu'il aime à l'excès....

— Quoi donc ? frère, demanda un autre assistant.

— Voici : Casimir s'est noirci le visage, il a été attendre le commandeur sur le chemin, au milieu de la nuit, et il l'a roué de coups.

— Laissez passer la justice ! dit un autre....

— Il y a encore une chose bien plus grave ! ajouta l'économe ; mais, comme je n'ai encore rien de positif à ce sujet, permettez-moi de remettre à plus tard à vous dire de quoi il s'agit....

— Tu as raison, dit la jolie anglaise à son amant.

— Et cette chose serait bien grave ? demanda un assistant.

— De la dernière gravité, répondit M. Michaud; pas à notre point de vue, mais à celui des lois du Code Noir....

— La Providence, ajouta un autre, a ses voies particulières, et, si je comprends à peu près, comme je le crois, je répéterai ce que disait notre frère: Laissez passer la justice !

— Diable ! pensa Casimir, il parait qu'il sait tout.... ce M. Michaud.

— Et de la Martinique quoi de nouveau ? demanda l'Anglaise.

— Tout va bien, sœur ; vos compatriotes répandent la lecture de tous côtés, comme de courageux missionnaires qu'ils sont.—Semons l'instruction, et que Dieu en fasse sortir ce qu'il jugera bon, dans sa suprême sagesse !

— Dès demain, se dit Casimir, je donnerai à Silène sa première leçon.

— Vous disiez, frère Michaud, que vous avez peur pour ce Casimir, à cause de la passion qu'a conçue pour Rose le terrible R.

— Oui, car moi qui connais ce maître, je puis dire que jamais il n'a été pris de la sorte. Il est vrai qu'une seule fois il a rencontré quelque résistance, mais une résistance calculée, tandis que, de la part de Rose, il essuie déjà des refus positifs et énergiques.... qui ne faibliront pas.

— Cela produira des scènes de cruautés, un jour ou l'autre, observa un des frères....

— Oui, dit M. Michaud, et peut-être quelque sombre vengeance !

— Ces pauvres gens m'intéressent, dit la belle anglaise ; tant de courage et de fidélité dans une pareille position, c'est beau !—Il faudra, frères, que nous les protégions.... n'est-ce pas ?

— Oui, dit M. Michaud, autant que nous le pouvons faire dans un pareil pays ! c'est-à-dire le plus mystérieusement possible, et d'une manière bien indirecte....

— Maintenant, mes chers frères, dit un individu à cheveux blancs et à la physionomie respectable, je vous annoncerai que le Club des Noirs, de Paris, grandit rapidement en importance, et s'augmente en nombre chaque jour. Les membres influents du gouvernement français sont circonvenus de tous côtés, et poussés vers des mesures d'affranchissement.... Sans l'influence contraire des prêtres, bientôt peut-être les colonies françaises seraient purgées de la lèpre de l'esclavage....

— Comment ! encore eux !... s'écria M. Michaud.... Ils seront donc toujours du côté de l'injustice et de la tyrannie, ces suppôts de Satan, qui se couvrent du manteau du Christ !....

— Toujours.... répondit le vieillard, jusqu'à ce qu'ils soient réduits à l'impuissance et à la nullité, par l'abandon de leurs dogmes. Nous trouverons toujours plus d'aide chez les protestants de toutes les sectes, parce qu'ils admettent l'examen et la liberté, tandis que nos prêtres veulent la foi sans raison, la foi aveugle, en prenant, pour bases, d'abominables livres qu'ils appellent sacrés.

— C'est la religion du despotisme ! ajouta un jeune homme assis à côté du vieillard....

— Aussi, dit la belle Anglaise, l'Espagne, l'Italie, le Mexique, soumis, plus que tous les autres pays, aux tyrannies dites religieuses, dont nous parlons, sont-ils, les deux premières tombées du faîte de la puissance au dernier degré de l'abaissement civil, politique et international ; le dernier livré au vol, à la superstition et à l'assassinat, en un mot à la plus effrayante anarchie qui se soit jamais vue....

— Et, ajouta M. Michaud, si la France n'en est pas là, c'est qu'au moins l'indifférence y règne de plus en plus, et que le philosophisme, qui détruit, a fait place nette au Spiritualisme qui s'avance pour réédifier.

— Et de la Louisiane.... nous ne parlons pas ? observa un frère.

— Je puis vous donner quelques nouvelles toutes fraîches, répondit un autre. Le principal agent de la Séance d'élite de la Nouvelle-Orléans — parti, comme vous le savez, pour New York, l'année dernière, afin de lutter, dans un Etat libre, contre l'institution de l'esclavage, au moyen de la presse — m'a écrit à la date du mois passé. J'ai reçu sa lettre avant-hier. Elle est longue, détaillée et très-explicative.

Vous savez, frères, que quelque temps après le départ de cet important agent, un appel, venu de haut lieu, lui a adjoint, à New York, le frère D..., et, ensuite de celui-ci, le frère C.... Après le départ de ces trois membres de la grande Séance du sud, le désordre et la perturbation, qui avaient commencé aussitôt après le départ du premier, se sont glissés parmi les restants, à la suite de la jalousie, de la calomnie et de la superstition, et une scission a eu lieu. Celui qui était parti pour tous a été abandonné de tous. Heureusement, la trempe de son caractère est comme celle du bon acier : résistante et opiniâtre. Les deux *fidèles*, témoins de tout, et après avoir juré de tenir bon.... avec lui.... l'ont quitté l'un après l'autre, pour suivre cinq ou six fous et folles, de la même Séance, qui avaient voulu aussi aller à New-York, malgré leur incapacité la plus complète. Eh bien, il résulte de cette désunion que les séances de la Nouvelle-Orléans sont tombées dans l'absurde, sous les coups du ridicule, tandis que New-York avance à grands pas, par les *nouveaux moyens que vous connaissez....*

— Alors, observa un frère, l'Association, à la Nouvelle-Orléans....

— Est devenue, répondit le narrateur, une boutique de magnétisme animal, de somnambulisme ignorant, et de superstition misérable. Mais ce petit échec ne signifie pas grand'chose. Bientôt va paraître L'OUVRAGE qui, au lieu d'être le fruit des efforts d'une bonne union, aura été enfanté et mis au jour par le bon vouloir d'un seul, bon vouloir porté à son plus haut degré de puissance. Ce sera une preuve de plus de ce que peuvent la foi éclairée et le dévouement sincère.

— Les Hommes ont toujours manqué aux Causes, dit M. Michaud. Tâchons qu'il n'en soit pas ainsi de nous, et soutenons-nous courageusement les uns les autres, laissant aux plus capables la place qui leur revient, pour le bénéfice de tous!

— Maintenant, termina-t-il, séparons-nous jusqu'à mardi. D'ici là, moi, je connaîtrai peut-être assez Casimir et Rose pour que nous en causions davantage."

Chacun alors ôta de son cou l'étoile d'or et le ruban bleu, et tous s'apprêtèrent à sortir. Alors Casimir se hâta de quitter sa retraite, en ferma sans bruit l'entrée discrète, et s'éloigna dans la direction du lieu où se tenait Silène. Il revint ensuite, avec celui-ci, relever Junon, et, en leur souhaitant à tous deux le bonsoir:

— Demain, dit-il au gros noir, je te raconterai ce que j'ai vu.

Un moment après, grâce à la ficelle et à Zéphir, Casimir était près de Rose, à qui il racontait la scène que l'on vient de lire.

* * *

XVIII.

SUITE. — UN MARDI CHEZ MONSIEUR MICHAUD.

A partir de ce moment, l'économe et le mulâtre s'observèrent mutuellement avec le plus d'adresse qu'il leur fut possible. Chacun d'eux avait contre l'autre un secret également terrible; mais la même Croyance et le même but les unissant, ils devaient être, l'un pour l'autre, au lieu d'un danger, une sauvegarde ou un secours, selon les circonstances. Si le contraste entre l'esclavage et la liberté les tenait forcément à distance l'un de l'autre à cause des préjugés du pays, un lien de l'âme les unissait fortement, et ce lien, comme tous les liens honnêtes, devait se resserrer par le temps.

Silène, instruit par Casimir, sous le sceau du serment le plus sacré, fit un conte à Junon qu'il ne voulut pas mettre en tiers dans une chose de cette importance, pour ne pas doubler sa propre responsabilité, et il fut convenu, entre les deux amis, que Casimir seul continuerait à suivre les séances de M. Michaud, sans aucun secours de surveillance extérieure.

Ainsi, monsieur Michaud, économe d'une habitation-sucrière, en Louisiane, et chargé conséquemment de diriger des esclaves, avec le droit presque illimité de leur infliger tels châtiments qu'il jugerait nécessaires, monsieur Michaud était... un abolitioniste! Les six autres hommes présents à la séance qu'avait vue Casimir, étaient des abolitionistes; et il était conséquent de penser que les réunions où se rendait l'économe de M. Roque, étaient composées d'abolitionistes! Ensuite, combien y en avait-il qu'on ne connaissait pas, tant dans les villes que dans les campagnes?.... A la Guadeloupe il en était de même, de même aussi dans toutes les colonies et dans tous les États à esclaves:

Toute persécution et toute injustice enfantent de nobles dévouements.

Le samedi où nous sommes arrivés était jour de visite générale dans les cases, par l'économe de l'habitation. Chaque mois il en était de même, et quelquefois M. Roque se chargeait lui-même de ce soin. Quand c'était lui, on était sûr d'entendre, le soir, le fouet des commandeurs retentir longtemps. La moindre négligence dans la cabane, la moindre malpropreté, à l'intérieur ou à l'extérieur, étaient notées pour dix, quinze, vingt coups de fouet, qu'on appliquait en présence du maître, et malheur au commandeur dont le coup portait mollement! Ces corrections ne s'administraient pas à l'échelle, mais, la gêne en moins, c'était la même douleur. Le sujet, si c'était un *mâle*, laissait tomber son pantalon; si c'était une *femelle*, relevait ses vêtements par-dessus sa tête, et le fouet tombait sur le nu, autant de fois qu'il était ordonné. Quand M. Michaud faisait la visite, il grondait pour mettre sa responsabilité à couvert, faisait réparer immédiatement toute négligence, ou disparaître toute malpropreté, mais jamais il ne faisait battre.

Que faisait donc M. Michaud sur une sucrerie louisianaise? C'est ce que probablement la suite nous apprendra.

Ce jour-là donc, l'économe avait à passer la visite des cabanes. Le repos du midi des noirs était le moment choisi pour cette inspection. Quand M. Michaud arriva à la cabane de Casimir, Rose s'y trouvait donc.

— Monsieur, demanda-t-elle à l'économe, quand, la visite terminée, il se dirigeait vers la porte pour sortir, pourrais-je vous demander ce que sont deveaus Henry, Loïsa et William ? Vous savez que nous aimons ces enfants, et que je nourrissais le plus jeune....

— Ma fille, répondit l'économe, ils sont tous les trois sur l'autre habitation de M. Roque. J'ai appris que, plusieurs fois, Henry et Loïsa vous ont demandés, Casimir et vous.

— Et pourquoi sont-ils là-bas plutôt qu'ici, s'il vous plaît ?

— Vous m'en demandez plus que je n'en sais, Rose.

— Et, ajouta Casimir, ne pourrais-je pas les aller voir.... avec Rose ?

— Si vous le désirez, j'en demanderai pour vous l'autorisation ; dans tous les cas, ce ne pourrait être qu'un dimanche.

— Oh ! oui, monsieur, répondit Rose. — Vous seriez bon de faire pour nous cette demande, ajouta-t-elle.

— Je la ferai volontiers, répondit l'économe.... Et il s'éloigna pour terminer l'inspection.

Les trois jours suivants se passèrent sans événement particulier, et, la nuit du quatrième — qui était un mardi — Casimir était à son poste d'observation, sous la maison de M. Michaud. Huit personnes entouraient encore cette fois la table des séances. Seulement, la jolie Anglaise n'était pas là. Casimir put voir, à la place de la maîtresse de l'économe, une autre femme habillée aussi en homme. Ses premières paroles indiquèrent une française de quelque province du midi. Son organe était ferme et accentué, quoiqu'agréable et musical : au lieu d'un instrument de romance, c'était un instrument de fanfare. Elle était grande, brune et forte, du reste, jolie et bien faite.

Après les mêmes formalités qu'à la séance du vendredi, le vieillard dont nous avons entendu les observations au chapitre précédent, prit le livre et fit la lecture. Casimir écouta avec la plus grande attention :

" *Séance du 28 Septembre* 18.. "

" Quand le grand jour de votre mission approchera, que nul ne renie, que nul ne trahisse ! Qu'il n'y ait ni Pierre ni Judas !

" Regardez autour de vous et voyez ce qui a été fait : La Croix, symbole de l'Emancipation Universelle, instrument glorieux d'un supplice vil, domine les édifices de la tyrannie, comme une insulte à Celui qui est venu pour prêcher la liberté et le bonheur !

" Avec la Croix, on a noyé les corps dans le sang, et les consciences dans le mensonge !

" Avec la Croix, on a dit à des hommes : — Obéissez à vos maîtres ; courbez-vous devant les oppresseurs ! — Et celui qui est venu disait : "Vous êtes tous les enfants d'un même Père, sans distinction.... que celle de vos mérites, résultant de votre liberté." Et il disait encore, aux grands :

" Abaissez-vous ! " et aux petits : " Relevez-vous ! " et l'on a rehaussé les grands et abaissé les petits !

" Qu'a-t-on fait de SA mémoire et de SON apostolat, et de SON martyre ? Un sabre !

" Vous devez être prêts à tout pour la *Rédemption*, dussiez-vous arborer, sur le même Calvaire, le même signal de ralliement !.... Et le triomphe qui vous attend est autant au-dessus des autres triomphes et même de ceux de vos pensées, que les étoiles du ciel sont au-dessus des erreurs de la terre....

" Les passions vous feront d'abord obstacle ; puis, elles vous feront secours, parce que ce sera les bonnes passions après les mauvaises passions.

" Le drapeau que vous arborerez sera le Drapeau des Mondes, car il ralliera le passé, le présent et l'avenir à Dieu !

" Si vous voulez atteindre le but, sachez vouloir, et vouloir longtemps, sans douter et sans faillir. La volonté est ce qui s'use le plus et le plus vite, dans le monde de vos entreprises, et voilà pourquoi il y a tant de vos entreprises qui périssent, quand elles auraient dû fructifier. Savez-vous pourquoi la volonté s'use et change de route ? C'est parce qu'on n'a pas de but fixe. Savez-vous pourquoi on n'a pas de but fixe ? C'est parce qu'on n'a foi en rien, pas même en soi. Eh bien, ôtez cette obsence de foi, et cette absence de confiance, et vous aurez la continuité de la volonté, c'est-à-dire la base du succès. L'homme dont la volonté ne s'use pas est ce que vous appelez un homme de génie : c'est plus, c'est un homme de foi. "

. . . .

— Avec de pareils enseignements, se dit Casimir, il faudrait n'avoir ni cœur ni âme pour rester en chemin ! Que ne suis-je libre ! pensa-t-il, j'irais à ces hommes, et je leur dirais : "Voilà une vie de plus, une conscience de plus, une volonté de plus, au service de l'Emancipation Universelle ; prenez, frères !, cette vie, je ne la marchanderai pas ; cette conscience, je la garderai pure ; cette volonté, elle sera ferme et solide, elle ne s'usera pas !...."

A ce moment, le timbre de la séance retentit de nouveau, et le vieillard reprit la lecture :

" *Séance du 17 Septembre* 18.. "

" Quand on songe à ce que serait le monde sans la faute de l'homme ; quand, mettant de côté tous les éléments de malheurs créés par le libre arbitre mal employé, on jette un regard sur la terre, on est tenté de vouloir mourir, ou de s'abîmer dans des prières sans fin, pour demander à Dieu qu'il enlève à la créature, maîtresse de ce globe, cette liberté qui a causé tous les maux et tous les malheurs !

" Voyez donc ! Combien la terre vous rend-elle pour un ?... Voilà, en une ligne, la partie matérielle surabondamment pourvue.

" Maintenant, voyez pour le cœur, pour l'âme,

pour le sentiment! Il y a déluge de causes de bonheur ; il y a à noyer l'âme la plus insatiable!

"Oh! une seule minute dépouillez-vous de tous les vêtements de l'orgueil, de la sottise, de la partialité et de l'ypocrisie, regardez autour de vous et comptez !

"Vos chances de bonheur, ici-bas, sont aussi nombreuses que les étoiles dans le ciel. L'homme a une compagne pour ses délices et sa joie ; il a des enfants issus de sa chair, de son cœur et de Dieu. Il a le souvenir pour le passé, l'amour pour le présent, l'espérance pour l'avenir. Il a tout, car tout est dans ces trois mots. Il a sous les yeux le magique panorama d'une nature qui, pour lui, revêt, chaque printemps, une robe nouvelle et un parfum plus suave. Il a l'amitié à ses côtés, le dévouement derrière lui, le ciel au-dessus de sa tête.... Il a la supériorité sur toutes les autres créatures, une domination qui tourne toute à son profit et à sa satisfaction. L'intelligence lui donne le sceptre du monde : il n'y a pas d'hiver si rude dont il ne puisse faire une serre douce, d'été brûlant dont il ne puisse faire une fraîche oasis. Et les voyages ! et les sites qui changent partout, et la belle hospitalité, qui lui prépare le sourire des foyers et le duvet des lits!.... une joie perpétuelle! Et les arts ! et la musique, cette voix du ciel qui berce les enfants de la terre !

"Eh bien, eh bien de tout cela l'homme a fait jusqu'ici un enfer ; la Croyance Universelle en fera un paradis."

. . . .

L'émotion, une généreuse émotion, était peinte sur les visages des huit personnes entourant la table ; Casimir sentait son cœur bondir. Comme un noble coursier retenu sur l'arène pendant que d'autres s'élancent, il sentait en tout son être de généreux frémissements. Cette belle et sainte lutte, belle par le dévouement, sainte par le désintéressement, dans laquelle il ne pouvait entrer que comme foyer caché de vœux ardents, faisait bouillir son courage enchaîné. Il comprenait la grandeur, le sacrifice, le martyre....Quand, en présence de son généreux vouloir, l'impossibilité surgit devant ses yeux, il baissa la tête....et pleura....

XIX.

SUITE. — LA SÉPARATION.

Après huit jours d'absence, M. Roque revint sur l'habitation. Son visage ne portait plus aucune marque de *l'accident* qui lui était arrivé dans la chambre de Rose. Quand la belle mulâtresse le revit, elle lui trouva l'air changé, comme celui d'un homme qui s'observe, ou qui, ayant pris un parti, joue le rôle qu'il s'est imposé, au lieu de se laisser aller au flux et au reflux de ses changeantes impressions. Quand il entra dans la salle du travail des servantes de la maison, il ne parla à au-

cune, regarda longtemps celle dont il voulait à toute force faire sa maîtresse, et fronça les sourcils, à la vue du fauteuil rangé parmi les chaises, le long de la muraille. Rose était toujours soignée dans sa mise, sans coquetterie, mais avec une élégance particulière qui était, pour l'amant repoussé, toute pleine d'irrésistibles tentations....

Une heure après l'arrivée de monsieur Roque, le cabriolet dont il se servait souvent était à la porte, conduit par un domestique de la maison, lequel, de la part du maître, vint dire à la mulâtresse d'y monter immédiatement.

— Vos affaires vous suivront de près, ajouta le domestique ; vous n'avez donc rien à emporter.

Rose fut atterrée....Il était encore loin de midi ; elle ne pouvait donc pas même avertir Casimir !... L'ordre était formel, tout était prêt ; il fallait obéir, et obéir à la minute. La pauvre femme se leva ; le visage consterné de Zéphir lui donna une idée :

— Je vous suis à l'instant, dit-elle au domestique....

Celui-ci s'éloigna, et Rose put glisser quelques mots au négrillon, qui répondit par un signe de tête affirmatif. Un moment après, le cabriolet roulait sur la route, au grand trot d'un bon cheval, emportant la mulâtresse et le domestique du planteur.

— Où allons-nous ? demanda Rose au valet....

— A l'autre habitation de monsieur, répondit-il.

— Je comprends, pensa la pauvre femme ; il nous sépare....

Il y avait environ deux lieues entre les deux habitations. En moins d'une heure on y arriva. Rose fut reçue par l'économe, qui avait des ordres et qui l'attendait.

— Suivez-moi, dit-il à la jeune femme dès qu'elle fut descendue de voiture....

L'économe de cette habitation déplut tout d'abord à Rose. C'était un homme d'une quarantaine d'années, court, fort et trapu, au visage grossier, aux façons communes, au verbe haut et rude. Il tenait à la main droite un *tordu* qu'il agitait continuellement, comme s'il éprouvait sans cesse le besoin de le faire cingler sur quelque épaule. On devinait aisément en lui le valet rampant du maître, l'exécuteur zélé de toutes ses volontés, l'homme sans entrailles et sans pitié, qui exagère ce qu'il appelle ses devoirs, pour plaire à celui qui les paye.

Rose dut suivre cet homme, qui la conduisit dans une chambre du rez-de-chaussée, presque au niveau du sol.

— Voici, dit-il, la chambre à coucher de votre maître. Vous y allez ranger tout en bon ordre, et vous y attendrez monsieur, qui ne tardera pas à arriver. Votre chambre à vous est derrière celle-ci, jointe par la porte de communication que vous voyez ; vos meubles seront apportés et placés tantôt.....et défense de sortir sans permission !

Là-dessus, il s'éloigna en sifflant un air de chasse, et laissa Rose seule avec ses réflexions..........

Séparés!....ils étaient séparés!....Il avait fallu, pour cela, quoi! La volonté d'un homme!

Ainsi, depuis leur enfance ils se connaissaient; depuis leur puberté ils s'aimaient; depuis plusieurs années ils étaient l'un à l'autre, corps et cœur, esprit et âme; une belle petite fille, issue d'eux, faisait le doux lien de leur amour....; aucun crime, aucun délit, aucune faute n'entachait ni l'un ni l'autre; personne n'avait à les punir; ils ne faisaient et n'avaient fait de mal à personne; et voilà que la passion brutale et despotique d'un étranger, né à six ou sept cents lieues de leur pays natal à eux, arrachait le mari à la femme, et la femme au mari, pour voler plus à l'aise celle-là à celui-ci! "Reste!" disait-il à l'homme, et l'homme devait rester; "Pars!" disait-il à la femme, et la femme devait partir! Et lui, il la suivait, nous ne dirons pas pour la déshonorer, mais pour l'enlever à son profit!

Au sujet de ce mot *déshonorer*, nous jugeons utile de faire ici une observation dont — nous l'espérons — on reconnaîtra la justesse et la justice: Parmi les inepties, morales et sociales, qu'on imprime chaque jour, dans des livres auxquels une certaine vogue fait une sorte de réputation, en est-il une qui soit plus absurde, plus injuste et plus niaise que celle qui attache *l'honneur* d'un homme à la conduite d'une femme, et réciproquement! Ainsi, parce qu'un homme, au moyen d'un viol physique ou d'un viol moral, aura fait servir une femme à ses plaisirs ou à l'assouvissement de sa passion, cette femme sera *déshonorée!* C'est bien plutôt le larron qui se sera déshonoré lui-même, il nous semble.... Est-ce le volé ou le voleur qu'on mène en Cour d'Assises?.... Parce qu'une femme aura commis un adultère, on flétrira le mari d'une sotte épithète, et on le regardera avec une compassion méprisante! N'est-ce pas, dans les deux cas, le renversement du sens commun! "Un ravisseur m'a déshonorée! je ne suis plus digne de vous...." dira une pauvre jeune fille à celui qu'elle aime; et lui, il se voilera la face, s'éloignera.... et ira voyager! Un an plus tard, il épousera une autre jeune fille à laquelle personne n'aura touché, et le préjugé social dira: tout est bien.... et la pauvre délaissée finira ses jours dans un couvent, ou dans la misère, ou dans un lieu de prostitution! Elle est victime, donc elle est coupable!

Ainsi font les préjugés du monde!....

Rose était donc seule dans la chambre de monsieur Roque, toute entière à l'appréhension d'une nouvelle lutte, qui s'annonçait d'autant plus terrible qu'elle était plus silencieuse, et qu'elle se traduisait en actions, au lieu de s'user en paroles. La chambre était en ordre parfait, la mulâtresse n'y vit rien à ranger; et elle s'assit pour attendre.

Devant le siége qu'elle avait pris était une table, et, sur cette table un livre au grand format, entouré de divers papiers. Par distraction, presque à son insu, la mulâtresse ouvrit le livre....et le referma aussitôt; puis, elle alla s'asseoir plus loin, en proie à une terreur nouvelle...: une gravure obscène avait frappé ses yeux, et cette gravure lui avait renouvelé, plus brutal que jamais, le danger qui la menaçait en ce moment. Elle s'était éloignée du livre pour qu'on ne crût pas qu'elle l'avait vu. Une heure s'écoula ainsi, longue comme un siècle; enfin la porte s'ouvrit, et monsieur Roque entra.

*
* *

— Ah! parbleu....dit-il, maintenant que nous voilà veuve, nous serons sans doute raisonnable!

Rose ne répondit pas, et, au moment même, deux voix enfantines s'écrièrent: "Rose....où est Rose?"....et les deux enfants du capitaine Jackson, faisant irruption dans la chambre de leur tuteur, se précipitèrent vers la mulâtresse, qui les pressa dans ses bras et leur rendit les caresses qu'elle en recevait.

— Tu vas rester ici maintenant! dit Loïsa....

— Où est Casimir! demanda Henry......

— Qui vous a permis d'entrer ici! demanda monsieur Roque à ses jeunes pupilles....

— Tiens! répondit le garçon, est-ce que nous avons besoin de permission pour aller ici ou là, pourvu que nous ne sortions pas de l'habitation?

— Certainement, monsieur, fit monsieur Roque d'une grosse voix plus étonnée que courroucée.

— Mon tuteur, dit Loïsa, j'aime beaucoup Rose, et je serais bien contente de la voir tous les jours..

— Et moi, ajouta Henry, je veux voir Casimir... Je suis un blanc, moi!

— Toi, Loïsa, dit le planteur, tu verras Rose si elle se conduit bien; et toi, Henry, monsieur le raisonneur, je te défends d'entrer dans ma chambre, jusqu'à nouvel ordre!....Je n'aime pas que les enfants fassent les maîtres!....

— Casimir et Rose étaient à notre père!....répondit l'effronté garçon; ils sont donc à nous! Quand je serai mon maître, je donnerai la liberté à Casimir!

— Et moi à Rose! ajouta la petite fille.

— En attendant, conclut le tuteur, vous allez rejoindre tous les deux votre gardienne, et si elle vous laisse ainsi courir partout une seconde fois, je la ferai fouetter!

Et, en disant ces mots, monsieur Roque prit chaque enfant d'une main et les mit à la porte. Loïsa s'éloigna en pleurant, Henry en grondant.

— Rose, dit alors le maître à la mulâtresse silencieuse, je vous donne trois jours pour consentir à être à moi avec bonne volonté, nonobstant les moyens qu'il me plaira d'employer pour vous avoir quand même d'ici là; si, au bout de trois jours,

quoi qu'il soit arrivé, vous persistez dans vos refus:
vous irez travailler aux champs, sur cette planta,
tion, pendant que Casimir travaillera sur l'autre,
et je ferai telles défenses des deux côtés, que vous
ne puissiez vous voir ni le jour ni la nuit, ni le dimanche.

— C'est bien, monsieur, répondit la mulâtresse :
dans les cas extrêmes on a toujours un moyen suprême, qui est de mourir....

— C'est possible.... dans les romans. Voilà
votre chambre, ajouta-t-il ; bientôt vos meubles y
seront, et c'est là que vous coucherez !

. . . .

Il est nuit. Tout dort sur l'habitation ; la maison du maître est plongée dans le plus profond silence. La chambre de monsieur Roque est faible-
ment éclairée; celle de Rose l'est davantage. La
belle fille est étendue sur son lit, plongée dans un
sommeil profond ; elle n'est qu'à moitié dévêtue,
et sa pose semble indiquer qu'elle a résisté de toutes ses forces au sommeil, qui enfin l'a vaincue.
Une carafe et un verre sont posés sur la table placée à quelque distance du lit. Il est environ onze
heures. Au dehors, le temps est affreux ; la pluie
tombe à torrents ; l'orage gronde en se rapprochant, et de fulgurants éclairs sillonnent les ténèbres de lumineuses lignes brisées. Monsieur Roque, en robe de chambre, est assis entre le lit de
la mulâtresse et la table ; il examine le contenu de
la carafe, et un sourire glisse sur ses lèvres frémissantes.

— Les admirables cheveux! dit-il en touchant
de ses doigts frissonnants la longue et épaisse chevelure qui pendait hors du lit. — Quelle peau douce et satinée! — Les beaux sourcils! les belles
dents! — Oh! l'enivrante haleine! et il approchait
sa bouche des lèvres entr'ouvertes de Rose.... —
Les épaules adorables! quel velours et quel parfum! et les yeux du lubrique s'emplissaient de
flamme, et sa voix chevrottait, et ses mains har-
dies glissaient frémissantes sur les belles chairs
ardentes qui magnétisaient sa raison.

Et au dehors le vent mugissait, la pluie zébrait
l'atmosphère et crépitait sur le sol en bruits stri-
dents....

Mais l'homme enivré, fasciné, fou, n'entendait
rien, ne savait rien, ne sentait rien.... qu'un feu
dévorant qui brûlait ses veines, coupait sa respiration, séchait sa gorge et incendiait son cerveau...

A ce moment de paroxisme insensé, Rose, caressée sans doute par quelque rêve issu du somni-
fère qu'elle avait bu, sourit et respira plus fortement. Son sein se souleva en molles ondulations ;
ses dents blanches et le bord de ses gencives rouges apparurent comme un appel irrésistible.... et
monsieur Roque, prenant entre ses mains frémissantes et glacées la belle tête de la dormeuse, la
serra sur sa bouche altérée, et aspira dans un long

et ardent baiser l'haleine embaumée de la mulâtresse....

— Casimir.... murmura Rose.... Casimir !

Et, profitant de l'erreur du rêve, le maître, hors
de lui, s'enivra de toutes les voluptés qu'il avait
promises à son ardeur....

D'un souffle, il avait éteint la lumière....

. . . .

Quand le jour pointa, l'assoupissement factice
qui avait étreint la mulâtresse pendant quelques
heures, se dissipa. Elle ouvrit les yeux, reconnut sa
nouvelle chambre et une lueur subite se fit dans son
esprit. Elle vit à ses côtés son maître endormi,
et, folle, éperdue, elle sauta à terre et poussa un
grand cri. Les souvenirs confus des heures écou-
lées frappèrent sa mémoire, et elle crut qu'elle allait mourir.... A ce cri, monsieur Roque se réveilla en sursaut, et, fier de sa noble victoire :

— Eh bien, s'écria-t-il, tu es donc à moi !

Cette ignoble fanfare d'un ignoble guet-apens
galvanisa l'agonie de Rose ; en quelques secondes,
elle se couvrit tant bien que mal, et, sans dire un
mot, elle s'élança au dehors comme une insensée...
Mais à peine avait-elle fait quelques pas hors de la
maison, qu'une voix impérieuse lui ordonna d'arrêter, et comme elle n'entendait rien et continuait
de fuir, deux bras vigoureux la saisirent, et l'économe rapporta à la maison le corps évanoui de la
jeune femme qu'il déposa sur un canapé. Cependant, monsieur Roque s'était levé, l'esprit frappé
d'un sinistre pressentiment, et il s'élançait à la
poursuite de la mulâtresse, quand il la vit étendue
devant lui, sans connaissance. L'économe se reti-
rait avec discrétion.

— C'est bien, monsieur Kerlec, lui dit le maître....

Monsieur Kerlec s'inclina et sortit.

— Maintenant, se dit le vainqueur, il n'y a plus
de danger ; tout s'arrangera pour le mieux....

Et, ayant pris Rose, toujours évanouie, dans ses
bras robustes, il la rapporta sur son lit ; puis il lui
jeta au visage quelques gouttes d'eau fraîche, et,
la voyant revenir à elle, il s'éloigna....

———◆———

XX.

SUITE. — LA DISPARITION.

Le soir de ce même jour, vers sept heures, quand
M. Roque entra dans la chambre de Rose, presque
certain cette fois d'une victoire véritable, il trouva cette chambre vide....non de meubles, mais de
celle qu'il comptait y trouver!.... Il pâlit affreu-
sement. Frappé de l'idée d'un suicide qui eût été
son désespoir, il faillit perdre la tête. Il interrogea
les domestiques, mâles et femelles, fit venir monsieur Kerlec, s'enquit de tous côtés, fit bouleverser
les cases, fouiller les pièces de cannes, battre les
environs.. rien ! Rose n'était nulle part. Un bayou

coulait à un quart de lieue de l'habitation ; monsieur Roque ordonna qu'on en visitât les bords pour chercher quelque indice ; puis, il monta lui-même à cheval, et partit au galop, dans la direction de l'habitation dont monsieur Michaud était l'économe....

Monsieur Roque était comme un insensé. Tantôt, il dévorait la route, tantôt il arrêtait son cheval pour reprendre haleine et se donner quelques instants de réflexions dans la pose de l'immobilité. Il était comme un avare qui a perdu son trésor, où au moins le souvenir du lieu où il l'a enfoui.

Oh ! se disait-il en un monologue saccadé, je donnerais dix nègres pour la retrouver ! Il me la faut....il me la faut ! Sans elle je n'aurai plus que des journées inquiètes et des nuits atroces ! — Je lui donnerais la liberté, et une maison, et des esclaves, et de l'or, et la moitié de tout ce que je possède....si elle se donnait à moi avec abandon ! — Je la ferai périr sous la misère et le fouet....si je la retrouve, et qu'elle me résiste toujours ! — Oui, oui, car je ne veux plus d'un demi-cadavre ; je veux une femme bien vivante....dont les yeux me répondent, dont la bouche me sourie, dont la passion égale la mienne !....si c'est possible.

Et il reprenait le galop.

— Cours, Phœbus, cours !...disait-il à son cheval : nous n'arrêterons pas que nous ne l'ayons retrouvée !....Tu mourras à la peine, s'il le faut, et après toi un autre et encore un autre....et toujours.... jusqu'à ce que je tombe moi-même de fatigue et de désespoir !

C'est en cet état que monsieur Roque arriva à son habitation. L'économe se trouva juste à point pour recevoir la première bordée de son impatience et de sa folie.

— Monsieur Michaud ! s'écria-t-il, avez-vous vu, a-t-on vu Rose par ici ?

— Non, monsieur, répondit l'économe, on ne l'a pas vue depuis qu'elle est partie pour l'autre habitation....au moins que je sache.

— Et Casimir ?

— Il était aux champs, comme tous les jours, et il doit être présentement à sa case. Après cela, je n'ai guère quitté les ateliers, de la journée, et il se pourrait que la mulâtresse fût venue par ici, si elle n'est pas là-bas.

Ces dernières paroles rendirent un peu d'espoir à monsieur Roque, et arrêtèrent le torrent qui était près de déborder.

— Interrogez les nègres, monsieur, dit-il à l'économe ; je vais, moi, voir de mon côté : il faut que cette esclave se retrouve.

Et il se dirigea vers les cabanes. En arrivant près de la Case-aux-Nourrices, une pensée lui traversa l'esprit. Il entra sans hésiter, demanda la petite Rosine, et apprit que sa mère l'était venue chercher de sa part, à lui, pour la porter à l'autre

habitation ! — Sans dire un mot, il se dirigea vers la cabane de Casimir....et y arriva bientôt. Le mulâtre était occupé à réparer sa table, et, tout en travaillant, il chantait un air créole, de la Guadeloupe.

— Monsieur ! fit-il, en voyant paraître son maître le visage bouleversé....

— As-tu vu ta femme aujourd'hui ? lui demanda le planteur....

—Non, monsieur, répondit Casimir d'un air parfaitement étonné : elle n'est pas venue à midi, comme elle vient de coutume....

— Et qu'as-tu pensé alors ?

— J'ai pensé qu'elle était occupée à la maison, monsieur.

— A quelle maison ?

—Mais...à la maison de cette habitation.

— Non ; je l'avais fait conduire à l'autre...... pour qu'elle fût près de Henry et de Loïsa......et elle a disparu.

— Et... Rosine ? monsieur, demanda le mulâtre d'un air si naturellement alarmé, que monsieur Roque fut tout-à-fait rassuré de ce côté...

— Rosine, répondit-il....sa mère l'est venue prendre, et elles ont disparu toutes les deux.

— Mon Dieu ! s'écria le malheureux en se frappant le front... pourquoi tout cela, et où est-elle ?

— Je n'en sais rien, répondit le maître, mais on la retrouvera !

Et il s'éloigna comme il était venu, c'est-à-dire l'esprit bouleversé, et, qui plus est, privé encore d'un espoir,

—Pauvre chère femme ! murmura Casimir quand le maître fut loin, te voilà fugitive, et nous voilà séparés, parce que tu plais à ce monstre ! Mais nous verrons..."*Patience c'est maître à malice !*" comme on dit à la Guadeloupe. Je sais où tu es... c'est beaucoup ; mais je ne t'ai plus à mes côtés, c'est beaucoup aussi !

Monsieur Roque retourna immédiatement à son habitation-Kerlec (Nous emploierons cette dénomination et celle d'habitation-Michaud, chacune pour désigner la plantation gérée par celui-ci ou par celui-là.) Dès qu'il arriva il demanda des nouvelles du bayou. Ceux qu'on y avait envoyés n'en étaient pas encore revenus. Alors, sans descendre de cheval, l'infatigable *amoureux* partit dans la direction du bayou, pour voir par lui même si on faisait de sérieuses recherches.

Quand le galop de son cheval se fut assez éloigné pour qu'on ne l'entendît plus, monsieur Michaud, passant au milieu des cabanes, arriva à celle de Casimir et y entra.

— Oh ! monsieur......s'écria le mulâtre, monsieur !..

Et il se précipita sur la main de l'économe, qu'il embrassa en pleurant de reconnaissance......

— Silence ! dit le blanc… silence ! il y a des yeux et des oreilles partout.

— Oui, monsieur, mes yeux seront éteints, ma bouche sera muette ; mais Dieu voit tout !

Et, tirant de sa poitrine la petite étoile d'argent que Salomon lui avait donnée, il l'embrassa avec effusion, remerciant ainsi le symbole de la Croyance du secours que lui avait donné la Croyance.

Monsieur Michaud regarda Casimir jusqu'au fond de l'âme, lui sourit avec bonté, et s'éloigna sans ajouter un mot.

....

Le lecteur ne tardera pas à savoir ce qui s'était passé, en assistant, avec Casimir, à la *conversation* qui aura lieu à la prochaine Séance chez monsieur Michaud.

Monsieur Roque était arrivé au bayou, aussi bouleversé et aussi fou qu'il était depuis le moment de la disparition de Rose. Il pouvait être neuf heures à ce moment. Des nègres, munis de torches, parcouraient les rives du cours d'eau, cherchant quelque trace de pas, quelque lambeau de vêtements, qui pussent mettre sur la voie d'une découverte. Monsieur Roque lui-même, une torche en main, activait les recherches en menaçant les nonchalants et en promettant des récompenses aux zélés, pendant qu'il explorait, comme ses esclaves, les abords du bayou. Les nègres savaient très bien la cause de l'état où était leur maître, et de plus, dérangés dans un temps qui était censé leur appartenir, ils étaient forts mécontents ; mais quant à exprimer leur mécontentement, il n'y fallait pas songer ! L'un d'eux entr'autres, s'agitant avec un zèle trop visible et trop exagéré pour être réel, laissait paraître, de temps à autre, sur ses lèvres, un sourire…. qui voulait dire bien des choses. Peut-être le lecteur aura-t-il deviné notre connaissance Silène, le muletier….

— Cherche, cherche ! disait-il en lui-même….la pauvre fille n'est pas dans le bayou !….

Et il regardait avec une pitié moqueuse, ce maître qui n'eût pas fait un pas par humanité, et qui se mettait en quatre pour retrouver l'objet duquel il attendait ses plaisirs….

— C'est drôle, disait un farceur assez éloigné pour n'être pas entendu du maître, c'est drôle tout de même de pêcher une mulâtresse dans un bayou !

— D'autant plus que, si elle s'y trouvait, répondit un voisin, elle ne serait plus bonne à grand' chose !

— Si ça dure longtemps, ajouta un autre, monsieur deviendra sûrement fou !

— C'est probable, car il l'est déjà à moitié……

— Quelle chance ce serait ! reprit le premier interlocuteur.

Enfin, quand on eut bien cherché, bien fouillé, bien exploré, il fallut partir sans avoir rien découvert. Le maître, cette fois, s'en revint au pas de son cheval, la tête penchée sur la poitrine, le poing crispé, en murmurant des phrases intelligibles pour lui seul. Il était près de minuit quand les pauvres noirs arrivèrent à leurs cabanes ; ce qui n'empêchait pas qu'ils ne dussent se lever à la cloche, vers quatre heures du matin, comme de coutume. Quant à monsieur Roque, quoiqu'il pût se lever quand bon lui semblerait, et qu'il eût un excellent lit pour se reposer, il passa une bien plus mauvaise nuit que ses esclaves.

Son domestique de confiance, chargé du soin de sa chambre, entra comme il entrait chaque jour à la même heure.

— Monsieur, s'écria-t-il, vous êtes malade, bien sûr ; vous êtes pâle à faire peur !

— Crois-tu ? lui répondit son maître sans savoir au juste ce qu'il disait lui-même.

— Oh ! oui, monsieur ; vous devez avoir la fièvre ; vous aurez pris froid……

— Froid !…. peut-être bien ; en effet, je n'ai pas dormi de la nuit.

— Venez dans votre lit, monsieur, venez, ajouta le valet……

— Dans mon lit ! malheureux…… s'écria monsieur Roque…. Va-t-en ! ou je te brise la tête !…

Et le pauvre valet épouvanté ne se le fit pas dire deux fois ; il sortit vivement en se répétant en chemin : Bien sûr, monsieur a la fièvre chaude !

***

Vers le soir, monsieur Roque, non calmé mais abattu, fit appeler dans sa chambre monsieur Kerlec, qu'il connaissait assez pour savoir qu'il pouvait le charger de toute espèce de mission.

— Monsieur Kerlec, lui dit-il, je sais que vous prenez un véritable intérêt à tout ce qui touche mon service ; aussi, je vous ai fait appeler dans une conjoncture difficile et…… délicate, et je compte sur votre zèle….

— Et vous faites bien, monsieur, car je suis prêt à tout faire pour vous être agréable, sans chercher à savoir ce qui ne doit pas me regarder.

— C'est fort bien, monsieur : je vois que nous nous entendrons ! — Mais, à propos, dites-moi, votre seconde année doit être échue !

— Depuis quelques jours, répondit l'économe ; mais cela importe peu, et…

— Au contraire, M. Kerlec, cela importe beaucoup : on a toujours besoin d'argent. Je vais vous donner un mandat sur mon correspondant de la Nouvelle-Orléans……et, à partir d'à présent, j'augmente vos gages annuels de cent piastres.

Monsieur Kerlec s'inclina en signe de remerciment.

Après avoir écrit et remis le mandat, le planteur continua :

— Vous savez que ma mulâtresse Rose a pris la fuite. Il n'y a rien que je ne fisse et ne donnasse pour la reprendre, et je vous charge de m'aider, dans cette recherche, par tous les moyens en votre pouvoir. Je connais votre sagacité et votre flair en fait d'esclaves marrons. Causons donc, et donnez-moi quelques conseils: je suis prêt à les suivre, sur la foi de votre adresse bien connue.

— D'abord, monsieur, demanda l'économe, êtes-vous pressé de retrouver....ce sujet?

— Très pressé, monsieur Kerlec: je paierais chaque journée gagnée, à prix d'or......Il importe à mon repos, à m......que je la retrouve le plus vite possible, parce que......

— Inutile de me rien expliquer, monsieur; je ne dois pas savoir ce qui ne me regarde pas, comme j'ai eu l'honneur de vous le dire.

— J'apprécie votre discrétion, répondit monsieur Roque. Cependant, si désireux que je sois de reprendre cette fille, il faut bien que je me soumette aux longueurs nécessaires dans cette recherche... Mais je vous avouerai que je ne sais par où commencer.

— Cherchons, répondit monsieur Kerlec, cherchons et nous trouverons. D'abord, monsieur, avez-vous lieu de penser qu'elle fût.... sous l'influence de quelque.... mécontentement.... et sa fuite vous semble-t-elle le résultat d'une inspiration subite, ou l'exécution d'un plan arrêté à l'avance?

— Tenez, monsieur Kerlec, répondit le planteur, nous n'en finirions pas si je vous cachais quelque chose. Je suis fou de cette mulâtresse, et elle me résiste. Je l'ai.... menacée, et elle a eu peur. De là sa fuite.... Maintenant, je veux la retrouver, parce que....

— Je comprends, dit l'économe, et vous pouvez être sûr, monsieur, que ce que vous voulez bien me confier mourra avec moi! — Maintenant, ajouta-t-il, la cause étant connue, voyons autour du sujet. Elle a un.... mari, n'est-ce pas?

— Oui, un mulâtre nommé Casimir, qui travaille sur mon autre habitation. Ils ont une petite fille... que la mère a emportée dans sa fuite.

— Très bien! Un lien que nous tenons, et un embarras qui la gêne! Le mari doit savoir où est la femme....

— On! non.... Je l'ai vu et interrogé moi-même, et il ne sait rien, ou bien c'est un comédien parfait.

— Eh, eh.... fit l'économe, les esclaves sont plus fins qu'on ne le croit communément. Du reste, s'il ne sait rien, il saura tout. La première chose, selon moi, est donc de le surveiller. C'es un peu long, mais c'est sûr. Qu'en pensez-vous? monsieur....

— Je pense comme vous, monsieur Kerlec, et, comme je vois que vous êtes fort habile, outre que je le savais déjà, je vous prie de donner votre avis sans demander le mien, et même vos ordres.... auxquels je serai le premier à obéir, répondit monsieur Roque.

— Pour vous obéir moi-même, monsieur, j'accepterai ce commandement, dit l'économe, en s'inclinant avec déférence. Il faut donc, *primo*, surveiller le mulâtre Casimir, mais la nuit seulement, et j'ose dire qu'il n'y a que moi qui puisse prendre ce soin.

Monsieur Roque s'inclina à son tour en signe d'obéissance. L'espoir lui revenait à mesure que parlait l'économe, et comme le sort de sa passion dépendait en premier lieu de l'économe, monsieur Roque se soumettait de bonne grâce à une adresse supérieure à la sienne.

— Avez-vous ici, monsieur, continua le conseiller, quelque vêtement qui ait gardé l'émanation corporelle de cette femme?

— Oui, il y en a plusieurs, entr'autres une chemisette de batiste.

— Parfait! vous me la donnerez, et quand mon chien Turc l'aura bien flairée, il se mettra en campagne avec moi.

— Qu'il n'aille pas la déchirer! au moins.... s'écria le planteur alarmé.

— Oh! soyez tranquille! il est mieux élevé que cela: il n'arrête et ne mord qu'à un certain signe ou à un certain mot. C'est une bête précieuse!

— Maintenant, quels gens connaît Rose?

— Personne, que je sache. Elle était précédemment chez madame L...., à la Nouvelle-Orléans; de là elle a demeuré chez le défunt capitaine Jackson, à Bâton-Rouge; puis elle a été conduite à mon habitation.

— Et elle venait?

— De la Guadeloupe.

— Diable! fit l'économe, elle n'a pas grandes ressources, et nous n'avons pas grands indices! Mais n'importe.... il faut la retrouver: on la retrouvera.

— Vous me rendrez la vie! s'écria le propriétaire....

— Parbleu! fit monsieur Kerlec, sans répondre à cet élan, a-t-on jamais vu qu'une esclave ne se soit pas trouvée heureuse et honorée de la préférence de son maître, quand surtout c'est un homme jeune encore, vigoureux et beau!.... Cette Rose est bien difficile.... ou bien sotte!

Ce gros encens plut au pacha, fabricant de sucre, qui sourit.

— Nous disons donc, reprit le flatteur, à qui son importance momentanée donnait un aplomb croissant, nous disons donc que, cette nuit même, je commence ma surveillance; mais il faut, pour cela, que je sois remplacé dans mes fonctions du jour; mon neveu pourrait faire l'affaire: il connaît cette habitation presque aussi bien que moi....

— Faites....dit le planteur: vous êtes le maître.

— Très-bien, monsieur; et je vous entretiendrai chaque fois qu'il y aura du nouveau. Maintenant veuillez me remettre la chemisette, et je cours tout disposer. Il faut que Turc ait le temps de prendre le flair....

Monsieur Roque passa dans la chambre de Rose, prit le léger tissu....qu'il pressa sur ses lèvres, et revint l'apporter à son écoueme. Celui-ci prit la chemisette....l'enveloppa dans un journal, et sortit après avoir dit à son patron de prendre espoir.

XXI.

SUITE. — LES FRÈRES DE LA CROYANCE.

Un attrait puissant et une curiosité bien légitime appelaient Casimir, le lendemain de la disparition de Rose, au poste d'observation où nous l'avons vu déjà deux fois. Nous ne rapporterons pas ce qui y fut lu. Seulement, comme il y avait, ce soir-là, réception d'un nouveau membre, nous écouterons, avec Casimir, ce qui fut dit à ce sujet.. Tous les assistants, moins le nouveau, étaient revêtus, comme aux autres séances, du ruban bleu, étoilé d'argent, et supportant l'Etoile d'or. Devant le vieillard que nous connaissons déjà, était posé, sur la table, un autre ruban en tout pareil à ceux qui étaient portés par les huit assistants.

Quand la lecture et les commentaires furent achevés, le vieillard s'adressant au nouveau venu qui, après le temps voulu désirait être reçu, et qui en avait été préalablement jugé digne :

— Monsieur Alexandre, lui dit-il, vous avez assisté, pendant trois mois consécutifs, aux séances dirigées par notre frère F...; vous avez tout entendu et tout compris ; vous connaissez notre but et nos moyens, notre mission et nos dangers, et vous désirez devenir un de nos frères. Je vais vous lire la formule de la Promesse qui vous liera, et, après moi, vous prendrez le livre et la lirez vous-même. Quand ce sera fait, vous serez nous et nous serons vous, c'est-à-dire que la Grande Famille comptera un membre de plus. Ecoutez donc attentivement....

Et le vieillard, ouvrant le livre des séances, lut lentement et clairement :

Extrait des ECRITURES. — *Séance du* 14 *Mai* 18..

"La main sur la conscience, et le regard tourné vers Dieu, après avoir entendu tout ce que j'ai entendu, après avoir compris tout ce que j'ai compris ; sachant comment va le monde, et désireux de participer, pour si peu que ce puisse être, au progrès humanitaire, qu'accomplit et qu'accomplira la Croyance Universelle, je jure en moi, devant Dieu qui m'entend et me voit et lit dans ma pensée, d'être fidèle à tout ce qui m'a été lu et enseigné sur la Croyance et sur la Fraternité ; je promets à Dieu et à moi-même de faire tout ce qui sera humainement possible pour propager et soutenir la Croyance Universelle.

"Je promets, devant Dieu, aide, secours et bonne amitié à tous mes *frères* en Croyance, qui travaillent pour l'humanité, et services sans restrictions à tels d'eux qui l'invoqueraient sur leur Etoile, à moins d'impossibilité absolue....dont Dieu serait juge.

"Je répète en moi, trois fois de suite, de bon cœur et avec joie, le OUI qui est demandé, afin d'être digne de l'Etoile qui doit nous unir à tout jamais entre nous, pour le bien de tous."

....

Le nouveau venu avait le front penché sur ses deux mains, dans le plus respectueux recueillement. Quand la formule de la *Promesse* fut achevée, il releva la tête, prit à son tour le livre, et lut la même page, avec une profonde émotion.... qui se communiqua aux assistants, sans excepter le pauvre esclave caché sous le plancher de la salle.

Cela fait, le vieillard se leva, fit signe au nouveau de s'approcher, et, quand celui-ci fut près de lui, il prit le ruban, le lui passa au cou, et, ouvrant les bras :

— Embrassons-nous, *frère*, lui dit-il, et que ce baiser sincère soit un jour celui de l'humanité tout entière !....

Tous se levèrent à leur tour, et pressèrent dans leurs bras celui qui voulait aussi consacrer toute sa vie au saint travail de l'Emancipation Universelle.

Casimir, humblement caché sous la maison, ouvrit aussi ses bras, comme s'il allait recevoir à son tour le Baiser Fraternel, puis, penchant la tête sur sa poitrine, il essuya deux larmes qui avaient roulé sur ses joues....

....

— Maintenant, frères, dit M. Michaud, j'ai à vous raconter les derniers événements qui ont eu lieu au sujet de la femme de Casimir.

Il faut que je vous dise d'abord que la Séance de notre *frère* F*** a reçu, de la Pointe-à-Pitre, une lettre confidentielle annonçant que Casimir, frère de père du capitaine Jackson, n'avait été acheté par celui-ci que pour en recevoir la liberté, avec sa femme et son enfant. De plus, Casimir a reçu déjà l'Etoile d'argent, du chef de la Séance des noirs de la Pointe-à-Pitre, Salomon. Aussitôt libre, ce Casimir devait être reçu dans l'Association. La mort inattendue du digne Jackson a bouleversé ces projets, et vous savez ce qui en est résulté. Néanmoins, le grade — même occulte — d'Etoilé d'argent, fait un devoir à tous les membres de l'Association d'aider, dans les cas désespérés, quiconque en est revêtu, comme vous le savez. Seulement, nous avons, en ce pays, mille précautions à prendre, et voici ce qui a été fait: nous savions la position exacte de Rose vis-à-vis de son maitre. La première scène qui a eu lieu entr'eux m'a été rapportée ; la deuxième a eu un témoin, et j'ai prévu ce qui arriverait le lendemain. En effet, Rose voulait s'aller jeter à l'eau, se croyant déshonorée et peut-être coupable, la pauvre ignorante! Quand elle est arrivée, à demi folle, près du bayon, elle a été saisie par deux bras vigoureux qui l'ont portée dans un esquif tout prêt, et deux rames habilement maniées ont fait voler la légère embarcation sur les eaux. En ce moment Rose est cachée chez le vieil aubergiste noir de la route de Bâton-Rouge. Quand on jugera le moment propice on l'embarquera sur un steamboat, comme servante de notre bonne *sœur* madame B***, qui la conduira à la Nouvelle-Orléans, chez elle, où la pauvre fille restera parfaitement bien cachée, aussi longtemps que cela sera jugé nécessaire. J'ai fait instruire Casimir du lieu où est sa femme, en lui recommandant de ne la pas compromettre par des visites. Il ne sait aucun détail, et j'avais lieu de croire qu'il ne pouvait pas même supposer que je fusse pour quelque chose dans ce secours de la Croyance; mais j'ai été bien détrompé!

— Comment cela? demanda un des assistants...

—.Voici: Dès que le R. a eu quitté la cabane de Casimir qu'il soupçonnait d'avoir aidé à cette fuite, et qu'il était en conséquence venu interroger, j'y suis entré à mon tour, et, avant que j'aie eu le temps de couvrir ma venue du prétexte que j'avais préparé, le brave garçon s'est jeté sur mes mains, qu'il a embrassées avec effusion! J'ai compris qu'il savait tout, et je me suis éloigné en lui recommandant le silence. Alors, avant que j'eusse quitté le seuil de sa case, il a tiré de sa poitrine son Etoile d'argent, et l'a portée à ses lèvres, comme s'il eût deviné que le secours venait de la Croyance!... Et.... qui sait?....

— Dans tous les cas, dit le vieillard, ce n'est pas lui qui trahirait!

— Oh! non, s'écria monsieur Michaud: le passé et le présent sont là pour nous répondre de l'avenir.

— Oh! non, murmura en écho le pauvre mulâtre.... Je mourrais dans les tortures avant de commettre une telle lâcheté!

A ce moment, les aboiements de Fala, le chien de l'économe, retentirent avec force. Casimir se retourna aussitôt, et aperçut, à quelque distance de la maison, une forme humaine qui venait dans l'ombre. Au même moment, l'économe, armé d'un fusil, sortit précipitamment et jeta les yeux aux alentours. Le chien n'attendait qu'un signal pour se précipiter; mais l'ombre s'éloigna à grands pas et disparut bientôt au détour d'un sentier.

— Veille, mon bon chien, veille! dit monsieur Michaud en caressant le fidèle animal.... tu ne sais pas ce que tu gardes!

Et il rentra dans sa demeure.

— Maintenant, frères, dit-il après avoir repris sa place, et soigneusement fermé la porte, maintenant, il y a une mission délicate, dont je voudrais que l'un de vous se chargeât; je vais vous dire de quoi il s'agit. Le R. a longtemps causé avec son économe de l'autre habitation, le lendemain de la disparition de Rose. Comme je connais l'homme, je le sais capable de se charger des missions les moins honorables; or, dans les conjonctures présentes, il y a lieu de penser qu'il s'agit de la recherche de Rose, et cet homme est adroit. Il faudrait donc, moi ne pouvant le faire, que l'un de vous exécutât une sorte de contre-police.... c'est-à-dire surveillât le surveillant. C'est de nuit qu'il faut agir, parce que c'est de nuit qu'on agira contre nous.

— Si j'osais demander à mes frères d'avoir confiance en moi, dit le nouveau reçu, je serais heureux qu'ils voulussent bien me permettre de me rendre utile en cette circonstance. Une horrible action comme celle qui se commet en ce moment — car j'ai tout su — rend saint l'espionnage qu'il s'agit d'exercer; puisque les méchants complotent dans l'ombre, c'est dans l'ombre que les bons doivent chercher à déjouer leurs projets....

Le vieillard regarda ses frères, et, ayant lu leur opinion dans leurs regards, il répondit au jeune homme:

— Frère, chargez-vous donc de ce soin, et faites pour le mieux.

— Merci! répondit celui-ci, je tâcherai de me rendre digne de votre confiance. — J'ai, ajouta-t-il, un excellent chien qui me suivra, et peut-être m'aidera; il arrête à la course un taureau furieux, et obéit comme un enfant....

— Vous me faites ressouvenir, dit M. Michaud, que M. Kerlec aussi a un bon chien, *un chien à nègres,* comme on dit, c'est-à-dire dressé à chasser les noirs fugitifs.... Il se pourrait bien qu'il l'emmenât avec lui dans ses perquisitions, si tant est que je ne me suis pas trompé.

— Et bien alors, c'est entendu, chers frères; dès demain, je me mettrai en campagne, et je rendrai compte au frère Michaud de ce qui se passera.

— Et moi, murmura Casimir, je me tiendrai sur mes gardes!

....

Pour regagner sa case, Casimir devait passer par le sentier suivi par l'inconnu qui avait causé l'alerte parmi les frères de la Croyance. Ceux-ci devaient suivre le chemin opposé, pour se rendre chez eux. Au détour du même coude où avait disparu la forme humaine, Casimir — dont l'habitude des ténèbres avait rendu la vue perçante, en pleine nuit — aperçut, parmi des touffes de halliers, un homme debout et immobile. Rapprochant cette apparition de celle qui avait eu lieu quelques instants auparavant, et de ce qui avait été rapporté par monsieur Michaud, il n'eut pas de peine à deviner quel personnage était là et pourquoi il y était. Alors il comprit le danger, et aussi la puissance de ceux qui voulaient conjurer ce danger....Une idée lui passa par l'imagination : c'était d'errer ça et là pendant longtemps, afin de fatiguer inutilement l'espion mis à ses trousses, puis de rentrer tranquillement dans sa cabane. Une autre idée plus originale lui vint aussi, et peu s'en fallut qu'il ne la mit à exécution : c'était de marcher en droite ligne au bayou, de le traverser à la nage, puis de rentrer aux cases par un long détour. Mais il réfléchit qu'il lui fallait reprendre la houe le lendemain, et qu'une nuit de fatigue, sans nécessité absolue, lui ferait plus de mal qu'à son ennemi. Il alla donc tout droit à sa cabane....et essaya de trouver quelques heures de sommeil.

Le jeune homme que nous venons de voir admis dans la grande Association de la Croyance Universelle, pouvait avoir vingt-cinq ans. C'était un beau blond, aux yeux bleus, doux et limpides....qui s'éclairaient de fortes lueurs quand une passion quelconque les animait. Il avait, dans la petite ville de Bâton-Rouge, un magasin d'étoffes, qu'il exploitait avec assez de profit. Il vivait dans une certaine aisance, seul, attendant avec patience qu'il trouvât une femme capable de partager ses idées libérales et généreuses, pour l'associer à son existence honorable. Nous confierons même au lecteur que cette femme était à peu près trouvée ; mais n'anticipons pas sur les faits futurs. Né aux environs de New York, les événements avaient poussé le jeune homme en Louisiane, et les horribles vices, inséparables de tout pays sali par la servitude, n'avaient fait que développer, dans le sens libéral, ses idées premières opposées à l'esclavage. Citoyen d'une grande république dont la liberté civile et politique fait seule la force et la grandeur, il gémissait, il s'irritait à la vue de la lèpre hideuse qui macule le pavillon étoilé. Ayant eu connaissance de l'existence d'une vaste Association qui, comme un vaste chêne étendait au loin ses fortes branches, il avait voulu voir, entendre et juger....et, dès que ses trois mois d'enseignements furent achevés, il demanda et obtint l'Étoile d'or qui le liait à l'Association. Alexander Elwin était son nom ; la population française l'appelait Monsieur Alexandre, transposant seulement ainsi les deux lettres de son premier nom, pour le franciser. Ainsi ferons-nous dans la suite de ce récit, afin de conserver une couleur uniforme. Monsieur Alexandre était d'une taille un peu au-dessus de la moyenne. Enfant du Nord, il en avait la force, la souplesse et le calme....au physique. Né d'une mère française, si son père était un Américain, il avait hérité, au moral, de la fougue gauloise, et un peu de l'exaltation qui est dans le caractère des descendants de cette nation. Au total, il était donc supérieur au Français et à l'Américain, puisqu'il réunissait en lui les qualités de ces deux peuples. Il parlait avec la même facilité, sinon avec

la même correction, l'anglais et le français ; il comprenait aussi l'allemand, et le parlait un peu.

Le lecteur connaît maintenant les deux hommes appelés, l'un à poursuivre, l'autre à défendre nos héros, le missionnaire de la liberté et le suppôt de l'esclavage, l'agent du mal et l'agent du bien, monsieur Kerlec et monsieur Elwin.... Laissons donc se dérouler maintenant les péripéties des scènes de cette lutte, à laquelle nous assisterons bientôt, et allons rejoindre un peu notre belle et courageuse Rose....

XXII.

LE VIEUX JACQUES.

On se rappelle peut-être la pauvre auberge où s'arrêtèrent, en venant de Bâton-Rouge, Silène, Casimir et Rose, pour prendre un peu de repos et de nourriture. Cette auberge était tenue — très peu tenue ! — par un noir libre qui répondait au nom de Jacques. Peu de blancs s'arrêtaient à cette masure, dont la laide apparence ne pouvait annoncer la bonne cuisine qui s'y pouvait faire. En revanche, les parias de la couleur la connaissaient parfaitement et ne manquaient guère d'y prendre quelque chose....quand ils avaient de l'argent.

Le vieux Jacques avait été jeune ; il avait été longtemps esclave, mais un beau jour un étranger l'était venu acheter, lui avait donné la liberté, avait quitté le pays, et n'y était plus revenu. Diverses histoires merveilleuses avaient circulé sur cet événement, mais nul n'avait pu aller plus loin que le chapitre des conjectures. Tout ce qu'on savait, c'est que le jeune Jacques était un type achevé de malice, d'intelligence, et — disait-on — d'avarice. Ni blanc ni noir n'avaient dans l'esprit plus de tours et de détours ; dans l'imagination, plus de ressources et de finesse : c'était un renard doublé d'un singe. On disait aussi, en ce temps-là, que le sus-dit Jacques avait peu de *préjugés* touchant *le tien et le sien* ; que tout bois lui était bon pour faire flèche, c'est-à-dire tout moyen pour faire argent. Il prêtait, achetait, vendait, trafiquait, échangeait, avec une constance et une habileté dignes du résultat qu'elles obtinrent, prétendait-on ....car Jacques passait pour avoir — quelque part ou ailleurs, comme on disait en riant — certain *magot* sonnant dont n'eût pas fait fi un habitant d'une fortune ordinaire. Ce noir, étonnant par son astuce, et cité, dans son temps, pour les bons tours qu'il avait joués à des blancs, avait une qualité qui — en rendant l'esclavage responsable des méfaits des esclaves, annulait tous les torts qu'on eût pu *peut-être* lui reprocher : il aimait ses pauvres frères, les noirs, et ne cumulait sou sur sou, par tous les moyens, que pour arriver à être libre. S'il avait déclaré une guerre d'adresse aux oppresseurs, il avait voué, à la défense des opprimés comme lui, toutes les ressources de sa diabolique imaginative. Il avait encore l'avantage de connaître tout le monde, et presque toutes choses, tant sa police était bien faite par les allants et venants de sa couleur! Une autre qualité qu'il n'est pas permis d'omettre, c'était sa discrétion, résultat de sa dissimulation profonde et constante. Il disait que le secret le mieux gardé est celui qu'on ne confie pas. Agissant d'après cet axiome, il savait tout des autres, et on ne savait exactement rien de lui.

Voilà à peu près le portrait — au moral — de l'individu chez lequel on avait caché Rose, en attendant une occasion de la mettre plus loin à l'abri des poursuites de monsieur Roque.

Quant à son portrait physique, c'était : un visage de Voltaire qu'on eût barbouillé de noir, une stature ordinaire, une vigueur commune, et pas mal de cheveux gris tachetant des cheveux noirs très crépus.

Le vieux Jacques n'avait ni chien ni chat, animaux qui mangent, disait-il, et qu'on ne mange pas! Pour remplacer le gardien et le chasseur de rats, il avait, à chaque porte et à chaque fenêtre, des trous par lesquels il pouvait voir au loin de tous côtés, et, dans tous les coins, un poison de sa fabrique, tiré d'herbes vénéneuses qui croissent dans les bois.

La masure de Jacques avait trois chambres de plain-pied avec le sol, plus un grenier où l'on arrivait au moyen d'une sorte d'escalier échelle, qu'on pouvait poser ou enlever à volonté. La chambre principale, qui seule avait porte devant et porte derrière, était la salle à manger et la cuisine tout à la fois. A droite de cette salle était une ouverture, fermée seulement par un rideau, et donnant accès à la chambre à coucher du noir, ou plutôt à la chambre où il couchait. A gauche était une porte-fenêtre donnant entrée dans un cabinet assez sombre n'ayant qu'une très médiocre ouverture sur le dehors. C'est de ce cabinet qu'on pouvait monter au grenier.

. . . .

Il était environ dix heures du matin. Le temps était couvert, et les nuages annonçaient de la pluie. Le vieux Jacques, assis sur une grosse chaise de cuir, de sa fabrique, avait l'air de contempler le ciel, et, en réalité, ne contemplait rien du tout. Sa main droite était armée d'un long bambou droit comme un I. Jugeant sans doute le moment propice, il éleva un peu le bras, et le bambou frappa le plafond. Une minute après une mulâtresse parut.

— Asseyez-vous là, lui dit Jacques, derrière ce panneau ; il est bon d'être toujours à l'abri. Nous pouvons causer en sûreté ; l'heure et le temps nous promettent que nous ne serons pas visités.

La femme s'assit sans répondre.

Elle était vêtue d'une mauvaise robe d'indienne bleue à petits points blancs, appelée *guinée* dans les campagnes de la Louisiane ; d'un mouchoir commun, à carreaux peu voyants, qui lui couvrait les épaules et le cou ; sur sa tête, s'enroulait un autre mouchoir avec lequel elle paraissait avoir dormi ; ses pieds ballottaient dans de gros souliers jaunes. Ainsi *fagotée*, et sans voir ses traits, on lui eût donné une quarantaine d'années. Son visage portait des traces de larmes et d'insomnie : la souffrance morale y avait tracé quelques sillons qu'on eût pu prendre pour ceux des années. Il fallait l'avoir vue quelques jours auparavant pour reconnaître en elle la plus jolie fille du pays.... notre bien-aimée Rose.

— Ma fille, lui dit le vieux Jacques, vous vous ennuyez ici, n'est-ce pas ?...

— Si mon cher mari était avec moi, répondit Rose, je ne m'ennuierais ni ici ni ailleurs....

— Je conçois cela, ma chère enfant, mais que voulez-vous.... l'esclavage est l'esclavage!

— Je m'en aperçois !.... surtout depuis que je suis dans ce pays...

— Vous n'aimez pas ce pays ! Rose....

— Seigneur ! s'écria la pauvre femme, quelle différence avec celui d'où je viens, quoique l'esclavage y règne aussi !

— Dam ! il y a fagots et fagots....

— Oh ! oui. Ici, la terre est un marécage, le ciel une fournaise, les bois des repaires d'animaux venimeux, l'air une ruche d'insectes insupportables ; les blancs sont d'affreux tyrans, et les noirs de misérables bêtes de somme !

— Tableau vrai ! fit Jacques. Et ils veulent faire ici du sucre ! comme si c'était un pays à sucre ! Les cannes n'y mûrissent jamais, et personne ne les y a vues *flécher*. Il faut des masses de bois, de chaux, un tas d'ingrédiens qu'ils appellent du sulfite, du bi-sulfite de je ne sais quoi, pour faire de la cassonnade d'un jus de cannes vertes !

— Vous connaissez donc d'autres pays, Jacques, que vous parlez ainsi ?

— Mais oui, ma fille ; j'ai vécu quatre ans à la Martinique.

— Alors je conçois.... Et encore, la Martinique ne vaut pas la Guadeloupe !

— Vous voudriez la revoir, la Guadeloupe, hein ?

— Oh ! mon Dieu ! pour y retourner.... avec Casimir et ma Rosine, je ne sais ce que je ne ferais pas !

— Espérez, mon enfant, espirez ! l'espoir est toujours bon.

— Oui, quand il est raisonnable ; mais le moyen d'espérer quitter ce pays !

— Eh, mon Dieu.... qui connait l'avenir ?

— Non, mon pauvre Jacques, non, je ne puis pas espérer. Je sens que j'ai reçu un coup affreux ; je me sens honteuse et humiliée.... Si vous saviez !

— Oh! je sais, je sais.... répondit le vieux noir; est-ce que je ne sais pas tout, moi.... sans rien demander à personne, encore!

— Non, non, vous ne pouvez pas savoir...

— Ecoutez, Rose, vous avez tort d'être honteuse; vous avez tort d'être humiliée : ce n'est pas votre faute! Moi qu'on dit n'être pas très scrupuleux sur le bien des blancs, je le suis beaucoup sur ce qui reste libre aux pauvres esclaves, et qu'on veut leur dérober : leurs deux heures du midi, le temps qu'on leur vole le matin et le soir, leurs dimanches et fêtes.... et encore plus, la propriété de leur corps, hors du temps du maître.... et les femmes de ceux qui en ont. Après tout, on m'a calomnié, et je vaux mieux que ma réputation.

— Votre maître est un brigand! et bientôt, je crois, il sera puni.

Dieu est le maître! dit Rose; mais tout puissant qu'il est, il ne peut pas faire que ce qui est accompli ne soit pas accompli!

— Et ce serait bien inutile qu'il le fît! Ce n'est pas sa faute si nous voyons toutes choses de travers. Dieu est le maître, dites-vous; c'est vrai, mais je crois qu'il faut l'aider un peu....

— Que voulez-vous dire?

— Rien. Mais, pour en revenir à vous, vous voilà désolée, honteuse, malade, pourquoi? Parce que votre maître a abusé de vous pendant un sommeil qu'il avait provoqué! Avouez que cela n'a pas le sens commun...

— Comment! pas le sens commun... Puisque vous savez tout, ignorez-vous que j'ai été à lui pendant près de cinq heures!

— Eh! parbleu.... s'il y eût eu cinq heures de nuit de plus, et que vous eussiez bu une dose double, cela eût fait dix heures! Quelle différence y a-t-il donc, en un cas semblable, entre dix heures et dix minutes?

— On n'eût pas dû m'empêcher de me jeter au bayou!

— Et pourquoi vous jeter au bayou? Croyez-vous qu'il ne serait pas plus juste que votre maître y fût précipité, la tête la première?

— Certainement, mais il n'y a pas de danger qu'il s'y jette.

— A plus forte raison, vous! puisque c'est lui le coupable....

Rose, ne sachant plus que répondre, pleura....

— Des larmes! s'écria le vieux Jacques en faisant un bond sur sa chaise, des larmes! — De la vengeance.... à la bonne heure! — Brigands de blancs! ajouta t-il, on ment bien quand on dit que le diable est noir!

— De la vengeance?.... fit Rose; et qui donc me vengerait?....

— Il fallait lui céder un jour.... et l'empoisonner le lendemain! s'écria le vieux noir....

— Oh! dit Rose, un crime est toujours un crime!

— C'est ça! dit le noir : il n'y a rien de tel que d'élever des brebis.... délicatement, pour la gueule des loups! Ah! si j'avais bien aimé une femme, et qu'un blanc me l'eût volée!....

— Casimir ne sait pas tout, dit Rose effrayée, et, je vous en supplie, Jacques, si jamais vous le voyez, ne lui dites rien!....

— Quant à cela, soyez tranquille; s'il ne l'a pas su par vous, il le sait probablement par d'autres, à l'heure qu'il est.

A ce moment, le vieux noir fit à Rose un signe de main qui voulait dire : Silence! puis, il écouta quelques secondes, et :

— Allez voir au trou du volet de l'ouest, par-là, dit-il à la mulâtresse.

Celle-ci se leva, alla regarder, et, tournant la tête sans bouger de place :

— Un homme vient par ici, dit-elle, et un chien noir l'accompagne....

— Vite, vite! fit Jacques en se levant, remontez et ne bougez pas!

A peine la pauvre femme se fut-elle éloignée, que le vieux noir, allant vers un réchaud où cuisait son dîner, tira du feu une pelle rougie, et versa dessus une certaine quantité de vinaigre. Le liquide crépita sur le fer ardent, des nuages d'une âcre senteur se répandirent par toute la maison, et bientôt l'air fut chargé d'émanations odoriférantes. Le noir renouvelait cette opération lorsqu'un pas se fit entendre sur le seuil de la masure.

Tiens! monsieur Kerlec.... fit-il en s'arrêtant à une pose niaise, la pelle d'une main, la bouteille de l'autre.... — Quel bon vent vous amène, monsieur? Faut-il vous servir quelque chose?....J'ai de jeunes poulets qui, à la crapaudine, sont tendres comme la rosée....

— Non, merci; donne-moi un verre de vieux tafia. — Mais que diable as-tu à gaspiller ainsi du vinaigre, toi qui ne passes pas pour bien prodigue?

— Ne m'en parlez pas! monsieur....j'ai tant de rats ici, que je suis forcé de les empoisonner; alors ils s'en vont mourir à droite et à gauche, sous la maison, et, quand le temps est à la pluie, c'est une infection, à n'y pas tenir.

— Il faut, en effet, que ça te soit bien désagréable, dit monsieur Kerlec, pour que tu perdes ainsi du vinaigre....qui coûte de l'argent!

— Oh! monsieur, je ne suis pas aussi avare qu'on le dit, répondit le noir. Le monde aime à faire des réputations à tort et à travers....

— C'est possible, répondit l'économe. — Voilà du rhum qui n'est pas mauvais, ajouta-t-il....

Et, ayant humé un petit verre, monsieur Kerlec prit une chaise et s'assit, comme quelqu'un qui n'est pas pressé de quitter la place. Ce que voyant, le noir alla fermer une fenêtre dont l'ouverture établissait un courant d'air, afin que l'odeur du vinaigre restât plus longtemps dans la maison. Le chien à nègres éternuait et toussait comme s'il eût été poussif. Le pauvre animal ne songeait guère à flairer.

— Dis-moi, Jacques toi qui as un œil partout, as-tu vu, ces jours-ci, passer une mulâtresse portant un enfant? demanda le blanc.

— Une mulâtresse portant un enfant....attendez... oui, je me souviens; j'ai vu la grosse mulâtresse de monsieur Saint-Cyr, qui allait faire vacciner son garçon par la vieille sage-femme de l'habitation Bourrier.

— Ce n'est pas ça. Celle qu'on cherche est une jolie fille, mise à la mode des Colonies françaises, en jupe et chemisette fine, madras sur la tête....

— Ah! monsieur....s'écria le noir, vous me faites ressouvenir d'une bien belle négresse qui s'habillait ainsi, à la Martinique, dans mon jeune temps! Je l'aimais comme un fou....et elle m'a fait....

— Quoi donc?....

— Elle m'a fait....vous savez....

— Ah! bien....j'y suis: mais tu n'as pas répondu à ma question.

— Mais, monsieur, on ne s'habille pas ainsi en Louisiane....

— Allons, je vois que tu n'y es pas du tout. Eh bien, écoute: si une fille passe par ici, mais une fille d'une surprenante beauté, fais-la parler pour savoir où elle va, fais-la suivre, prends-t-y comme tu voudras, toi qui es malin, et donne-m'en avis: il y a une récompense!

— Une récompense! s'écria le noir; et....combien?

— Vingt piastres....comptant!

— Vingt piastres! je n'ai jamais vu vingt piastres à la fois.

— Eh bien, tu les verras si elle vient ici, et que tu me fasses prévenir; tu les verras, tu les palperas, et tu les mettras dans ta poche, pour en faire ensuite ce que tu voudras!

— Jésus Dieu! est-il possible? monsieur Kerlec....

— Aussi vrai que je te le dis, vieux Jacques.

— Eh bien, elle n'a qu'à venir! s'écria le noir comme transporté de joie rien qu'à la pensée d'une telle aubaine....Elle est donc marronne? cette beauté-là....

— Oui, depuis quelques jours seulement.

— Ah! Et pour quel motif? si je ne suis pas trop curieux....

— Oh! mon Dieu, je ne sais pas au juste. On dit que son maître voulait lui faire du bien....tu comprends....comme à Sultane....

— Et cette sotte-là se sauve pour cela! Je vous réponds que,si elle passe à la longueur de ma vue, elle sera bientôt en cage!

— Allons, c'est entendu, dit l'économe en se levant.

Il prit un second petit verre, paya et sortit.

Le vieux noir rinça tranquillement les verres, remit la carafe dans un buffet, et la chaise le long du mur, comme si quelqu'un pouvait l'observer; mais en faisant tout cela, il avait un œil cloué aux talons de monsieur Kerlec qui s'éloignait au pas ordinaire. Le chien, la queue basse, suivait son maître d'un air piteux. Bientôt ils disparurent derrière les halliers.

Alors, le vieux Jacques poussa un petit ricanement qui lui était habituel quand il avait trompé quelque blanc.

— Avale ces rats-là! dit-il d'un petit air de triomphe malicieux, et le vinaigre par-dessus le marché! Voyez-vous ce monsieur avec son chien à nègres! Si ce toutou-là revient par ici sans son maître, il peut bien compter sur un morceau de viande qui lui fera passer le goût du pain!

Après s'être donné la satisfaction de cette facétieuse menace, Jacques prit son bambou et frappa au plafond pour appeler Rose une seconde fois.

— Eh bien! lui dit-il dès qu'elle parut....

— J'ai tout entendu! répondit Rose; j'avais bien peur! allez.

— Peur! allons donc, on voit bien que vous ne me connaissez pas.

— Mais pourquoi avez-vous fait brûler du vinaigre?

— Innocente enfant! Vous ne savez donc pas que tout corps vivant a son émanation particulière, et qu'un chien bien dressé, auquel on a fait flairer le vêtement d'une personne, reconnaîtrait cette personne entre mille! Or, le chien de monsieur Kerlec est un chien de chasse, mais *chasse à l'homme*...... et on est à votre recherche! Comprenez-vous?

— Vous saviez donc que monsieur Kerlec est à ma poursuite avec son chien?

— Ma foi, non. Mais je connais l'homme et la bête, et, dans la prévision de la chose, j'ai agi comme si j'en eusse été certain.

— Quelle horreur! dit Rose: mettre des chiens sur la piste de chrétiens! et si ces chiens de chasse à l'homme mordaient ceux qu'ils découvrent?

— Eh bien, mais.... ça arrive assez souvent! Il y a des noirs qui sont morts de leurs morsures. Tel que vous me voyez, moi, j'ai été poursuivi, et découvert une fois par un molosse capable de déchirer un bœuf!

— Et il ne vous a rien fait?

— Il avait bien l'intention de m'entamer, mais un homme de précaution, qui sait qu'on peut le poursuivre, doit être sur ses gardes, aussi bien contre les chiens que contre les hommes.

— Mais enfin, qu'avez-vous fait contre ce terrible chien?

— Pas grand chose: je l'ai laissé venir sur moi, et quand sa gueule formidable s'est ouverte pour me happer, je lui ai jeté quelques gouttes de quelque chose que je tenais prêt dans une petite fiole......

— Et alors ?

— Et alors, il a toussé une seule fois, s'est renversé sur le dos, et a expiré à l'instant même.

— Qu'était-ce donc que cette liqueur ?

— Un gentil petit poison que j'avais exprimé d'une herbe qui a l'air bien innocent.

— Comment appelez-vous cette herbe ?

— Les savants l'appellent, je crois, *upas antiar* ; moi je l'appelle *l'herbe aux chiens*.

— Mais...... silence ! dit, après une seconde, le vieux Jacques : va voir au trou du côté nord, ma fille.

— Encore un homme, et encore un chien ! souffla la mulâtresse.

— Vite ! remonte : c'est aujourd'hui la journée aux visites à six pattes....à ce qu'il paraît !

Dès que Rose eut disparu, Jacques tira de sa poche une lorgnette commune, alla au trou du nord et chercha à reconnaître le survenant.

— Tiens....fit-il, monsieur Alexandre, et son chien Hercule ! — Allons, ajouta-t-il en remettant sa lorgnette dans sa poche, celui-là ne traque pas les noirs, ni son brave chien non plus. Il n'y a pas de danger ; mais que me veut il ?

Quelques minutes après, monsieur Alexandre entrait dans la salle de l'auberge.

— Bonjour, mon brave Jacques, dit-il, bonjour ! Je suis brisé de fatigue, et je meurs de faim. Fais-moi donc cuire quelque chose et donne moi un verre de rhum.

— Bonjour, monsieur Alexandre ; bonjour Hercule, répondit le noir — Tenez, monsieur, avalez-moi ça : vous m'en direz des nouvelles ! et, pendant que vous vous reposerez, je vais vous faire une crapaudine à vous lécher les doigts ; je vous offrirai ensuite quelques fruits, et, ma foi ! vous ne mourrez toujours pas de faim !

Le blanc sourit du bavardage du Jacques, prit un siége et s'assit. Hercule en fit autant... sans avoir besoin de siége.

Dix minutes après, le dîner allait bon train. Jacques avait offert à Hercule une large assiétée de restes, et l'animal n'avait pas refusé. Quand monsieur Alexandre en fut au dessert, il fit signe au noir de venir s'asseoir près de lui.

— Jacques, dit-il, je suis envoyé ici par quelqu'un que tu connais...... au sujet de la mulâtresse......

— Quelle mulâtresse ? fit le noir en appelant à lui toute sa dissimulation.

— Tu le sais bien, puisqu'elle est ici ; Rose !

— Qui est ici ? quelle Rose ? En vérité, monsieur, je veux être pendu si je vous comprends !......

— Voyons, Jacques, me prends-tu par hasard pour un espion ou pour un chasseur de nègres ? Est-ce que tu ne me connais pas ?

— Si, monsieur, je vous connais pour un brave blanc qui n'a jamais fait de mal aux esclaves.... certainement.... mais.... je ne sais pas....

— Allons, il faut donc que je te prouve ce que je veux ! Sache donc que monsieur Kerlec est à la poursuite de Rose.... avec un chien que je voudrais bien faire manger un peu par celui-ci.... et que moi, je suis de ceux qui protégent cette brave fille, et je viens m'entendre avec toi pour son embarquement, qui doit avoir lieu dans la nuit de demain....

Jacques plongeait dans les yeux du blanc. Quelque chose lui disait bien que cet homme était incapable de mensonge, d'espionnage ou de trahison, mais une vieille habitude de méfiance le retenait dans l'indécision.

— Sais-tu lire ? demanda le blanc en présentant une petite lettre au trop prudent noir....

— Non, monsieur, pas l'écriture. Mais qu'est-ce que cela ?

— Une lettre de Casimir....pour Rose !

A peine ces derniers mots étaient-ils prononcés, que des pas précipités se firent entendre dans l'escalier, en même temps qu'une voix émue s'écriait :

— De Casimir ! de Casimir !....

— Tu vois bien ! dit monsieur Alexandre à Jacques....

Au même instant, Rose était dans la salle, couverte à la hâte d'un long peignoir blanc, les cheveux épars tombant presque à ses pieds,

— Tenez, ma pauvre enfant, voilà un mot de votre mari ! dit le blanc à la mulâtresse ressuscitée à la joie.

— Oh ! merci, monsieur, merci ! répondit Rose de sa voix la plus musicale.

Et, en prenant la lettre, elle saisit la main qui la tenait, et la porta à ses lèvres dans un irrésistible élan de reconnaissance.

"Chère femme ! disait la lettre, tu peux avoir confiance pleine et entière dans la bienveillante et courageuse protection de la personne qui veut bien se charger de cette lettre pour toi. Je ne puis, sur ce papier, t'en dire davantage à ce sujet, pour ne compromettre personne.

"Je languis et souffre loin de toi et loin de notre chère petite....et je ne puis t'aller voir où tu es ! Je t'écrirai quand tu seras là-bas......

"Je t'embrasse comme je t'aime. A toi pour toujours ! C***."

Rose lut tout haut ces quelques lignes, moins la dernière....et elle essuya ses yeux humides.

— Maintenant, ai-je la confiance de tout le monde ? demanda le blanc en souriant.

— Oui, monsieur, et pardonnez à ma défiance..

— De tout mon cœur ! mon brave ami, répondit monsieur Alexandre ; dans ta position, on ne saurait être trop prudent.

— Qu'ordonnez-vous, monsieur, demanda Rose ; je me livre à vous les yeux fermés....

— Voici ce qui a été résolu, Rose, répondit le généreux jeune homme : vers le milieu de la nuit de demain, je vous apporterai des vêtements masculins. A propos, savez-vous monter à cheval ?

— Assez bien, monsieur....

— C'est tout ce qu'il faut. Le galop est l'allure la plus aisée quand le cheval est bien dressé, et le vôtre est franc et vigoureux. D'ici là, prudence et patience !....

Sur ces mots, monsieur Alexandre se leva pour s'éloigner.

—Venez un peu, Rose, dit-il à la mulâtresse quand il fut debout, il faut que vous et Hercule fassiez connaissance : on ne sait pas ce qui peut arriver.

— Ici ! appela monsieur Alexandre....

Et le chien s'approcha de son maître et de Rose en agitant sa belle queue touffue.

— Caressez-le, ma fille, caressez-le.... et laissez-le faire.

L'intelligent animal jeta ses deux pattes de devant à la hauteur de l'estomac de la mulâtresse, en mettant toute sa bonté dans son regard, et lui fit caresses sur caresses. Rose fût tombée, si monsieur Alexandre ne l'eût soutenue, tant le brave chien y allait de bon cœur.

— Attendez, dit le vieux Jacques, nous autres anciens, nous avons des secrets dont les blancs se moquent parfois, mais qui n'en sont pas moins bons malgré cela. Je monte au grenier une minute, et je reviens.

Pendant que le vieux était en haut à exécuter sa *magie*, Rose et Hercule se faisaient mille amitiés.

— Tenez, ma fille, dit le vieux Jacques qui venait de descendre, donnez à Hercule ce morceau de pain.

Rose prit le pain et le donna à son nouvel ami, qui le mangea en une bouchée.

— Maintenant, dit Jacques, si jamais vous l'appelez à votre secours, il ne se fera pas appeler deux fois !

Monsieur Alexandre souhaita le revoir à Rose et à Jacques, et, ayant appelé son chien qui se roulait aux pieds de la jeune femme, il s'éloigna en faisant un signe d'amitié à sa nouvelle protégée.

— Celui-là est pour le bien, comme l'autre est pour le mal, dit le vieux noir d'un ton plus solennel qu'on ne l'eût attendu de lui.

. . . .

Le lendemain, entre trois et quatre heures de l'après midi, monsieur Alexandre arriva, comme il l'avait promis, apportant, en un paquet peu volumineux, les vêtements d'homme destinés à Rose.

— Montez vous vêtir, lui dit son nouveau protecteur, et, quand vous serez prête, descendez... que nous jugions de l'effet.

Rose monta, et descendit un quart d'heure après.

— Je n'ai pas pu venir à bout de mes cheveux, dit-elle ; faut-il en couper la moitié ? il m'en restera toujours assez.

Elle était jolie au possible, vêtue en homme. Des bottes fines, un pantalon noir, une redingote marron, ample de jupe, l'habillaient à ravir. Elle avait au cou une cravate noire, tranchant sur une chemise bien blanche, à petits plis.

Le vieux noir et le jeune blanc l'admiraient à l'envi, et aucun d'eux ne songeait à répondre à l'observation qu'elle avait faite. Hercule ne fut pas dupe, une seconde, de ce déguisement. Son flair subtil lui découvrit à l'instant même sa nouvelle amie, et il tourna autour d'elle avec les signes de la plus franche joie.

— Et mes cheveux, dit Rose, qu'en ferai-je ?..

— Ah ! c'est vrai, dit monsieur Alexandre. Eh bien, n'y aurait-il pas moyen de les enrouler serré, et de les faire entrer dans la forme du claque que je vous ai apporté ? On attacherait une mentonnière qui maintiendrait solidement le chapeau.

— Je me charge de cette besogne, dit le vieux Jacques ; j'ai fait un peu tous les états, et je ne suis pas un trop maladroit coiffeur.

— Alors, tout étant bien, je me sauve au plus vite, dit le jeune homme : j'ai des préparatifs à faire, et il ne me restera pas trop de temps.

— Allez donc, monsieur, et qu'un jour Dieu vous rende en bonheur le secours que vous nous portez! Moi, je ne suis qu'une esclave, et ma reconnaissance ne saurait être que stérile....

— Non, ma chère enfant, il n'y a pas de sentiment stérile ; vous l'apprendrez peut-être un jour. Au revoir ! et vous aussi, Jacques. Ayez courage, Rose, courage et espoir : ceux qui vous protégent sont aussi puissants que ceux qui vous persécutent. Au revoir, et à cette nuit !

Et il s'éloigna à grands pas, suivi du regard reconnaissant de la jeune femme . . . .

XXIII

UNE NUIT TRAGIQUE.

Depuis dix heures, Rose, toute prête, attendait anxieusement l'arrivée de ses protecteurs. Le vieux Jacques avait peine à contenir l'agitation de la jeune femme. Celle-ci, vêtue comme nous venons de la voir, avait de plus sur la tête un feutre noir légèrement incliné sur le côté, et à la main une cravache flexible....qu'elle ployait de temps à autre avec impatience.

L'apparition inattendue de protecteurs dévoués, les quelques lignes de Casimir, et l'espoir ou plutôt la certitude d'avoir au long de ses nouvelles... et... qui sait ! de le voir quelquefois, à l'endroit inconnu où elle allait être conduite....avaient comme ressuscité la jeune mulâtresse, de l'espèce d'agonie morale qui l'avait frappée depuis l'heure de sa fuite. Son jugement, naturellement droit et sain, avait fait un retour sur ses précédentes décisions, et avait battu en brèche le sot et injuste préjugé qui la proclamait flétrie et déshonorée, quand elle n'était que malheureuse et victime. Elle avait compris qu'il est des inepties dont on suce l'élément avec le lait maternel, tant la société est gangrenée de préjugés absurdes! N'étant plus ni honteuse ni humiliée, puisqu'elle n'avait rien fait de honteux et d'humiliant, elle s'était relevée à ses propres yeux, et cette réhabilitation de soi avait agi sur son moral, comme l'espérance sur son physique. "Ayez courage et espoir!" lui avait dit monsieur Alexandre, et elle avait espoir et courage. Elle relevait sa jolie tête, mutine sous le chapeau d'homme qui la couvrait; ses narines délicates battaient comme celles du cheval de guerre au bruit du clairon, et un sourire à peine ébauché donnait une grâce de plus à sa bouche charmante.

— Je ne sais pas, père Jacques. disait-elle, mais j'ai de bons pressentiments! Je rêve, en ce moment, toute éveillée: il me semble que je suis une femme libre, près d'aller rejoindre celui que j'aime, et qui m'attend les bras ouverts, loin, bien loin d'ici. Tout-à-l'heure, va m'être amené mon bon cheval de route, et il m'emportera, au galop cadencé, vers le but chéri où je tends! Des amis qu'il m'envoie, le cher désiré! vont accompagner et distraire mon voyage. Le printemps sourit, l'espoir chante en moi, je suis jeune et aimée; j'ai une belle enfant qui m'unit à mon trésor de mari, en passant un de ses petits bras à mon cou, et l'autre au sien à lui! chaîne sacrée que Dieu a couverte de fleurs, pour faire sourire les amours!....

— C'est bien joli ce que vous dites là! fit Jacques; mais hélas! il n'y manque qu'une chose, pour que tout soit vrai: la liberté!

— Oui! répondit la mulâtresse en se laissant aller sur un siége.... il ne manque à mon rêve.... que la vérité!

A ce moment, le coucou de l'auberge sonna onze heures.

— On ne va pas tarder, dit le vieux noir: il est temps d'écouter attentivement les bruits du dehors.

Une demi-heure s'écoula encore, dans un silence rarement interrompu par quelques phrases échangées à voix basse; et, à peine la demie de onze heures eut-elle sonné, que Rose perçut un léger bruit venant du dehors; ce n'était pas celui que font les pieds des chevaux. Elle écouta anxieuse et immobile. Jacques observait du côté opposé. Bientôt une voix contenue chanta, comme en sourdine, au milieu du silence de la nuit:

"Che'e z'ami moi, to kalé pa'ti!"....

Rose fit un bond. Son cœur battit à coups précipités: elle avait reconnu la voix, l'air et les paroles.... C'était Casimir! — Elle ouvrit doucement la fenêtre, et d'une voix aussi sourde que

celle de son cher mari, mais plus harmonieuse et non moins émue, elle continua le même chant:

"Tiens.... Prends.... bon ti baisé....
"Bon ti baisé avant to pa'ti!"

Quatre secondes après, quoique séparés par la fenêtre, le mari et la femme se tenaient embrassés en pleurant de joie.

— O ma Rose! tu vas partir.... dit Casimir tout haletant....

— Oui, cher amour à moi! répondit Rose, pour fuir la honte!

— Je sais où tu vas; je t'écrirai....

— Oh! oui, écris-moi.... souvent! Mais, où vais-je?

— A la Nouvelle-Orléans, chez une bonne et courageuse femme, une Française qui aime tous ceux qu'on persécute. J'avais promis de ne pas venir ici, par prudence; mais je n'ai pu y tenir; j'ai voulu au moins te dire adieu!

— Mais, ne cours-tu pas de danger? cher....

— Non. J'ai bien observé la route, et je n'y ai rien vu.

La lumière de la salle éclairait à demi la mulâtresse.

— Que tu es jolie, en homme! dit Casimir en prenant dans ses mains la tête radieuse de sa bien-aimée. Rose, ma Rose! je ne vis plus, loin de toi!

— Et moi! soupira la jeune femme tout-à-coup attristée. — Celui qui m'a remis ta lettre, continua-t-elle, m'a dit d'avoir espoir et courage; toi aussi, mon trésor, il t'en faut du courage et de l'espoir. Aie confiance en Dieu: il nous réunira bientôt, je le sens, pour que nous ne soyons plus séparés!

Le vieux Jacques entendait ce doux échange d'amour entre les deux jeunes gens; il ne bougeait pas, dans la crainte de les déranger; mais il observait tout, au dehors, et écoutait de toute l'étendue de son ouïe.

A ce moment, on entendit au loin le trot distinct de plusieurs chevaux.

— Les voilà! dit Casimir, les voilà.... Je me sauve bien vite! je vais me cacher pour te voir partir.... Adieu, ma Rose, Adieu!

— Au revoir, Casimir, au revoir!

— Leurs mains enlacées se desserrèrent; quelques sanglots étouffés se mêlèrent au bruit de baisers échangés, et un pas précipité s'en fut décroissant, jusqu'à ce qu'on ne l'entendit plus.

Quelques minutes après, deux cavaliers étaient devant l'auberge, et l'un d'eux tenait par une longe un troisième cheval; un robuste chien les accompagnait.

* *

— Où est elle, cette brave fille? demanda en entrant un cavalier, qu'à ses formes arrondies et prononcées, autant qu'à sa voix juvénile, on reconnaissait aisément pour une femme.... — Dieu ! qu'elle est jolie ! continua la même voix, quand Rose parut tout-à-coup.

— Nous voilà ! chère Rose, nous voilà ! s'écria à son tour monsieur Alexandre en entrant dans la salle de l'auberge. — Bonjour ! Jacques, ajouta-t-il, bonjour, mon brave !

— Bonsoir ! monsieur, répondit Jacques avec une intention de correction.

— En effet, dit en riant la jeune femme blanche, le jour est loin !

Rose, émue, n'avait pas encore parlé.

— Tout est-il prêt ? demanda monsieur Alexandre : nous n'avons pas de temps à perdre....

— Oh ! il y a longtemps que je suis prête ! répondit enfin la mulâtresse ; j'ai entendu de loin le trot des chevaux, et.... l'émotion m'a coupé la parole. Pardonnez-moi mon silence, madame.

— Chère enfant ! répondit la Française, on n'a rien à vous pardonner : vous êtes la bonté et la vaillance mêmes ! Venez, que je vous embrasse !

Et la femme libre pressa dans ses bras la femme esclave, et l'embrassa à faire plaisir. Rose était confuse : cette manifestation d'égalité, donnée à elle, propriété d'un maître, faisait un tel contraste avec la tyrannie sous laquelle elle gémissait !

— Tenez, dit la femme blanche à la mulâtresse, prenez ce petit bijou pour le voyage : on ne sait pas ce qui peut arriver.

— Un poignard ! madame....

— Eh ! oui ; ça ne gêne pas, et nous sommes dans un pays, et dans une situation qui permettent bien les précautions. Mettez-le sous votre redingote, au côté gauche de la poitrine... là.... bien sous la main droite ! S'il ne sert à rien, tant mieux ! s'il est nécessaire, tant pis !

— Sommes-nous tous prêts ? demanda monsieur Alexandre, oui.... en ce cas, à cheval !

On souhaita une bonne nuit au vieux noir, après l'avoir remercié et récompensé de ses soins, et on se dirigea vers un arbre auquel avaient été attachés les chevaux. Rose la première monta à cheval, sur l'invitation du jeune blanc, qui dirigeait cette fuite. Sa compagne en allait faire autant, quand tout-à-coup une voix rude et impérieuse retentit au milieu du silence de la nuit.

— Arrêtez ! s'écria la voix....Sus, sus, Turc !

En même temps, un chien noir s'élança vers le cheval qui portait Rose, et jeta ses deux pattes de devant sur la mulâtresse. Mais au même instant, un autre chien, noir aussi, et prompt comme la balle, s'élança sur Turc qu'il mordit au cou avec fureur. Alors ce fut une lutte acharnée entre les deux animaux.

— Brigand ! assassin ! s'écriait, à quelques pas de là, la voix qui avait excité le chien.... me lâcheras-tu ?

Il y avait évidemment une lutte dans l'ombre, et l'on entendait le râle de deux respirations précipitées. Les grognements de rage des deux terribles chiens se mêlaient à cette scène nocturne, dont l'obscurité de la nuit dérobait les détails à tous les yeux.

— Partons ! s'écria monsieur Alexandre ; je ne suis pas inquiet pour Hercule.

Tous étaient à cheval, et on allait partir, quand celui qu'une main invisible avait jusqu'alors pu retenir, s'élança vers les chevaux comme un furieux...

— Voleur d'esclaves ! s'écria-t-il, au nom de la loi je vous arrête ?

Monsieur Alexandre se précipita vers l'agresseur, le bras armé d'un court bâton ; mais celui-ci esquiva le coup, et, faisant un saut de côté, se jeta à la bride du cheval de Rose, qui se cabra. Le danger était imminent.... et, au moment même, un coup de sifflet retentit.

— A moi ! s'écria monsieur Kerlec, à moi Léon...

Et on entendit la course d'un homme qui se dirigeait vers le lieux de la scène. Mais, au même instant une douleur aiguë arracha un cri de détresse et de rage à monsieur Kerlec, en même temps qu'un énorme chien, lui sautant à la gorge, l'étendait roide sur le sol. On n'entendait plus l'autre chien, mais une forme noire se débattait, à quelques pas de là, avec des mouvements convulsifs.

— Ici ! Hercule.... s'écria monsieur Alexandre ; et nous autres, au galop !

Le chien obéissant lâcha prise aussitôt, et l'on entendit bientôt la triple martellerie de douze pieds ferrés frappant la terre durcie de la route...

— Bravo ! ma fille, dit la Française à Rose quand on eut franchi une certaine distance ; tu vois bien que mon bijou pouvait servir.

— Oh ! madame, répondit la mulâtresse, si ce n'eût été que pour moi, je n'eusse jamais osé ; mais mon arrestation pouvait compromettre mes protecteurs !

— Et vous avez bien fait ! dit le jeune homme : le misérable n'a que la moitié de ce qu'il mérite...

....

Cependant, monsieur Kerlec n'était que blessé ; la morsure du chien avait été bien amoindrie par ses vêtements, et le coup de poignard n'avait traversé que les chairs de son bras. Toutefois, il perdait du sang par suite de cette seconde blessure, mais pas assez pour en être affaibli. Comme il se relevait, encore sous l'empire de la terreur, il vit à ses côtés celui qu'il avait appelé à son secours, son neveu Léon.

— Ah ! te voilà, toi ! dit-il.... tu arrives comme la police, quand tout est fini !

— Est-ce ma faute à moi, mon oncle ! Je siffle, vous m'appelez à l'aide, j'accours.... et je vous vois à terre, tandis que le galop de plusieurs chevaux retentit sur la route.

— Allons, tu as raison ; mais du diable si je continne cette campagne-là ! — Dis-moi, n'as-tu rencontré personne sur ton chemin ?

— Personne, mon oncle. Mais vous êtes blessé...

— Oh ! peu de chose : quelques crocs à la gorge, et un coup de couteau dans le bras droit. Suis-moi, nous allons voir à éclaircir un fait important.

Et monsieur Kerlec regardait de tous côtés.

— Que cherchez-vous donc ? mon oncle, demanda Léon.

— Où est mon chien ? murmura l'économe.... Turc ! Turc ! s'écria-t-il — puis il tira quelques sons aigus d'un sifflet qu'il prit de sa poche.

Un gémissement répondit à cet appel, et monsieur Kerlec s'étant dirigé, avec son neveu, vers l'endroit d'où était parti ce gémissement, ils virent le pauvre Turc couché sur le flanc, et couvert de sang, du museau à la queue. A la vue de son maître, l'animal essaya de se relever et y parvint à grand'peine, mais aussitôt debout, il poussa un hurlement de douleur, puis retomba lourdement.

— Je me souviens : pendant qu'un fantôme me retenait dans ses bras, mon chien a eu une lutte à soutenir, et je vois maintenant que c'était contre un autre chien ; mais quel est celui qui a pu mettre Turc en cet état ?

— Ma foi ! répondit le neveu, il faut que ce soit un fameux lutteur !

— Viens ! dit l'oncle.... nous allons voir....

Les deux hommes se dirigèrent vers l'auberge du vieux Jacques.

— Il faut que ce sournois-là ait trempé dans le complot, dit-il : c'est de chez lui qu'on est parti...

Et, arrivé à la porte, il y frappa à coups redoublés, du talon de sa chaussure.

— Qui est là ? répondit de l'intérieur le vieux noir....Est-ce vous, messieurs les voyageurs ?

— Ouvre ! vieux sorcier, répondit monsieur Kerlec : tu verras qui c'est.

Bientôt après, la porte s'ouvrit, et le vieux noir, un flambeau à la main, regarda les survenants d'un air étonné.

— Tiens ! monsieur Kerlec....et monsieur Léon....Qu'est-ce qu'il y a donc pour votre service ? messieurs, que vous frappez chez moi à pareille heure ?

— Il y a, répondit l'économe, que tu risques tout bonnement ton cou, au jeu que tu fais, vieil hypocrite !

— Ah ! ça, monsieur, est-ce que vous êtes fou ? répondit assez hardiment le noir libre. Quel jeu est-ce que je joue, moi ?

— Voyons....qui sort de chez toi ?....réponds !

—Trois voyageurs, à cheval, qui ont pris un verre de rhum, en passant, qui ont bien payé, et qui sont repartis aussitôt. Est-ce qu'il est défendu de donner à boire aux blancs ?

— Trois voyageurs, dis-tu. N'y avait-il pas une femme parmi ces voyageurs, hein, vieux singe ?

— Non, monsieur, il n'y avait pas de femme ; je distingue bien une femme d'un homme, je suppose ! Et quand il y aurait eu une femme, est-ce que cela me regarde, moi ?

— Mais cette femme c'était Rose, la mulâtresse ....et peut-être la cachais-tu même chez toi ?

— Vous êtes blessé, monsieur ; tenez, votre sang coule ; vous en avez peut-être assez perdu pour avoir la tête affaiblie....et vous m'injuriez à propos de rêves....

— Des rêves ! s'écria le blanc ; regarde ceci : est-ce un rêve ? et cela, est-ce aussi un rêve ?

Et il montrait la morsure du chien, et la blessure du poignard.

— Tenez, monsieur, dit le noir en posant sa lumière sur une table, asseyez-vous, je vais vous panser, pour me venger de vos amabilités ; c'est, je crois, le plus pressé pour vous ; vous m'accuserez ensuite, si ça peut vous faire plaisir.

— Ce noir a raison, mon oncle, dit le jeune homme. Des voyageurs, des blancs, passent chez lui ; il leur donne à boire, et, quand ils sont partis, il ferme sa porte et va se coucher. Tout cela est bien simple !

— Enfin, nous verrons, répondit monsieur Kerlec. Mais, avant de t'occuper de moi, Jacques, je désire bien que tu ailles voir, avec mon neveu, si Turc est mort ou non. Il est près d'ici....Va, tu m'obligeras....

Jacques prit une lanterne et sortit avec le jeune homme. Ils revinrent bientôt portant le chien, qui poussait des cris de douleur. Jacques le posa sur une table et examina ses blessures.

—Votre chien est bien avarié ! monsieur Kerlec, dit-il....Il n'y a guère que moi qui puisse le guérir, je pense ; mais, guéri ou non, il ne pourra plus chasser ces brigands de nègres marrons ! C'est dommage : c'était une fameuse bête ! dans son genre.

— Oh ! oui, dit l'économe, il aurait pincé le diable !

— Eh bien, monsieur, il ne pincera plus personne, allez ! — Mais c'est égal, on peut toujours essayer. Si vous voulez me le laisser quatre jours, je vous le rendrai aussi géri qu'il peut l'être.

— Garde-le, répondit l'économe, et si tu me le rends en bon état, je saurai te récompenser.

Le nègre pansa le blanc avec une habileté peu commune, et lui procura un soulagement immédiat.

— Je voudrais bien connaître, disait monsieur Kerlec, et le chien qui m'a fait cette morsure, et l'homme qui m'a fait cette blessure !

— Mais, monsieur, racontez-moi donc un peu ce qui est arrivé, car vraiment, avec vos voyageurs, votre Rose, votre chien à moitié mort, vous-même blessé, et votre neveu qui n'a rien, je ne sais plus où j'en suis, et, vous savez, je suis un peu curieux.

Monsieur Kerlec, délivré de tout soupçou à l'endroit de Jacques, lui raconta brièvement ce qui s'était passé ; puis, ayant pris un verre de rhum pour se donner des forces, il partit accompagné de son neveu.

— En voilà encore un que j'ai bien *roulé !* dit Jacques en fermant sa porte.

XXIV.

LES RAVAGES DE LA PASSION.

Il y a un mois qu'ont eu lieu les évènements racontés au précédent chapitre. Monsieur Roque n'est plus reconnaissable : maigri, triste, fatigué, il semble avoir vieilli de dix ans. Ses yeux cernés couvent un feu dévorant. Il reste quelquefois des heures entières dans une complète immobilité, la tête penchée sur la poitrine, le regard fixé sur le même point. D'autres fois, il ne peut tenir en place ; il va de la maison aux cases, des cases aux champs, errant de tous côtés comme une âme en peine. La porte qui sépare sa chambre de celle où Rose a succombé sous son guet-apens, ferme maintenant au moyen d'une serrure à secret dont le pauvre homme garde la clé suspendue à son cou, comme une relique. Nul n'a plus le droit d'entrer dans cette chambre, que lui. Tout y est encore dans le même arrangement que la fameuse nuit du long viol. Chaque nuit, à peu près à la même heure de sa *victoire*, le planteur entre dans cette chambre....d'où il ressort, avant le jour, plus brisé, plus souffrant que la veille. Ce qu'il y fait, durant de longues heures, personne ne le sait, et il n'y a qu'un fou de passion qui puisse l'imaginer !.. Vers le milieu du jour, il fait un autre *pèlerinage* lubrique dans la même chambre, où, pendant une heure environ, une oreille appliquée à la cloison de séparation pourrait entendre de petits cris strangulés, mêlés de profonds soupirs. C'est vraiment pitié de voir les ravages que la passion fait, chaque jour, dans l'organisme de cet homme robuste, arrivé à l'âge où elle est dans toute sa fougue ! Jeté hors des rails de la voie tracée par l'inexorable nature, ce célibataire par avarice, accoutumé à se faire un sérail des esclaves de sa maison, a trouvé le point d'arrêt qui le dompte et le punit. Le châtiment est sorti de la faute même, terrible et continu. L'avarice elle-même a été vaincue par le démon de la luxure. Monsieur Roque ne s'occupe plus des intérêts de ses plantations. Ses livres, où auparavant pas un sou n'était oublié, où tous les raffinements de la ladrerie monétaire attestaient un parvenu acharné au gain....ses livres sont abandonnés ! Les économes se relâchent en voyant le relâchement du patron, et les noirs s'endorment à la vue du sommeil du maître. Tout va à veau-l'eau. Monsieur Kerlec, qui n'a reçu que des rebuffades pour prix de son zèle vaincu et de ses dé-

boires, s'occupe bien plus de la chasse et de la pêche que de l'habitation. Son pauvre Turc, *guéri* par le vieux Jacques, a l'air maintenant du caniche d'un aveugle ! Monsieur Michaud fait toujours son devoir en honnête homme, mais n'obéissant plus qu'à la justice et au sentiment d'humanité, il ne fait plus sonner qu'au jour, pour le commencement des travaux ; à midi moins quelques minutes, la cloche appelle les travailleurs à leurs cases, et à deux heures les rappelle aux champs ; le soir, dès que le soleil disparaît à l'horizon, la même cloche annonce la fin des travaux. Les pauvres esclaves ont tous leurs dimanches et les jours de fête consacrés. Enfin, le fouet des commmandeurs reste inactif.

Mais ce n'est pas tout : à côté de la justice il y a la vengeance, sans doute, car des mains inconnues déciment les animaux des deux plantations, incendient des cases, bouleversent les récoltes, minent les bâtiments d'exploitation, travaillent en un mot à amener la ruine là où s'étalait orgueilleusement l'insolente richesse.... honteusement acquise par la sueur de noirs manquant de tout. Chaque jour, un mulet meurt, ou un cheval, ou un bœuf.... et il faut remplacer tout cela. M. Roque signe des billets.... à vue, à quinzaine, à trente jours, comme on les lui présente.... et il se contente de dire : " Il faut que cela fiuisse ; je verrai, je verrai !" Et il ne voit à rien, et tout continue de plus belle, parce que, le jour M. Roque est brisé de fatigues mystérieuses, et que, la nuit, il s'abreuve du poison qui le mine à petit feu.... De plus, il sème l'argent et l'or — en billets qui sont payés par ses correspondants — pour faire retrouver la mulâtresse. Il paye la police, il paye les journaux, il paye des espions, des blancs, des noirs, des mulâtres, des libres, des esclaves, tous ceux qui veulent gagner son argent.... ou se moquant de lui.

Pour mettre le comble à cette mesure de pertes multipliées, l'été où l'on est se signale par la fièvre jaune, compliquée du choléra.... et la récolte, qui a été mauvaise, est encore diminuée par la perte de deux *steamboats* portant nombre de boucauts de sucre des deux habitations, que le planteur avait négligé d'assurer ! Bref, c'est une débâcle complète, au milieu de laquelle M. Roque, impassible parce qu'il est annihilé, assiste les bras croisés, comme Marius sur les ruines de Carthage......

Et le temps inexorable suit sa route éternelle sans s'arrêter, comme le Juif de la légende......

Et Casimir ?....

Exempt d'inquiétudes sur le sort présent de sa chère femme et de sa petite fille, il n'a que la privation du bonheur. Une mélancolie, tempérée par quelques accès de joie, est son état présent. De temps à autre, il reçoit une lettre de Rose, lettre remise sous son oreiller par une main inconnue — qu'il connaît très-bien, et qui n'est autre que celle de M. Michaud. — Les lettres qu'il écrit, lui, sont prises au même endroit par la même main invisible, et sont fidèlement expédiées, sous enveloppe particulière, à leur destination. Casimir travaille.... modérément, comme les autres ; il vit mal, comme les autres ; mais le boire et le manger l'occupent peu ; il a trop de pensées au cœur pour s'occuper de son estomac ! Il lit, relit et médite son livre.... qui lui enseigne, non l'inerte et stupide résignation de la brute inintelligente, mais la patience qui raisonne, et le courage qui espère. Il suit régulièrement, toujours de sa cachette, les séances de monsieur Michaud, auxquelles il voit assister maintenant les deux femmes, la Française et l'Anglaise. M. Alexandre n'y manque jamais, et, à mille petits riens, le mulâtre intelligent comprend qu'un doux lien doit unir bientôt les deux personnes qui ont protégé la fuite de sa chère femme.

Depuis quelque temps déjà, Silène prend chaque soir une leçon de lecture, et, comme il a bonne volonté, il commence à lire couramment, et se promet bien de choisir un élève, dès que Casimir lui annoncera qu'il peut le faire. Déjà même le choix de Silène est fait, et c'est sur Pierre qu'il est arrêté. Quand Pierre saura, il enseignera à son tour à un autre, et lui Silène prendra un autre élève. Cette méthode, suivie par chacun, au fur et à mesure de l'avancement, aura la force numérique d'une multiplication géométrique, et, en deux années, tous ceux dont l'entendement n'est pas fermé sauront lire !

— Si on en faisait autant sur chaque habitation, dans tous les pays à esclaves, disait Casimir à son élève, dans deux ans l'esclavage serait éteint !

Nous laisserons les deux habitations de M. Roque aller vers la décadence, et lui-même vers la ruine, et peut-être vers la folie ou la mort, pour suivre cette chère Rose que, depuis un long mois, nous n'avons pas vue !

*
* *

A l'angle des rues Royale et de l'Hôpital, à la Nouvelle-Orléans, s'élevait et s'élève encore une, maison de pierres, avec balcon au premier étage et belvédère au sommet.

Nous entrerons dans une chambre du deuxième étage de cette maison, et nous y verrons deux femmes, de couleur et d'âge différents. La première peut indiquer quarante ou quarante-cinq ans ; c'est une personne de haute taille, aux traits un peu forts quoiqu'assez doux, à la tournure majestueuse, au regard encore vif. Un raisonnable embonpoint et une grande blancheur de peau lui donnent encore un reste de fraîcheur, assez rare en ce pays. Cette dame fait, en ce moment, de la broderie.

L'autre n'a pas besoin que nous la nommions. Nous dirons seulement qu'elle porte le costume lascif des filles de couleur des colonies françaises. Celle-ci s'occupe de couture.

Auprès d'elle est un joli berceau d'osier, dans lequel dort, du sommeil des anges, une belle petite. fille à la peau brune et douce, aux longs cils recourbés, aux joues fraîches. Un sourire mignon entr'ouvre ses jolies lèvres rosées.

— Madame, demande la jeune mère, comment trouvez-vous cette garniture, que j'achève pour madame votre fille ?

— Très jolie ! mon enfant ; vous travaillez comme une fée. Si vous étiez libre, nous vous ouvririons un magasin de confection pour dames, et vous gagneriez beaucoup d'argent.

— Oh ! madame.... si j'étais libre, je retournerais à la Guadeloupe.... avec mon Casimir et ma Rosine.

— C'est vrai, j'oubliais combien ce pays-là vous est cher. Vous avez raison, car celui-ci vous est dur. Nous comptons le quitter après le mariage de ma fille.

— Est-ce ici qu'elle a perdu son mari ? madame.

— Ici même. Le matin, il était frais et dispos ; le soir il était à l'agonie, et le lendemain on l'enterrait !

— Et... il y a longtemps ?......

— Trois ans. C'était une année de terrible épidémie, comme celle-ci s'annonce déjà. De sorte que ma fille est veuve depuis trois ans.... sans quoi, nous aurions quitté ce pays depuis longtemps : c'était l'intention de son mari. Monsieur Alexandre en a aussi assez de la Louisiane.

— Que c'est bon d'être libre ! madame.... On va où l'on veut.

— Hélas ! oui, pauvre Rose.... Mais il faut espérer que cette outrageante institution de l'esclavage aura bientôt fini son temps, pour l'honneur de l'humanité !

— Ce monsieur Alexandre est-il celui que j'ai entendu nommer ainsi, et qui a aidé à ma fuite ? madame.

— C'est lui-même. Comment le trouvez-vous !

— Très-bien, madame ; avec cela, il est bon et généreux.... comme votre fille : ils seront heureux ensemble.

— Je le crois.... et le demande chaque jour à Dieu ; car c'est une belle et bonne nature que celle de ma Pauline ! Un peu enthousiaste, un peu hardie peut-être.... mais une jeune veuve n'est pas une petite pensionnaire. Nulle plus qu'elle n'est aimante et dévouée, charitable et bienfaisante. Elle n'a qu'un défaut....

Rose ne répondit rien à ces derniers mots.

— Vous ne me demandez pas lequel ! dit madame V***.

— Oh! madame.... je sais trop....

— Chère petite! il n'y a pas là de mystère, et par conséquent d'indiscrétion. Ce grand défaut de Pauline, c'est qu'elle aime l'équitation, la natation, et.... et.... devinez!.. c'est quelque chose d'effrayant...

— ...e devine pas, madame.

...n bien, elle aime.... mais beaucoup, beau-...p.... à la passion.... la.... la chasse!

— Voilà donc ce grand crime! madame.

— Hélas oui! Dans ce monde, il faut faire *comme les autres*; c'est le grand mot! Cela n'empêche pas que, sans la natation, Pauline aurait péri dans le Mississippi, l'année dernière, lors d'une explosion de bateau à vapeur; et que, cette année, elle n'aurait pu sauver un petit garçon qui s'y allait noyer! Quant à la chasse, c'est son bonheur d'y aller avec ceux qu'elle aime: chacun son goût, après tout!

A ce moment, la sonnette tinta. Madame V*** descendit, et remonta presque aussitôt, une lettre à la main.

— Pour vous! mon enfant, dit-elle à Rose.

— C'est de Casimir! s'écria la jeune femme radieuse.

Madame V*** ayant aussitôt quitté la chambre pour s'occuper de divers soins d'intérieur, Rose s'empressa d'ouvrir la lettre de son mari, et lut:

"Ma chère femme: Voilà six semaines que je ne t'ai vue! six semaines.... six siècles! Si cette existence devait durer encore longtemps, j'en mourrais bien certainement! Je ne vis déjà plus: tout me pèse, tout me blesse.... rien ne me console. O ma Rose! à tes côtés, je n'ai jamais manqué de courage, ni de patience; ton amour effaçait le passé, cachait le présent, colorait l'avenir... Tu m'aimes toujours, mais je ne t'ai plus! Je suis comme un jour sans soleil, comme une plante sans rosée, comme un corps sans âme! Je ne vis pas: j'existe. — Oh! je n'avais jamais su comment et combien je t'aime! Quels jours je passe, courbé comme une brute sur un sillon dont un maître récolte les fruits! Quelles nuits je traverse, seul, comptant les interminables heures... moi à qui Dieu a donné une si douce et si bonne compagne qui me les faisait si charmantes! Les souvenirs me tuent. Le passé m'est un tourment, parce qu'il me fait voir, jusqu'au fond, le vide du présent... et je n'ose plus regarder l'avenir, de peur que le vertige me saisisse!

"Parfois, il me prend fantaisie de jeter là ma triste houe, de fuir au milieu de la nuit, et de marcher vers toi....dussé-je mourir en tombant de lassitude à tes pieds! On me reprendrait, on me battrait....je me tuerais....; mais je n'aurais plus à souffrir les tortures que me fait endurer ta chère image. Dans mon éternelle solitude, je ne vois que toi, ton sourire, ta beauté, ton amour!... et le cher fruit de nos caresses. Dieu m'a fait un trop beau présent pour me le retirer ainsi tout d'un coup, sans époque fixe de retour....sans espoir!

"Je vais tâcher de m'oublier une heure, pour te dire ce qui s'est passé ici depuis ta fuite. Si j'y parviens, ce sera une heure de moins, pour moi, à souffrir.

"Monsieur Roque n'est plus, physiquement, que l'ombre de lui-même....; moralement, on dit qu'il marche à grands pas vers la folie. Il s'enferme de longues heures dans ta chambre, m'a-t-on rapporté. Ce qu'il y fait, nul ne le sait......

"Monsieur Roque ne s'occupe plus de ses habitations, et tout va de mal en pis. J'ai entendu M. Michand dire, à la dernière séance qui a eu lieu chez lui, que le maître a perdu plus de six mille piastres depuis les six semaines de ta disparition! En effet, je le crois aisément, car chaque jour les bestiaux sont décimés par le poison, qu'une main inconnue répand de tous côtés. Il circule bien des bruits à cet égard; mais que les coups viennent d'ici ou de là, j'y vois le doigt de Dieu, et je ne juge pas!

"Il y a pis encore. La fièvre jaune et le choléra commencent à sévir dans nos parages! Déjà deux noirs, trois négresses et une mulâtresse en sont morts. Si ces fléaux continuent, on ne peut savoir à quelle heure sonnera la ruine complète de monsieur Roque. — Le moulin à sucre a été brûlé il y a quinze jours, et vingt ouvriers travaillent à le reconstruire. Quelle leçon, si cet homme était un jour ruiné! — Qui sait? peut-être est-ce sa ruine qui serait le signal de notre délivrance, ou de notre réunion, ou au moins d'un changement quelconque dans notre sort! Que la volonté de Dieu soit faite!

"Je vois Silène, Junon et Pierre: ce sont mes seules récréations. Le brave Silène sait lire; il enseigne maintenant à Chariot, le commandeur de ma bande. Moi j'ai pris Pierre; il est plein d'intelligence et de bonne volonté, et avance rapidement. Tout cela forme un noyau d'amitiés qui, un jour, pourraient nous être utiles, puisqu'il n'y a rien de perdu. Les chemins les plus longs en apparence sont souvent les plus courts.

"Voilà à peu près les nouvelles. Dans huit jours, tu recevras une autre lettre de moi, ma chérie.

"Embrasse notre Rosine pour tout le temps que je ne l'ai pas vue. Elle est bien heureuse....elle! Chaque jour, elle rit sur tes genoux, ignorante de toute chose, ou dort paisible à tes côtés....d'où je suis exilé, moi, son père!....

"Adieu, ma Rose, je t'embrasse comme je t'aime!"

....

La pauvre Rose alla au berceau de sa fille, et embrassa la petite créature en pleurant. Pour cal-

m^r son chagrin, elle voulut l'épancher aussitôt.
Elle se mit donc à une table où se trouvaient plumes, papier et encre, et répondit à Casimir :

"Cher bien-aimé : — Et moi ! crois-tu que je ne
souffre pas comme tu souffres ?.... Ne suis-je pas
privée de toi, comme tu es privé de moi ? Ne sommes-nous pas les deux moitiés d'un tout, que le
despotisme a séparées ? Pauvre cher ! tes souffrances ont leur écho fidèle dans la solitude de mon
cœur, et, comme toi, je ne vis pas ! Notre chère petite est ma seule consolation. Je suis matériellement bien, vivant sous une généreuse protection
....que nous devons à Dieu....car l'Association
n'agit qu'au nom de Dieu.

"Tu perds espoir, dis tu....O cher bien de mon
âme, prends garde de devenir ingrat ! Est-ce que
la Providence ne nous a pas protégés et ne nous
protége pas encore en ce moment ? Ne suis-je pas
hors de ces bras détestés qui m'ont pressée de leur
horrible étreinte, pendant la perte de ma volonté ?
....Nous sommes séparés, c'est vrai, hélas ! mais
aie confiance : nous ne le serons peut être pas longtemps. Ne détournons pas de nous le regard protecteur d'en-Haut ! Le désespoir est un manque
de foi....et nous croyons !

"Je te prêche le courage et j'en manque souvent. Le matin, quand Rosine m'éveille et qu'elle
me regarde avec tes yeux si doux, mon pauvre
cœur s'amollit....et je pleure ! Le soir quand je
vais, seule, vers mon lit, pour chercher un repos
bien difficile à trouver, mon souvenir va vers toi ;
il se reporte vers notre chère demeure de la Guadeloupe....où nous étions au moins libres la nuit
....et heureux ! Puis, je revois ma mère, Salomon,
la route des Abymes, Veille-toujours et Jolimont !
De là, mon regard s'arrête à la demeure de ce digne capitaine Jackson, où nous avons été heureux,
et où la liberté nous attendait !

"La liberté ! quand l'aurons-nous ? l'aurons-nous
jamais ? Oh ! si nous étions libres, comme je tra-
vaillerais de bon cœur ! comme je *bichonnerais* notre Rosine ! comme je te voudrais beau et bien
mis ! Que nous serions heureux ! — Dire qu'il y a
des gens libres qui ne sont pas heureux ! C'est
qu'ils ne savent pas arranger leur vie : ils regardent trop haut, ou trop bas. Ils ne savent pas aimer....les infortunés ! et ils se plaignent du sort !
Dieu nous fasse libres ! je ne lui demande rien de
plus : je saurai faire notre nid modeste, sans le

vouloir trop grand, pour que nous y soyons heureux. Le bonheur tient peu de place.

"Tu me parles de la ruine de *cet homme* ; le
monstre ! Et tu le plains ! insensé.. Laisse faire la
main de Dieu : elle ne s'appesantit qu'où il est
juste. Ruiné, il serait plus bas et plus rampant
qu'il n'est vain et insolent ! Il ne boirait plus la
sueur de deux cents pauvres parias qui valent
mieux que lui ; il ne se ferait plus un sérail de tous
les corps qui plaisent à sa despotique fantaisie !
S'il fût resté pauvre, peut-être eût-il été bon ? peut-
être eût-il choisi une compagne honorable, au lieu
de vouloir salir de ses *faveurs* les femmes des
autres !.. La richesse est souvent une grande punition. Vois-le maintenant ! Parce qu'il ne peut
m'avoir, il va vers la folie et vers la mort, en passant par la souffrance et le désespoir !

"J'ai embrassé, pour toi, notre chère petite, qui
dort comme un chérubin, à mes côtés. Je vais
maintenant te parler un peu de l'existence que je
mène.

"Trois jours après notre arrivée à la Nouvelle-
Orléans, monsieur Alexandre et madame B***
sont repartis pour Bâton-Rouge, où cette dernière
a encore quelques jours à passer chez une de ses
parentes. Je me suis trouvée alors en compagnie
de madame V***, la mère de ma protectrice. C'est
une femme d'un âge mûr, bien conservée, comme
on dit, charitable, généreuse, un peu enthousiaste.
Elle passe presque toute la journée avec moi, dans
la chambre du deuxième étage, qui a été assignée
à ma réclusion forcée.

"Toutes les précautions sont prises pour que je
ne sois pas découverte. Je travaille au trousseau
de la jolie fiancée. — Tu sais sans doute que monsieur Alexandre va épouser madame B***, qui est
une jeune veuve. Ils s'uniront à la Nouvelle-Orléans, et occuperont, provisoirement, l'étage de la
maison, dans lequel est ma chambre. Alors, on
ouvrira une Séance dans le grand salon du premier, et je compte bien y assister, de ma chambre,
au moyen de quelque trou que je trouverai
moyen de pratiquer d'ici là.

"Quand nous verrons-nous ? cher.... Espérons
que le ciel nous réserve ce bonheur dans un avenir prochain, et croyons que la Providence saura
bien susciter des événements qui nous réunissent !

"Au revoir ! mon Casimir...... je t'embrasse
aussi comme je t'aime !"

FIN DE LA DEUXIEME PARTIE.

TROISIÈME PARTIE.

LA TERRE ET LE CIEL.

I.

COUP-D'ŒIL SUR DIX-HUIT MOIS ÉCOULÉS.

Dix-huit mois se sont écoulés depuis les événements qui terminent la deuxième partie de cet ouvrage, événements dont les derniers détails sont consignés dans les deux lettres qu'on a lues.

Bien des choses ont eu lieu pendant cette année et demie ; nous n'avons pas cru devoir les suivre pas à pas, pour éviter des longueurs qui eussent refroidi l'intérêt du drame. Un récit succinct suffira pour amener le lecteur au point de jonction d'où part ce qui va suivre.

Nous sommes en l'année 1846, dont l'été vient de finir, emportant sa moisson humaine accoutumée, grâce aux coups redoublés des épidémies, en Louisiane.

M. Roque a enfin ouvert les yeux sur la ruine vers laquelle il marchait à grands pas. Seulement, il a vu cette ruine quand elle a eu, aux trois quarts, détruit sa fortune !.... L'épidémie de 1844 lui a enlevé le quart de ses sujets ; celle de 1845 en a fait périr un certain nombre, et l'été de 1846 vient de faire de nouvelles brèches parmi ses noirs. D'autres noirs sont nés, il est vrai, mais ils ont encore longtemps avant d'être utiles. Les empoisonnements de bestiaux ont été diminuant depuis cette dernière année seulement, grâce à une surveillance de toutes les heures, grâce surtout à la réduction considérable des biens de M. Roque. En effet, l'ex-riche planteur n'a plus qu'une habitation.... diminuée de moitié de ce qu'elle était avant la fuite de Rose. L'autre habitation a dû être vendue pour satisfaire aux créanciers que s'était créés l'habitant, pendant la période croissante de sa folie. M. Roque n'a plus que quarante esclaves adultes, plus quelques négrillons inu-

tiles ; on n'en voit donc qu'une trentaine aux champs, les autres ayant d'autres emplois sur l'habitation. Junon est morte au milieu de l'été de 1845, et Silène, qui ne peut vivre seul, s'est *placé* avec cette servante que nous connaissons, Nancy, l'ancienne compagne de Sultane, puis de Rose. Sultane, revenue des *grandeurs*, a préféré le travail actif des champs aux ennuis sédentaires de l'hôpital, et, après avoir confessé ses fautes et s'en être repentie avec promesse de n'y plus retomber, elle a pris pour *mari* le beau Pierre, qui l'aime pour sa beauté, tout en songeant sans cesse à Rose.... qui ne s'en doute guère. — Quant à monsieur Roque lui-même, il est bien changé au physique sans l'être beaucoup au moral. Il est devenu maigre et sec, dur et emporté plus que jamais, et dévoré d'une activité fébrile qui use sa vie. Rose n'est pas sortie de sa pensée ni de ses désirs. Le même feu le brûle toujours ; seulement, au lieu de s'y jeter tête en avant, comme par le passé, il ne s'y laisse entraîner que de loin en loin. Une fois par semaine environ, sans jour fixe, il accomplit un pèlerinage à la chambre de la mulâtresse, mais il en ressort brisé chaque fois pour vingt-quatre heures. Les recherches n'ont pas discontinué, et monsieur Roque a offert, par la voie des journaux, une récompense de cinq cents piastres à quiconque arrêtera ou fera arrêter celle qu'il veut toujours à tout prix. Toutefois, ce n'est plus la liberté, ni une maison, ni de l'or, ni des esclaves, qu'il se promet de lui offrir pour prix de ses complaisances — s'il la retrouve ! — c'est le pardon et l'oisiveté si elle consent ; le cachot, la misère et le fouet, si elle refuse ! Et il a maintenant de bonnes raisons pour motiver sa vengeance, dix-huit mois de marronnage ! sans compter le temps qui s'écoulera encore. Le fouet a recommencé à retentir sur l'habitation, et les pauvres restants ont à travailler double pour réparer le temps perdu.

Monsieur Kerlec n'est plus au service de monsieur Roque. Il s'est éloigné devant les désastres qui frappaient son patron, et se trouve employé depuis près de dix mois dans la police secrète de la Nouvelle-Orléans. Turc, son fameux chasseur de nègres, a succombé à une hémorrhagie interne causée par un vigoureux coup de bâton que lui a appliqué un nègre marron contre lequel il essayait, un jour, d'avoir des velléités de chasseur.

Monsieur Michaud — qui a son but — gère toujours l'habitation, sans plus faire battre que par le passé. Les séances ont cessé chez lui depuis plusieurs mois, pour être transportées à quelques milles chez un autre économe, membre de l'Association spiritualiste.

Le vieux Jacques tient toujours — très peu — son auberge. Depuis l'événement qui a eu lieu chez lui, il a juré à monsieur Roque une haine éternelle, à cause de Rose qu'il s'est pris à aimer de toutes les forces de son vieux cœur, "comme un dernier enfant qu'on a dans sa vieillesse !" Depuis le départ de la mulâtresse pour la Nouvelle-Orléans, le vieux Jacques a fait, pendant longtemps, de fréquentes sorties nocturnes, monté sur un mulet qu'il a acheté dans un encan, à Bâton-Rouge. Quand, à la table de son cabaret, les conversations des convives tombaient sur les pertes mystérieuses qui frappaient monsieur Roque dans sa fortune, le vieux noir souriait comme sourit la statue de Voltaire sous le péristyle du Théâtre Français. Quand on lui demandait son avis sur ces mortalités extraordinaires "Peut-être mangeaient-ils de mauvaise herbe...." répondait-il.

Madame veuve B*** est, depuis quinze mois, madame Elwin. Un beau petit garçon, âgé de cinq mois et quelques jours, sourit sur ses genoux, en regardant de temps à autre un homme au visage heureux, qui le chatouille légèrement. Près de monsieur Alexandre et de sa femme est assise leur mère et belle-mère, madame V***, dont les yeux humides d'une douce joie, voient avec bonheur la joie de ses chers enfants. A quelques pas de là, dans l'embrasure d'une fenêtre, dont les rideaux sont hermétiquement fermés, se tient Rose, cousant.... et songeant.... Rosine, qui a maintenant deux ans et demi environ, babille comme une petite pie et s'agite comme une sauterelle.

Rien de remarquable ne s'est produit dans l'existence de Rose pendant les dix-huit mois qui viennent de s'écouler. Elle a vécu, comme Casimir a vécu, sans peine et sans joie. Le chagrin de la séparation est le seul qui attriste son cœur, mais c'est un chagrin sans relâche, contre lequel une existence facile ne peut rien. Recluse comme une prisonnière, par la force des choses, la pauvre jeune mère se fane à l'ombre, comme la fleur dont elle porte le nom gracieux. Une incurable mélancolie

donne à son beau visage une tristesse résignée qui fait peine à voir. Elle n'est ni moins belle ni moins séduisante, mais des désirs inassouvis, des souvenirs cuisants, et des pensées amères lui ôtent cette grâce et ce parfum de jeunesse, qui sont à la beauté ce que le printemps est à la nature. Ses beaux yeux sont cerclés de bistre ; sa bouche attrayante a des plis tristes ; son sourire même pleure l'amour absent.... La pauvre femme attend...

— Attendre, sans connaître le jour d'arrivée, sans savoir si jamais ce jour arrivera ! c'est là un supplice qu'ont seules éprouvé et que comprendront seules les âmes aimantes. — Les dernières lettres qu'a reçues Rose lui ont appris la situation de son cher mari.

Casimir travaille beaucoup pour éviter l'humiliation du fouet. Il est parvenu à répandre, même au loin, la lecture.... dont profitent, et font profiter les autres, tous ceux qui ont intelligence et bon vouloir. Les épidémies ne l'ont pas touché, acclimaté qu'il est depuis longtemps par le soleil des Antilles. C'est maintenant qu'il comprend que "le travail est un sauveur." Comme sa chère Rose, il souffre d'une séparation si longtemps prolongée. Plusieurs fois, monsieur Roque l'a interrogé au sujet de la fugitive, et la tristesse du mulâtre l'a convaincu qu'il pleure — comme lui, quoiqu'à un tout autre titre — l'absence de la pauvre jeune femme. Henry, Loïsa et William grandissent à vue d'œil. Le premier devient chaque jour plus mutin et plus volontaire : il aime Casimir et le visite dans sa case, lui jurant qu'il le fera libre aussitôt qu'il aura ses dix-huit ans et qu'il pourra être émancipé ! La seconde, Loïsa, n'a pas oublié sa chère Rose : elle prétend que " Dieu n'est pas assez méchant pour avoir fait périr sa petite mère ; qu'elle reviendra un jour, et que son frère Henry la rendra heureuse !" Quant à William, on ne peut guère le voir que de loin en loin : il est encore trop petit pour que sa gardienne le laisse courir seul, et il ne peut pas se souvenir de sa nourrice.

Voilà la position exacte de nos personnages actuellement en scène.

II.

LE KERLEC ET LE VULPES.

Il est neuf heures du soir. Les rues de la métropole du sud sont déjà solitaires. Vers le milieu de la ruelle qui prolonge la rue d'Orléans et qui débouche dans la rue de Chartres en longeant un des côtés de la cathédrale, s'élève une maison à l'aspect bizarre, tenant le milieu entre la prison et la caserne. Les ouvertures en sont si rares, si étroites et si basses, qu'on pourrait croire que le propriétaire qui a fait construire cette disgracieuse bâtisse était ou un original sombre, ou un amant intéressé du mystère. Une seule fenêtre de cette maison est éclairée, au deuxième étage. Toutes les autres sont aussi sombres que la nuit. La fenêtre ou apparaît la clarté solitaire dont nous parlons, est celle d'un cabinet dans lequel nous entrerons avec le lecteur, sans passer par les toits, comme Asmodée, ni par les portes, comme les gens vulgaires.

Près d'une table chargée de papiers se tient un homme dont nous nous abstiendrons de tracer le portrait par la raison que cet homme est déjà connu du lecteur : c'est monsieur Kerlec, aujourd'hui un des chefs de la police secréte de la Nouvelle-Orléans. Il écoute un homme, assis en face de lui dans l'attitude d'un subordonné, et inscrit, des renseignements qu'il en reçoit, ceux qu'il croit de quelque importance.

— Et....de la mulâtresse dont je vous ai donné le signalement, dit monsieur Kerlec, vous n'avez aucune nouvelle ?

—Aucune, répond l'agent. J'ai fait surveiller les steamboats, les routes de terre, les hôtels ; on n'a pu rien découvrir. Il est presque impossible que cette esclave soit à la Nouvelle-Orléans.

— Vous savez, monsieur Aubert, que la récompense promise est doublée.

— Oui, monsieur, mais où il n'y a rien on ne peut rien découvrir.

— Allons....continuez toujours. J'ai des rapports qui me donnent à croire que le sujet dont il s'agit a passé par cette ville. Or, s'il y a passé, il y a pu rester. On est toujours mieux caché dans une ville que dans une campagne, dans la foule que dans la solitude.

— C'est vrai ; mais vous m'avez dit aussi que cette négresse....

— Mulâtresse....s'il vous plait, et non pas négresse. Ne confondons pas !

— C'est ce que je voulais dire. Vous m'avez observé que cette mulâtresse n'a ni parents, ni amis, ni connaissances probablement ; comment alors pourrait-elle se cacher si bien dans une ville qui lui est inconnue ?

— Elle a été protégée dans sa fuite, et nous pouvons inférer de là, que ceux qui l'y ont aidée peuvent bien l'avoir aidée aussi à se céler, ne serait-ce que pour se mettre eux-mêmes à l'abri. Il n'y a donc pas lieu à abandonner les poursuites, et je vous engage à les continuer.

Là dessus, l'homme de la police se leva et prit congé. Dès qu'il fut sorti par une porte, monsieur Kerlec en ouvrit une autre et fit un signe à un second personnage qui attendait dans une antichambre. Aussitôt ce second personnage entra dans le cabinet, et prit la place qu'avait occupée le premier.

—Eh bien, eh bien, monsieur Vulpès, avons-nous quelque chose de nouveau au sujet de la mulâtresse que je vous ai recommandée ?

— Peut-être, monsieur Kerlec, fit le nouveau personnage en clignant de l'œil avec intention, peut-être ! Je vais vous déduire d'abord mes petits moyens....

L'individu qui répondait au nom remarquable de Vulpès était assez agréable de visage, pour ceux qui ne s'y connaissaient pas. Il avait l'œil du renard et le nez de la fouine. Sa bouche, assez gracieuse, n'avait que le *tic* de se contourner quand il parlait avec complaisance de lui-même. Un observateur sagace eût deviné au premier coup d'œil le comédien consommé, aussi apte aux rôles pathétiques et sentimentals qu'à ceux de la fourberie et de la duplicité. Trente ans environ, une taille assez élevée, un port roide, et des allures quelque peu militaires, lui donnaient un ensemble satisfaisant, à première vue. L'audace se joignait, chez cet homme, à l'astuce, parce qu'il se savait appuyé et apprécié.

— Je vous dirai donc, fit-il pour entrer en matière, que j'ai trouvé un procédé — peu en usage, s'il n'est pas tout à fait nouveau — à l'aide duquel je puis découvrir bien des choses qui resteraient toujours de l'hébreu pour mes confrères. Ce moyen le voici : Dans toute ville où j'exerce, je commence par me faire autant de maîtresses qu'il m'est possible....parmi la domesticité. Je ne les choisis ni belles, ni jeunes, afin de réussir plus aisément et....plus économiquement. — Mais ce préambule vous déplait peut-être ? monsieur Kerlec....

— Non, monsieur ; tout au contraire : je m'instruis en vous écoutant.

Monsieur Vulpès fut flatté de cet adroit compliment, et continua :

— Je disais donc : plus aisément et plus économiquement ; j'ajouterais qu'outre la facilité et l'économie, ce procédé, appliqué à ma façon, a encore un inappréciable avantage, c'est que ces *bonnes amies* me sont toutes dévouées, vu que je possède plus d'avantages physiques qu'elles, ce qui fait qu'elles savent qu'il leur serait difficile de trouver aussi bien....que moi ! — Donc, monsieur, mon procédé m'a servi, je crois, dans la recherche difficile dont vous m'avez chargé. Veuillez écouter : — Il y a, dans une maison située (Vous me permettrez de garder l'indication jusqu'à nouvel ordre....), il y a une fort jolie jeune femme, mulâtresse, ayant une petite fille d'environ deux ans et demi. Cette jolie mulâtresse s'habille autrement qu'on ne le fait ici, et je suis persuadé que c'est celle que vous cherchez !

Monsieur Kerlec fit un bond sur sa chaise....

— Bravo! monsieur Vulpès, s'écria-t-il ; donnez-moi maintenant l'adresse de la maison, et comptez sur une gratification généreuse.

— Oh! monsieur Kerlec....je compte toujours sur ce qu'on me promet....sauf en matière d'argent ! Si vous saviez comme j'aime le comptant !

— Vous méfieriez-vous de moi ? monsieur Vulpès....

— Dieu m'en garde ! mais voyez-vous, cette confiance que j'ai dans les espèces ayant cours — quand je les tiens dans le creux de ma main — est chez moi une religion ! Je ne m'en départirais pas avec mon propre père !

— C'est fort bien, monsieur, mais qui me répond que cette femme est celle que je cherche ? Qui me répond même que....

— Assez ! monsieur, répondit l'agent offensé : la première supposition est acceptable, mais la seconde attaque ma probité, et....

— J'abandonne volontiers cette seconde supposition, monsieur Vulpès, mais la première ?....

— Monsieur, je vous jure que c'est la personne que vous cherchez, et je suis prêt à vous donner une déclaration écrite, qui m'engagerait à la restitution immédiate, si je m'étais trompé. Mon cautionnement est là, monsieur....

— Tenez, monsieur Vulpès, dit le Kerlec en prenant quelques billets de banque, voilà vingt piastres en à-compte ; dès que la femme sera prise, vous aurez le reste.

— Et le reste....c'est ?....

— C'est....trente autres piastres, monsieur Vulpès.

— Cela ferait cinquante. Or, monsieur, je vous jure que je ne puis faire cette affaire à moins du double....j'y perdrais !

— Vous y perdriez ! Vous disiez que vos maîtresses ne vous coûtent rien !

— Je n'ai pas dit *rien*, monsieur ; j'ai dit qu'il y a économie à suivre mon système ; mais, entre économie et zéro, il y a un monde !

— Voyons, voulez-vous soixante quinze piastres ?

— Pas quatre vingt dix-neuf et quatre vingt dix-neuf sous, monsieur : j'y perdrais....foi d'honnête homme !

Monsieur Kerlec parut réfléchir un moment....

— Allons....vous les aurez, dit-il.

— Je vais donc vous donner l'adresse par écrit, monsieur Kerlec.

Monsieur Vulpès écrivit une ligne sur un morceau de papier ; mais il garda le papier entre ses doigts, et attendit....

— Donnez ! fit le Kerlec, et comptez....

Monsieur, répondit le Vulpès, vous savez....je compte sur ce que je tiens !

Le Kerlec rougit, puis pâlit....et hésita. A la fin il jugea prudent de céder.

— Tenez donc....diable d'homme ! fit-il avec une rage contenue qu'il masqua sous un sourire faux....

Et il tendit au Vulpès quatre-vingts piastres en billets. Celui-ci les compta d'abord, puis les examina avec tout le soin voulu.

— Il y a tant de faux billets en circulation ! ob-

serva-t-il tranquillement ; monsieur Kerlec lui-même pourrait y être pris....

Et il remit l'adresse qu'il tenait à la main.

— C'est bien, dit le Kerlec après l'avoir lue ; je vous recommande le plus absolu silence !

— Inutile ! monsier, inutile....je connais mes devoirs.

Et, sur ce, il salua et sortit.

— Rusé coquin ! s'écria le Kerlec quand l'autre fut assez loin pour ne pas l'entendre....je n'ai rien pu lui soustraire !

— Vieux grippe-sou ! murmura le Vulpès de son côté....je connais la valeur de ton crédit !

III.

UN COUP DE FOUDRE AU MILIEU DU CALME.

Onze heures viennent de sonner à la cathédrale. M. Kerlec a fait diligence. Il est porteur d'un *warrant*, et, accompagné de deux hommes de police, il se dirige vers la rue de l'Hôpital, en suivant le trottoir de la rue Royale.

. . . .

Depuis une heure environ, madame V*** a gagné son lit, au premier étage de la maison où nous avons conduit le lecteur au commencement de cette Troisième Partie. Monsieur et madame Alexandre sont aussi couchés, et Rose vient de s'endormir, sa petite Rosine à ses côtés. La jeune femme s'est endormie les yeux humides, en songeant à son cher et pauvre mari qui, loin d'elle, pioche la terre du matin au soir, et qui, la nuit venue, n'a personne à ses côtés pour le consoler de ses peines ! Avant de se coucher, la pauvre femme a épanché sur le papier les chagrins de son cœur ; elle a écrit à son Casimir ; la lettre, qu'elle n'a pas encore cachetée, est ouverte sur sa table.

Tout-à-coup, la sonnette d'en bas retentit avec force. Monsieur Alexandre qui l'a entendue le premier sort du lit, passe à la hâte un pantalon, et, ouvrant la fenêtre, demande qui est là.

— Affaire importante et pressée ! monsieur, répond une voix mâle. Descendez sans perdre une minute, et veuillez ouvrir.

Une minute après, monsieur Alexandre se trouva en présence de trois hommes qui, moitié poliment moitié de force, pénétrèrent dans le vestibule.

— Monsieur Elwin, dit alors le Kerlec, voici un *warrant* qui nous autorise, ces deux messieurs et moi, à visiter votre maison, et je vous prie de nous permettre de remplir immédiatement notre mandat.

— Mais monsieur, répondit le maître de la maison, tout le monde est couché ici, et je ne conçois pas une pareille méprise !

— Il n'y a pas de méprise, monsieur et nous allons vous le prouver.

— Attendez un moment au moins, que je prévienne ma famille de cette inqualifiable démarche ....que je ne comprends pas.

Et monsieur Alexandre s'apprêtait à monter.

— Pardon, monsieur, fit le Kerlec en le devançant et en se campant avec résolution sur la première marche de l'escalier, après avoir fait un signe à ses hommes ; pardon....ce que nous voulons précisément éviter, c'est que vous avertissiez personne.

— Monsieur l'agent ! s'écria le jeune homme, ma mère et ma femme sont au lit, et je ne souffrirai pas qu'une aussi indécente visite ait lieu à cette heure !

— Monsieur, répondit le Kerlec, nous n'en voulons ni à madame votre mère, ni à madame Elwin. Si elles sont couchées, je suppose qu'elles ont des couvertures. Quant à vous opposer à l'exécution de notre mandat, vous n'y pouvez songer ! Nous sommes en règle. D'ailleurs, au premier signe itératif d'opposition, j'envoie chercher quatre hommes de plus, s'il le faut, et nous vous emmènerons préalablement à la station de police.

Monsieur Elwin rentra sa colère et se laissa aller sur un siége.

— Montez avec moi, dit le Kerlec à un de ses hommes. — Vous, ajouta-t-il en s'adressant à l'autre, veillez à ce que monsieur ne bouge pas !

Et, suivi de l'homme qu'il avait appelé, il monta tout droit au deuxième étage..................

Un quart d'heure après, monsieur Kerlec et son aide descendaient précédés de Rose portant sa petite fille. La pauvre femme pleurait et sanglotait ....à fendre l'âme. Elle regarda monsieur Alexandre en passant devant lui, et n'osa pas lui adresser la parole, de peur de le compromettre plus qu'il n'était déjà compromis ; mais le regard qu'elle lui jeta renfermait toutes les pensées de gratitude de son cœur, et la réponse muette du jeune homme fut qu'il la secourrait encore et toujours, jusqu'aux limites de la puissance humaine.

En attendant le lendemain, Rose fut conduite au domicile de monsieur Kerlec, dans cette maison où nous avons vu se passer la scène de la dénonciation faite par monsieur Vulpès, pour cent piastres.

Les deux aides furent renvoyés.

*
**

Il y avait une heure que Rose était chez monsieur Kerlec.

— Rose, disait celui-ci, vous savez sans doute quel sort vous attend. Si vous l'ignorez, je vais vous le dire. Monsieur Roque couve une colère atroce contre vous ; il a fait serment que, si jamais vous retombiez entre ses mains, vous lui paieriez cher votre fuite et vos refus. Il commencera par vous faire fouetter, à nu, aux quatre-piquets.

Rose frissonna de tous ses membres.

— Vous n'avez peut-être jamais vu ce supplice, continua le Kerlec. Voici comment il s'inflige : supposons qu'il s'agisse de vous : On vous dépouillera de tous vos vêtements, tous, entendez-vous... Quand vous serez nue, on vous attachera chaque main et chaque pied à des piquets fixés en terre, et assez éloignés les uns des autres pour vous maintenir bien allongée, et le commandeur vous labourera le corps de coups de fouet, dont chacun vous enlèvera un lambeau de chair, et fera jaillir votre sang....

M. Kerlec — qui parlait ainsi avec intention, en pesant sur les détails — se tut un instant, pour donner à sa *description* le temps de bien pénétrer dans l'esprit de la pauvre femme.

— Quand cet affreux supplice sera terminé, continua-t-il, on arrosera vos plaies d'eau vinaigrée. C'est une seconde torture....aussi terrible que la première !....et vous qui êtes une femme délicate, vous pourriez vraiment en mourir....mais pas tout de suite....au bout de quelques jours ! — Après cela, si vous ne succombez pas, il vous fera manger du cachot assaisonné de rations de *tordu*, de temps en temps, jusqu'à ce que vous lui cédiez ..vous savez ! car s'il ne vous aime plus à vous offrir la liberté et l'aisance, il vous désire toujours furieusement.

La pauvre Rose aurait voulu répondre, qu'elle ne l'eût pu, tant l'épouvante la torturait....

— Songez donc, Rose : tout le monde de l'habitation sera là, et des voisins ! Il y aura des blancs et des noirs....et votre corps nu sera exposé longtemps à tous ces regards ! Quelle honte avant le supplice.

— Oh ! mon Dieu ! Oh ! mon Dieu !! s'écria enfin la mulâtresse....

— Eh bien, Rose, continua l'ancien économe en se rapprochant de la jeune femme perdue en une invocation mentale au Père des opprimés, eh bien tout cela vous pouvez l'éviter ! Ni la honte, ni le fouet, si vous voulez ! Tout au contraire, la tranquillité, l'espoir de retrouver bientôt Casimir, d'être heureuse avec lui ! Il serait si content, si heureux, ce pauvre homme que vous aimez, de reprendre auprès de vous sa place chérie !....tandis que maintenant il souffre et languit sous un labeur écrasant, privé de toute consolation !.... — Voulez-vous être heureuse avec lui ! Je n'ai qu'à vous donner un peu d'aide, et jamais on ne vous retrouvera ! Allons, ma fille, dites un mot, un seul, mais là de bon cœur....et je vous laisse fuir et je vous protège ! Je ne suis pas méchant, moi, et j'aimerais à faire une bonne action....

La voix de M. Kerlec s'était adoucie ; son parler était lent et caressant, et semblait paternel et sincère. La mulâtresse crut voir un secours du ciel, dans ce miracle du loup devenu agneau, et elle se jeta aux genoux de cet homme :

— Oh ! monsieur, s'écria-t-elle avec transports, Dieu vous le rendra : sauvez moi ! sauvez mon enfant ! rendez-nous à la liberté et à celui que j'aime…. et notre vie entière sera une longue prière au ciel, pour votre bonheur !

— Nous nous entendrons, je le vois, chère Rose, nous nous entendrons ! répondit le Kerlec. — Eh ! mon Dieu, ce que je désire de vous ne peut ni vous compromettre ni vous faire tort. Relevez-vous, ma chère, et écoutez-moi. Demain, aussitôt la nuit venue, je vous conduirai moi-même en un lieu si sûr, que nul ne vous y découvrira. Au lieu de vous mener devant la justice pour qu'elle vous rende à votre maître, je vous rendrai à la liberté, au bonheur !

Rose saisit la main de monsieur Kerlec, et la porta à ses lèvres. Elle était belle sous le rayonnement de la joie traversant l'amère douleur qui l'avait d'abord courbée, elle était séduisante avec ses beaux yeux humides des saintes larmes de la reconnaissance….

— Et, reprit le blanc, qu'est-ce que je vous demande pour tout cela ? d'être à moi jusqu'à la nuit de demain…. pas davantage !

La mulâtresse sentit dans tout son être une violente commotion électrique. Une sueur glacée perla sur son front. Elle voulut s'écrier et ne put. Elle semblait paralysée. Enfin, un sanglot brisa sa poitrine :

— Je voudrais mourir ! s'écria-t-elle….

Et elle tomba sur le plancher, comme si la foudre l'eût atteinte.

Mais presque aussitôt elle se releva. Le coup avait été trop fort pour durer. Elle s'assit et devint marbre. Monsieur Kerlec crut que la première surprise avait effrayé pour une minute la jeune femme, et que la réflexion, aussi prompte, l'avait ramenée à d'autres idées dont il avait cru voir l'expression.

– C'est peu de chose ! continua-t-il, et qu'est-ce que cela vous coûte ? D'abord, qui le saura ? Personne assurément, car je ne suis pas un bavard, moi ! un jeune fanfaron qui se vante de ses succès ! Je suis un homme mûr, qui vous désire depuis longtemps, et qui a su le cacher ! — Vingt-quatre heures…. qu'est-ce que vingt quatre heures, pour éviter tant de honte, un pareil supplice, et des misères comme celles qui vous attendent ? — Voyons, répondez-moi, Rose, voulez-vous ?

— J'aime mieux mourir ! répondit la mulâtresse froide comme une statue de pierre.

— Vous ne comprenez donc pas, malheureuse ! Ce que vous me refusez, pour si peu de temps, il vous faudra l'accorder, pendant des années peut-être, à celui qui vous aura humiliée et torturée ! De plus, il est probable qu'il vendra votre mari à quelque planteur du Mississippi ou de la Caroline, et vous ne le reverrez plus ! Monsieur Roque n'est pas disposé à vous partager avec un esclave : c'est pour lui seul qu'il vous veut ; vous êtes probablement sa dernière passion : c'est là plus tenace ! — Moi, c'est un désir violent que j'ai de vous posséder…. vingt-quatre heures ! Après cela, vous me verrez aussi ardent à vous protéger que j'ai été acharné à vous poursuivre.

Rose ne bougeait pas, ne répondait pas. On eût dit que sa pensée s'était arrêtée tout-à-coup comme s'arrête l'aiguille d'une horloge dont le ressort vient de cesser sa tention. Peut-être le dernier raisonnemnnt de monsieur Kerlec l'avait-il frappée. En effet, rien de plus rationnel et de plus logique que ce qu'avait dit cet homme. Entre deux maux inévitables, on choisit nécessairement le moindre. Or, satisfaire au caprice de cet homme qui tenait son sort entre les mains, et se donner pour longtemps à un maître absolu et cruel, étaient deux sacrifices bien différents ! et nous osons dire que si Rose résista quand même, elle est une exception dans les exceptions.

Eh bien oui, elle discuta avec elle-même, la pauvre femme ! Elle hésita et fut près de laisser sortir de ses lèvres un oui honteux. Qui sait ? peut-être l'eût-elle dû, pour son mari lui-même, pour son enfant, pour elle ! Peut-être était-ce une grande faute que refuser ?…. C'était peut-être assumer la lourde responsabilité des événements ultérieurs…. En voyant la question au point de vue du déshonneur, ce déshonneur n'était-il pas plus complet par le Roque que par le Kerlec ? Et la honte publique, et le supplice atroce, et le cachot, et la misère, et son mari vendu, et son enfant peut-être tué par les conséquences du sort de sa mère ! Et tout cela pour refuser l'inévitable ! pour refuser dix fois moins que ce qu'on va indubitablement trouver ! — Y avait-il vertu ou crime, sagesse ou folie, à dire non ?….

Rose refusa !….

— Monsieur Kerlec ! dit-elle en se levant avec la majesté d'une reine qui parlerait à Dieu, je ne suis qu'une femme mortelle, qu'une esclave qui devrait peut-être obéir…. mais une voix intérieure parle à mon âme, et je vois au-delà des jours présents. Dieu peut susciter quelqu'événement qui réduise à néant tous les projets cruels qu'on a conçus contre moi. La vertu absolue n'est pas de la terre ; mais la foi est toute-puissante…. et j'ai la foi !…. Si bas que je tombe sans ma faute, je vois à mes côtés une main divine qui me relèvera…. SI JE CROIS ! Quand je serais arrêtée, quand je serais conduite dans la savane où je dois être suppliciée, quand je serais nue sous les regards d'une foule cruelle et hébétée, quand je serais étendue à terre sur le ventre, mes quatre membres attachés à quatre piquets, quand le fouet du commandeur élèverait en sifflant sa lanière coupante…. j'espérerais encore ! *je croirais* encore !.. et peut-être cette lanière ne retomberait-elle pas !....

Monsieur Kerlec ! continua-t-elle, il y a un Dieu... donc il y a une Justice Infaillible, et rien n'est perdu ! Vous avez dit ironiquement que vous n'êtes pas méchant et que vous voulez faire une bonne action.... Dites-le sérieusement et prouvez-le ! Jetez la récompense, offerte pour ma pauvre tête, aux pieds de Celui qui pèse toute chose dans l'Equitable balance des actions humaines : Il ne la laissera point passer inaperçue ! Vous n'avez pas de femme, monsieur ; vous n'avez pas d'enfants ; mais vous avez eu une mère.... Eh bien, si vous l'avez aimée, si vous gardez et respectez son souvenir, réjouissez son esprit par une action chrétienne ! Les morts ne sont pas morts, monsieur.... ils nous voient de là-haut, sourient au bien et gémissent au mal que nous faisons ! Croyez en Dieu, monsieur, et vous serez bon ! — Ce n'est pas par vertu terrestre que je vous refuse l'heure fugitive que vous me demandez : il n'y a que des vertus relatives : c'est que céder devant la menace du malheur c'est douter de la Providence ! Que m'importerait — vous voyez que je ne me fais pas prude — que m'importerait de me donner à vous pendant vingt-quatre heures... pour la liberté ! J'arrêterais ma pensée et je vous laisserais faire ; vous n'auriez rien de mon cœur ; vous n'auriez que mon corps !.. et, deux jours après, ou vous m'auriez oubliée, et alors que vous resterait-il de quelques voluptés toutes matérielles ? ou bien vous vous souviendriez de moi, et cela vous ferait souffrir. — Faites le bien pour le bien, monsieur, et si un jour je vous rencontre dans la vie, peut-être que ma profonde gratitude donnera quelque joie à votre cœur.... Au nom de votre mère, monsieur, au nom du Dieu Tout-Puissant, sauvez-moi, sauvez-moi !

Et, succombant sous sa propre émotion, elle tomba à genoux, et élevant ses bras suppliants vers l'Invisible qui soutient les mondes:

— Mon Dieu ! dit-elle, mon Dieu ! touchez le cœur de cet homme !

Monsieur Kerlec se leva comme un insensé, en passant sa grosse main sur ses yeux humides:

— Prenez votre enfant, dit-il à Rose, et venez tout de suite ! Je crois en Dieu maintenant.... Peut-être demain n'y croirai-je plus ! Venez, je vais vous reconduire où je vous ai prise, et vous direz à vos protecteurs de quitter demain leur maison, et d'aller vous cacher ailleurs. Venez !

Ils descendirent les escaliers. Minuit sonna à ce moment. Quand monsieur Kerlec ouvrit la porte de la rue, il se trouva face à face avec le *Recorder*, son chef !

— Ah, ah ! fit celui-ci, vous ameniez la mulâtresse ! C'est très bien, monsieur Kerlec. Suivez-moi donc avec elle à la prison.

IV.

LA COUR DU RECORDER. — DEUX RENCONTRES.

Rose et sa fille avaient passé le reste de la nuit à la prison de ville.

Le lendemain, à dix heures du matin, le recorder était sur son siége, et les affaires du jour allaient commencer. Des vagabonds, des voleurs, des assassins, des filles de vie scandaleuse, étaient réunis dans le fond de la salle, sous la surveillance d'hommes de police munis de courts bâtons ferrés.

Le "Recorder", dans l'Etat de la Louisiane, participe du Commissaire de police, du Procureur du roi, du Juge d'instruction et du Juge de paix. Les fonctions de ce magistrat sont si peu définies, si étendues en tels cas, et si restreintes en d'autres cas ; son autorité est si élastique, si vague et surtout exercée si singulièrement parfois, que nulle analogie entre ses véritables fonctions et celles d'un autre magistrat quelconque, en tout autre pays, est réellement impossible, si l'on veut être exact. On ne peut dire que ceci : Un recorder est un recorder.

Donc, dans la salle dont nous parlons, étaient réunis les malfaiteurs, mâles et femelles, arrêtés durant la nuit précédente par les *watchmen*, — gardiens. — On remarquait dans cette honorable réunion, beaucoup de tout jeunes gens, des enfants même ! car il y en avait depuis vingt ans jusqu'à quatorze ans ! Ce n'était pas des voleurs ; c'était des *joueurs* de couteau, de poignard ou de pistolet, engeance très commune dans la ville principale de la Louisiane.

Nulle part le vice et le crime ne sont aussi précoces que là où règne l'esclavage, et cela se comprend : l'habitude du despotisme et des cruautés commence par endurcir le cœur et corrompre l'âme ; l'aristocratie stupide de la peau fait croire, à tous les blancs-becs, qu'ils sont sortis de la cuisse de Jupiter, qu'ils sont d'une autre essence que le reste de l'humanité, et, mus par l'orgueil insensé que leur inculque l'éducation *esclavagesque*, ils tuent comme ils boivent un verre d'eau.... froidement et par besoin !

On a vu, à la Nouvelle-Orléans, et il n'y a pas bien longtemps de cela, une bande de cinq ou six *joueurs* de cette espèce, ayant pour chef un petit vaurien de seize ans, tuer en plein café un homme paisible qui jouait aux cartes ou aux dominos ! Comme ils sont *natifs*, l'impunité la plus criante les protége, dans leurs crimes, et les citoyens impassibles les laissent passer au milieu des rues, le lendemain d'un assassinat. Les *étrangers* seuls s'émeuvent, parlent beaucoup, crient même, insèrent des articles dans les journaux, et organisent des patrouilles, ou soldent des émissaires courageux, pour arrêter ceux qui ont assassiné quelqu'un de leurs compatriotes. Mais les courageux émissaires empochent l'argent du *comi-*

té, vont prendre leurs plaisirs au lac Pontchartrain, et reviennent comme ils sont partis, moins leur raison qu'ils ont laissée dans l'alcool — afin sans doute qu'elle se conserve, — et *leur* argent qu'ils ont oublié dans le tiroir du cabaretier. Quelquefois, par exception, on arrête un de ces jeunes gens ; mais il existe une charmante ressource pour ne les jamais condamner : c'est la ressource de la caution. Le magistrat qui les juge en première instance les met, comme on dit, sous caution, quand il n'y a pas mort d'homme immédiate. Il se trouve toujours un *gentleman*, du même acabit, qui cautionne le coupable d'une somme de.... Ce *cautionneur* n'a ni sou, ni feu, ni lieu, la plupart du temps, mais n'importe ! il *fait voter* dans le sens politique du juge, et tout homme qui fait voter a une valeur intrinsèque. Quand il y a mort immédiate, c'est autre chose : l'assassin est arrêté.... quand il l'est ? On le met en prison, et, au bout de quelques jours, il se trouve qu'il s'est évadé, sans se faire une égratignure et sans déchirer ses vêtements. Trois mois après, on le rencontre dans les rues ou à la porte des cabarets, attendant quelque trembleur qui lui paye un verre de spiritueux ! Il faut ajouter que, en revanche, si un coupable est *étranger* au lieu d'être *natif*, son affaire est faite : il est pendu bel et bien.... à moins qu'il n'ait assez d'argent pour acheter la justice.

(Écrit en 1858.)

Un peu à part de l'écume humaine dont nous avons parlé, se tenaient Rose et sa fille, sous la garde de deux hommes de police.

Après que les vauriens *votant* eurent été acquittés ou relâchés sous caution, et que les délinquants *étrangers* eurent été condamnés à la prison ou à l'amende, mais surtout à l'amende ! le tour de la mulâtresse fut appelé.

— A qui appartiens-tu ? lui demanda le Recorder....

— A monsieur Roque, monsieur, répondit la jeune femme.

— Où est située son habitation ?

— A quelque distance de Bâton-Rouge.

— Et pourquoi t'es-tu sauvée ?

— Parce que mon maître voulait faire de moi sa maîtresse.

— Joli prétexte ! fit le magistrat.

— Et il donna, à voix basse, un ordre à un officier de police qui fit à Rose le signe d'avoir à le suivre, et qui sortit avec elle et son enfant.

Rose fut enfermée de nouveau, jusqu'à quatre heures et demie. On oublia de lui donner à manger, et Rosine pleurait en disant qu'elle avait faim. A quatre heures et demie, l'officier de police vint les prendre, et les conduisit vers la levée. Un steamboat était près de démarrer pour remonter le fleuve : il allait à Bâton-Rouge. Rose, Rosine et l'officier de police montèrent à bord, et, à

cinq heures juste, le dernier coup de cloche ayant tinté, et le sifflet de la vapeur ayant déchiré l'air de son cri aigu, les palettes des roues commencèrent leur rotation infernale, et la maison flottante s'éloigna majestueusement du rivage.

— Monsieur l'officier, dit Rose à son conducteur, depuis hier nous n'avons pas mangé, Rosine et moi, et cette enfant a bien faim !

— Que ne parliez-vous plus tôt, ma fille, répondit l'homme ! Ces misérables de la geôle ne vous ont donc pas donné à manger ?....

— Non, monsieur, répondit la jeune femme de sa voix enchanteresse ; on nous aura oubliées....

L'homme était déjà loin. Bientôt, il sortit de l'office, apportant lui-même une assiette creuse remplie de viande et de légumes, et un morceau de pain d'un volume plus que suffisant.

— Tenez, dit-il, mangez, vous et votre enfant.

— Vous n'êtes pas de ce pays ? monsieur, demanda Rose à cet homme....

— Non, mon enfant, répondit-il ; je suis né à la Basse-Terre, Guadeloupe.

— Vous êtes de la Basse-Terre ! s'écria Rose. Moi, je suis de la Pointe-à-Pitre.

— Nés au même pays ! à quatorze lieues de distance ! fit l'officier avec quelque émotion.... Et votre petite fille ?

— Elle est née en Louisiane, à Bâton-Rouge.

La prisonnière et le gardien causèrent encore quelque temps. Après quoi, celui-ci alla dans sa cabine pour prendre un peu de repos.

Dès que le jeune homme eut quitté la mulâtresse, plusieurs passagers du steamboat passèrent et repassèrent devant Rose en l'examinant avec des regards d'admiration. Rose était toujours vêtue *à la coloniale*. Les sentiments tumultueux qui s'agitaient en elle animaient son beau visage. La foi, qui la portait d'un bras puissant au-dessus des flots de la peur, illuminait ses yeux et *auréolait* son front. Comme ces sublimes martyrs des anciens temps, que la persécution seule fanatisait, Rose semblait défier la mauvaise fortune et les supplices. Mais, au contraire de ces fanatiques mourant pour des sottises indignes d'examen, la jeune femme souffrait pour la conservation de sa pureté, non vis-à-vis des autres, mais vis-à-vis d'elle-même, afin que si, un jour, un ciel plus clément venait à lui sourire, elle n'y semât pas les nuages de souvenirs mauvais. Les molles et suaves ondulations de son beau corps, auxquelles un lascif habillement ajoutait de nouvelles séductions, faisaient rêver les jeunes blancs qui la dévoraient des yeux.

Parmi ces jeunes blancs, à une certaine distance du lieu qu'avait choisi Rose pour se donner l'exercice de quelques pas, se tenait, appuyé à un des poteaux de la galerie extérieure du bateau, un homme au visage mélancolique et rêveur. Il était mis avec une élégance de bon goût, sobre et fraîche. De jolies moustaches noires traçaient, au-dessus de sa lèvre supérieure, un dessin gracieux. Ce jeune homme paraissait avoir vingt-deux ans. Son buste élégant se dessinait sous un drap fin, habilement taillé. Il regardait la mulâtresse depuis que l'officier de police l'avait quittée, car il ne l'avait pas aperçue auparavant. Son regard ne la quittait pas, et il semblait avoir fait avec lui-même la gageure de forcer les yeux de Rose à venir à la rencontre des siens.

An bout de quelques instants, Rose fit errer son regard vers la place où se tenait le jeune homme, et bientôt après les doux yeux de la mulâtresse firent union avec ceux du jeune blanc.

— Monsieur Augustin ! fit-elle avec un petit cri tout joyeux....

Et à son tour elle attira le jeune homme....qui s'approcha d'elle.

— C'est vous! Rose....dit-il en devenant rouge jusqu'au front. — Où allez-vous donc ainsi ?

— Ah ! monsieur Augustin....si vous saviez, si vous saviez !

Et elle lui raconta tout ce qui lui était arrivé depuis la dernière fois qu'il l'avait vue.

— O mon pays ! s'écria le jeune homme indigné, peux-tu te salir ainsi ! — Et vous pensez, ajouta-t-il, que ce misérable a l'intention de vous martyriser si vous le repoussez ?

—Je ne le pense pas, j'en suis certaine : son ancien économe me l'a dit.

— Venez dans ma cabine, Rose....avec votre fille ; nous causerons plus à l'aise : peut-être pourrais je vous être utile....

— Je ne le puis, monsieur ; je suis sous la responsabilité d'un officier de police, et il doit savoir toujours où je me trouve. Si vous voulez lui demander cette autorisation, je vous suivrai volontiers. C'est un charmant jeune homme, quant au ton et aux manières ; il m'a appris qu'il est mon compatriote, et je ne pense pas qu'il vous refuse. Tenez, le voilà justement qui vient vers nous.

Le jeune homme alla à la rencontre du gardien de Rose et lui parla quelques instants ; puis ils revinrent ensemble vers la mulâtresse.

— Vous pouvez aller avec monsieur, dit le créole de la Guadeloupe ; c'est un gentleman que je connais....et vous n'êtes capables ni l'un ni l'autre d'oublier que je réponds de vous.

— Soyez tranquille, monsieur, répondit la jeune femme, ce n'est pas à un homme aussi plein d'humanité que vous l'êtes que je ferais arriver de la peine, même si je pouvais m'enfuir.

Rose, tenant sa fille par la main, suivit monsieur Augustin dans sa cabine. La petite Rosine qu'on assit sur le lit, dormait au bout de cinq minutes.

— Oh! chère Rose....s'écria-t-il en contenant

sa voix qui s'altérait, que vous êtes belle, et courageuse....et que je vous aime !

Et il saisissait deux mains mignonnes et douces, qu'il couvrait de baisers passionnés.

— Monsieur Augustin, dit-elle, je croyais que vous m'aviez appelée pour tenter de me secourir dans ma détresse !

Cette simple phrase arrêta mieux le jeune homme que ne l'eussent fait les supplications. Elles faisaient appel à sa générosité et à sa délicatesse. Il comprit à l'instant que son action présente et la manifestation de ses désirs ressemblaient à une avance de paiement qu'on reclame dans certaines transactions de commerce, et il eut honte.

— Oh ! pardonnez-moi....s'écria-t-il, pardonnez-moi, pauvre Rose. Je suis un misérable ! Quand vous marchez courageusement vers un ignominieux et cruel supplice, je m'occupe de moi, de ma passion, de mon amour ! — Mais, Dieu merci ! si je me suis laissé aller à l'enivrement où votre beauté me jette, je vous prouverai que le retour de ma raison est moins égoïste !

Rose eut presque regret de la phrase doucement amère qu'elle avait jetée sur le cœur du bouillant jeune homme. Son repentir la toucha....et la troubla. Une seconde requête l'eût peut-être trouvée ardente à y répondre. La réflexion ne se pose jamais en de pareils instants. Elle sentit sa jeune et vigoureuse nature tressaillir, et elle eut besoin de regarder sa fille.

— Ecoutez, lui dit Augustin, je m'arrangerai pour arriver avant vous chez monsieur Roque.... et je ferai de mon mieux. J'offrirai tout ce que j'ai pour vous arracher à cet homme ; mais je ne sais si j'aurai assez, car il sera exigeant. — Oh ! c'est maintenant que je regrette la nullité de mon père et le fanatisme de ma mère !

— Merci ! s'écria Rose qui ne fut plus la maîtresse de l'élan de sa reconnaissance....merci !

Et, prenant dans ses mains la tête d'Augustin, elle l'approcha de ses lèvres et lui embrassa les deux yeux. Puis elle se leva rapidement, ouvrit la porte de la cabine et sortit, en proie à une profonde émotion....oubliant sa fille sur le lit du jeune homme.

....

Augustin avait chancelé, d'émotion et de bonheur, sous le double baiser de Rose. Tout son sang lui avait reflué au cœur, et son visage ardent était pâle.

— Rosine, Rosine ! cria bientôt une voix fraîche et harmonieuse....

Augustin s'avança vers la porte de sa cabine, et vit Rose à deux ou trois pas·

— Elle dort, lui dit-il, juste assez haut pour qu'elle pût l'entendre ; quand elle sera éveillée, je l'amènerai.

Rose s'éloigna avec un sourire de mère et un regard d'amante.

Une heure après, la petite fille rejoignait sa mère. D'une main elle tenait une orange, de l'autre deux gâteaux à demi enveloppés. Elle offrit le tout à sa mère, qui prit pour elle-même un morceau de l'orange, et développa le papier pour voir les gâteaux. Un petit billet était couché entr'eux. Rose le prit, regarda autour d'elle, et s'éloigna pour le lire :

" Chère Rose, était-il écrit, jamais de ma vie je ne pourrai être indifférent à votre sort. Le parfum de vos lèvres est entré pour jamais dans tout mon être. La réception qui vous attend m'épouvante. Si j'échoue dans la tentative que je vais faire, je me tiendrai, armé, aux environs de l'habitation, pour être prêt, à tout événement, à vous protéger à tous risques. En cas de malheur imprévu, vous sauriez où je suis, en vous adressant au vieux Jacques, que je connais.

" Je donnerais la moitié de ma vie pour vous devoir encore plus !....Mais non ! Je suis fou....la passion m'égare....Ne m'écoutez pas....mais je vous aime comme un insensé...."

— Et moi aussi je l'aime, murmura Rose.

*
* *

On arriva vers minuit au lieu où devait débarquer l'officier de police conduisant Rose. L'habitation de monsieur Roque était située assez avant dans l'intérieur des terres ; on ne pouvait donc s'y rendre qu'au jour. Augustin débarqua en même temps qu'eux, et, comme il n'y avait qu'un hôtel dans la localité, le jeune homme, l'officier, Rose et Rosine, durent y passer le reste de la nuit.

Il y avait en tout quatre chambres dans ce petit hôtel, qui n'avait qu'un étage. De ces quatre chambres, une seule était alors occupée. Les trois autres furent données, l'une à l'officier, la seconde à Rose et Rosine, la dernière à M. Augustin. Toutes communiquaient entre elles par une porte ayant verrou de chaque côté. Un quart d'heure après que chacun fut installé chez soi, Rose entendit les ronflements de son conducteur. De l'autre côté elle entendait Augustin marcher dans sa chambre, comme un homme tourmenté. Rosine dormait sur le lit destiné à sa mère. Rose n'était pas encore couchée.

— Bonsoir, murmura la voix d'Augustin, tout près de la porte, bonsoir ! Rose....

Rose regarda du côté d'où venait la voix ; elle vit que son verrou n'était pas poussé. Elle fit quelques pas.... dans l'intention probable de s'enfermer sérieusement....

— Bonsoir, monsieur.... répondit-elle ; dormez bien !

— Oh ! je ne pourrai pas dormir ! fit-il d'une voix triste.

Il avait entendu marcher Rose, et savait donc qu'elle était encore debout.

Quand la jeune femme leva le bras pour pousser le verrou, la porte s'entr'ouvrit doucement, et elle vit Augustin qui la regardait tristement et ardemment. Elle avait éteint sa lumière, mais celle du jeune homme éclairait l'entrée de sa chambre.

— Un seul baiser, dit-il d'une voix émue, que ma nuit ait de doux rêves !....

Il sentit alors deux bras veloutés lui entourer le cou, et des lèvres dont il reconnut le doux parfum s'appuyèrent sur les siennes, et murmurèrent ensuite à son oreille :

— Viens!..

....

Cinq heures après, comme le jour allait paraître, Rose disait à Augustin :

— Dans une heure je te dirai *vous*, et il en sera toujours de même si nous nous rencontrons quelque jour. Que ta bouche discrète oublie à jamais les heures qui viennent de s'écouler. Tu seras toujours pour moi un ami, et si je t'appelle *monsieur*, c'est qu'une barrière de granit nous sépare, dans les pays de servitude. Je me serais crue ingrate de ne pas.... Mais non, mon désir égalait le tien. Si je suis coupable, seule je le suis ; mais que jamais un mot, un signe ne laisse soupçonner !....

— Ne crains rien, répondit le jeune homme en plongeant son regard enivré dans les yeux humides de son amante; ne crains rien ma Rose : je mourrais mille fois avant d'être assez ingrat pour te ternir aux yeux de quiconque, par des paroles indiscrètes ! — Rose ! je te le jure sur le bonheur que tu m'as donné, si tu n'avais pas un mari que tu aimes, et que tu fais bien d'aimer, parce qu'il le mérite et qu'il est malheureux, je fuirais avec toi ce pays de sots préjugés, et nous irions nous marier en France !

Ils causèrent encore quelques instants ; puis, s'arrachant avec peine des bras l'un de l'autre, Rose regagna sa chambre, et Augustin monta à cheval, pour la devancer chez monsieur Roque.

———◆———

V.

UN COMPATRIOTE, UN AMI ET UN MAITRE.

Il y avait pour environ une demi-heure de route, à cheval, entre l'hôtel du bord du Mississippi et l'habitation Roque. Augustin était parti à cinq heures et demie, et il avait pris constamment un galop modéré.

A sept heures seulement, l'officier de police chargé de la conduite de Rose, se réveilla. Il commanda à déjeûner, envoya servir Rose dans la chambre qu'elle avait occupée — moins toutefois qu'il ne le pensait — et prit lui-même son repas dans la salle à manger.

Le temps était beau, la route facile, l'air un peu frais encore. Le repas fini, il appela Rose, qui descendit aussitôt avec sa fille, et il fut résolu qu'on irait à pied à l'habitation. L'obligeant officier offrit de porter Rosine quand Rose serait fatiguée, ce qui fut accepté avec reconnaissance par la jeune mère. On allait se mettre en route, quand le trot d'un cheval se fit entendre à une petite distance, sans qu'on pût voir encore qui venait, à cause de la disposition de la route. Rose eut un pressentiment qui ne la trompa point, car, quelques minutes après, on vit arriver un cavalier qui n'était autre que monsieur Augustin. En mettant pied à terre, il tendit la main à monsieur Edouard, et fit à Rose un signe de bonjour.

— Vous alliez partir, dit-il ; eh bien, comme j'ai besoin de causer un peu de la visite que je viens de faire à monsieur Roque, je vais vous accompagner pendant une partie de la route.

Il remit son cheval à l'hôtel, et on se mit en chemin, sans se presser. Augustin était entre l'officier et Rose ; celle-ci portait sa fille.

— Monsieur Edouard, dit Augustin, je vais vous mettre brièvement au courant du motif qui a forcé cette.... jeune femme à fuir de chez son maître, c'est-à-dire de chez le tuteur d'enfants à qui elle appartient ; je vous dirai ensuite quel sort l'attend, et nous causerons à son sujet.

Alors le jeune homme raconta la vie de Casimir et de Rose, à la Guadeloupe ; il dit la parenté qui liait le mulâtre au capitaine Jackson ; l'intention du défunt, et les fatales conséquences de sa mort ; il raconta les poursuites amoureuses de M. Roque et l'héroïque résistance de Rose ; le viol et la fuite.... tout enfin.

— Maintenant, monsieur, ajouta-t-il, votre cœur peut-il compâtir à un pareil sort ? Voulez-vous donner à cette pauvre jeune mère quelqu'avis d'où puisse résulter son salut ? Vous n'êtes pas ce que sont communément nos hommes de police, monsieur ; des événements malheureux vous ont sans doute jeté dans cette voie qui n'est pas faite pour vos sentiments. Je connais et j'estime le mari de cette malheureuse, et l'intérêt que je leur porte vient de ce que, ami du capitaine Jackson, je voulais que ma mère achetât ces dignes gens.... qu'elle m'eût cédés à ma majorité, et qu'alors j'aurais faits libres. Aujourd'hui, outre que mes ressources ne sont pas ce qu'elles auraient dû être, M. Roque ne veut entendre à rien, et refuse de vendre.

— Monsieur, répondit Edouard, si j'eusse su tout cela à bord du bateau, comme la nuit est sombre, et qu'on débarque dix fois en douze heures, j'aurais fermé les yeux, et... — J'en aurais été quitte pour une réprimande de mes chefs, tout au plus une destitution. Maintenant, il fait grand jour ; on m'a vu partir à pied avec Rose, pour al-

ler, par une belle route, à une courte distance. Comprenez-vous ? — Cette jeune femme, ajouta-t-il, est ma compatriote, et, ne le fût-elle pas, je vous dirais que mon cœur compâtit à son sort, comme à celui de tous ceux qui souffrent injustement. Quant à l'aider, j'y suis tout disposé, une fois mon mandat rempli. Quoiqu'enfant d'un pays où l'esclavage existe encore, je ne suis pas dutout partisan de l'esclavage, que je regarde comme une horreur. Donc, une fois que M. Roque aura acquitté en mes mains la note des frais de justice, dont je suis porteur, et qu'il aura signé le reçu de.... ses deux esclaves, dites-moi ce que je puis faire pour leur être utile, et vous me verrez prêt, depuis la ruse jusqu'à la violence.

— Merci, monsieur, dit Rose, merci ! mais je crois qu'il est trop tard. Je n'ai qu'une chance : si M. Roque ne me fait pas battre tout de suite, il est possible que des protecteurs.... qui m'aiment — et elle regarda Augustin — m'évitent la honte et les châtiments. Aprss cela, on ne meurt qu'une fois !

Quand Rose avait regardé Augustin, elle avait surpris deux grosses larmes dans les yeux qu'elle avait couverts de tant de baisers d'amour, pendant quelques heures fugitives, et son cœur avait reçu joie et courage.

— Monsieur Edouard, dit à son tour Augustin, je vous remercie de votre générosité, et je tâcherai, le cas échéant, de vous prouver combien je l'apprécie. Si vous voulez donc, intercédez pour Rose autant qu'il vous sera possible ; je vous attendrai à l'hôtel, vous me direz ce qui vous aura été répondu par cet homme, et nous aviserons.

— C'est entendu ! monsieur, répondit le jeune homme en offrant la main à Augustin, qui la serra cordialement.

Celui-ci allait s'éloigner pour retourner à l'hôtel, lorsque Rose s'adressant à lui :

— Monsieur Augustin, lui dit-elle, voudriez-vous vous charger, pour madame votre mère, d'un message verbal de ma part ?

Augustin comprit et regarda Edouard.

— Faites, dit celui-ci, faites : j'attendrai....

Et il s'éloigna de quelques pas.

— Rose, ma Rose ! murmura Augustin, veux-tu que je tue M. Roque avant qu'il ait le temps de te livrer à quelque supplice ?

— Non, monsieur Augustin, non ! répondit la jeune femme. Je gagnerai du temps, si je puis et qui sait !

— Pourquoi m'appelles-tu *monsieur*, et me dis-tu *vous* ? ne sommes-nous pas seuls ?...

— Taisez-vous ! je vous en prie.... Je vous ai dit cela ce matin. Casimir souffre pour moi, et j'approche des lieux où il gémit ; soyez généreux jusqu'au bout.... que je vous estime toujours, et n'aie pas honte ou regret de ce que j'ai fait !

— Tu m'as appelé pour me dire adieu, n'est-ce pas ?

— Oui, et pour vous dire aussi : ne vous exposez pas pour moi ! Si vous pouvez m'aider sans vous compromettre, votre assistance me sera doublement chère. J'ai des motifs, maintenant, de vous désirer heureux......

— Compte sur moi, Rose, partout et toujours, en tout et pour tout. Adieu, je me sauve, car je sens que mes sanglots me trahiraient !

Et il se retourna pour s'éloigner, tout en faisant un salut à M. Edouard.

— Adieu ! lui répondit Rose.... pense à moi !

Augustin la regarda une dernière fois, en mettant dans ses yeux tout ce qui remuait dans son son cœur, puis il s'éloigna d'un pas rapide.

**

Il était près de dix heures quand on aperçut les premiers bâtiments de l'habitation. Cette vue causa à Rose des frissonnements. Quelque courageux qu'on puisse être, quelque foi qu'on ait en la justice divine, il est impossible qu'on envisage stoïquement les approches d'un supplice. On peut marcher au combat en chantant, à un duel en fumant tranquillement un cigare ; on peut voir s'enfoncer le vaisseau qui vous porte, et crier en sombrant : Vive la France ! si on est Français ; on peut même ne pas trembler devant la guillotine ou devant la potence, parce qu'on sait qu'il n'y a pour ainsi dire pas de souffrance physique à supporter ; mais nul n'a jamais envisagé sans trembler le supplice du fouet, à nu, *aux quatre piquets !* Et, quand on est une femme ! une femme délicate qui n'a jamais été battue !! La crainte de la honte d'une ignoble nudité est beaucoup ; mais bien plus encore est celle de la douleur, de la torture ! Seulement Rose n'avait pas encore la certitude d'être soumise au terrible châtiment.

Bientôt on arriva à une portée de pistolet de la maison principale. Monsieur Roque était debout sur le seuil de la porte d'entrée, immobile comme une statue. Il examinait les survenants d'un regard curieux, sans que son visage témoignât le moindre sentiment intérieur. Enfin, l'officier de police, précédant Rose, arriva près du planteur.

— Monsieur, lui dit-il sans le saluer, voici la pauvre femme qu'on a arrêtée à la Nouvelle-Orléans, ainsi que son enfant....

— Qui vous a dit que ce fût une pauvre femme ! répondit hautainement le planteur, et pourquoi l'appelez-vous ainsi ?

— Personne n'a eu besoin de me le dire, que son histoire ; je l'appelle ainsi parce que je la plains, et qu'il me plaît de la juger malheureuse.

— Je vous trouve bien osé ! s'écria le Roque....

— Et moi, je vous trouve bien hautain !

— Monsieur ! s'écria le planteur, j'en écrirai à vos chefs !

— Monsieur ! du moment que je remplis fidèlement mon mandat, je ne m'inquiète de personne, pas plus de mes chefs que d'autres ! — Voici, ajouta-t-il, la note du montant des frais qu'il y a à acquitter sur livraison des deux esclaves, et le reçu à signer pour attester ladite livraison.

— Je solderai cela quand j'irai en ville.

— J'ai des ordres que je dois exécuter : la note des frais est acquittée, et le reçu m'est indispensable.

— Je vais signer le reçu ; quant aux frais, je ne puis aujourd'hui....

— Alors, monsieur, je remmène Rose et sa fille à la geôle la plus proche, et vous les irez chercher quand bon vous semblera, en soldant la note, plus les frais qui pourront être faits jusque là.

— Voilà une étrange prétention ! s'écria monsieur Roque. Ne suis-je pas bon pour la somme due ?

— Je n'en sais rien....Dans tous les cas cela ne me regarde pas.

— Mais je la tiens, mon esclave....Elle est chez moi, et je suis le plus fort.

— Voici ma *Commission*, répliqua l'officier de police. Rose est entre les mains de la justice, et personne n'est plus fort que la loi !

L'habitant, accoutumé à tout voir plier sous sa volonté despotique, étouffait de colère. Néanmoins, devant la fermeté froide que le droit lui opposait, il rentra sa rage.

— Voyons donc cette note, dit-il....

L'officier la lui donna, et le planteur la parcourut.

— Nourriture de chambre à bord du bateau ! dit-il ; c'est très joli, ma foi ! Et pourquoi ne l'avez-vous pas mise à l'entrepont ?

— Parce que j'ai jugé qu'elle serait mieux en haut : j'ai ce droit, vû ma responsabilité.

— Une chambre à l'hôtel ! Et pourquoi pas un cabriolet pour l'amener ?

— Parce qu'il n'y en avait pas de prêt. Je ne suis pas tenu d'aller à pied.

Monsieur Roque murmura quelques juremments, fit serment d'écrire au recorder, touchant la conduite de son subordonné.... et finit par trouver de l'argent pour acquitter ce qu'il devait, y compris la récompense de cinq cents piastres, dont il n'avait pas songé à annuler l'annonce.

Alors seulement, monsieur Edouard se souvint qu'il devait intercéder pour Rose ; mais le moyen ! Il partit donc plein de regrets. Toutefois la réflexion rendit ces regrets moins poignants : le jeune homme jugea que toute intercession auprès de l'homme qu'il venait de voir aurait été inutile.

Monsieur Roque appela une servante et lui ordonna de conduire Rosine à la Case-aux-Nourrices. Puis, se tournant vers Rose, et d'une voix forte :

— Te voilà donc ! lui dit-il, madame la princesse.... Qu'as-tu fait durant vingt mois de marronnage, misérable !.... T'es-tu assez vendue pour vivre, après avoir fui pour.... (et il baissa la voix) pour faire la vertueuse ! Viens par ici, ajouta-t-il d'un ton dur.

Et il entra dans sa chambre, où Rose le suivit. Il en ferma la porte à clé. Une négresse se trouvait dans cette chambre. C'était une grande et forte femme, à la physionomie plutôt stupide que méchante, une vraie machine à obéissance passive, comme il en faut à tous les despotes.

— Adélaïde, dit le planteur à cette négresse, va prendre les verges sur le lit, dans l'autre chambre : tu viendras quand je t'appellerai.

— Toi, dit-il ensuite à Rose, je veux te laisser jusqu'à demain avant de te détériorer la peau : j'ai mes motifs ! Donc, si demain, avant midi, tu n'as pas dit toi-même que tu consens à ce que je veux, tu recevras un *quatre-piquets* dont tu te souviendras toute ta vie ! — Ce châtiment sera le paiement de ton marronnage, ajouta-t-il avec un sourire méchamment vainqueur.

Comme on le voit, le maître avait une cause.... et un prétexte : la cause était pour lui ; le prétexte était pour le monde, si tant est qu'un propriétaire d'esclaves ait à s'inquiéter du monde. Rose ne répondait pas.

— En attendant, statue opiniâtre ! continua-t-il, tu vas recevoir les verges, et de la bonne façon ! Après cette correction seulement, tu auras le choix entre le quatre-piquets et ta grâce. Les verges n'abîment rien c'est ce que je veux, jusqu'à nouvel ordre.

Alors, il rappela Adélaïde, qui rentra dans la chambre, armée de verges.

— Tu vas, lui dit-il, fouetter cette mulâtresse jusqu'à ce que je dise : assez Ne la ménage pas, sinon tu prendras sa place. — Toi, marronne ! dit-il à Rose, commence par ôter ta jupe et ton mouchoir de cou.... puis, va t'étendre sur ce canapé !

Rose, glacée mais impassible, obéit comme une automate, et bientôt elle n'eut plus sur elle que sa chemise et un jupon. La chemise, mal attachée, quitta entièrement les épaules ; mais la mulâtresse la ramena sur sa gorge et posa ses bras en croix, pour cacher sa nudité. Elle s'avança ainsi vers le canapé, sur lequel elle s'étendit en tremblant, mais sans dire un mot. M. Roque prit un siége et s'assit.

— Relève tout cela ! Adélaïde, dit-il en montrant ce qui restait à couvrir la mulâtresse ; on n'applique pas les verges sur du linge !

— Oh ! mon Dieu ! s'écria Rose d'une voix profonde.

— Tois-toi, mijaurée ! Tu vois ce qu'on en peut faire de ton corps !

Il fit un signe à la négresse, et les verges cinglèrent la malheureuse Rose — de toute la vigueur d'un bras robuste et stupide.

— Va plus lentement ! disait le maître à l'exé-

cuteur femelle ; qu'elle ait le temps de savourer le plaisir !

Rose poussait des cris étouffés avec tout le courage possible. Le visage du Roque était tantôt pâle, tantôt rouge ; ses yeux s'ouvraient de toute leur largeur, sa bouche avait des tressaillements, et tout son buste s'agitait.... Que se passait-il en cet homme ?....

— Casimir ! Casimir !! appela la pauvre femme d'une voix en détresse.

— Ah ! c'est Casimir que tu appelles ! s'écria le planteur à la fois furieux par la jalousie et enivré par la vue du supplice ; attends !

Et, prenant les verges des mains d'Adélaïde, il frappa à son tour de toutes ses forces. De jaune d'or clair, l'épiderme de la mulâtresse était devenu d'un rouge violacé. Elle reçut ainsi plus de cent coups de longues tiges flexibles et menues, sans demander grâce et sans rien promettre ! Après quoi le maître cessa la fustigation, renvoya la négresse, puis sortit lui-même, en proie à un mystérieux délire.

Une heure après il revint — calme en apparence, — et trouva Rose habillée. Elle était agenouillée près du canapé, dans l'attitude de la prière. En entendant refermer la porte, elle se leva et, regardant son maître en face, elle lui dit d'une voix de Jacques Molay sur le bûcher :

— Monsieur Roque.... Dieu vous punira !....

L'habitant sucrier ricana....

— Elle est vraiment belle, dit-il, dans cette pose majestueuse ! — Allons, ma fille, ajouta-t-il avec un cynisme éhonté, je pense que je t'ai assez eue et assez vue, pour que tu n'aies plus honte de moi ! Un autre, à ma place, en aurait fini avec ce caprice, mais moi je suis constant en amour, et je te veux plus que jamais ! — Vois ce que je suis devenu, grâce à toi ! Je n'ai plus que la peau et les os ! De deux habitations j'en ai dû vendre une ! Je suis à moitié ruiné et à moitié mort ! mais c'est égal, je sens se réveiller en moi un feu dévorant, et puisque tu l'as allumé, tu l'éteindras ! Maintenant, vas voir, si tu veux, ton cher mari, de midi à deux heures, et surtout laisse ouverte la porte de sa cabane ! Ne cherche pas à fuir : tu es surveillée. Si demain, avant midi, tu n'es pas venue me dire toi-même que tu cèdes, tu recevras ton *quatre-piquets* devant tout l'atelier !

— Dieu vous punira ! monsieur, répéta Rose en s'éloignant.

VI.

POUR LA FEMME QU'ON AIME.

Depuis un quart d'heure environ, Rose était dans la cabane de son mari, quand la cloche sonna pour le midi de l'atelier. Chaque coup du battant, sur l'airain sonore, vibra dans le cœur de la pau vre femme, tantôt comme un appel d'amour, tantôt comme un glas de mort.

Depuis près de vingt mois Rose n'avait pas vu Casimir! La pauvre cabane sentait la vie solitaire, si l'on peut dire ainsi, la vie la plus aride pour qui a quelque peu de cœur. Vivre seul et s'y complaire, comme il y en a tant à qui cela arrive, est le signe le plus certain d'une nullité de cœur et d'âme. Aussi Casimir végétait-il depuis qu'il était séparé de Rose. D'après la marche des événements, on sait que le mulâtre ne pouvait rien savoir de l'arrestation de sa femme, ni de son retour à l'habitation. Au bout de quelques instants, l'atelier arriva près des cases, suivi du commandeur Pierre. L'autre commandeur, Charlot, avait été vendu en même temps que d'autres noirs, lors de la vente de la seconde habitation.

Rose, en entendant venir, s'avança sur le seuil de la case, et chercha des yeux son mari. Ne l'apercevant pas parmi la foule, elle rentra et attendit. Quelques instants après, il parut. L'obscurité ne lui permettant pas encore de bien distinguer, il ne vit pas Rose, et faillit à se trouver mal quand il sentit deux bras ardents lui sauter au cou, et une bouche bien connue l'embrasser avec délire.

— Mon Casimir....mon Casimir! s'écria la mulâtresse....me voilà! mais....si tu savais! il m'a....

Elle ne put en dire davantage, et elle éclata en sanglots.

Casimir était encore trop ému pour pouvoir parler. Il serrait Rose dans ses bras, et pleurait comme un enfant — ou comme un homme de cœur.

Quelques instants passèrent ainsi. Enfin le mulâtre retrouva la voix.

— Ils t'ont reprise? dit-il.

— Oui, Casimir....et *lui* m'a battue de verges!

— Il t'a battue de verges! s'écria le mulâtre en reculant d'un pas. Il t'a mise à nu....alors?

— Oui. Et ce n'est pas tout....

— Ce n'est pas tout! Qu'y a-t-il encore, Rose?

— Ne parle pas si haut! Casimir: nous sommes surveillés. On a peur que je m'enfuie une seconde fois. — Ne ferme pas la porte; c'est défendu! ajouta-t-elle en voyant son mari faire un mouvement qu'elle comprit.

— Eh bien, répéta-t-il tout bas, qu'y a-t-il encore?

Rose se jeta en frissonnant dans les bras de son mari, mais ne répondit pas.

— Réponds-moi donc....je t'en conjure! Ne vaut-il pas mieux que je sache?

— Eh bien, demain....à midi....si je ne me donne à *lui*....volontairement....et définitivement....

— Quoi, quoi donc? dis!

— Oh! Casimir! mon pauvre mari! il y a un Dieu, n'est-ce pas?

— Mais quoi! Pour l'amour de ce Dieu, quoi?

— Devant tout l'atelier....entièrement nue!... aux quatre-piquets!....

— Toi, toi! aux quatre-piquets....fouettée nue ....devant tous!!....

— Oui!....si Dieu ne tue cet homme....auparavant!

Le mulâtre ne répondit rien. Il alla s'asseoir sur le seul matelas de sa couche, laissa tomber sa tête dans ses mains, et ses pensées allèrent aux lieux inconnus où se puisent les résolutions suprêmes....

Après quelques minutes, il releva la tête, et regardant Rose:

— Sais tu qui t'a fait reprendre? lui demanda-t-il.

— C'est M. Kerlec, qui appartient maintenant à la police de la Nouvelle-Orléans; mais j'étais parvenue à le toucher par mes prières, et il me sauvait lui-même, quand le recorder arriva! Tout était perdu....

— Et qui t'a amenée ici?

— Un officier de police, créole de la Guadeloupe, nommé Edouard ***. Il a été, pour moi et pour Rosine, plein d'égards et de complaisance, et, si je lui eusse raconté mes malheurs avant l'arrivée du steamboat, il m'eût laissée fuir.

— Tu lui as donc tout raconté trop tard?

— Ce n'est pas moi; c'est monsieur Augustin, qui se trouvait sur le même bâteau. — Il est venu ici ce matin pour intercéder en ma faveur près de monsieur Roque; mais il a échoué.

— Donc, observa Casimir, tout le monde a été bon pour toi, excepté ce monstre!

Et il retomba dans le silence de ses pensées.

— Elle aux quatre-piquets! murmura-t-il....ma femme! la mère de ma Rosine! — O ma Guadeloupe! O Suzanne! O Salomon!

Et l'on n'entendit plus les paroles heurtées qui sortaient de son âme......

Rose vint s'asseoir près de lui, et ils se tinrent longtemps embrassés, en mêlant leurs larmes une seconde fois. Enfin Casimir se débarrassa de la chère étreinte de sa malheureuse femme, se leva, se lava d'eau fraîche les yeux et le visage, afin d'effacer les traces de ses larmes, et souriant à Rose du sourire de ceux que Dieu vient d'inspirer:

— Attends-moi ici, lui dit-il, je vais parler à Pierre, et je reviens.

Quand Casimir rentra, la cloche de deux heures commençait à tinter. Il n'eut que le temps de dire adieu à Rose. Il n'avait pas mangé.

— Ne cède pas, Rose, lui dit-il; c'est plus pour moi que pour toi-même que tu défends ainsi ton bonheur: je ne l'oublie pas! Quoi qu'il arrive, entends-tu?.... quoi qu'il arrive, aie confiance.... et bon courage!

Elle se jeta dans ses bras.

— Je mourrai avant de consentir à t'abandonner pour me vendre à la peur! lui dit-elle.

— Si tu devais mourir, cœur de mon cœur! tu ne mourrais pas sans moi! — Mais notre Rosine, dont je ne t'ai pas encore parlé?

— Elle est ici, à la Case-aux-Nourrices; elle est jolie comme un amour; tâche de la voir.

— En revenant des champs, ce soir, j'irai l'embrasser. Et toi, te reverrai-je.... avant....

— Non, répondit Rose; *il* l'a défendu. Tu me reverras.... à.... midi!

— Adieu, adieu!.... s'écria le mulâtre: il ne faut pas que je sois en retard.

Il saisit sa houe d'un bras irrité, et s'éloigna précipitamment pour rejoindre les noirs de l'atelier, qui étaient déjà assez loin.

∗∗

Le soleil du lendemain s'était levé; il avait gravi peu à peu jusqu'au zénith; la cloche de midi venait de sonner. L'atelier de M. Roque, sans exception, était rangé en demi-cercle devant la maison principale, selon l'ordre qui en avait été donné. Le maître de tous ces hommes, femmes et enfants, se tenait près d'un noir armé d'un maillet, et tenant quatre piquets d'un bois dur, longs d'environ un pied et demi. Sur un ordre du maître, il planta en terre les piquets, à des distances calculées. Pierre, le commandeur, son fouet à la main, se tenait à deux pas du planteur. Casimir, placé entre Silène et Nancy, regardait. Rose, couverte seulement d'une chemise, les cheveux épars, inerte, insensible en apparence, attendait.

— C'est fait, maître, dit le noir qui avait planté les piquets.

M. Roque fit un signe à Adélaïde: celle-ci enleva le dernier vêtement de Rose. Rose alors secoua la tête, et ses longs cheveux l'inondèrent de toutes parts — et la couvrirent comme un manteau.

Casimir se sentit un frémissement dans tous les membres, ses dents claquèrent. Il leva les yeux vers le ciel, et le calme lui revint.

— Attache-là! dit le Roque au noir.

Pendant cette opération, le commandeur Pierre regarda Casimir d'une certaine façon. Le mulâtre lui répondit de même.

— Voilà! dit le noir qui venait d'attacher Rose.

— A toi! Pierre....commanda monsieur Roque.

Alors Casimir sortit du rang et s'avança:

— Maître! dit-il au planteur étonné, je vous en supplie, pardonnez à ma pauvre femme....son.... marronnage! Jamais elle n'a reçu un seul coup. — Elle en mourrait!....et moi....je me tuerais! — Maître!.... pardonnez-lui.... pardonnez-lui!....

— Ce garçon est-il fou? s'écria le planteur.

— Non, maître....non, je ne suis pas fou.... Pour Dieu! pardonnez-lui! Vous perdriez deux bons esclaves.

— Mais où donc est monsieur Michaud? demanda le planteur.

— Il est malade, maître, répondit Pierre.

— Toi, dit monsieur Roque à Casimir, retourne à ton rang, et tâche de rester tranquille, sinon, ce sera ton tour après elle!

— Oh! monsieur....s'écria Casimir, laissez-moi prendre sa place, et qu'elle ne soit pas battue!

Casimir se rapprocha d'un pas.

— Au fait, dit le planteur, reste là; tu verras mieux.

Casimir regarda Pierre. — Pierre regardait Casimir. Celui-ci se tut et resta où il était.

— Allons! ordonna M. Roque en regardant Pierre.

Le formidable fouet décrivit une menaçante parabole, et retomba avec un éclat de pistolet.

Mais, en même temps, un large coutelas brilla comme l'éclair dans la main de Casimir....et alla s'enfoncer dans la poitrine du planteur — qui tomba baigné dans une mare de sang. Puis, pendant la durée de la même seconde, le même coutelas ressortit tout sanglant de la poitrine qu'il avait percée, et coupa les liens qui attachaient Rose.

— Viens, ma femme, viens! s'écria alors Casimir, et malheur au premier qui nous poursuit!

....

D'un bras dont la vigueur était décuplée par la passion, il avait soulevé Rose, et, l'entraînant du côté des bois, ils avaient pris leur course en se tenant par la main.

Le coup de fouet n'avait pas touché Rose.

Ils étaient déjà à une certaine distance, que nul parmi l'atelier n'avait encore bougé. Un seul cri de stupeur avait été poussé par les témoins de cette scène rapide comme la foudre. Ils regardaient presque hébétés — hormis quelques-uns — le cadavre palpitant de ce maître qui, une minute auparavant, les faisait tous trembler, et d'aucuns voyaient peut-être avec étonnement combien peu de place occupe, sur le sol, un tyran mort......

En même temps que le coup de fouet avait retenti, le galop d'un cheval s'était fait entendre. Le cavalier et les fugitifs se rencontrèrent à un coude du sentier, d'où l'on ne pouvait plus apercevoir l'habitation.

— Oh! monsieur Augustin, s'écria Rose, je vous attendais!

Le jeune homme sauta à terre, et sans répondre à Rose:

— Vite! s'écria-t-il, montez et prenez le galop jusqu'à l'auberge de Jacques. M. Roque va vous faire poursuivre; mais on vous attend là, et vous irez plus loin. Rosine est en sûreté.

— M. Roque est mort! dit Casimir en montrant le coutelas sanglant.

Augustin s'éloigna précipitamment dans la direction d'un bois épais.

Alors les fugitifs montèrent le vigoureux cheval, et, piquant vers un petit sentier peu fréquenté, ils dirigèrent leur course vers le lieu indiqué. Quand ils furent assez loin pour être, autant que possible, à l'abri des mauvaises rencontres, ils descendirent de cheval, et Casimir tira de dessous sa chemise de laine rouge, une robe et un mouchoir qu'il avait enroulés autour de son buste. Aussitôt que Rose fut à peu près vêtue, ils remontèrent à cheval et continuèrent leur route.

Vers dix heures du soir ils arrivèrent à l'auberge du vieux Jacques.

— Hein ! leur dit celui-ci, voilà un être qui ne se compromettra pas en trop parlant, que le nègre qui est parti sur votre cheval !

— C'est un de vos amis ? demanda Rose....

— C'est le vôtre ! répondit le noir en plaçant sa bouche entre Casimir et Rose, de façon qu'on ne savait auquel des deux il s'adressait. Ne devinez-vous pas ? ma fille.

Rose pensa à monsieur Augustin, mais elle l'avait vu à midi et demi, à pied.

— Je ne devine pas, dit-elle.

— C'est votre compatriote, l'officier de police qui vous a ramenée.

— Monsieur Edouard ! fit Rose. Oh ! le digne et brave jeune homme !

— Maintenant que vous avez mangé, dit le vieux Jacques, écoutez : il y a, au grenier, un autre nègre — comme le premier — que vous allez suivre. Seulement il vous faut croire jusqu'au bout que c'est un noir, si l'un de vous vient à le reconnaître, ce qui pourrait bien arriver, car voilà un gaillard, dit-il en montrant Casimir, qui a suivi un cours de morale d'un lieu bien incommode !

— Que voulez-vous dire ? fit le mulâtre.

— Rien, rien. Est-ce que le vieux Jacques ne sait pas tout ?

Casimir et Rose se regardèrent stupéfaits.

A ce moment, un nègre descendit du grenier de l'auberge et fit à Jacques un signe interrogateur. Casimir le regarda à plusieurs reprises, et reconnut un des fidèles de la Séance de M. Michaud.

— Tout est prêt, dit Jacques, en répondant à l'interrogation muette du faux nègre ; tu peux, mon garçon, conduire ces deux jeunes gens au lieu convenu.

Le faux noir était porteur d'un paquet assez volumineux, mais qui ne semblait pas bien pesant.

— Allons, dit-il, si vous voulez me suivre....

Les fugitifs embrassèrent le vieux Jacques, et lui souhaitèrent tout ce qu'on peut souhaiter à ceux pour qui on ressent une profonde gratitude.

— Ah ! ma fille ! dit-il à Rose, je ne sais pas si vous m'avez jeté un sort, mais, vrai comme vous êtes la plus jolie fille que j'aie vue de ma vie, je vous aime comme si vous étiez mon propre enfant !

Après un échange d'autres paroles, on se mit en route, au milieu de l'obscurité. Au bout d'une heure environ, on arriva au bord du fleuve. Un esquif était amarré par une chaîne à un arbre, et se balançait aux petits flots du Mississippi. Le prétendu noir siffla d'une façon particulière, et aussitôt deux hommes de la même couleur — bon ou mauvais teint — se levèrent du fond de l'embarcation et se tinrent prêts. Les trois piétons embarquèrent, et bientôt l'esquif descendit le fleuve avec une vitesse de vapeur. Le noir qui avait accompagné nos pauvres héros se plaça à l'arrière, au gouvernail ; les deux autres *nageaient*, placés nécessairement au milieu. Casimir et Rose étaient assis sur une banquette, à l'avant. Le bruit des rames et celui du sillage permettaient que les pauvres époux, si longtemps séparés ! pussent se parler, même à haute voix, sans être entendus, d'autant plus qu'on naviguait vent arrière. Montés sur le même cheval, ils n'avaient pu qu'échanger de rares paroles ; arrivés chez le vieux Jacques, ils n'avaient eu que le temps de prendre leur repas. Leur cœur était plein, et ils n'avaient pu l'épancher. Il leur tardait grandement d'être seuls, à l'abri des dangers que pouvait leur attirer le meurtre de M. Roque !

Vers minuit, le ciel s'était éclairci ; les étoiles y scintillaient, et la voie lactée semait, sur les eaux du fleuve, sa blanche et mélancolique clarté.

— Cher ! dit Rose à son mari, c'est pour moi que tu as tué cet homme ! Pour moi que tu t'es exposé à la mort infâme du gibet ! Voilà donc pourquoi tu me disais de ne pas céder, et d'avoir confiance, quoi qu'il arrivât !

— Ma noble Rose ! répondit Casimir, si c'est pour toi que j'ai commis le meurtre, n'est-ce pas pour moi que tu allais subir la honte et le supplice ! Oh ! te voir comme je t'ai vue, près d'être déchirée du fouet, par l'ordre de ce misérable !.... Voir sous mes yeux déchirer ce corps que j'aime, ces flancs chéris qui ont porté notre enfant ! Voir cela et me taire comme un lâche, courber le front comme un misérable ! L'as-tu jamais pu croire, ô ma compagne bien-aimée ? Je t'eusse plutôt tuée, et je me fusse tué ensuite, quand nous étions seuls dans ma cabane, avant le supplice ! Mais j'ai compris, en priant le ciel, que la justice ne voulait pas que nous mourussions de nos propres mains, nous innocents, quand le coupable était là, et semblait insulter à Dieu ! Je l'ai prié cet homme ! je l'ai supplié ; je lui ai offert de prendre ta place : rien n'a fait. J'ai attendu qu'il eût commencé l'exécution, pour être certain qu'il n'avait aucune intention de grâce....et alors, au nom du droit de légitime défense, et poussé par une main invisible, mon bras s'est levé et a frappé le bourreau. Maintenant, à la grâce de Dieu ! Si on nous reprend, sachons mourir : ce n'est déjà pas si terrible......

— On nous protége ! cher et noble Casimir.... Espérons ! espérons !!

.*.

Le vent avait tourné un peu ; on profita d'un grand largue favorable pour amurer une voile. Couché sur tribord, l'esquif — qui ne roulait plus — prit une vitesse de cheval de course. Les arbres du chemin passaient rapides, comme des ombres argentées....Les maisons des planteurs, les cases des pauvres noirs, les moissons dues à leurs sueurs.... tout fuyait comme les fantômes d'un songe. Casimir et Rose, ayant derrière eux les souvenirs d'un doux passé sur le sol natal, devant eux la persécution et la mort.... à leur gauche des ennemis acharnés, à leur droite des protecteurs pleins de dévouement, Casimir et Rose se tenaient enlacés.... comme Paul et Virginie descendant le morne, au tomber du jour. C'était une nuit calme, douce et pleine de suave poésie, que cette nuit au milieu de laquelle nos pauvres parias fuyaient la persécution, sous l'égide des *Frères de la Croyance Universelle*.

Vers six heures, on arriva en face de l'embarcadère du Lac Pontchartrain. Une heure auparavant, Casimir et Rose s'étaient revêtus d'habillements préparés pour eux à l'avance, et qui formaient le contenu du paquet que nous avons vu, à l'auberge de Jacques, entre les mains de M. Edouard. Un convoi de chars allait partir pour le lac. M. Edouard, plus que suffisamment changé par des favoris et des moustaches postiches tirant sur le roux, monta dans un char, avec ses domestiques, Casimir et Rose.... ayant noms Numa et Caroline. Une demi-heure après, on arriva au lac Pontchartrain. Un steamer de Mobile sonnait le départ. Les trois voyageurs montèrent à bord, et bientôt on perdit de vue la terre de la Louisiane.

———◆———

VII.

DANS L'ETAT DE L'ALABAMA.

Mobile, capitale de l'Alabama, est une ville propre est triste, à la physionomie réservée et quelque peu prude, dans sa partie américaine ; cancanière et médisante, dans sa partie étrangère. Par rapport à une grande cité, où la population a pour résultat la liberté de chacun, c'est une ville de province, où tout le monde presque se connaît, s'espionne et se dénigre.

Huit jours se sont écoulés depuis l'arrivée de Casimir et de Rose à Mobile.

Tout au haut de la belle rue du Gouvernement, était une maison d'assez comfortable apparence, élevée seulement de deux étages. Sur la porte de cette maison, on voyait une plaque argentée, sur laquelle était gravé en creux le nom de : *A Elwin*. C'est dans cette maison, au sein de la charitable et hospitalière famille à nous connue, que vivait Rose, et que Rosine était heureuse. Seulement n'oublions pas qu'il n'y a plus, en ce moment, de Rose, mais bien une Caroline, et que ce dernier nom seul était prononcé dans la maison. Rappelons-nous, en même temps, que le nom de Casimir est aussi proscrit, et remplacé par celui de Numa.

Caroline vivait donc, tranquille et presque heureuse, dans la famille Elwin, et, par surcroît de précaution, la petite Rosine n'entendait plus retentir à ses oreilles, comme appel, que le nom de Marie.

Numa, beau mulâtre *libre*, ayant ses *papiers* bien en règle — car on était encore dans un Etat à esclaves — Numa s'était engagé dans une scierie peu distante de la ville. Il travaillait courageusement et gagnait de l'argent, tout comme eût pu le faire un véritable libre. Une régle absolue avait été arrêtée pour sauvegarder la tranquillité des fugitifs, qu'on devait chercher partout. Ainsi, Numa ne devait venir à la maison Elwin qu'une fois la semaine, le samedi soir : il y restait, avec sa chère Caroline et sa belle petite Marie, jusqu'au lundi matin. Au petit jour il devait s'éloigner sans rémission. Monsieur et madame Alexandre, ayant leur mère et belle-mère avec eux, n'avaient que Caroline pour le service de la maison, mais ce service n'en était que mieux fait, tant la digne fille y mettait de zéle et de bon vouloir.

Ainsi, la sage résolution prise à l'égard des fugitifs de la Louisiane, permettait au moins que le mari et la femme ne fussent pas tout-à-fait séparés. Numa travaillait avec courage et ardeur, parce qu'un puissant mobile le poussait, et qu'une douce récompense brillait incessamment à ses yeux : l'amour et le bonheur. A mesure que la semaine tirait à sa fin, il chantait davantage en travaillant, parce qu'il se disait : bientôt je vais voir ma chère femme et mon bijou d'enfant ; j'aurai deux nuits et un jour à être au comble du bonheur ! Et il aimait Caroline encore plus peut-être qu'il n'avait aimé Rose, ou plutôt plus ardemment, parce qu'il en était sevré pendant cinq jours sur sept.

En écoutant la conversation suivante, qui eut lieu le lendemain de l'installation de Caroline dans la famille de ses protecteurs — ce qui nous recule, pour un moment, de six jours, — nous allons apprendre ce qui s'était passé au sujet de monsieur Alexandre, lequel avait été sérieusement compromis par le fait d'avoir célé une esclave marronne.

— Comment vous y êtes-vous donc pris, demandait Caroline à son protecteur, pour échapper à la justice louisianaise ? J'ai bien tremblé pour vous ! me disant avec désespoir que j'étais la cause première de vos embarras certains.

— Ma chère enfant, répondit monsieur Alexandre, je vous dirai d'abord que vous n'êtes la cause de rien dans tout cela. Ma Croyance me fait un devoir, bien doux ! de secourir, autant que je le puis, ceux qui souffrent injustement, et certains plus encore que d'autres. Je n'ai pas accepté, sollicité même le bonheur de faire partie d'une Association Chrétienne et Libérale, pour en rejeter ce que d'autres appelleraient les charges. Outre cela il est des personnes qui — si on pouvait toujours les connaître — méritent par elles-mêmes le plus grand et le plus sympathique intérêt, et auxquelles on se dévouerait de bon cœur. Votre mari et vous, êtes de ces personnes-là. Ainsi, ne croyez pas et ne dites plus que vous êtes la cause de quelque mal qui soit arrivé ou qui puisse survenir. Maintenant, je vais répondre à votre question.

J'ai d'abord été mandé chez le recorder. Il m'a annoncé qu'un *affidavit* (une plainte) avait été fait contre moi par un homme qui avait accompagné M. Kerlec, m'accusant de recel d'esclave fugitive, et que la chose était très grave. J'ai argué de mon ignorance, tout en insinuant au magistrat que j'avais beaucoup aidé à son élection, et en lui demandant s'il comptait se mettre de nouveau *sur les rangs*. Il comprit parfaitement, et avec l'intégrité qui distingue presque tous les magistrats élus par le suffrage universel, il m'indiqua lui-même le moyen de sortir d'embarras.

— "Mais, me dit-il, vous oubliez probablement, monsieur, que vous avez un écrit autorisant la mulâtresse à se louer au mois pour le profit de....son maître....d'un maître.

— "Non, dis-je maladroitement, je n'ai pas ce papier.

— "Si fait, fit-il en branlant la tête : cherchez bien : peut-être madame Elwin a-t-elle ce papier. vous devez l'avoir : il faut que vous l'ayez.

Je finis par comprendre.

— "Peut-être bien avez-vous raison, dis-je ; je vais faire des recherches.

— " Voyez-vous, ajouta-t-il pour me mettre encore plus à l'aise, il arrive assez souvent que ces coquins de nègres, mais les mulâtres surtout, savent écrire ou ont dans leurs intérêts des compères qui écrivent pour eux. Alors, ils se font ou se font faire un permis signé du premier nom venu, et vont, avec cela, se louer dans les familles. Cela vous sera indubitablement arrivé avec cette fille. Cherchez le permis, apportez-le ici avant quatre heures, et j'arrangerai alors facilement l'affaire.

Je le saluai pour sortir, l'assurant que je devais trouver le permis, que je lui apporterais.

— "Oui, me répéta-t-il en m'accompagnant vers la porte, je me mets de nouveau sur les rangs, et je compte sur beaucoup d'amis pour appuyer mon élection.

— "Un homme comme vous, monsieur devrait être inamovible, lui répondis-je.

Il me serra la main, nous nous saluâmes, et je le quittai. A trois heures je lui apportai le permis, signé d'un nom à peu près illisible, mais qu'il parut lire très couramment, si tant est qu'il le regarda.

— Et voilà tout ? monsieur.

— Oui, voilà tout. Il est avec la justice des accommodements. Quinze jours après, nous quittions la Louisiane....où nous comptons bien ne jamais remettre les pieds.

— Et l'Etat de l'Alabama, où nous sommes, vaut-il mieux que celu de la Louisiane ? monsieur.

— Comme salubrité, beaucoup mieux; comme institution, guère. Mais d'ici à un an probablement, nous émigrerons dans un Etat libre, et nous tâcherons de vous y amener, ainsi que votre mari et votre enfant.

— Oh ! monsieur, s'écria Rose, je voudrais que ce fût demain ! — Alors ajouta-t-elle, puisque c'est votre Sainte Croyance qui vous aura porté sur notre route pour que vous nous donniez la liberté, autant dire la vie, toute notre vie, si nous devenons libres, sera consacrée à cette Croyance et à la cause de nos frères restés sous la servitude.

— C'est bien ! mon enfant : les bonnes intentions ne sont jamais oubliées par le Juge Suprême. *Ses* voies sont souvent faites pour étonner et courber notre intelligence. Du plus grand mal apparent, *il* tire souvent le plus grand bien. — Réfléchissez, ma fille, réfléchissez. Les choses sont conduites de telle sorte que M. Roque en vient à vouloir infliger le plus cynique et le plus cruel supplice.... à une femme ! à une jeune mère accoutumée à une vie facile et — comparativement — heureuse ! Ce premier fait amène l'exercice du plus logique de tous les droits, celui de se défendre ! Or, défendre sa femme, défendre son enfant, est plus qu'un droit : c'est un devoir naturel, civil, social et moral. Pour se défendre, pour sauver sa femme, il n'a qu'un moyen et il l'emploie : c'est de tuer celui qui la veut tuer, et qui prouve qu'il le veut. Ce deuxième fait amène la fuite, c'est-à-dire l'acte de se soustraire à un châtiment immérité, à une mort injuste. De ce troisième fait que résultera-t-il ? Nous l'ignorons ; mais, en attendant, il en résulte que votre mari est heureux, que vous êtes heureuse, que votre enfant est heureuse aussi. Allez, allez.... " L'homme s'agite, et Dieu le mène. "

— Oh! monsieur, dit Caroline, je n'avais jamais observé cet enchaînement de faits et la conclusion qui s'en suit. Je crois que si l'on observait ainsi toujours, on recevrait de profitables leçons des événements.

— Certes! l'histoire des peuples, comme l'histoire des familles, comme celle de chaque individu, s'éclaireraient de lueurs bien vives, si on les étudiait à ce point de vue croyant! Il y aurait un cours complet de politique, de morale et de socialité à faire, en suivant comme à la piste les faits seulement qui impriment leurs pas sur la grande route de l'humanité. C'est la guerre avec ses barbaries qui amènera la paix; c'est l'esclavage avec ses horreurs qui amènera l'émancipation; c'est la tyrannie avec ses abus qui amènera la liberté. Le bien sort toujours de l'excès du mal, comme la mort — qui est la délivrance — sort de l'excès des souffrances. — Si ce Roque ne vous eût pas désirée et poursuivie, vous seriez peut-être restée toute votre vie sous le fouet d'un commandeur ! et si, un jour, la liberté vous ouvre ses bras, c'est la tyrannie qui vous y aura poussée ! — Donc, mon enfant, il ne faut jamais désespérer. Si la veille était triste, si le jour présent est sombre, il n'en faut pas conclure que le lendemain sera sans soleil. A peine pouvons-nous savoir quand un malheur est un malheur ; car nous appelons malheur ce qui nous froisse ou nous nuit aujourd'hui, sans savoir si ce n'est pas le germe d'un bien pour demain. — Eût-on eu compassion de votre sort, si vous eussiez traîné l'existence de tous les autres esclaves ? En masse, oui ; individuellement, non ; parce qu'il y a trop à faire, et qu'il faut, pour guérir la plaie, d'autant plus de temps qu'elle est plus étendue et plus profonde.

Caroline recevait et recueillait ces sages paroles comme la fleur du matin reçoit et recueille la rosée de l'aurore. Elles lui donnaient plus de consolations et de courage que ne l'auraient certes fait les homélies et toutes les abrutissantes exhortations des prêches.

Et lorsque Numa vint, le samedi, chercher le bonheur auprès de sa chère femme, celle-ci lui répéta le sens et l'esprit des paroles de leur protecteur, et le mulâtre intelligent ajouta cette théorie à celles que lui avaient enseignées Salomon, le livre que Salomon lui avait donné, et les séances de M. Michaud.

———◆———

VIII.

LE MÉNAGE DE ROSE.

Une autre semaine s'écoula. M. Alexandre reçut une lettre de monsieur Michaud. C'était un samedi, et, lorsque Numa arriva, son protecteur le fit appeler par Caroline, afin qu'ils entendissent quelques passages de la lettre, ayant rapport aux événements survenus après la mort de monsieur Roque. La femme et la belle-mère de monsieur Alexandre étaient présentes ; la petite Marie jouait avec une jolie poupée, cadeau de son cher père. Il y avait donc six personnes au salon.

— Mes enfants, dit madame Elwin — quoiqu'elle fût plus jeune que Numa, — mon mari veut vous donner lecture de certaines nouvelles de l'habitation de défunt M. Roque. Asseyez-vous et écoutez....

Monsieur Alexandre ouvrit une lettre assez longue, chercha à la deuxième page, et lut :

" Je vais vous dire maintenant ce qui s'est passé après le meurtre de M. Roque. Un nègre, qui semblait avoir perdu la tête, vint frapper à ma porte à tour de bras, en criant : Il est mort.... il est mor ! — Je sautai vite à bas du lit, car je n'étais point malade ; mais j'avais dit l'être, pour ne pas assister à la scène qui se préparait. Je ne compris pas le nègre. Qui était mort ? Je pensai à quelque acte de rébellion de Casimir, et j'eus l'idée que M. Roque l'avait bien pu tuer sur place. Je sortis de ma chambre, la tête enveloppée d'un mouchoir, et je demandai au nègre : Qui est mort ?

— Mon maître, M. Roque ! me répondit-il — M. Roque ! m'écriai-je...—Oui, monsieur : Casimir l'a tué au moment même où a retenti le coup de fouet que vous avez dû entendre. — Je ne répondis pas, et je me hâtai vers le lieu du meurtre. M. Roque était étendu sur le dos, les pieds serrés l'un contre l'autre, les bras écartés et comme tendus.

— C'est la position du *quatre-piquets !* observa le lecteur, sauf qu'on y est couché sur le ventre. Les faits sont souvent bien significatifs quand on les observe avec soin. Je continue :

" Il avait les yeux ouverts ; sa bouche était contractée comme par la terreur. Je portai la main à son cœur ; il ne battait plus, et une seule portion, au centre, en était encore tiède. Il était bien mort. Je le fis prendre par deux nègres, et transporter dans la maison. Il fut alors déshabillé, lavé, puis revêtu d'un pantalon et d'une chemise propres. Quand cela fut fait, j'envoyai à cheval chercher le coroner· (l'officier chargé de la levée des corps.) Il n'y avait à se livrer à aucune enquête, tout l'atelier ayant été témoin du meurtre. Il est vrai qu'aucun blanc n'y avait assisté, et qu'aux termes de la loi, le témoignage des esclaves est nul ; mais il y avait force majeure, et il s'agissait d'un blanc tué par un mulâtre, d'un homme libre par un esclave, son maître ! Le verdict fut rendu ainsi: " Tué d'un coup de sabre à cannes, par l'esclave mulâtre Casimir, d'après le dire unanime de l'atelier. "

" Le lendemain, on lui fit un enterrement de *première classe....*

— Une jolie invention ! dit madame Alexandre, que ces *classes* d'enterrement. Cela ressemble beaucoup aux enseignements du Christ !

" La justice ordonna alors des poursuites contre la personne du meurtrier. On battit les bois ; on s'informa sur les routes, sur les bateaux. Bref, on ne trouva rien ; il faut espérer qu'on ne trouvera pas davantage plus tard, à supposer qu'on cherche longtemps, ce que je ne crois pas, vous allez savoir pourquoi.

" Quelques jours après, un Conseil de famille nomma provisoirement un tuteur aux enfants de feu le capitaine Jackson, et ce tuteur fut nommé administrateur des biens de la succession Roque. Or, le nouveau maître provisoire n'était rien moins que l'ami du défunt, et comme les deux fugitifs ne figurent que comme absents dans l'actif général, le nouveau tuteur a hypothéque sur tous les biens, pour garantir la valeur des fugitifs. Il ne tient donc pas à les reprendre. Reste l'action de la jus tice, mais la justice, en ce pays, s'occupe des actualités proches, et fort peu de ce qui ne lui est d'aucun rapport immédiat. Seulement, si un jour Casimir était repris, il serait pendu vingt quatre heures après son jugement.

"Quant à moi, cher *frère* et ami, je suis nommé gérant et seul maître de l'habitation, jusqu'à la licitation de cette propriété, laquelle licitation doit s'exécuter, pour qu'on arrive au partage entre les héritiers, quand on les connaîtra tous après les annonces et les délais prescrits par la loi.

"Quand vous serez près de quitter l'Alabama, ne manquez pas de m'en prévenir; il est probable que nous partirons avec vous, *elle* et moi....et, quand le temps que vous savez sera venu, la loi et la Croyance auront à faire un mariage de plus."

— Là je m'arrête, dit monsieur Alexandre; le reste n'a aucun rapport avec notre affaire actuelle.

Numa et Caroline remercièrent monsieur Alexandre de sa complaisance, et se levèrent pour gagner la jolie chambre qu'on leur avait donnée dans la maison.

—A propos, fit monsieur Alexandre, j'oubliais.... distrait que je suis! Il y a un *post-scriptum* qui vous intéresse. Le voici:

" Avant l'arrivée des gens de la justice, j'ai fait démonter et transporter chez moi les meubles que je savais appartenir à nos protégés; je les expé-dierai à votre adresse, la semaine prochaine.

Les fugitifs se regardèrent avec bonheur, et Ca-roline s'écria:

— Ah! monsieur....si des esclaves pouvaient fraterniser avec les libres, je voudrais faire partie d'une Croyance comme celle qui nous protège si généreusement !....

— Ma chère enfant, répondit le blanc, il n'y a pas d'esclaves à nos yeux, parce que Dieu ne crée pas de races maudites. Ayez patience encore, et suivez la ligne droite, sans rien craindre. Le bien ne produit pas le mal.

Numa et sa femme sortirent alors après de nou-veaux remerciements.

— Femme, femme! dit le mulâtre tout ému, si je continue à t'aimer ainsi de plus en plus, j'ai peur d'en devenir fou !

— Oh! cher, répondit-elle, douce folie que celle du bonheur !

Ils étaient donc momentanément à l'abri, après tant de mauvais jours! Comme le navire qu'a bat-tu la tempête, et qu'a failli briser le récif, ils avaient trouvé un lieu de relâche....en attendant, soit d'autres grosses mers et d'autres orages, soit un port définitif et sûr...............................
....

— Rose, disait le lendemain Casimir, mes se-maines vont être augmentées d'un tiers, et l'arri-vée de notre joli ménage va nous permettre de laisser de côté ce que nous avions résolu de dé-penser pour le remplacer tant bien que mal, à peu près notre petit avoir.

— Mon Casimir, répondit Rose, j'ai aussi une bonne nouvelle à t'annoncer: Madame Alexandre m'a dit, cette semaine: " Ma fille, nous n'enten-dons pas que vous serviez ici gratuitement; ce se-rait tirer un intérêt honteux de ce que nous avons fait pour vous de tout cœur. D'ailleurs, il peut survenir tels événements qui nécessitent de votre part une résolution rapide et des dépenses immé-diates, et que nous ne soyons pas en mesure de vous aider assez vite. Il est donc nécessaire que vous vous amassiez quelqu'argent. Nous vous donnerons dix piastres chaque mois. Pour mettre à l'aise nos sentiments délicats, je vous dirai qu'ici on n'aurait pas une bonne servante à moins de quinze.... et, quant à en avoir une comme vous, il n'y faut point songer, à quelque prix que ce soit. Ne me répondez rien, mon enfant; c'est décidé ainsi."

— De cette façon, acheva la jeune femme, toi de ton côté, moi du mien, si nous avons seulement une année de tranquillité, nous aurons une som-me assez ronde, pour parer aux événements im-prévus, qui, dans notre situation, sont les pre-miers à prévoir. Je dis une année parce que, alors seulement, il sera raisonnable que nous son-gions à gagner un Etat libre, à supposer que nos protecteurs ne puissent pas nous faire partir en même temps qu'eux.

— Ainsi, conclut Numa, tout est attaché à cette chance, être ou n'être pas repris. Etre pris me conduirait infailliblement à la potence; ne l'être pas peut nous mener à la liberté.

— Mais, répondit Caroline, pourquoi ne gagne-rais-tu pas dès à présent un Etat libre ? mon ami.

— Pourquoi.... Rose! Tu me demandes pour-quoi! Pour un seul motif: je ne pourrais plus vivre sans toi....

— Dans un an je te rejoindrais.

— Dans un an! Trois cent soixante-cinq jours ! Non, non.... je me connais; je ne serais pas de-puis huit jours sans toi, que je reviendrais à tous risques !

— Oh! cher.... je le sais bien, va! Crois-tu donc que je serais heureuse seule ?.... Mais s'il y a un danger réel, vois-tu, j'ajournerais encore no-tre bonheur, plutôt que te savoir exposé à mourir.

— Si cela était possible, nous ferions mieux de fuir tout de suite; mais ce serait trop risquer, seuls, sans l'appui de blancs, avec une enfant si jeune. Il y aurait plus de danger à partir ensem-ble qu'à rester, mais le plus prudent serait peut-être que tu partisses seul. J'y reviens, vois-tu, parce que j'ai peur....

— N'aie aucune crainte, ma bien-aimée....Vois:

déjà mon visage est presque méconnaissable ; je garde toute ma barbe, qu'auparavant je rasais ; je suis vêtu autrement ; je porte un autre nom ; j'ai des papiers si bien imités qu'il faudrait un examen sérieux pour les reconnaître faux ; je travaille en célibataire, et, le samedi soir seulement, je viens auprès de toi, pour te quitter le lundi au petit jour. Où vois-tu le danger, dis ?....

— Nulle part et partout. Néanmoins tes paroles m'ôtent un grands poids de sur le cœur, et je voudrais tant ne nous jamais quitter, que je penche comme toi vers l'idée d'une consolante sécurité.

Que dire ? — Encore une fois ils étaient heureux. Encore une fois le malheur poussé trop loin avait enfanté un bon changement dans leur sort. Leur odyssée était-elle terminée là ? Ni libres de droit, ni esclaves de fait, ils étaient dans cette position incertaine présentée par la bascule en mouvement. Comme un malade tiré d'un côté par la mort, retenu de l'autre par la vie, ils ne pouvaient rester longtemps au milieu de ces deux attractions contraires. Il fallait qu'ils allassent enfin à droite ou à gauche, qu'ils fussent brisés par la terre ou sauvés par le ciel.

◆

XI.

UNE FEMME DU MASSACHUSETTS.

Tout marchait comme nous l'avons dit et comme nous l'avons vu, dans la famille Elwin. Depuis trois mois déjà cet état de choses durait, et rien n'annonçait de mauvais jours. Caroline faisait son devoir en honnête femme et en femme reconnaissante ; Marie grandissait et embellissait à vue d'œil. Numa travaillait toujours à la scirie, à une courte distance de la ville. Chacun des deux époux-amants gagnait de l'argent de son côté, et la boule de neige grossissait dans la caisse commune. En un mot le ciel était pur pour nos héros, et aucun nuage, de si loin qu'on regardât, n'en menaçait la limpidité.

Numa et Caroline — autrement dit Casimir et Rose — étaient souvent admis, le samedi soir, à une sorte de réunion de famille, dans l'hospitalière maison qui était leur refuge et leur oasis. Cette soirée était, pour M. Alexandre, un moyen d'initier peu à peu ses protégés aux enseignements de la Croyance Universelle, en leur en développant la saine morale, les œuvres libérales, la vraie fraternité qui en unissait les membres dans toutes les parties du monde. C'était à la fois un cours, une causerie, une leçon d'égalité, décente d'un côté, discrète de l'autre. Numa y racontait ce qu'il avait vu ou entendu pendant la semaine, et, comme il s'exprimait avec facilité et avec âme, on l'écoutait avec plaisir, et la noble famille blanche se demandait vainement au nom de quelle infério-

rité cet homme était la possession d'un autre homme !.... non que l'infériorité fût à leurs yeux une excuse à la tyrannie, mais pour répondre à cette orgueilleuse et risible prétention de la plupart des partisans de l'esclavage, à savoir : que leur race, à eux, est le fruit d'une création expresse et exceptionnelle.

Un samedi soir, Numa arriva comme de coutume à la maison, après avoir bien travaillé pendant la semaine, et la première chose qu'il fit fut de chercher Caroline. Marie lui dit qu'elle était au salon, où on l'attendait lui-même. Alors, comme il avait l'habitude de le faire, il passa dans la chambre de sa femme, se débarrassa de ses vêtements de travail, se livra à tous les détails de la plus grande propreté, se parfuma les cheveux et la barbe, se revêtit d'habits convenables, et se rendit où il était attendu. Il salua ses protecteurs, embrassa sa chère femme, s'assit, et prit sa fille sur ses genoux. A ce moment, la porte s'ouvrit et un nouveau personnage parut. Numa tressaillit, mais il se calma aussi vite ; sa bouche eut un sourire enchanteur, et ses yeux brillèrent de l'humide éclat d'une profonde gratitude. Il venait de reconnaître monsieur Michaud ! Celui-ci ne se méprit pas au rayon qui illumina la physionomie du jeune mulâtre :

— Mon ami, lui dit-il, je suis venu en partie pour vous. Les meilleurs renseignements me sont parvenus à votre sujet, et, pour vous témoigner ma satisfaction, je viens vous apporter de bonnes nouvelles....

Ou ! monsieur, répondit Numa, quand les nouvelles seraient mauvaises, cela ne m'empêcherait pas d'avoir bonheur à vous voir !

Monsieur Michaud sourit comme un digne homme heureux de voir sa protection bien placée.

— Ces nouvelles, dit-il, ont trait à votre sécurité....L'administrateur actuel des biens de la succession ne veut rien dépenser à votre poursuite ni à celle de votre femme, parce qu'il est, en même temps, le tuteur des trois mineurs, et que ladite succession répond du bien des enfants de feu le capitaine Jackson. Il n'y a donc plus que la justice à craindre, ou quelque trahison. Mais la justice aime à travailler pour de l'argent, et n'est sévère que contre ceux qu'elle tient dans ses griffes. Ainsi, ne soyez pas trahi et tout est dit.

— Merci, monsieur, merci ! répondit Caroline. Vos paroles sont un baume pour mon cœur.

Et elle jeta, sur son mari, un regard d'ineffable bonheur.

— Comment trouvez-vous cette ville ? demanda M. Michaud au mulâtre....

— Je la connais peu, monsieur, n'y venant que le soir, une fois par semaine, et la quittant avant le jour ; mais le pays ne me semble pas valoir mieux....

— Y avez-vous donc vû quelque scène attristante ?

— Oui, monsieur; dans les environs mêmes de notre scierie; une flagellation que je ne connaissais pas, et que peu de monde connaît, je suppose.

— Racontez-nous donc cela, dit M. Alexandre.

— J'étais allé, dit Numa, dans le voisinage, pour un lot de troncs d'arbres. En passant près de la demeure d'un Irlandais, propriétaire de *drays*, qui possède deux noirs chargés de conduire ses voitures, je fus témoin d'une scène qui me fit bien souffrir, et que néanmoins je voulus voir, afin de me bien pénétrer de la profondeur des horreurs de l'esclavage :

En passant près de la barrière en planches qui enclot le terrain de l'Irlandais, mon attention fut éveillée par des cris de détresse partis de la cour, et, à travers les joints écartés des planches, je pus voir parfaitement la scène suivante : Un pauvre vieux nègre était attaché par les quatre membres aux quatres coins d'un mauvais pliant; il était couché sur le ventre et n'avait sur lui ni pantalon ni chemise. Son maître, l'Irlandais, armé d'une égoïne — scie à main, flexible — le frappait à plat, de toutes ses forces, et à chaque coup, les dents de la scie écorchant la chair, faisaient jaillir le sang ! L'autre nègre tenait la tête du patient. Cela dura longtemps, et le supplice était varié : après un certain nombre de coups d'égoïne, le maître changeant d'instrument, prenait un *tordu* et sanglait le malheureux à tour de bras !

Celui qu'on battait était le père; celui qui lui soutenait la tête était le fils !

— Misérables États à esclaves! s'écria madame Elwin.... Combien de temps encore le ciel et les hommes, indignés de leurs crimes, leur permettront-ils de vivre des fruits d'une telle plaie !....

On parla ensuite des affaires de l'Association, et il fut résolu qu'une *Séance* serait ouverte chez M. Alexandre. Numa y pourrait assister le samedi, ainsi que Caroline, aucune couleur n'étant exclue d'une œuvre de rédemption dont le premier but est l'extinction de l'esclavage. Seulement, il fallait qu'on prît, et on prenait bien des précautions avant d'admettre qui que ce fût à ces réunions dangereuses dans les pays à esclaves, et on n'y recevait point d'esclaves, dans la crainte que l'appât d'une récompense ne fît naître des trahisons....tant l'esclavage entraîne avec lui d'horribles vices ! Numa et Caroline étaient une exception presque unique, et M. Michaud apportait l'autorisation à cette exception, autorisation venue de *haut lieu.*

Vers minuit, chacun s'alla coucher, et, le surlendemain, aux premiers chants des coqs, Numa embrassa une dernière fois sa chère femme, et partit pour se rendre à son travail.

Ainsi s'écoulèrent encore quelques mois, dans la plus douce sécurité, et dans un vrai calme d'oasis.

Numa et sa femme avaient la promesse d'être reçus dans l'Association, aussitôt qu'on aurait gagné un État libre.

X.

UN PERSONNAGE QUI REPARAIT ET....

Nous sommes à l'hiver de 1847. Toutes choses sont encore dans le même état.

Cependant, depuis plusieurs semaines, des bruits de révolte de noirs circulaient en Louisiane. Les journaux venaient d'annoncer qu'un blanc, un Anglais, avait été pendu par l'ordre d'une sorte de comité composé d'habitants propriétaires d'esclaves, pour avoir été pris dans la cabane d'un nègre, où il tenait des discours — qu'il prétendit n'être que religieux dans le sens du protestantisme — et que les habitants alarmés supposèrent être abolitionistes.... La semaine suivante, le même comité avait pendu cinq nègres surpris apprenant à lire, y compris celui qui enseignait. Comme le *crime de lecture* ne méritait que le fouet, ils furent d'abord cruellement fouettés aux quatre piquets; puis, on supposa que cette *école* devait cacher de sérieux complots, et, pour effrayer les ateliers, qu'on disait animés d'un esprit séditieux, on pendit, sans autre forme de procès, les cinq malheureux, avant que leurs plaies fussent fermées.

Bientôt la surveillance, excitée par la peur, devint de l'espionnage. Les blancs, non propriétaires, furent suivis et observés; chacun de ceux qui parurent quelque peu suspects, eut un espion attaché à ses pas. Un des plus surveillés fut monsieur Michaud. On rapporta au Comité, que cet économe, aujourd'hui gérant, ne faisait jamais fouetter, ne battait lui-même jamais, et ne portait pas même un *tordu* ! Une fois sur la piste, il fut encore dénoncé que, chaque fois que son défunt patron, M. Roque, faisait administrer un salutaire châtiment, monsieur Michaud avait toujours un prétexte pour n'y pas assister. En conséquence, un fin limier fut lâché sur la piste des actions du nouveau gérant. Ce limier est une des connaissances du lecteur : monsieur Vulpès.

Malheureusement, ce n'était pas la justice régulière qui avait organisé cette croisade, mais une sorte de tribunal du *lynch*, espèce de *loi extra-légale*, au nom de laquelle une populace, riche ou pauvre, saisit et exécute sans jugement. Comme ce tribunal sauvage était composé de propriétaires d'esclaves, et que la terreur d'une révolte l'affolait, on avait trouvé des fonds autant qu'il en avait fallu pour activer les poursuites et tout ce qui s'en suit.

On connait M. Vulpès, et on doit comprendre qu'il fut dans son élément, comme le poisson l'est en plein eau, aussitôt qu'on lui eut garni la bourse et qu'on l'eut plongé dans les flots sombres de l'espionnage.

Monsieur Vulpès procéda avec ordre. D'abord, pour ne pas se faire connaître de sa nouvelle *pratique*, il le fit observer par un de ses suppôts à lui. Pendant quelque temps, rien ne se manifesta qui pût justifier les soupçons du comité improvisé par la peur. Mais, après trois semaines environ, le Vulpès apprit que M. Michaud allait faire une absence. Alors, il envoya son employé exercer d'un autre côté, et se mit lui-même sur les talons du gérant. Il le suivit de l'habitation à la Nouvelle-Orléans, sur un steamboat ; puis à l'embarcadère des Champs-Elysées, d'où part le train à vapeur pour le Lac Pontchartrain. Là, il prit, ainsi que M. Michaud, le vapeur de Mobile, où il arriva nécessairement en même temps que son homme. A Mobile, il descendit au même hôtel que monsieur Michaud, et, avec toute l'adresse qui était dans sa nature de renard, il se fit l'ombre invisible du corps confié à sa surveillance. Le même soir de l'arrivée, M. Michaud se rendit chez ses amis de la rue du Gouvernement, comme il avait fait à son premier voyage. Son espion le suivait. C'était un samedi.

— Je resterai là, se dit le Vulpès en se postant derrière une barrière de planches en mauvais état, pendant deux heures, trois heures, s'il le faut, pour savoir s'il y couche ou non ; et puis nous verrons.

Mais, au bout d'une heure, il entendit un pas vif et assez léger. Il se cacha, et d'autant plus aisément qu'il faisait déjà nuit, puis il regarda. Un homme passa tout près de la barrière derrière laquelle lui se tenait, et le renard à la vue perçante et aux yeux de chat, reconnut un mulâtre. Une minute après, au moyen d'un passe-partout, l'inconnu entrait dans la maison où était entré monsieur Michaud.

C'était le second voyage du gérant à Mobile. Le brave homme y venait pour se délasser de ses travaux, et aussi pour presser l'exécution du projet de la famille Elwin, de quitter le pays. En même temps, il voulait raconter ce qui se passait en Louisiane, et voir ses protégés. Comme au voyage précédent, son arrivée fut accueillie avec la plus grande joie par la famille de monsieur Alexandre, et avec bonheur par Numa et Caroline.

Le Vulpès, placé derrière sa barricade vermoulue, réfléchissait. Il va sans dire qu'un homme comme lui n'avait pas négligé de prendre le nom gravé sur la plaque de la porte d'entrée de la maison.

— *A Elwin....* se disait-il.... il me semble que je connais ça ! — J'y suis ! s'écria-t-il après quelques secondes : c'est le nom d'un homme chez qui j'ai fait *pincer*, il y a environ un an, à la Nouvelle-Orléans, cette fameuse mulâtresse et sa petite fille, par ce coquin de Kerlec ! J'ai même palpé cent belles piastres pour cet exploit ! Dieu sait si je les ai gagnées au service de cette laide griffonne que j'avais séduite en deux heures ! — Mais voyons, ajouta-t-il en s'adressant toujours à lui-même, laissons là les fadaises, et raisonnons : Le Michaud est entré dans cette maison, et c'est du Michaud qu'il s'agit. Très-bien, mais....un mulâtre aussi est entré dans cette maison, et avec un passe-partout ! Circonstance à noter ! — Après cela, ce mulâtre peut bien être le *mari* d'une servante de la maison.

Bref, voilà ce qu'il s'agit de faire : surveiller le Michaud, puisque c'est là l'affaire ; et, incidemment, savoir ce qu'est et ce que fait ce mulâtre. Je vais rester jusqu'à minuit pour le blanc, et je reviendrai avant le jour pour le moricaud. Si ce dernier ne sort pas de très bonne heure, c'est un *mari* autorisé ; s'il sort, c'est un amant qui se cache. Dans tous les cas, il y a une femme dans l'affaire, donc il y a espoir de savoir quelque chose, surtout si elle est laide ! — Eh, eh....fit-il en ricanant avec malice, qui sait si ceux-ci ne me mettront pas sur la piste de celui-là ? On ne trouve jamais les choses comme on les cherche.

Après cette remarquable observation qui prouvait son expérience, le Vulpès, fatigué d'être debout, chercha autour de lui, et aperçut quelques briques dont il forma un siége sur lequel il s'assit.

A onze heures la porte observée s'ouvrit et livra passage à un homme qui se dirigea vers le marché, en suivant tout droit la rue du Gouvernement, vers le quai. Une ombre le suivait à distance sage. L'homme était monsieur Michaud ; on devine qui était l'ombre. L'un et l'autre rentrèrent au même hôtel, et chacun d'eux gagna sa chambre.

— Allons, se dit l'espion, j'ai cinq heures à dormir ; je ne comptais pas sur une aussi bonne chance.

Mais, en se mettant au lit, il se frappa le front.

— Triple âne que je suis ! s'écria-t-il.... c'est demain dimanche ! je n'ai que faire d'aller observer mon mulâtre : *mari* autorisé ou non, il couchera encore là demain, et, lundi matin, je le pincerai, pour sûr ! Donc, je puis dormir la grasse matinée.

Et, sur cette consolante pensée, il se glissa entre ses draps, comme un honnête bourgeois dont la conscience est parfaitement en repos.

Pourquoi le Vulpès n'eût-il pas été tranquille ?

....

Le surlendemain, lundi, avant le jour, monsieur Vulpès était à rôder aux alentours de la maison Elwin. Il s'était muni de deux cartons, pour se donner un air de marchand ambulant. Il n'attendit pas longtemps en vain ; un mulâtre sortit de la maison, comme le jour allait poindre ; l'espion le suivit à quelque distance. M. Vulpès s'était gratifié les joues d'une grosse paire de favoris noirs, avait frotté ses sourcils minces de cosmétique noir, enfin s'était adroitement grimé, bien qu'il ne fût connu de personne. — "Une précaution ne peut pas nuire," s'était-il dit. — Le jour venait rapidement.

Dès qu'il fut complet, le Vulpès allongea le pas, et quand il fut assez près de celui qu'il suivait :

— Hé ! mon ami, cria-t-il, pourriez-vous me dire si je suis bien sur la route de Spring-Hill ?

Numa s'était arrêté, et quand le faux marchand l'eut rejoint, il lui fit répéter sa question, ne l'ayant pas bien entendue.

— Je ne saurais vous répondre, dit-il — quand la demande eut été répétée ; depuis que j'habite Mobile je travaille près d'ici, et, le reste du temps, je ne vais nulle part.

— C'est que, voyez-vous, je suis marchand d'articles de sainteté,.et on m'a conseillé de voir les révérends pères jésuites de Spring-Hill. Je verrai aussi les ministres des cultes réformés. Je fais des affaires avec toutes les religions, parce qu'enfin.... et alors, vous comprenez, je vends aussi bien aux catholiques qu'aux protestants. Les catholiques aiment les images — comme les païens — bien que Dieu soit esprit ! Les protestants aiment les bibles. Alors j'ai de tout pour tous les goûts. Croyez-vous que je fasse des affaires ici ?

— Ma foi, je ne vous dirai pas. Je m'occupe de scier des planches, à la vapeur, mais fort peu de catholicisme et de protestantisme.

— Chacun est libre, monsieur.... — Comment vous appelez-vous ? s'il n'y a pas d'indiscrétion, demanda le Vulpès....

— Numa, monsieur.

— Eh bien, monsieur Numa, je pense à peu près comme vous. Pourvu que je vende, c'est tout ce que je veux. Les catholiques, les protestants, les juifs, les mahométans et les autres... me font l'effet d'aveugles qui cherchent leur bâton : chacun d'eux veut trouver la vérité dans un petit rayon qu'il s'est tracé à l'avance, et d'où il ne sort pas.

Numa sourit de la comparaison, et son front se dérida.

— Allons, se dit-il, le brave homme est un arabe, et il ne songe qu'à gagner des sous. Je n'ai pas besoin de me défier de lui.

— Et, dans l'établissement où vous travaillez, pensez-vous que je pourrais faire quelque chose ?

— Voyez-y : il y a là de tout, des Américains, des Français, des Allemands et des Irlandais.

— Oh ! les Irlandais, ça me va ! ils sont fanatiques en diable. Quant aux autres, ils ne pensent guère à leur salut.... comme l'entendent les prêtres et les ministres.

— Je vous quitte ici, monsieur..... — dit Casimir quand on fut près de la scierie. Comment puis-je vous nommer ? ajouta-t-il.

— Je m'appelle Taillefer, répondit le Vulpès.

— Eh bien, au revoir, monsieur Taillefer. Bonne vente !

— Au revoir, monsieur Numa. Bonne chance et belles amours !

Le mulâtre entra alors dans l'établissement où il travaillait. Le faux marchand continua d'avancer dans la direction qu'il avait prise, pour ne pas donner de soupçons en retournant tout de suite sur ses pas. Il marcha tranquillement pendant une heure environ, cherchant, dans sa féconde imagination, comment il s'y prendrait pour faire parler monsieur Numa au sujet de monsieur Michaud. Il paraît que cela était bien difficile, car le fin renard ne trouva rien. Au bout d'une heure, il revint sur ses pas, repassa devant la scierie, et, un peu plus tard, rentra dans la ville.

Le hasard — à supposer qu'il y ait un hasard — le servit mieux que ne l'avait pu faire sa diplomatie. En passant devant la maison de M. Elwin, il porta son regard vers les fenêtres, et aperçut une belle petite fille au teint espagnol foncé, laquelle regardait dans la rue en frappant ses mains l'une contre l'autre. A un pas plus loin, il vit, assise et cousant, une mulâtresse d'une admirable beauté. Son cou penché avait des reflets d'or, sous une luxuriante chevelure, noire comme le beau velours noir. On apercevait ses longs cils recourbés, et, sur sa joue pleine, une mignonne fossette qui indiquait qu'elle devait sourire.

Ce tableau fut, pour le Vulpès, un trait de lumière.

— La famille Elwin à Mobile, se dit-il en continuant son chemin ; la belle mulâtresse et sa petite fille, échappées de l'habitation Roque, aussi à Mobile, dans la même maison ; le mulâtre....qui ne connaît pas la ville ! se fait appeler monsieur Numa, va de son travail à sa femme et de sa femme à son travail....indubitablement c'est Casimir !... qui s'est enfui après avoir tué son maître ! O hasard ! s'écria l'espion, si les cierges ne coûtaient pas d'argent, j'en brûlerais une douzaine sur ton autel ! — Ah ça, mais....reprit-il en monologuant, voilà que les choses changent bien de face ! Je viens ici pour ou plutôt contre monsieur Michaud, de qui je ne puis rien savoir, et voilà que je tombe, comme un chien d'arrêt, sur la piste inattendue de deux marrons dont l'un est un meurtrier ! Je disais bien qu'on ne trouve jamais comme on cherche ! — Mais, petite minute ! et donnant donnant....Je vais écrire au Comité, sans en dire assez long pour qu'on puisse m'enlever ces *pratiques* précieuses, mais en disant assez long pour qu'on puisse m'envoyer de quoi grossir le *magot* destiné à protéger mes vieux jours contre le besoin.

A cette pensée lumineuse, le Vulpès se frotta les mains, puis il redevint immobile et s'enfonça dans de profondes réflexions.

— Coup double, s'écria-t-il après quelques instants, coup double ! Ne soyons pas conscrit ! D'abord le meurtrier : dans ce moment, ça vaut cher ! Quand j'aurai *touché*, autre découverte, autre missive :... et autre récompense sonnante ! Je veux bien travailler pour la gloire, moi, mais pas pour la gloire qui va pieds nus !

Sans perdre de temps, le laborieux émissaire du comité louisianais écrivit à ses commettants, sans dire un mot de Rose, et se proposa de faire le mort jusqu'à ce qu'il eût reçu une réponse *valable* et les ordres nécessaires pour….mener à bonne fin sa nouvelle entreprise. Il fut tenté d'abandonner monsieur Michaud, qui semblait d'un examen difficile, et qui devait être probablement de peu de rapport. Cependant, comme il ne voulait pas se rouiller en restant à ne rien faire, il résolut de l'épier un peu jusqu'à nouvel ordre.

*****

Cependant, le départ de la famille Elwin était décidé : les intérêts qui avaient forcé M. Alexandre à prolonger son séjour en Louisiane, et ensuite dans l'Alabama, étaient réglés tant bien que mal, et il lui tardait de quitter un sol empesté par les miasmes écœurants de l'institution de l'esclavage. Mais le départ d'une famille ne s'exécute pas comme celui d'un garçon ou d'une grisette, oiseaux perchant aujourd'hui sur une branche, demain sur une autre, et pouvant porter leur nid dans leur bec. En hâtant toutes choses, il faut bien compter un mois de courses, de démarches, de vente et d'achats, de derniers règlements, et autres détails qu'on supposera.

Il avait été convenu que Caroline partirait avec la famille, en qualité de servante ; on devait passer par un autre Etat à esclaves, et de là, sans séjourner, s'embarquer pour un Etat libre. Cette précaution facilitait beaucoup le voyage de la mulâtresse, en écartant tout soupçon au lieu du premier départ.

Quant à Numa, il devait partir quinze jours après sa femme, par une autre route. Ses papiers d'homme libre rendaient tout simple son embarquement.

M. Alexandre avait vendu en bloc tout son mobilier à un Américain sur le point de monter maison ; il perdait beaucoup sur le prix de valeur réelle, mais il évitait, par ce moyen, les interminables lenteurs d'une vente en détail, et les allées et venues continuelles qui eussent pu faire trop remarquer Caroline.

L'extraordinaire beauté de cette mulâtresse était le plus grand des dangers pour sa sécurité. Nul ne pouvait la voir sans l'observer longtemps, depuis les enfants jusqu'aux vieillards ; et, quand on l'avait une fois appréciée des yeux, on ne l'oubliait plus. Le danger réel, c'est qu'ensuite on parlait d'elle avec enthousiasme, et que, de proche en proche, elle devait être connue partout. Or, quand on a un intérêt capital à se cacher, la plus minime négligence peut amener de sérieux résultats.

Dans un mois donc on devait partir, et le mobilier vendu n'était livrable qu'à cette époque. Le prochain samedi, Numa devait décider si son départ à lui précéderait ou suivrait celui de sa chère femme. Caroline désirait que son mari partît avant elle, afin que la joie de son voyage à elle ne fût gâtée par aucune appréhension sur le sort de Numa. La question dépendait quelque peu du travail confié au mulâtre. Enfin, le samedi arriva, et les souhaits de Caroline furent exaucés : Numa partirait dans douze jours.

Adorables rêves ! que ceux qu'ils firent en contemplant ensemble l'étoile de la liberté…. qui brillait dans leur ciel rasséréné après tant d'orages ! Saint hymne ! que celui qui s'élança de leur cœur et s'éleva, comme un encens de gratitude, vers le trône de Dieu ! Enivrantes extases ! que celles qui les enlevaient, sur les ailes puissantes de la foi, vers les rives enchantées de l'indépendance, où l'amour est permis, où l'on a le droit d'aimer ses enfants !… —Il y a des heures, dans la vie, qui donnent un avant-goût des félicités d'un monde éternel…. Et ils savouraient une de ces heures-là, leurs pieds foulant encore une terre d'esclavage !

. . . .

Le surlendemain, avant le jour, Numa quitta sa chère femme, comme de coutume, et se rendit à la scierie, où il comptait faire sa dernière semaine.

Vers dix heures, quatre hommes, deux sur le trottoir de gauche, deux sur celui de droite, montaient la rue du Gouvernement, chaque couple semblant étranger à l'autre. Derrière ceux de droite, marchait un homme seul, réglant son pas sur celui du couple qui le précédait. De la poche de côté de sa redingote sortaient les extrémités de quelques papiers. En passant devant la maison de monsieur Elwin, il en regarda les fenêtres, et vit la même mulâtresse à la même place que la première fois. En face de celle-ci se tenait une femme blanche, jeune et belle. Toutes les deux causaient.

— Allons, allons, murmura monsieur Vulpès, la colombe étant toujours au nid, le ramier se trouvera ! — Ah ! s'ajouta-t-il, qu'on a de peine à gagner sa pauvre vie ! Les ladres ne m'ont envoyé que deux cents piastres ! Il est vrai que j'en toucherai trois cents autres quand *la pratique* sera livrée ! Et ce comité-là vaut mieux que le Kerlec, heureusement….— Après tout, répondit-il, peut-être à une légère réclamation de sa conscience, un homme de plus ou de moins sur la terre, cela n'empêche pas le monde de marcher ! Et puis, il faut bien que je bâtisse un refuge pour mes vieux jours ! — Cet homme-là est, au bout du compte, un mulâtre, un esclave, un assassin !… dit-il encore.

Consolé par ces péremptoires raisons, le Vulpès regarda le ciel, comme pour y retenir sa place dans le paradis ; nous penserions plutôt, à vrai dire, qu'il regardait les nuages pour augurer du temps.

A dix heures et demie, trois hommes se présentèrent chez le propriétaire de la scierie, lequel se nommait Williamson. Il était dans un cabinet, séparé seulement par une cloison de bois, et par une porte, de la pièce où travaillait en ce moment le mulâtre Numa. Monsieur Vulpès n'avait plus de favoris, et sa chevelure avait changé de couleur. Au lieu de marcher voûté comme il le faisait toujours dans ses excursions préliminaires, il se tenait droit et roide, à la militaire.

— Monsieur Williamson, dit le Vulpès, veuillez je vous prie jeter les yeux sur ces papiers : vous saurez ce qui nous amène ici, ces deux messieurs et moi, sans compter les deux autres qui sont en bas.

Le maître de l'établissement jeta les yeux sur ce que lui présentait le survenant, et vit de quoi il s'agissait.

— Je n'ai rien à dire, monsieur ; la justice a le respect de tout bon citoyen ; seulement c'est un de mes meilleurs ouvriers que vous venez enlever... un homme dont la conduite et le zèle sont au-dessus de tout éloge. — Je vais l'appeler, ajouta-t-il.

Et, ouvrant la porte de communication, sans quitter son siége :

— M. Numa ! appela-t-il, venez, on vous demande.

Le mulâtre parut bientôt, en blouse de travail. Quand il vit trois hommes près de son patron, et qu'il remarqua que l'un de ces trois hommes tenait des papiers, il tressaillit.... et ne put s'empêcher de laisser voir son trouble.

— Monsieur Numa, lui demanda le Vulpès, connaissez-vous Casimir ?

Le pauvre homme reçut comme une balle dans la poitrine, et le plus visible effroi se manifesta sur ses traits. Cependant, il eut la force de répondre.

— Non, monsieur — dit-il — Je ne sais pas ce que vous voulez dire.

— Ah ! vous ne savez pas ! C'est très-bien. Connaissez vous monsieur Roque ?

Le mulâtre sentit qu'il allait défaillir. Il regarda son patron. Celui-ci avait le chagrin sur le visage.

— Je ne connais pas ce nom-là.... put-il encore répondre.

— Ah ! vous ne connaissez pas ! C'est très-bien ! Connaissez-vous Rose et Rosine ?

Numa regarda autour de lui. Devant la porte qui lui faisait face étaient le Vulpès et un de ses hommes ; devant celle à laquelle il tournait le dos, se tenait le second aide.

— Que cherchez-vous donc ? monsieur Numa, demanda le Vulpès... sans doute une issue, pour vous évader et aller prévenir votre femme, chez M. Elwin. C'est inutile : voilà ces deux messieurs qui vous surveillent ; il y en a deux autres en bas,

plus moi-même qui vous parle, et nous avons chacun, dit-il en ouvrant sa redingote, un bijou comme celui-ci.... ce qui fait trente coups de feu.... à votre service !

— Monsieur, répliqua le mulâtre que l'imminence du danger galvanisa un instant, je suis libre et j'ai mes papiers !

— Je sais, je sais, fit ironiquement le Vulpès ; je connais même l'homme qui les a fabriqués : c'est une de mes *pratiques !*

Le pauvre mulâtre se laissa aller sur le bureau de son patron, comme s'il allait tomber en faiblesse. Profitant de ce profond abattement, le Vulpès fit un signe à ses hommes. Ceux-ci se jetèrent sur les bras du faux Numa ; l'un d'eux les lui maintint au dos avec vigueur, pendant que l'autre lui mettait les menottes.

— Maintenant, monsieur Numa, faites place à Casimir, et en route ! dit le Vulpès.

A ces mots, il attacha lui-même une corde aux menottes, prit l'autre extrémité de cette corde dans sa main gauche, et montra de la main droite le chemin à Casimir....

Une heure après, Casimir était à bord d'un steamer de la malle, allant à la Nouvelle-Orléans. Ses poignets étaient toujours pris dans le double cercle de fer, et une chaîne, fixée à ce frein, s'attachait, par l'autre extrémité, à un poteau de la galerie du bateau.

L'adroit Vulpès n'avait pas conduit son prisonnier par la rue du Gouvernement, de peur que Rose le vît et ne prît l'alarme, car il comptait bien faire un second voyage pour la saisir à son tour. Ses informations lui avaient appris que Casimir n'allait voir sa femme que le samedi soir, et que nul, à la scierie, ne connaissait les faits et gestes du mulâtre. Donc l'espion avait toute la semaine à lui, pour agir une seconde fois.

Mais ce qu'on appelle le hasard voulut que M· Elwin, passant dans la rue qu'avait prise le Vulpès, aperçût le malheureux Casimir. Il comprit aussitôt tout ce qui était arrivé, et, faisant un signe au pauvre homme, qui avait vu son bienfaiteur, il se hâta vers sa demeure.

Une heure après, le vapeur était en route, et un homme de la police de Mobile se tenait près du prisonnier, pendant que M. Vulpès était assis un peu plus loin.

———◆———

XI.

ON PEUT CE QU'ON VEUT.

— Vite ! s'écria monsieur Alexandre — quand il entra dans le salon où étaient réunies sa femme, sa mère, Rose et Rosine — vite agissons et agissons ! Vous, chère Rose, pas de cris, pas de pleurs, pas de sanglots ! de l'action et de l'action ! Votre mari est arrêté et en route pour la Nouvelle-Orléans !

La mulâtresse se leva, chancela, puis se rassit.

— Le coup est porté ! dit monsieur Alexandre, du courage ! sauvons qui peut être sauvé : Dieu fera le reste ! — Vous, Rose, il n'y a plus à vous cacher ici : tout est maintenant dans la diligence que nous ferons : le salut est une question de temps. Allez à l'hôtel où est M. Michaud, au bout de cette rue, à droite, en face du marché. Dites à M. Michaud de venir tout de suite ; ramenez-le. Il doit partir ce soir à cinq heures. Je pars avec lui, et je suis de retour après-demain matin. Pendant que vous serez dehors, je vais chercher.... et trouver pour vous un autre refuge, où ma femme vous conduira cette nuit, et où vous resterez jusqu'à mon retour ; alors nous verrons. Vous, ma chère mère, allez chez l'Américain qui a acheté les meubles, et dites-lui qu'il les pourra prendre après-demain à quatre heures précises de l'après-midi. Nous irons loger dans un hôtel, jusqu'à notre départ, qui doit s'effectuer le plus tôt possible. Toi, chère femme, toi qui es une amazone, veille sur toute chose ! fais ce que j'ai dit pour Rose et sa fille, et prépare ce que nous devons emporter, comme si nous partions après-demain.

— Rose était déjà partie. Madame V*** prenait le bouton de la porte pour sortir.

— Ma mère ! dit M. Alexandre, j'oubliais : Dites à ce gentleman que je consens à ce que j'avais refusé, lui céder le bail de cette maison au prix qu'il voulait. Apportez sa plaque avec vous, et arrangez la chose de façon à expliquer ce changement et cet empressement. Il aura l'acte de cession avant cinq heures, et la maison après-demain. Allez, chère mère, et revenez vite ! — Ma Pauline, dit-il ensuite, quelqu'événement qui rende ma présence compromettante, laisse pendre un ruban rouge à la fenêtre du deuxième. Si on vient me demander d'ici là, à partir de demain, dis que je suis parti pour le Nord, et si on te parle de Rose, réponds que tu ne sais pas ce qu'on veut te dire, fâche-toi et tiens bon ! moi, je pars pour appeler l'Association au secours de Casimir. En route, je réfléchirai sur ce qu'il y a de plus prompt à mettre en œuvre. Dieu veuille que j'arrive à temps ! les comités d'habitants ne plaisantent pas !....

— Va, Alexandre ! va, mon ami : il sera fait ainsi que tu l'as dit ! répondit la jeune femme. Sauve ce noble et courageux Casimir, qui a plus d'âme à lui seul que cent de ces tyrans imbéciles qui le veulent tuer ! — Mais, ajouta-t-elle, quel refuge vas-tu trouver pour cette pauvre Rose ?

— Je n'en sais rien encore ; mais je vais sortir à l'instant, et, quand je rentrerai, je te dirai où tu dois la conduire cette nuit.

M. Alexandre embrassa sa femme, et s'éloigna sans plus attendre.

Deux heures après il était de retour. Il trouva M. Michaud qui l'attendait, et qui avait été mis au courant de tout par madame Elwin.

Nous remuerons ciel et terre ! dit monsieur Michaud, pour sauver le mari de Rose, et, en même temps, nous aviserons pour elle-même : elle ne peut pas rester éternellement dans cette situation menaçante. J'ai une idée ; je vous la développerai à bord, Alexandre.

— C'est peut-être la même que j'ai aussi, répondit le brave jeune homme : nous verrons bien.

— Et moi, ajouta sa femme, je vous devine, parce que j'ai le même bon vouloir.

— Maintenant, dit monsieur Alexandre, écoutez : j'ai trouvé, à un demi-mille de la ville, une vieille quarteronne qui tient un hôtel de passage, tout près de la pinière. — Je t'en tracerai, l'itinéraire, dit-il à sa femme. — Cette quarteronne gardera Rose chez elle aussi longtemps qu'il sera nécessaire, et nul ne verra notre chère protégée. A mon retour nous aviserons.

La demie de quatre heures sonna.

— Partons ! dit M. Michaud, il est temps....

Les adieux échangés, les deux hommes sortirent ensemble et se dirigèrent vers les quais. Madame Elwin les regarda s'éloigner, en faisant à son mari des petits signes de tête. Puis, elle rentra, et, aidée de Rose, elle fit les apprêts dont il avait été question.

*_**

Il était nuit depuis longtemps. Le Vapeur qui portait MM. Elwin et Michaud avait rapidement avancé depuis cinq heures du soir, vigoureusement poussé par ses palettes, et aussi par un bon vent qui avait décidé le capitaine à mettre quelques voiles dehors. Les deux amis, aussi empêchés l'un que l'autre de dormir, par les pensées qui s'agitaient en eux, se promenaient sur le pont, en causant. La nuit était belle et claire. Vers onze heures, un bruit formidable de vapeur se fit entendre ; ce bruit venait d'assez loin, mais, plus on avançait plus il devenait distinct et fort. Bientôt on passa à tribord d'un autre vapeur, qui était probablement ensablé, aux environs de la Baie Saint-Louis, à voir les efforts de ses puissantes machines, et son immobilité.

— Il aura longé la côte de trop près, répondit un pilote du bateau à M. Elwin qui l'interrogeait ; cela arrive assez souvent la nuit, et il est échoué dans le sable. Il en a probablement jusqu'au jour, à l'heure des hautes eaux.

— Ne serait-ce pas, demanda monsieur Michaud, le steamboat qui a quitté Mobile il y a douze heures ?

— Précisément, répondit le pilote ; c'est le *California*. Nous arriverons probablement à l'heure où il sera seulement dégagé.

— O *frère, frère* ! s'écria monsieur Michaud — après que les deux hommes se furent éloignés du pilote — voyez-vous le doigt de la Providence! ce que les orgueilleux et ignorants athées appellent le hasard…. Comprenez-vous le bénéfice que nous pouvons tirer, pour ce pauvre Casimir, du long retard de ce bateau?

— Si je le comprends! Je déplorais assez le fait d'être parti six heures après le *California*, qui emmène Casimir! Nous pouvons maintenant déjouer le terrible empressement du comité, en révélant, à la justice régulière, que ce comité, dont elle commence à être jalouse, veut arrêter, juger et exécuter le prisonnier, à son arrivée à la Nouvelle-Orléans. Avec ce comité, nos efforts eussent été certainement vains, et notre secours eût été inutile et peut-être dangereux, tandis que la justice ordinaire, procédant avec les lenteurs accoutumées, nous donne le temps de préparer nos moyens.

— Sans compter qu'un comité de trembleurs furieux est impitoyable, et partant incorruptible, tandis que peut-être pourra-t-on trouver des accommodements avec quelqu'un des employés de toute sorte qui forment le cortége de la justice régulière….

— Oui, notre chance est cent fois meilleure; néanmoins, cher *frère*, ne nous berçons pas d'un espoir trop grand! S'il s'agissait d'un blanc *natif*, ce serait sûr; d'un blanc *étranger*, ce serait probable, avec de l'argent; mais il s'agit d'un esclave… marron…. et meurtrier d'un blanc! J'espère peu, mais je n'en remercie pas moins la Providence, qui nous rend la tâche au moins possible. Mais que ferons-nous?

— Je n'en sais rien. Nous verrons les *frères*, et on avisera. Comme vous devez repartir le même jour de votre arrivée, je vous tiendrai au courant de tout, et si vous quittez l'Alabama précipitamment, vous m'enverrez, jour par jour, de vos nouvelles, afin que nous sachions où vous écrire. — Tenez, ajouta M. Michaud, dénonçons le fait du Comité pour que la justice l'empêche, et puis, vous, voyez les *frères* pour Rose — car j'ai compris vos intentions — et moi je les verrai pour organiser un parti d'opposition en faveur de Casimir.

— Très-bien! répondit M. Alexandre, fractionnons les difficultés et prenons-en chacun notre part: nous atteindrons plus facilement notre but.

— Néanmoins, ajouta-t-il, j'aurai besoin de vous pendant une heure, après quelques démarches, et je vous donne rendez-vous, à deux heures précises de l'après-midi, chez mon notaire, que vous connaissez.

— A deux heures précises, je serai chez votre notaire, répondit M. Michaud, et prêt à tout! vous savez….

On arriva au Lac Pontchartrain à six heures du matin, à la Nouvelle-Orléans trente minutes après, et, avant huit heures, l'avocat de district avait reçu la communication contre l'autorité que voulait s'arroger un comité illégal, à l'égard d'un meurtrier qui appartenait de droit à la justice régulière. Le sheriff fut aussitôt averti, et une escouade de *policemen* fut expédiée au *warf* du *California*, avec ordre de s'emparer du prisonnier qu'il amènerait, et de le conduire à la geôle de la ville.

Tranquilles de ce côté, les deux *frères* se séparèrent, pour aller chacun travailler à son œuvre de salut. A deux heures précises, ils se retrouvèrent chez le notaire indiqué, et là, monsieur Michaud eut à signer deux actes. Il en garda un, et donna l'autre à M. Alexandre.

Celui-ci compta alors, à l'officier civil, une somme de…. et requit ensuite de son ami une autorisation qui fut écrite, signée et délivrée, séance tenante. Elle fut ensuite légalisée par un juge de paix, et monsieur Alexandre la garda sur lui. A trois heures, les deux *frères* dînèrent ensemble. En sortant de table, ils s'informèrent et apprirent que Casimir était dans la prison de la ville, sous la main de la justice, et qu'il devait être jugé à l'ouverture de la prochaine session de la Cour Criminelle, dans soixante jours.

A cinq heures précises, monsieur Alexandre s'embarquait pour Mobile, où il arrivait le lendemain matin, comme il l'avait promis à sa femme.

* *

Il n'y avait pas de ruban rouge à la fenêtre du deuxième étage de la maison Elwin, et la plaque fixée sur la porte d'entrée présentait ce nom: *John Clinton*. Un soupir de soulagement sortit de la poitrine du jeune homme; il avait appréhendé que quelque scène eût lieu chez lui, en son absence. Sa femme lui sauta au cou, puis il embrassa sa belle-mère, et sourit…. sans répondre à vingt questions qui s'étaient déjà succédé, comme se succèdent les détonations d'un feu de file.

— Cher Alexandre! dit Pauline à son mari, réponds-moi seulement, en attendant, un seul mot de trois ou de quatre lettres: *bien* ou *mal!* je t'en prie. Voyons, comment cela a-t-il été à la Nouvelle-Orléans.

Alexandre embrassa Pauline…. et ne répondit pas. Son visage, diplomatiquement composé, ne répondait pas plus que sa bouche.

— Va chercher Rose et sa fille, lui dit-il ensuite; quand tu seras revenue ici avec elles, je vous dirai tout ce qui a eu lieu. — Parbleu! ajouta-t-il, si on disait les choses en raccourci, tout de suite en entrant, on n'aurait plus rien à raconter ensuite, et on perdrait bien des avantages! comme, par exemple, celui d'avoir des auditeurs attentifs…. quelquefois de voir la joie envahir peu à peu les traits des visages, et autres accessoires importants. Va, chère Pauline, va!

Une heure après, madame Elwin rentrait avec Rose et Rosine.

— Maintenant ?....fit la jeune femme blanche..

— Maintenant, répondit Alexandre en souriant, asseyez-vous et écoutez-moi.

L'ordre fut aussi vite exécuté que donné.

— Chère enfant, dit monsieur Elwin à la mulâtresse, dont un voile de tristesse assombrissait les traits charmants, ayez espoir et prenez courage. Votre mari est sauvé du Comité d'habitants louisianais ; il appartient à la justice régulière, et il ne sera jugé que dans deux mois. C'est un grand point ! Avec le Comité, il serait exécuté à l'heure qu'il est ! Je n'ai pas besoin de vous dire que les *frères* de l'Association feront tout ce qu'il est humainement possible de faire pour le sauver. Réussiront ils ? je l'ignore ; mais enfin, il y a un peu d'espoir. Si vous voulez lui être utile il faut absolument que vous surmontiez votre chagrin, que vous repreniez courage, que vous ayez enfin tout votre calme, toute votre raison, et que vous ayez confiance en vos amis....et en Dieu !

Alors, il raconta l'incident du *California*, la plainte portée devant l'avocat de district de la Nouvelle-Orléans, l'appel au shériff, l'envoi d'une escouade d'hommes de police au quai du *California*, et enfin la promesse de monsieur Michaud de faire appel à l'Association, pour sauver, s'il était possible, Casimir de la mort qui serait indubitablement prononcée contre lui.

— Oui, monsieur, répondit Rose, je prendrai courage et j'ai confiance en Dieu....et en nos généreux protecteurs. Mais, hélas ! placée moi-même sous la menace perpétuelle d'une arrestation, comme marronne, éloignée de mon pauvre mari, que pourrais-je tenter en sa faveur ?....

Et, à cette poignante idée, elle fondit en larmes.

— Déjà le manque de foi ! Rose....dit avec tristesse et sévérité M. Elwin....Chaque malheur vous a apporté un mieux à sa suite, et l'enseignement ne vous a rien appris ! Au premier coup, vous fléchissez....et vous doutez !

— O mon Dieu ! s'écria Rose, pardonnez-moi... pardonnez-moi !

— Tenez....fit son protecteur, en tendant à la pauvre femme deux papiers, tenez, vous n'appartenez plus à monsieur Roque, ni à ses enfants, ni au nouvel administrateur de la succession....

— A qui donc appartiens-je ? s'écria la mulâtresse frappée d'étonnement.

— A Dieu, pour toujours, à un des *frères* de l'Association pour quelque temps....et pour la forme....à M. Michaud !

La pauvre femme semblait folle.

— Voilà, continua le blanc, une autorisation bien en règle, qui vous permet d'aller et de venir à votre guise, dans tout l'Etat de la Louisiane, moyennant une somme de....que vous serez censée payer à votre censé maître, à la fin de chaque mois. Pour mieux dire, Rose, vous êtes une esclave libre ! esclave d'un homme qui ne doit pas et ne veut pas posséder d'esclaves....Comprenez-vous ?....

— Mon Dieu....mon Dieu ! s'écria Rose en tombant à genoux, je pourrai donc aider à mon pauvre mari !

Et les larmes qui coulèrent de ses beaux yeux ne furent plus l'eau amère du doute, mais la rosée de la gratitude.

— Vous partirez demain avec ma femme, Rose, dit monsieur Elwin. A la Nouvelle-Orléans, vous trouverez une chambre convenable. Vous y travaillerez à la couture, et vivrez bien. Ma femme vous donnera ses connaissances pour première clientèle. Votre joli ménage vous suivra, et vous n'aurez qu'un chagrin et qu'un souci : le sort de Casimir. Confiez votre argent à votre nouveau *maître*, afin qu'on ne vous dépouille pas de vos économies. Gagnez-en d'autre autant que vous pourrez ; cela pourrait servir un jour, après le salut du pauvre prisonnier, si on parvient à le sauver.

Rose prit sa petite fille dans ses bras, et, la portant au visage de monsieur Alexandre :

— Embrasse notre protecteur, mon enfant, lui dit-elle, et regarde le bien, pour ne jamais l'oublier !

XII.

LE NID DE ROSE. — UN MAITRE RARE.

Depuis deux jours seulement Rose est à la Nouvelle-Orléans. Elle attend son protecteur, monsieur Michaud, qui doit la venir voir, ce jour-là, pour lui donner les conseils dont elle a besoin dans l'isolement — tout nouveau pour elle — où elle se trouve. En attendant M. Michaud, voyons un peu la demeure de la jeune mère et de sa mignonne enfant.

Dans la rue des Remparts, près du coin de la rue St.-Pierre, côté de la place Congo, était une petite maison en briques rougies et bien divisées à l'œil, par des raies blanches. Au rez-de-chaussée de cette maison, et élevée de deux marches au-dessus du sol, était située la chambre de Rose, ayant une porte et une fenêtre qui avaient vue sur les arbres dont est planté le milieu de la rue des Remparts. De l'extérieur, on pouvait voir, à travers une légère ouverture de rideaux, des murailles peintes à l'huile cuite, brillant comme un vernis, le plancher couvert d'une natte d'un jaune d'or clair, et divers meubles luisants de propreté ; mais, pour détailler le contenu de cette chambre, il y fallait entrer. C'est ce que nous ferons.

Comme la plus belle chose est ordinairement celle qui frappa la première les yeux, nous verrons d'abord la jeune mère, occupée à vêtir à la coloniale son petit ange femelle, qui saute et rit, babille et gambade pendant qu'on l'habille, ce qui rend l'opération difficile et longue.

— Voyons, Rosine,....te tiendras-tu tranquille? à la fin. Si tu n'es pas sage, je te remettrai ta vi-

laine robe, et monsieur Michaud te trouvera laide !
dit Rose en prenant un ton fâché, qui imposa à
l'enfant.

— Petite mère, répondit Rosine, c'est parce que
je suis contente de te voir si gentiment arrangée
dans cette belle chambre....vois-tu ! Mais, je vais
être sage, à présent. — Où donc est mon papa !
ajouta-t-elle.

— Il reviendra dans quelques jours.... répondit
la pauvre mère d'une voix de larmes.

— On dirait que tu pleures ! maman, fit la petite en se retournant et en regardant sa mère. —
Oh ! ne pleure pas ! chère petite mère.... ou je
vais pleurer aussi ! Et puis tu vas te rougir les
yeux, et tu seras laide....

La pauvre mère sourit au milieu de ses larmes,
comme un rayon de soleil au milieu de la pluie.

Le beau lit à colonnes, garni de sa moustiquaire,
s'élevait, comme l'autel, désert hélas ! du bonheur
conjugal, dans un enfoncement trop peu profond
pour le contenir tout entier ; deux oreillers garnis
de leur taie entourée de dentelles, étaient incli-
nés au dossier, comme la suave image d'un suave
repos. Le reste du mobilier, que nous avons vu
d'abord à la Guadeloupe, ensuite chez le capitaine Jackson, en troisième lieu chez M. Roque, et
enfin dans la maison Elwin, était rangé avec ordre, goût et symétrie. Quelques objets de fantaisie, présents de madame Alexandre, garnissaient
la cheminée.

Rose avait terminé la toilette de sa fille, et s'é-
tait mise à l'ouvrage, quand monsieur Michaud
entra.

— Mon enfant, lui demanda t-il, comment vous
trouvez-vous ici ?

— S'*il* y était avec moi, je m'y trouverais bien,
répondit Rose.

— Voyons, dit le brave homme, ne nous plou-
geons pas dans le chagrin : il conseille mal ou ne
mène à rien.

— Vous avez raison, monsieur. — Pourrais-je obtenir une permission pour voir Casimir ? demanda-t-elle ensuite....

Si vous pouviez le voir de temps en temps,
cela vous consolerait-il un peu, au moins ?

— Oh ! oui, monsieur.... Je pleurerais bien,
mais je serais soulagée !

— Eh bien, fit le Croyant, tenez : avec ce papier,
vous pourrez voir votre cher Casimir deux fois par
semaine, pendant une heure chaque fois. A toute
autre époque, il eût été presque impossible d'obtenir cette autorisation, mais nous sommes près
des élections, et le shériff, qui voudrait être réélu,
n'a rien à refuser à un bon votant !

— Oh ! merci, monsieur, dit Rose en embrassant
le précieux papier.

— Vous pourrez aller à la geôle le lundi et le
jeudi, à dix heures du matin, continua l'excellent

monsieur Michaud, et, comme aujourd'hui est un
dimanche, vous n'attendrez pas longtemps avant
de commencer. — Mais, continua-t-il, j'ai une autre bonne nouvelle à vous apprendre: j'ai pris en
location, pour le commencement du mois prochain,
le premier étage de cette maison. Ma maîtresse
viendra l'habiter, d'abord seule ; mais j'y demeu-
rerai aussi quinze jours après, car je vais quitter
la gérance de l'habitation. La licitation va avoir
lieu, et tout changera de face. Ainsi nous serons
bientôt voisins.

— Quel bonheur ! s'écria Rose.... Je pourrai
donc vous être utile dans votre joli ménage !

— Chère et digne enfant ! répondit tout ému M.
Michaud, il n'y a pas de femme qui mérite mieux
que vous d'être heureuse.... et il ne dépendra pas
de nous que vous le soyez ! — Au revoir, ajouta-t-
il, en tendant sa main à la mulâtresse, comme il
l'eût tendue à un égal estimé.... et n'oubliez pas
que je suis votre ami !

Rose voulut se jeter sur cette noble main pour
la porter à ses lèvres.

— Allons donc ! fit monsieur Michaud... m'embrasser la main ! Donnez-moi votre front, chère
sœur, que je vous embrasse en *frère !*

Rose approcha sa belle tête du loyal visage du
blanc, et monsieur Michaud y mit un baiser sincèrement fraternel.

..*

Depuis le mardi précédent, c'est-à-dire depuis
six jours moins quelques heures, Casimir était en
prison. Excepté la veille, qui était un dimanche,
il avait vu et entendu — chaque matin — dans la
cour de la geôle, où ses regards pouvaient plonger,
des scènes de flagellations, au tordu, au fouet, à
la palette ! infligées, avec un sang-froid inouï, par
le bras du fameux noir surnommé le capitaine Bi-
dounier, que nous avons vu dans la deuxième partie de ce récit. Les patients poussaient parfois
des cris affreux arrachés par la douleur, et alors le
bon noir fouetteur les consolait à sa manière. —
" Bah ! disait-il à l'un, ce n'est pas la mort d'un
homme ! mon garçon.... Dans quatre jours ces bo-
bos-là seront secs ! Tu n'en as plus que douze à
recevoir." — et il continuait à frapper et à compter les coups, ne voulant faire de tort ni au maître ni à l'esclave. Si c'était une femme qui poussait des hurlements de douleur, — " Allons, allons, la petite mère, disait-il, ça passera ! ça coupe
un peu, et ça cuit sur le moment, mais on n'en
meurt pas !" — et il tapait jusqu'à la fin, et de la
même force, en sifflant un petit air joyeux. Quand
il avait fini avec un sujet, il le déliait, l'aidait à relever son pantalon, ou à descendre sa robe, et causait comme si rien ne venait de se passer. —
" Sans rancune ! mon garçon...— ou: ma fille —
disait-il.... chacun son tour, en ce monde ! ça va,
ça vient... Quand nous serons morts, nous n'y

penserons plus ! " — et il pendait chaque objet à son clou, le tordu, le fouet, la palette ; remettait son gilet, son habit et son chapeau, puis s'éloignait pour aller déjeûner, avec un excellent appétit. Il l'avait bien gagné ! le brave homme....

Donc Casimir, de la fenêtre solidement grillée de sa prison, avait vu et entendu ces quotidiennes atrocités qui sont une des conséquences forcées de l'esclavage.... Cette trivialité de paroles du noir, bourreau des noirs, n'est pas une fiction plus ou moins agréable de l'auteur ; c'est un tableau pris au daguerre du souvenir. Le nègre fouetteur est tellement accoutumé à ses fonctions, qu'il les remplit comme un employé quelconque remplit sa tâche, et la plupart de ceux ou de celles qu'il a battus lui font un petit salut amical, quand ils le rencontrent plus tard dans la rue ! En quelques mots ces supplices sont une habitude, une seconde nature, un fait banal.... C'est là qu'est l'horrible. Cette infâme institution de l'esclavage brise — sauf exceptions — tous les sentiments du cœur, la solidarité, la pitié, la commisération que les victimes d'aujourd'hui auraient pour les victimes de demain. C'est un noir qui supplicie les noirs ; un noir trahit et livre des noirs ; un homme de couleur, libre, qui possède des esclaves — souvent moins noirs que lui — les maltraite autant que les blancs maltraitent les leurs, et, s'il y a de bons maîtres parmi les hommes de couleur, il y en a aussi de bons parmi les blancs. Il suit de là que l'esclavage, comme institution, dégrade et abrutit tous ceux qui vivent dans ses horribles milieux, sauf les bonnes et chrétiennes natures. Mais celles-là consentent rarement à posséder leurs semblables, ce qui laisse peu d'exceptions à la règle.

Casimir souffrait chaque jour à la vue de ces horribles tableaux. Il en avait oublié sa propre situation, pendant des heures entières. Et pourtant ! il y avait bien de quoi réfléchir, de quoi souffrir, de quoi trembler ! Séparé de sa chère et adorée femme, pour ne plus la revoir peut-être sur la terre ; séparé de son enfant dont les gentilles carresses, passant dans sa mémoire, lui torturaient le cœur ; voué à la mort dans quelques semaines... et jusque là seul, seul ! avec sa pensée.... seul avec ses souvenirs ! esclave, paria, meurtrier ! mari, père, instruit, plein de cœur et grand d'âme ! tout, tout se réunissait pour rendre atroce sa situation.

—La reverrai-je jamais ici-bas ?.... ô mon Dieu ! — disait-il. Meurtrier d'un blanc, de mon maître ! laissera-t-on personne arriver jusqu'à moi pour me consoler ?....—Seigneur ! Seigneur Tout-Puissant ! vous qui pesez les actions des hommes dans d'autres balances que celles de la terre, me condamnez-vous ? Ai-je agi en assassin ou en homme de cœur ! Mon Dieu, mon Dieu ! qu'un signe quelconque, qu'une voix d'en haut ou d'en bas, ou d'au-dedans de moi-même me réponde et me dise si je suis un réprouvé ou un juste !.... Seigneur, manifestez-vous à moi : je comprendrai !

A ce moment, la porte de sa prison s'ouvrit.... et Rose parut, tenant à la main la petite Rosine.

— Oh !.... s'écria Casimir — dans un de ces sublimes élans qui brisent l'espace et arrivent au ciel d'un bond irrésistible — j'ai compris, Seigneur ! et je vous remercie !....

Rose était dans les bras de Casimir. Il l'avait soulevée comme il eût fait une plume, et, devenu hercule par l'exaltation de l'âme, il la tenait au-dessus du plancher, comme s'il allait la porter vers Dieu.

Puis, brisé par la réaction, et ramené vers la terre par le retour de sa pensée, il s'affaissa à demi en laissant retomber sa femme.... et se prit à fondre en larmes, faible comme un grand cœur brisé.

Sublime alors de dévouement et d'amour, Rose essuya les pleurs de Casimir avec ses lèvres, et l'entourant du cercle enchanté de ses deux bras :

— Prends courage ! ami.... lui dit-elle : ils te sauveront ! ils me l'ont dit. Je les ai vus ; on nous réunira, et nous fuirons loin.... bien loin de ces sols maudits, et nous serons libres ensemble.... toujours, toujours, ô mon Casimir !.... Ils sont puissants, plus puissants que la justice injuste, va ! Ils te feront fuir.... bientôt, bientôt !

Et à ces nobles mensonges elle pouvait donner l'accent de la vérité, parce que ses intentions étaient pures, honnêtes, charitables. Elle s'ouvrait le cœur pour en verser le sang précieux dans le cœur de celui qui allait peut-être mourir pour elle... et elle souriait au milieu de ce supplice plein de vraie vertu : et sa voix était plus suave que les notes douces de l'orgue chantant, comme un cœur qui déborde : " *Gloria in excelsis Deo !* " Gloire à Dieu dans les cieux !

Comme la tige courbée par la sécheresse se relève peu à peu sous la rosée du ciel, le front courbé du malheureux se redressa sous le doux chant d'espérance sorti de l'âme de sa noble femme. Il prit d'un bras, sa fille de l'autre, les attira toutes deux sur sa poitrine soulagée, et, comme si la douleur et la joie eussent été trop fortes et trop près l'une de l'autre pour son pauvre cerveau battu :

— Chères ! leur dit-il, je vois la Guadeloupe, Salomon et la liberté !

Rose trembla. Elle crut que la raison abandonnait son malheureux mari. Elle le regarda épouvantée. Casimir aperçut ce regard et le comprit. Alors, il sourit avec douceur et avec calme.

— Non, ma bien-aimée, dit-il, non....je ne suis pas fou. La vision a été fugitive, mais elle est restée gravée dans mon cœur. J'ai vu la Guadeloupe ; j'ai vu Salomon couché et entouré de monde. Il annonçait l'indépendance de nos frères.

J'ai vu cela comme je vous vois, toi et notre Rosine, et j'ai toute ma raison.

Rose baissa la tête, ne sachant que croire....

— Qui sait? se dit-elle....Dieu permet peut-être qu'on voie — à certaines heures — au delà des espaces et des temps....

— Ainsi, ma chère femme, on t'a donné de l'espoir....demanda le malheureux. Tu as donc vu du monde?

— Oui, Casimir, j'ai vu monsieur Michaud.... qui a parlé pour toi à ses amis; il est sûr de te sauver, soit en corrompant quelque gardien, soit par tout autre moyen. Il m'a promis que nous serons bientôt réunis....et alors nous fuirons pour jamais vers la première terre libre qui se trouvera près de nous.

— Dieu le veuille! dit Casimir tristement. Vois-tu, Rose, si j'étais seul, je sourirais à une mort prompte....qui me délivrerait de l'esclavage! mais te perdre! ne plus te voir sur la terre, jamais, jamais! ni ma petite chérie! savoir que tu vis, bonne, douce et belle; que tu me pleurerais....et que nous aurions pu être ensemble....heureux, ne nuisant à personne, travaillant pour vivre, et vivant dans la paix de l'esprit et dans la joie du cœur! Oh! ce n'est pas mourir, cela! c'est subir le plus affreux supplice moral que puisse porter la créature! — Si j'y étais sans toi, je ne serais pas heureux dans le ciel!

Rose lui répondit par des caresses.

— Comment vis-tu lui demanda Casimir; où demeures-tu? Te caches-tu? Je ne sais rien, moi : je n'ai encore vu personne.

Rose raconta à Casimir tout ce qui lui était arrivé, lui indiqua sa demeure — lui annonça sa presque liberté — lui parla de son travail, de ses protecteurs....de l'argent qu'elle voulait gagner — pour l'époque où il serait sauvé.

— En attendant — ajouta-t-elle — je viendrai te voir, bien entendu! le lundi et le jeudi de chaque semaine, et je t'apporterai quelque chose de bon.. mon pauvre ami. — As-tu besoin d'argent ici? ajouta-t-elle, car je crois que tu n'en as pas.

— Si, j'en ai encore un peu, répondit il; je n'ai presque rien dépensé; mais à présent que j'ai de l'espoir, je vais tâcher de me distraire. En prison comme ailleurs, l'argent est utile, et peut-être en prison plus qu'ailleurs. — Comme je vais attendre jeudi avec impatience! Comme je vais compter les heures, jusque là !

Rose était assise sur les genoux de son mari. La petite fille était appuyée, moitié sur son père, moitié sur sa mère, ses beaux yeux encore humides des larmes qu'elle avait versées en voyant leur chagrin. Casimir parla un moment tout bas à Rose. Celle-ci sourit en le regardant et en le menaçant du doigt avec une adorable gentillesse.

— L'heure est écoulée! dit un gardien en ouvrant la porte.

Et il resta debout en attendant que la visiteuse sortît.

— Au revoir! Casimir, dit Rose....à jeudi!

— A jeudi! Rose, et à dix heures précises! surtout....

Ne voulant pas s'embrasser devant le gardien, ils échangèrent un regard qui contenait tous les baisers de leur amour.

<hr>

XIII.

LE SOLEIL DES CACHOTS. — DEUX VISITES.

Il ne faut pas demander si, le jeudi suivant, Rose fut exacte à dix heures du matin! Rosine était encore avec elle. La jeune femme eût voulu ne pas l'amener, de peur que le tableau lugubre d'une prison, et la vue de son père enfermé, ne frappassent trop fortement cette molle imagination, mais il n'y avait pas encore moyen que Rose vînt seule : Qui eût gardé Rosine? Il fallait attendre que la maîtresse de monsieur Michaud vînt demeurer dans la maison où vivait Rose. Grâce à ce voisinage ami, la jeune mulâtresse pourrait alors se rendre seule à la prison.

— La semaine prochaine, lui dit-elle à cette seconde visite, la jolie Anglaise sera ma voisine, et alors....je pourrai lui confier la petite....

Casimir jeta à sa femme un doux regard de remerciement....

— Tiens, dit-elle, je t'ai apporté quelques douceurs — confectionnées par moi: prends! mon chéri. — Dis-donc, ajouta-t-elle, on a visité mon cabas, au bureau des gardiens; mais je m'en doutais, et j'avais pris mes précautions! Je savais bien qu'il est défendu d'apporter des liqueurs aux prisonniers; mais je sais qu'un peu de bon cognac te ferait du bien — et alors je t'en ai apporté.

— Dans ta poche de robe?

— On m'a fait retourner ma poche : il n'y avait rien dedans, en fait de choses prohibées.

— Où donc as-tu pu cacher une fiole?

— J'ai acheté une petite bouteille, longue et plate, et, comme ma robe est montante, j'ai trouvé dans mon corsage une petite place. Regarde!

Pauvres enfans! l'esclavage était autour d'eux; la mort planait sur leur tête, menaçant de les séparer à jamais; les murailles nues d'un cachot les environnaient, et des barreaux de fer, des serrures de fer, des verroux de fer leur disaient que là était le tombeau de la liberté. Et leur cœur s'épanouissait un moment! et leurs yeux, pleins d'une douce flamme se rencontraient, comme des étoiles qui se regardent! et un mystérieux bien-être ouvrait leurs cœurs à des pensées de bonheur!....
C'est que leur ciel — si sombre vers l'horizon! — avait quelques points bleus, par où filtrait l'amour,

ce soleil des cachots.

Leur petite fille était là. Ils l'embrassèrent l'un après l'autre, à la même place.

Les bonheurs que donne la généreuse Providence sourient à l'homme.... au milieu même des horreurs de l'humanité!.............................

Rose disait toujours à Casimir que l'Association travaillait en sa faveur, et que, si nul des *frères* n'était encore venu le visiter, c'est que la plus grande prudence était nécessaire. Sans le savoir, elle disait la vérité. Il est vrai que monsieur Michaud lui donnait de temps à autre de l'espoir; mais, au fond du cœur, elle n'en caressait que bien peu. En tous cas, avec un héroïsme dont est quelquefois capable l'amitié, est dont l'est toujours l'amour véritable et complet, elle voulait dorer les jours de son mari de tout soleil qu'elle pouvait faire jaillir de son âme, de son cœur et de sa beauté.

Le temps fixé s'écoula en douces causeries.... et on se quitta, poor se revoir le lundi suivant.

La troisième visite fut semblable à la deuxième.

A la quatrième seulement, Rose vint seule.... et la misérable prison fut illuminée de tous les rayons dont Dieu compose le bonheur de ses créatures....L'heure passa comme une seconde.... et les pas du gardien rappelèrent — du ciel sur la terre — les deux infortunés....si heureux! qn'ils avaient oublié le temps.........................

....

Un soir — que Casimir était tristement assis sur le bord de son grabat — naguère orné de satin, de velours et d'or, par la *présence* de sa bien-aimée! — la porte du cachot s'ouvrit, et un homme parut.

— Mon garçon, dit-il à Casimir, n'avez-vous pas quelques révélations à faire à la justice?.... Vous pourriez, en dénonçant vos complices — si vous en avez — faire commuer votre peine, la peine de mort, à coup sûr! Je puis recevoir vos déclarations. Voyons, parlez!

— Monsieur, répondit Casimir, je n'ai pas de complices. J'ai tué un homme qui voulait déchirer ma femme de coups de fouet, — parce qu'elle ne voulait pas être sa maîtresse. Si c'était à refaire, j'agirais encore de même. Quant à des complices, je n'en ai pas; et, en eussé-je que je ne les dénoncerais pas! Je ne suis ni un lâche, ni un traître....

— Comprenez-moi bien: La loi de la Louisiane fait remise de la peine capitale à tout criminel qui dénonce ses complices. Celui-là devient *témoin de l'Etat:* les complices sont exécutés, et le dénonciateur à la vie sauve. Réfléchissez bien!

— Je n'ai pas besoin de réfléchir, monsieur. Je n'ai pas de complices, et je voudrais presque en avoir: j'aurais le mérite de mon silence!

— Vous ignorez peut-être, continua l'inconnu, que, comme esclave, vous pouvez être soumis à une sorte de torture jusqu'à ce que vous parliez. On peut vous faire passer par le tordu, par le fouet et par la palette! jusqu'à perte de connaissance! C'est même ce qu'on a coutume de faire dans les cas graves.... prenez garde!

— Monsieur, je mourrai de la mort qu'on voudra m'infliger, puisque je suis le plus faible, mais Dieu jugera mes bourreaux!

— Et votre fuite n'a-t-elle pas été protégée? votre marronnage n'a-t-il pas eu des appuis?

— Monsieur, je ne mens jamais par peur; je mentirais par charité chrétienne, ou bien pour ma liberté, à la condition encore que mon mensonge ne nuirait à personne. Oui, j'ai été protégé dans ma fuite et dans mon marronnage, mais je défie tous les tordus, tous les fouets, et toutes les palettes de la Louisiane, de me faire crier une seule lettre d'un seul nom.... quand je devrais me relever libre et heureux pour le reste de mes jours... ou bien périr dans les tortures!

— Ainsi, vous êtes bien décidé?

— Bien décidé! monsieur, répondit le mulâtre d'une voix triste et ferme.

— Vous n'avez sur vous aucune arme qui vous permette d'attenter à nos jours?

— Aucune, monsieur; vous pouvez voir si cela vous plaît.

En disant ces mots, Casimir ouvrit sa veste; sa chemise s'entr'ouvrit aussi.

— Qu'est cela? demanda l'homme.

— Vous le voyez, monsieur, c'est une Etoile d'argent.

— Mais que signifie cette étoile?

— Elle signifie ce qu'il y a de plus grand en ce monde, de plus juste, de plus libéral! Ne m'en demandez pas davantage, monsieur et priez Dieu, si vous croyez à Dieu, qu'il vous conduise là où sont ceux qui en ont de semblables!

— Regardez! mon ami, fit le visiteur.

Et entr'ouvrant sa chemise, il fit briller aux regards du mulâtre, une Etoile d'or suspendue à un cordonnet bleu.

— Maintenant, dit-il, silence! J'ai voulu vous éprouver, malgré les témoignages de toute votre vie....qui nous est connue, et je suis content de vous. Nous allons tâcher de vous sauver. Si nous réussissons, peut être serez-vous libre enfin, et des nôtres! Si nous échouons....sachez mourir avec courage! ou plutôt, comme on ne meurt pas — dans notre Croyance — sachez....

— *Partir!* répondit Casimir. Ma *Bienvenue* en ce monde a été facile, quoique je sois né d'un mère esclave; je souhaite que mon *Union* avec la phalange des Croyants arrive avant que je ferme les yeux à cette pauvre lumière; mon *Mariage* m'a donné le bonheur, malgré les hommes; et je suis prêt au *Départ*, quand et comme il plaira à Dieu.

— Nous le prions pour vous, mon *frère*, sans renoncer aux efforts humains. Quel est le Grand Moyen ? Quel est le Grand But ?

— Croyance et Fraternité ; Aisance et Liberté.

— Oui, et les deux premières amèneront seules les deux dernières. Ayez espoir, et prenez patience : les Croyants ne manquent jamais du courage moral, qui est le seul courage.

— Oh ! s'écria Casimir, puisque vous m'honorez du nom de *frère*, ne me direz-vous pas le nom de mon *frère* ?

— C'est moi qui ai conduit votre femme à l'habitation Roque. Je suis Edouard Ch.... — S'il arrive que je sois près de vous sans que vous puissiez me reconnaître, je ferai le signe matériel de la Croyance Universelle — que je suis autorisé à vous communiquer — et à ce signe vous me reconnaîtrez. Tout autre qui vous le ferait serait aussi un *frère*, c'est-à-dire un sauveur.

Et, après avoir regardé autour de lui avec soin quoiqu'il fût bien seul avec Casimir, et bien enfermé, il fit à celui-ci le signe fraternel.

— Maintenant, dit-il, adieu....

Et il sortit en fermant la porte à double tour.

* *
*

Le lendemain était un jeudi. A dix heures précises, quand Rose entra dans le cachot de Casimir, elle le trouva dispos et allègre, l'air presque heureux.

— As-tu donc aussi de bonnes nouvelles ? lui dit-elle, que ton visage respire presque le bonheur du salut ?

— Oui, femme chérie ! mon bijou, mon amour, mon ange adorée ! oui, j'ai de bonnes nouvelles ! J'ai vu un noble *frère* de l'Association, et si je meurs, c'est que tous les efforts humains auront été impuissants. — Mais toi-même, tu en as des nouvelles : tu as dit *aussi* !

— Oui, Casimir ; monsieur Michaud, que je vois chaque jour, marche du matin au soir pour toi. Il y a eu, chez lui, des réunions fréquentes, de vingt, trente, quarante personnes, et j'ai appris de miss Elvina, sa maîtresse, qu'on s'y occupe, après chaque séance, d'un complot pour te délivrer.... M. Michaud espère. Espérons aussi.

— Mais, dit Casimir, j'y pense : il n'y a plus que huit jours, d'ici à mon jugement, c'est-à-dire à ma condamnation.

Malgré tout leur courage, tout leur espoir et toute leur confiance, ces mots : " Il n'y a plus que huit jours," les firent frissonner.

Pauvre nature humaine ! ou plutôt, pauvre éducation que celle qu'on donne à l'âme de l'homme ! Elle est si imparfaite et si tremblante, cette éducation, que le doute se glisse au milieu des croyances les plus solides, les plus fermes ! Il y a des heures d'abattement inexplicable, succédant tout-à-coup à des exaltations de foi sincère et profonde ! On se sent parfois grand, libre de toute faiblesse,

et confiant jusqu'aux limites les plus reculées de la raison, et tout-à-coup, pour une pensée nouvelle, pour un mot fatal, on tremble, on hésite, on doute !

Rose rentra chez elle dans une situation d'esprit mal définie. Elle savait que les *frères* de l'Association ourdissaient un complot en faveur du salut de Casimir ; monsieur Michaud lui remontait chaque jour le moral ; Casimir lui avait raconté les détails de la visite de monsieur Edouard.... ; mais.... il n'y avait plus qu'une semaine avant le jugement !.... Un complot peut manquer ; il peut être découvert ; l'exécution en peut être empêchée !.... Et le temps marche, marche toujours du même pas, et l'heure fatale sonne, et il est trop tard pour sauver le malheureux !

En un mot, comme Casimir, Rose passait de l'abattement à l'espérance, de la tristesse à la consolation, de la foi au doute. Le doute ! horrible torture ! que connut et souffrit le Christ lui-même, au dernier moment.

Comme Rose venait d'allumer sa lampe pour terminer une robe très pressée, on frappa à sa porte, et elle tressaillit en voyant entrer le jeune Augustin.

Entraîné par le plaisir de revoir la jeune femme, entraîné par la jeunesse et par le souvenir du passé, mais sans arrière-pensée aucune et sans intention ultérieure, Augustin se jeta au cou de Rose, et l'embrassa avec cet amour passionné d'un amant qui revoit sa maîtresse après une absence.

— Monsieur ! s'écria Rose en se levant, je n'aurais jamais cru que vous me feriez regretter un jour....

— Comment ! s'écria Augustin, presque offensé, parce que je vous embrasse, Rose, vous me repoussez et me blâmez....comme si j'étais pour vous un inconnu ! C'est de la cruauté ! Vous me croyez donc bien oublieux et bien insensible !

— Je ne suis moi-même ni oublieuse ni insensible ! répondit la mulâtresse ; mais j'ai un mari qui va peut-être mourir dans huit jours ! je vous vois avec plaisir, et vous serez toujours pour moi un ami ; mais vous devez me respecter, parce que je ne me suis pas vendue à vous, mais donnée !

— Chère Rose ! répondit le jeune homme repentant, je me suis laissé aller à un élan irrésistible, sans préméditation et sans intention, je vous le jure ! Je ne dis pas que jamais je n'essaierai de vous avoir encore, mais je ne suis sas assez misérable pour choisir un moment comme celui-ci. Me pardonnez-vous ?

— Oui, je vous pardonne ! répondit Rose, qui, malgré tout, ne pouvait pas voir Augustin sans émoi, car la jeune femme n'était pas de ces coquettes de marbre, qui se souviennent et oublient à volonté.

— Vous me pardonnez, mon amie....eh bien, prouvez-le moi ; je n'abuserai pas !

Rose s'approcha et tendit son front au jeune homme. Il se pencha pour l'y embrasser, mais ses lèvres se trompèrent de direction, car elles descendirent un peu.

— Encore ! fit la jeune femme en lui donnant une tape sur la joue.

— Merci ! dit-il, j'avais besoin de cette correction pour devenir sage ! — Je suis arrivé de Mobile aujourd'hui, continua-t-il, et aussitôt qu'il m'a été possible de quitter la maison dans laquelle je suis maintenant employé, j'ai voulu accourir vers vous, sachant le malheur qui vous menace, pour vous offrir mes services.

— Je vous remercie, mon ami, répondit Rose: voyez vous-même ce que vous pourriez faire. Je ne sais....

— N'avez-vous pas des protecteurs, Rose, et ne pourrais-je pas m'entendre avec eux pour augmenter le secours donné à Casimir ?

— Oui, nous avons des protecteurs, Augustin ; mais il ne m'est pas permis de les faire connaître. Ils font partie d'une noble Association, qui compte dans ses rangs bien peu *des vôtres*, proprement dit, et....

— Et pourquoi bien peu des miens ? Rose.... Si cette Association a un noble but, qui nous empêche d'y entrer ? Sommes-nous plus dénués de bons sentiments que les autres nationalités ?

— Oui et non, mon ami. Votre éducation malheureuse vous tue l'âme et vous fait descendre plus bas que d'autres. Nés dans d'autres milieux, vous seriez bons, justes et chrétiens ; mais l'institution de l'esclavage vous entoure au berceau et vous vicie le cœur. Ce n'est pas votre faute, mais qu'y faire ? — Toutefois, ajouta-t-elle. il y a toujours et partout des exceptions, et vous en êtes une, vous, et une des meilleures ! Sans cela, jamais....

— O chère Rose ! c'est à vous que je dois d'avoir secoué nos préjugés stupides et barbares ! c'est à vous que je dois de me sentir meilleur ! Vous avez refait mon cœur, qui se gangrénait sous le souffle empesté de mon propre pays ! Je n'aurai jamais de nègres, et, Dieu merci ! je gagnerai moi-même, par un travail honorable, ou par une industrie honnête, ce que je pourrai acquérir, et je ne demanderai pas la fortune aux sueurs et au sang de mes semblables ! Je prends Dieu à témoin que mes paroles ne sont que l'écho de ma conscience, et je me ferais plutôt assassiner ici, comme abolitioniste, et ridiculiser par les sots, comme Croyant, que de jamais soutenir en rien l'esclavage, ou de jamais nier Dieu!

— Bravo ! jeune homme....s'écria M. Michaud en ouvrant une porte de derrière qu'Augustin n'avait pas remarquée. Touchez-là ! et faisons vite connaissance: vous n'y perdrez pas, ni moi non plus. — Je vous ai entendu sans le vouloir, ajouta-t-il. Je suis de la maison, et j'entre, à toute heure du jour, par cette porte donnant sur notre cour commune, chez ma belle voisine.

La rondeur des cordiales façons de monsieur Michaud plut au jeune homme régénéré par l'amour de Rose; (car on ne pouvait méconnaître qu'elle l'aimât un peu) il tendit la main au digne homme, et la connaissance fut faite.

* * *

XIV.

LE JUGEMENT DES HOMMES.

Rose faisait à Casimir sa dernière visite avant le jugement. C'était un lundi. On lui avait permis, ce jour-là, de ne quitter son mari que vers deux heures, au moment où la voiture cellulaire viendrait le prendre pour le transporter au tribunal. Une seule *affaire* précédait celle du meurtre de M. Roque, et il était plus que probable que le jugement et la condamnation de Casimir ne prendraient pas une heure.

On avait tenté de corrompre le gardien en chef de la prison, puis d'autres gardiens subalternes ; en tout autre temps c'eût peut-être été facile, mais en ce moment, le Comité de la loi du *lynch* avait des yeux et des oreilles partout, surtout vers le cachot de Casimir! C'est aussi pourquoi aucun des *frères* de l'Association n'avait visité le prisonnier Edouard Ch., officier de police, avait pu, à son tour de garde, pénétrer dans le cachot du mulâtre, mais on n'avait rien à soupçonner de ce côté : il était dans son droit et dans son devoir. Malheureusement pour Casimir, ce jeune créole de la Guadeloupe était le seul homme de police membre de l'Association ! Seul il pouvait bien peu.... ce qui ne l'empêchait pas de combiner tous les plans possibles, soit seul, soit au milieu de ses *frères*. Ceux-ci ne perdaient pas le temps en discours ou en théories ; ils s'assemblaient chaque jour, tantôt chez l'un, tantôt chez l'autre, et là chacun apportait le fruit de son imagination, ou au moins l'offre sincère de sa bonne volonté. Où en étaient-ils de leurs projets ? quelles tentatives pouvaient-ils faire ? car il était temps !

C'est ce que Casimir demandait à Rose, et ce que Rose ne pouvait dire à Casimir. Aussi, les voyons-nous courbés sous la douleur, presque sous le désespoir. Néanmoins, le malheureux est calme. Ce n'est pas la peur de la mort qui gonfle sa poitrine et mouille ses yeux; c'est la perte de son bonheur, Rose et Rosine ! C'est la pensée navrante de finir d'une façon ignoble, sur une terre étrangère, pour avoir exercé le plus légitime et le plus naturel de tous les droits, celui de la défense de soi-même, et plus encore, des siens.

— Chère, noble et digne femme ! disait-il à Rose pleurant dans ses bras, ne te désole pas, et songe à notre Croyance ! Tu sais que le *départ* n'est ni une peine ni un malheur ; tu sais que nous ne nous quitterons que pour quelques jours, et que de là-Haut je te verrai, je te parlerai, aux heures nocturnes du recueillement et du souvenir ! — Quand je ne serai plus, ô ma Rose ! ne t'abîme pas dans le désespoir ; attends avec patience le jour de la réunion dernière ! N'enterre pas ta jeunesse et ta beauté dans un éternel veuvage. Dieu ne veut pas ces renoncements ! Sans chasser mon souvenir — que notre enfant te rappellera toujours ! — aime, si tu peux aimer : l'amour est la plus douce prière à l'oreille de Notre Père ! — Je ne serai point jaloux de te voir heureuse jusqu'au jour de ton arrivée là-Haut. Tu m'as donné constamment, par ta bonté, par ta douceur, par ton intelligence, un bonheur à faire déborder un cœur insatiable, et j'en apporterai, jusqu'aux pieds du Tout-Paternel, un souvenir plus doux que le miel. — Ne pleure pas, ma bien-aimée.... ne pleure pas ! S'*ils* n'ont pu me sauver, c'est que mon heure est venue ; acceptons avec joie l'ordre du Maître : il sait les temps futurs et nous ne savons un peu que le passé.... Encore ne le comprenons-nous pas souvent ! — Tâche de regagner notre chère île : la liberté y luira bientôt ! Va revoir ta pauvre mère, qui tend peut-être ses bras tremblants vers l'horizon ; qui regarde peut-être, du haut des mornes, les voiles qui approchent sous le souffle puissant de la brise.... Elle se dit peut-être, la pauvre vieille : "Mes enfants sont là !" Va, ma fille, dans ses bras, porter le souvenir de celui à qui elle avait confié son trésor, et qui a fait ce qu'il a pu pour le conserver à ses vieux jours ! — Va.... vous parlerez quelquefois de Casimir avec Salomon. Tu diras, au doyen des parias de la couleur, que je suis *parti* pour le grand voyage, plein d'espérance et plein de foi ; que j'ai conservé, dans la place la plus pure de mon cœur le baume de ses enseignements ; que si j'ai faibli quelquefois, et quelquefois douté ! c'est que je te quittais, toi, vie de ma vie ! cœur de mon cœur ! âme de mon âme ! toi que Dieu m'avait donnée, pensais-je, pour de longs....

Il n'en put dire davantage. Les sanglots le suffoquèrent, et une double explosion de douleurs longtemps amassées et contenues, éclata entre les murs de ce cachot.... dont elle perça la voûte pour monter *plus haut*.

....

A ce moment, un homme de police ouvrit la porte du cachot et entra ; il était suivi d'un envoyé du shériff. Rose et Casimir reconnurent immédiatement le premier, mais celui-ci leur avait fait un signe imperceptible qui voulait dire : silence !

— Monsieur, dit le *policeman* au député-shériff, voilà l'homme ! Pensez-vous qu'il soit nécessaire de l'enchaîner pour le conduire au tribunal dans la voiture cellulaire ?

— Si vous répondez de lui, répondit le supérieur, comme la voiture est une véritable prison qui ferme à clé, je ne vois pas la nécessité de cette précaution.

— C'est bien, monsieur ; je réponds de lui. Je le conduirai et le ramènerai.

— Il est temps que sa femme s'éloigne, dit le député-shériff : on a poussé la complaisance aussi loin que possible.

— Ma fille, dit le policeman à Rose, vous avez entendu monsieur. Retirez-vous, et, si vous le voulez, allez au tribunal. Mais je vous conseillerais plutôt de rentrer chez vous.

L'officier de police avait accompagné ces paroles d'un signe qui voulait dire tout le contraire de sa dernière recommandation. Casimir vit le signe, et dit quelques mots à sa femme, tout en l'embrassant pour ses adieux.

Rose, toute en larmes, était dans les bras de Casimir.

— Adieu, lui dit-elle, adieu ! je n'oublierai rien ! ni pour quoi ni pour qui tu vas peut-être mourir !

— Adieu, chère femme, adieu ! fit le malheureux, qui pouvait à peine parler....sois heureuse ....et va vers ta mère !

— Venez, dit le député-shériff au policeman, et emmenons-la : ils me font mal.

Edouard Ch. avait les yeux pleins de larmes.

Enfin, Rose s'arracha des bras de Casimir et marcha vers la porte, comme un martyr marche au supplice.

— Je te reverrai ! dit-elle au milieu de ses sanglots.

— Bénissez-la, ô mon Dieu ! murmurait le pauvre homme, heureux dans une ardente prière mentale ; donnez-lui le bonheur que j'en ai reçu !

Le député-shériff passa devant ; Edouard poussa doucement Rose pour qu'elle le précédât, et il sortit le dernier. Mais, au moment de tirer la porte sur lui et de la fermer, il lança un billet dans le milieu du cachot.... après quoi on entendit le bruit du fer sur le fer. La porte était fermée à serrure et à cadenas.

Casimir avait vu un objet blanc traverser la pénombre de sa prison, et tomber à ses pieds. Il se précipita, ramassa le papier, le lut ; puis, comme il n'avait pas de feu pour le détruire, il le déchira en petits fragments, les mâcha et les avala.

A ce moment, on vint le chercher pour le conduire au tribunal.

.*.

La grande salle où siégeait la Cour Criminelle était encombrée de monde. Une foule de planteurs étaient descendus de leurs habitations, pour assister à la condamnation et à l'exécution du meurtrier de M. Roque. Beaucoup de jeunes gens de la ville étaient venus là promener leur désœuvrement, et jouir des courts débats d'une affaire aussi extraordinaire que celle de Casimir. Un grand nombre de femmes garnissaient les banquettes réservées. — La réputation de ce mulâtre, que la renommée faisait beau comme un Apollon, et qui s'exposait si courageusement pour défendre sa femme — la plus belle du pays ! — excitait vivement la curiosité et l'admiration féminines. Un jury de femmes eût absous Casimir, car les femmes sont femmes partout.... même dans un pays à esclaves ! Il y en a beaucoup qui aiment à battre leurs domestiques, parce que, paraît-il, les corrections qu'elles infligent leur procurent des émotions ; mais toute grande action leur exalte l'âme, quand surtout les circonstances en sont belles et exceptionnelles. Or, Casimir était beau, instruit, et qui plus est, aimant au suprême degré ; sa femme Rose était si belle que toutes les femmes la trouvaient belle.... et que pas une n'en était jalouse !

Car elle était là, à l'audience, la femme de Casimir ! On l'avait fait asseoir près du banc où allait être amené le prévenu, et, comme ce banc était assez élevé, elle était bien en vue. Entre elle et la sellette destinée à son mari, se tenait debout un officier de police, qui n'était autre qu'Edouard. De temps à autre, il disait à Rose quelques mots à voix basse, accompagnant ses paroles de gestes qui semblaient conseiller la résignation. Entre autres choses, il lui avait dit, en la regardant jusqu'au fond des yeux :

— Surtout, n'allez pas gémir et pousser des sanglots, quand on le condamnera ! Ayez courage jusqu'au bout, jusqu'à l'avant-dernière minute de l'exécution.... et espoir !

Cependant, l'affaire qui précédait celle de Casimir n'était pas terminée. Des incidents nouveaux et inattendus compliquaient la cause et menaçaient de la faire durer plusieurs heures de plus qu'on ne l'eût pensé. Casimir attendait, enfermé dans une des cellules situées dans la cour du bâtiment où siégeait le tribunal. Le public, venu pour la seconde affaire, attendait avec impatience, mais avec calme, le moment de l'appel du grand meurtre. — En attendant Casimir, Rose était donc le point de mire général.

La belle mulâtresse était vêtue d'une jupe jaune clair et d'une basquine blanche. Elle était coiffée de ses admirables cheveux ; ses yeux et ses dents qui rivalisaient d'éclat et de beauté, allumaient çà et là de petits incendies dans les cœurs inflammables. Les jurés et les juges avaient souvent le regard tourné vers elle. C'était une admiration unanime. Au milieu d'un groupe de jeunes gens et d'hommes mûrs, on voyait Augustin appuyé contre un des supports de la balustrade. Son regard appelait le regard de Rose, qui bientôt croisa le sien. Le jeune homme porta, sans affectation, sa main droite à son cœur. Rose se détourna un peu, lentement, et un sourire d'une na-

vraie tristesse entr'ouvrit l'accolade gracieuse de sa bouche.

— Je suis prêt à tout pour lui, pour l'amour de toi ! voulait dire le geste du jeune homme.

— Hélas ! qu'y a-t-il à faire maintenant ? répondait le sourire de la jeune femme.

Cependant, quelques conversations s'établissaient dans les groupes, à voix presque basse. Les planteurs trouvaient bien insolente cette mulâtresse esclave, qui se posait en spectacle à côté de son *homme*, un misérable assassin ! — Selon d'autres, il fallait qu'elle n'eût pas de cœur, pour assister ainsi à la condamnation de celui qui allait mourir pour elle. Les femmes et les jeunes gens, au contraire, ne cachaient guère leur admiration d'une aussi courageuse conduite.

— On devrait bien lui administrer le fouet que son assassin d'homme lui a évité ! pour lui enseigner que sa place n'est pas ici ! murmura un jeune homme de vingt-deux à vingt-quatre ans, défiguré par la variole, et horriblement louche.

— Voilà qui est aussi bête que méchant ! répondit Augustin en regardant le laid personnage en face.....

— Vous dites ? monsieur....

— Vous avez parfaitement entendu !

— Il faut excuser la folie ! fit l'agresseur de Rose ; monsieur est peut être l'amant de cette négresse !

— Cette négresse vaut cent singes comme vous ! s'écria le jeune homme outré.

— On devrait bien emplumer les abolitionistes ! riposta aigrement le jeune homme louche.

— Ou déplumer les hideux oiseaux de votre espèce ! fit Augustin en se contenant pour ne pas sauter au visage de son antagoniste !

— Silence ! s'écria un constable....Silence ! messieurs....

— Je vous dénoncerai au Comité ! dit le louche en baissant la voix.

— Vous pouvez aller au diable ! vous et votre Comité....et, si nous n'étions pas ici, je vous aurais déjà frotté les oreilles avec ma canne ! riposta Augustin.

— Mais vous êtes fou ! mon cher, dit au louche un ami de l'ami de Rose : monsieur est Louisianais, il n'est donc pas abolitioniste ; on se moquerait de vous, et on vous enverrait à la poursuite de quelque blanche aussi laide que vous, puisque vous n'aimez pas les jolies filles de couleur !

— Où allons-nous ! fit le mystifié....Le pays est perdu, si des blancs parlent ainsi....en Louisiane! et des Louisianais, encore !

Et il se faufila dans la foule pour gagner la porte, tant son indignation l'étouffait !

— Je conçois, dit l'ami d'Augustin, que cette chenille-là soit irritée à la vue de cette femme : sa beauté passe les bornes....parole d'honneur !

Augustin se sentit rougir de plaisir. Son amour-propre flatté lui disait bien bas : cette beauté-là ne te déteste pas....et....tu la connais!....

Les débats de l'affaire retardée venaient de prendre fin ; mais il était sept heures, et la nuit approchait. Bientôt, sur un signe du juge, Casimir fut amené. Toutes les têtes se tournèrent vers le banc où il venait de s'asseoir après avoir fait à Rose un signe de tête plein d'amour et de calme.

— Qu'il est bel homme! disaient quelques femmes. — Qu'il est joli! ajoutaient d'autres....

En effet, Casimir semblait avoir pris à tâche de paraître avec tous ses avantages physiques. Il était vêtu d'une redingote de mérinos noir, bien taillée, et boutonnée jusqu'au haut. Sa main droite était entrée sous le frac, dans l'espace entr'ouvert de deux boutons. Il portait la tête droite, avec une dignité tranquille, bien loin de la forfanterie.

Une fine moustache noire et une impériale légère ornaient sa lèvre supérieure et son menton. Ses grands yeux, presque aussi beaux que ceux de Rose, étaient surmontés de sourcils gracieusement dessinés, et ses cheveux, bouclés sans être crépus, pouvaient — sauf la longueur, bien entendu — être comparés à ceux de sa femme. Ses dents blanches et correctement alignées étaient aussi éclatantes que celles de Rose.

Le juge lui demanda son nom, le lieu de sa naissance, son âge....tout cela, pour la forme. Casimir se leva pour répondre :

— Monsieur, dit-il, j'ai vingt-neuf ans passés ; je suis né à la Guadeloupe ; mon nom est Casimir. Je suis issu d'une mère esclave et d'un père libre, un blanc, le père de feu le digne capitaine Jackson. Le capitaine Jackson nous avait achetés, et amenés en ce pays, dans l'intention formelle de nous donner la liberté, à ma femme et à moi, au bout d'une année d'épreuves. Il obéissait en cela aux dernières volontés de son père....de notre père ! Malheureusement, le capitaine est mort dans un naufrage, au moment où, par lui, nous allions être libres.

Ayant parlé ainsi avec calme et lenteur, il salua la Cour et se rassit.

Un murmure approbateur se fit entendre du côté des femmes. Les planteurs haussaient les épaules.

La parole étant à l'avocat de district, celui-ci flatta d'abord les nobles planteurs, sucriers et cotonniers. — Cela pouvait lui procurer des voix. — Il déplora ensuite le fatal progrès qui semblait se manifester parmi les esclaves, à savoir: l'instruction, et les bonnes manières qui en découlent. Il montra le pays en danger, si on ne redoublait de sévérité à l'égard de ces misérables noirs, qui, pour prix des soins les plus constants, d'une existence assurée, et d'un bien-être qu'ignorent bien

des classes ouvrières, ne rendent à leurs maîtres que l'ingratitude! Enfin, abordant *l'espèce*, il tonna contre l'hypocrite et orgueilleux mulâtre, qui se posait devant la Cour en gentleman et en grand homme persécuté! qui salissait la mémoire d'un homme honorable, en se disant fils naturel de cet homme! — Il convainquit de mensonge et de calomnie, dignes du dernier supplice! ce meurtrier, cet assassin, qui avait déclaré, dans son interrogatoire, que son maître voulait forcer la mulâtresse Rose à devenir sa maîtresse! La correction, cent fois méritée, que l'honorable défunt voulait faire infliger à sa mulâtresse, était motivée uniquement par le marronnage de celle-ci.

Il oublia seulement de dire qui avait amené la fuite de Rose.

« Enfin, messieurs les jurés, dit-il, voilà l'assassin d'un blanc, l'assassin de son maître ! Faites-en ce que vous voudrez : il est inutile que je conclue.»

Et il se rassit, récompensé par les bravos des planteurs.

— Silence ! messieurs, s'il vous plaît.... cria le constable.

Ce fut le tour de l'avocat de l'accusé. Voici son *speech* textuel :

— "Messieurs les jurés — dit-il — l'accusé n'a rien nié. J'ai été nommé d'office pour le défendre, mais je ne sais que vous dire en sa faveur. Je me contente de le recommander à votre indulgence — si vous pensez qu'il en mérite. "

Et il se tut — en se disant : J'aurai bien du malheur si je ne suis pas élu juge de paix !

Il n'y avait pas de témoins, puisqu'aucun blanc n'avait assisté au meurtre. D'ailleurs, en présence des déclarations de l'accusé, des témoins étaient parfaitement inutiles.

Le juge demanda à l'accusé s'il voulait ajouter quelque chose à la *défense* de son avocat — Casimir se leva une seconde fois.

— Messieurs — dit-il — il y a plus de six ans que Rose est ma femme. Nul, à la Guadeloupe, n'a essayé de me la voler. Je l'aime par-dessus tout au monde, et il n'y a qu'à Dieu que je ne la disputerais pas. M. Roque l'a poursuivie pendant longtemps de ses désirs et de ses exigences. Une nuit même, après l'avoir endormie au moyen d'un narcotique, il a abusé d'elle pendant cinq heures ! C'est à la suite de ce guet-apens qu'elle s'est enfuie. Moi, je souffrais, et je remplissais mon devoir si exactement, que je n'ai jamais été même réprimandé ! — Quand Rose a été reprise, M. Roque l'a d'abord fait battre de verges, à nu ! puis, il lui a donné le choix entre ces deux extrémités: être à l'avenir sa maîtresse, ou recevoir, devant tout l'atelier, et à nu ! le quatre-piquets !

« Messieurs, ma femme n'a jamais été frappée de sa vie. C'est une servante d'une conduite exemplaire, une honnête femme et une bonne mère.

Elle a été accoutumée à une vie facile et décente, à un travail propre et très supportable. Le supplice du quatre-piquets l'eût tuée.... autant de honte que de douleur. J'ai préféré mourir à sa place, et j'ai tué M. Roque. Si c'était à recommencer, je ferais de même. "

Il salua comme la première fois et reprit sa place sur son banc. Rose le regarda de toute son âme.... et on put voir leurs yeux devenir humides.

Les juges se retirèrent pour obéir à la forme, et, cinq minutes après, ils rentrèrent avec un verdict unanime :

" L'accusé est coupable. "

Le juge prononça alors la peine capitale, et l'officier de police, Edouard Ch...., accompagné de trois autres agents, conduisit Casimir à la voiture cellulaire qui attendait à la porte. Quand le condamné y fut monté, son gardien responsable ferma la porte au cadenas, monta sur le siège.....et les chevaux prirent le trot vers la prison, dans une cour de laquelle Casimir devait être pendu le lendemain à dix heures du matin.

<hr>

XV.

LE JUGEMENT DE DIEU.

Il était environ neuf heures quand Casimir montait dans la voiture des prisonniers. Cette voiture affecte à peu près la forme d'un omnibus sans fenêtres. Elle ressemble à une cellule de pénitencier : étroite, longue, elle n'a qu'une porte à l'arrière, laquelle porte est fermée par une barre de fer horizontalement posée, et fixée par un fort cadenas. Casimir était seul dans cette prison roulante. On montait la rue d'Orléans vers la place Congo, après laquelle, avant le marché Trémé, se trouve la prison de ville. Quelques planteurs, heureux de la promptitude et de l'unanimité du jury, suivaient la fatale voiture, en lançant des invectives à celui qui était dedans. D'autres personnes, au nombre d'environ une vingtaine, suivaient aussi, en se mêlant aux généreux habitants, propriétaires d'esclaves. Comme la voiture, ainsi escortée, arrivait à la hauteur de la rue Bourgogne, une lourde charrette à mulets, conduite par un homme qui semblait ivre — à la façon dont cheminait le véhicule — vint se heurter à la flèche de la voiture cellulaire. — En même temps, des voix d'ivrognes vinrent augmenter le tumulte, et les trois ou quatre planteurs se sentirent bousculés sans savoir par qui. Le cocher de la charrette poussait des cris et des jurements, et les vingt personnes qui avaient aussi suivi le condamné se mêlèrent au tumulte et l'augmentèrent considérablement. Un omnibus arriva à son tour sur le lieu du désordre, et ne put passer. Le cocher jura tant et plus, et ceux qui se trouvaient dans la voiture publique descendirent pour voir de quoi il s'agissait. Le tumulte fut alors au comble.

— Messieurs ! s'écria Edouard, que l'un de vous aille demander main-forte au poste de la prison, ou bien nous ne passerons jamais au milieu de cette bagarre.

Aussitôt, le *watchman* de la rue d'Orléans, qui venait de voir la scène et d'entendre l'appel de l'officier de police, fit jouer son *rara*, et une douzaine d'autres watchmen accoururent en donnant l'alarme à leur tour.

Alors, et comme par enchantement, le tumulte cessa ; quelques personnes se détachèrent du groupe, puis d'autres en plus grand nombre, chaque noyau prenant une direction à sa fantaisie. La charrette à mulets roula en droite ligne vers l'Esplanade ; l'omnibus put continuer sa route avec ses passagers remontés ; et la voiture de la prison, enfin dégagée, arriva bientôt à sa destination.

Tout cela n'avait pas duré cinq minutes.

— Eh bien ! demanda à Edouard le gardien du poste de la prison, qu'y a-t-il donc eu là-bas, que j'ai entendu les *raras* pendant un moment ?

— Un encombrement qui m'a arrêté, répondit Edouard. Un charrettier ivre a jeté sa voiture sur ma flèche, et je ne sais pas comment elle n'a pas volé en éclats.

— Et le jugement est-il prononcé ?

— Oui. Le mulâtre est condamné à mort, et l'exécution est pour demain à dix heures.

— Diable ! ça va vite ! Le pauvre homme n'a que le temps de dormir et de déjeûner ! — observa le gardien.

— Oh ! mon Dieu.... un peu plus tôt, un peu plus tard, ça ne pouvait pas finir autrement, ajouta Edouard du même ton.

— Alors, dépêchons-nous de le faire descendre ! dit le gardien du poste de la prison.... qu'il ait au moins ses douze heures pleines !

Edouard avança alors la tête dans l'intérieur du bureau, où une douzaine de policemen causaient, en attendant qu'on vînt ou non les requérir pour quelque événement.

— Deux hommes par ici ! s'écria-t-il....

— Quel luxe de précaution ! fit le gardien....

— Quand un homme est condamné, dit Edouard, je ne m'y fie pas ! Celui-là parait doux comme un mouton, mais à présent.... qui sait !

Deux hommes parurent, et Edouard suivi du gardien et de ces deux hommes, s'avança vers la porte de la cellule roulante, pour en ouvrir le cadenas dont il avait la clé. Le gardien du poste tenait un falot de la main gauche.

Edouard monta sur la première des deux marches, pour atteindre à la barre de fer, et chercha à introduire sa clé dans le cadenas.

— Tenez, dit-il au gardien, vous qui avez un falot, ouvrez donc ! je n'y vois pas assez, moi.

Le gardien prit la clé de la main droite, s'éclaira

de la main gauche, et ouvrit le cadenas. Les trois autres hommes l'entouraient.

— Descendez ! cria Edouard — quand la porte fut ouverte....

Rien ne bougea dans la voiture.

— Le diable m'emporte ! s'il ne dort pas, dit un des hommes.

— En voilà un courage ! dit un autre.

— Voyons donc ! ajouta celui qui tenait la lumière.

Et il entra dans la voiture.

— Personne ! s'écria-t-il....

Et, un moment après, il descendait chargé de vêtements.

— Voilà ce que j'ai trouvé, dit-il.... un habillement complet, jusqu'à la chemise !

— Pardieu ! s'écria Edouard, nous ne sommes plus au temps des miracles ! Il dort tout nu sur la banquette.... Il est peut-être mort !

— Ou bien fou ! dit un autre.

Edouard monta à son tour.... et ne trouva personne.

— Je n'y comprends rien, dit-il ; c'est fabuleux ! Je l'ai enfermé moi-même devant trois hommes ; ma clé ne m'a pas quitté ; je n'ai pas quitté la banquette de devant ; et le cadenas n'est pas forcé ! — Qu'en dites-vous ?

Les trois hommes se regardaient hébétés.... ils ne savaient que dire.

A ce moment, neuf heures sonnèrent à la Cathédrale.

. . . .

Le lendemain, dès dix heures du matin, la foule commença à s'amasser autour de la prison de ville, sur les deux chaussées de la rue d'Orléans, depuis la rue Trémé jusqu'à la rue des Marais.

La prison se compose de deux corps de bâtiments distincts, séparés par une ruelle étroite fermant, à chacune de ses deux extrémités, au moyen d'une grille de fer. C'est au-dessus d'une de ces grilles, celle qui regarde la rue d'Orléans, qu'on élève la potence, quand il y a une exécution. On construit, à cet effet, une sorte de plate-forme à bascule, en planches, sur laquelle passaient le shériff, le condamné et le bourreau. Le condamné s'assied sur une chaise de bois, les mains attachées au dos, la corde nouée au cou ; le shériff lit à haute voix la sentence ; puis, après avoir abaissé un bonnet blanc sur la tête et le visage du condamné, il se recule, et fait un signe au bourreau. Celui-ci coupe alors une corde qui retient la bascule de la plate-forme, et le condamné s'abîme sous le plancher mobile qui cède sous ses pieds. La chaise tombe en même temps....et tout est dit !.... sauf les souffrances inconnues du supplice !

Cette sorte d'échafaud avait été élevé la veille, à huit heures du soir, par le charpentier de la prison, et, comme ce n'était qu'à neuf heures du soir que la disparition inexpliquée du condamné avait été reconnue, le charpentier était parti, et on avait laissé là le sinistre appareil.

La foule augmentait donc de moment en moment. Quelques policemen se mêlèrent alors aux groupes, pour annoncer la fuite du condamné ; mais un gamin ayant ri et nié le fait, l'incrédulité circula comme une fusée horizontale, et les obligeants gardiens de la sûreté publique furent hués de tous côtés. Pour augmenter encore l'incertitude et stimuler la curiosité, les crieurs de journaux arrivèrent sur les lieux en vociférant, en titres pompeux, la fameuse nouvelle. Le *Picayune*, le *Delta*, le *True Delta*, d'un côté ; l'*Abeille* le *Courrier de la Louisiane*, l'*Orléanais*, de l'autre côté, donnaient la nouvelle à qui mieux mieux, avec grand renfort de mystère et de *points d'exclamation*, mode essentiellement américaine.

Au milieu des broderies des diverses narrations des journaux, il ressortait que, en fin de compte, le condamné s'était évadé. Si toutes les feuilles publiques eussent été d'accord, il est indubitable que la foule se fût dispersée peu à peu. Mais un journal facétieux contenait, dans sa partie française, le *Communiqué* suivant :

"C'est à tort qu'on fait circuler le bruit de la disparition du fameux mulâtre Casimir. Son exécution ne pouvant avoir lieu avant midi, ou même deux heures, à cause de l'absence du bourreau, on veut probablement que la foule se disperse, et on use pour cela du stratagème le plus adroit. Le condamné est tout simplement dans son cachot, attendant l'heure fatale ; il sera pendu cette après-midi."

La vérité fut rejetée, et le mensonge fut accepté unanimement. En conséquence de ce, la foule augmenta de plus en plus, et les petits porteurs de l'adroit journal firent de magnifiques recettes. Les autres journaux ne se vendirent plus, à partir du moment où ils furent convaincus de vouloir se jouer du peuple !

Enfin, à six heures du soir, il n'y avait pas un pavé libre dans toute l'étendue des rues faisant les quatre faces de la geôle ; toute circulation fut interrompue, et le shériff fut forcé de monter sur la plate-forme destinée à Casimir, pour annoncer officiellement à la multitude que le condamné avait disparu. Toutefois, on ne le crut qu'après qu'on eut vu démonter la potence.... et alors seulement la foule diminua peu à peu.

***

Cependant, tandis que la foule s'amassait, le matin, autour de la prison de la Nouvelle-Orléans, Rose, semblant absorbée dans ses pensées, marchait lentement sur la levée du Mississippi, à l'endroit qui fait face à la Place d'Armes.

Huit heures étaient près de sonner, et le steamer de New-York, l'*Empire-City*, avait déjà tinté deux fois pour annoncer son départ. Tous les passagers étaient embarqués. Enfin, dès que le premier coup de huit heures retentit à la Cathédrale, un dernier tintement partit du vapeur, puis un éclair jaillit de son avant....et la détonation d'un coup de canon roula sur les eaux du grand fleuve, et fut répétée par les échos de la ville. Ce coup de canon sembla aussi retentir dans le cœur de la mulâtresse. Elle leva les yeux au ciel, puis les abaissant vers le fleuve, elle vit le steamer décrivant une courbe gracieuse, s'élancer comme un cheval de course au milieu du Mississippi, qu'il descendit bientôt à toute vitesse. A mesure que la demeure flottante disparaissait à ses yeux, Rose semblait respirer plus profondément. Comme l'*Empire-City* allait disparaître au premier coude que fait le fleuve, un second coup de canon roula sur la surface des eaux.... et bientôt on ne vit plus, du lieu où était la mulâtresse, qu'une fumée légère qui s'élevait dans l'espace.

— Merci.... mon Dieu! dit-elle.... celui que vous avez sauvé est maintenant sous votre sainte protection!

En se retournant pour s'éloigner, elle vit Augustin qui venait vers elle.

— Montez dans cette voiture, lui dit le jeune homme, et rentrez chez vous! Le cocher a le mot d'ordre. De la prudence jusqu'à ce soir! Moi, je vais au magasin; au revoir, Rose!

— Au revoir, cher Augustin, répondit la jeune femme.... et merci!

Elle monta alors dans un carrosse arrêté à une courte distance, et fut bientôt arrivée chez elle....

<hr>

XVI.

DOUBLE ACTION. — LE CALME APRÈS L'ORAGE.

Le même jour, à quatre heures de l'après-midi, le steamboat *Empire-City* quittait les eaux limoneuses du Mississippi, les horribles aspects de la Balise, les insupportables maringoins venant des deux rives, et entrait dans les eaux du Golfe du Mexique. Une demi-heure après, on ne voyait plus, du bord, que le ciel et les flots. L'Etat à esclaves avait fui comme un mauvais rêve, disparu comme une pénible vision.

Sur l'avant du Vapeur étaient assis plusieurs des personnages qui ont joué un rôle dans ce récit: M. Michaud, miss Elvina, M. Alexandre Elwin, Edouard Ch., un carré de braves gens, *frères* par la Croyance, amis par le cœur. Ils fuyant ensemble un pays d'esclavage et de fièvres pestilentielle, où chaque année leur avait pesé sur le cœur d'un poids de dix ans. Madame V.... et madame Elwin devaient rejoindre, l'une son mari, l'autre son gendre, à New-York, par le prochain steamer, le *Philadelphia*. On saura bientôt ce qui avait motivé ce voyage en deux parties, de la même famille.

En bas, près de la cuisine des passagers de chambre, était assis un beau mulâtre, le chef orné d'un blanc bonnet de coton, les reins entourés d'un cordon maintenant un blanc tablier. Son visage, ouvert et heureux, semblait sourire à de consolantes pensées ou à de joyeuses espérances. En attendant le bonheur qu'il semblait espérer de l'avenir, il grattait prosaïquement des carottes, épluchait des pommes de terre, et coupait des oignons. Un gros père, de la même nuance que ce mulâtre, le regardait faire, d'un air de satisfaction. Ce dernier était le premier *chef* du bord, le cuisinier par excellence, toujours chantant, fier et heureux de son sort!

— A présent, mon garçon, dit-il à *son aide pour les légumes*, vous pouvez être bien tranquille: on ne viendra pas vous chercher ici pour vous pendre par le cou jusqu'à ce que mort s'en suive! — Vous pouvez toujours vous vanter d'avoir vu la corde de près, et d'avoir de fameux amis! Quand nous serons à New-York, vous serez un citoyen, *by God!* Il est vrai que vous n'aurez pas les droits politiques....mais, comme je ne les ai pas plus que vous, nous nous en consolerons aisément entre une bouteille de vin rouge et une de vin blanc! En attendant, ajouta-t-il, comme j'ai le gosier sec, et vous aussi par conséquent, nous allons goûter ce madère....qui était destiné à faire une sauce, et que je remplacerai par une eau pure et peu limpide!

— A la vôtre! ajouta-t-il après avoir rempli un large petit verre pour son inférieur, et un pour lui-même, à la vôtre! mon brave ami, et je vous en souhaite autant jusqu'à la fin de vos jours!

Casimir sourit de la gaité de son *patron*, prit son verre, le choqua avec un salut amical, et avala avec plaisir une partie de la sauce des passagers de la première chambre.

— Comment trouvez-vous ça?, demanda le gros réjoui.

— Excellent! dit Casimir.

— Eh bien, pas du tout! jeune homme — Sachez, si vous voulez apprendre à vivre, qu'un premier coup n'est jamais bon! On ne saurait marcher sur une jambe, donc on ne peut être satisfait d'un seul verre! Redoublons donc....et vivent les passagers qui se payent des sauces au madère!

Casimir ne fit pas la petite bouche, et trinqua une seconde fois.

— Un peu plus, dit-il, à cette heure-ci je n'aurais guère pu ouvrir le gosier!

— Cette saillie plut au chef jovial, et, pour témoigner à Casimir sa haute satisfaction, il lui demanda le récit de son évasion.

— Volontiers, répondit Casimir; écoutez donc:

"Je venais d'être condamné à mort — vous savez pourquoi — et j'étais monté dans la voiture cellulaire qui devait me reconduire à la prison, où le lendemain, à dix heures du matin — aujourd'hui je devais être exécuté.

"Il faut vous dire que, le matin même, un billet m'avait mis au courant de ce qui devait arriver et de ce que j'avais à faire. Je continue :

" Dès que je fus enfermé dans la voiture, je me dévêtis entièrement, et je me couvris de nouveaux vêtements, qui avaient été cachés à mon intention sous la banquette de la voiture. Comme on arrivait à la hauteur de la rue Bourgogne, saisissant le moment d'un tumulte organisé par mes protecteurs, je soulevai une planche de ma prison roulante, laquelle avait été préparée, en manière de soupape, pour ma fuite, et je me laissai glisser dans la rue. Là, je me mêlai aux groupe le plus nombreux, dans lequel je reconnus des amis, et, caché, entouré, entraîné, presque porté par eux, je fus bientôt à l'abri dans un lieu où j'étais attendu. Bientôt je vous vis, et vous savez le reste, puisque je suis à votre service jusqu'à New York. "

— Eh bien, dit le chef, voilà qui n'était pas mal organisé ! C'est simple comme bonjour, mais les choses simples sont les meilleures. — Puisqu'il en est ainsi, ajouta-t-il, je ne vois pas pourquoi nous laisserions se gâter, dans sa bouteille le reste de ce petit vin qui plaît tant aux passagers ! Finissons donc la fiole, puis vous la jetterez par le sabord, pour la rincer.

On but un troisième et dernier verre ; après quoi le contenant dédaigné alla grossir les montagnes d'objets inconnus qui gisent au fond des mers.

Sur la dunette, à l'arrière, nos quatre personnages causaient de la délivrance de Casimir, qu'ils avaient menée à bonne fin, et de la Croyance Universelle, qui les unissait d'une solide amitié.

L'Empire-City arriva à New York le huitième jour, la veille de celui où le *California* devait quitter la Nouvelle-Orléans.

*
*

Le steamer qui portait les trois femmes si impatiemment attendues arriva à New-York au milieu de la nuit du 13 au 14 janvier. Casimir, enveloppé d'une énorme couverture, allait et venait d'un pas rapide sur le quai de la rivière du Nord. Accoutumé aux pays chauds, le mulâtre grelottait. Ses lèvres se gerçaient sous la bise, et ses yeux étaient continuellement humides. Son nez et ses oreilles semblaient près de geler, car c'était une nuit glaciale que celle-là. Depuis midi, Casimir ne faisait qu'aller du quai à sa chambre et de sa chambre au quai. On lui avait dit, au bureau des steamers, que le *California* était signalé et qu'il pouvait entrer d'un moment à l'autre, et Casimir ne voulait pas que sa chère femme pût arriver sans le voir aussitôt auprès d'elle ! Heureusement, il faisait sec, et le ciel était magnifique. C'était une de ces nuits calmes et blanches, pendant lesquelles le sol est ferme, et retentit sous les pas, comme une dalle de pierre. La lune, presque pleine, brillait pure et calme, au milieu d'un firmament étoilé. Les bruits de la grande cité s'étaient éteints ; les maisons étaient closes ; les navires dormaient amarrés à leurs quais. Dans l'étendue de chaque rue, on voyait l'illumination d'une longue file de becs de gaz ; à quelques fenêtres d'étages élevés, brillaient çà et là les lampes du travail, et, dans de plus riches demeures, les bougies du plaisir. Casimir interrogeait de temps à autre l'espace et le bruit, pour savoir si le tant désiré vapeur n'approchait pas, amenant sa bien-aimée.

Si le visage du mulâtre était glacé, son cœur était brûlant. Le froid de l'atmosphère né pouvait atteindre la douce chaleur de son âme. Libre enfin.... libre ! il attendait d'une minute à l'autre ces chères portions de son être, détachées de lui par la tyrannie des hommes, et ramenées par la toute puissante bonté de Dieu.

— Oh ! disait-il.... tu peux souffler, vent du Nord ! tu peux tomber, neige du ciel ! je me rechaufferai toujours assez au soleil de la liberté, pour ne pas vous craindre ! — Et même, ajouta-t-il, j'aime tes hivers, ô nature ! Là où j'ai senti le feu des rayons du soleil, j'ai senti aussi les glaces de l'esclavage, et elles me paralysaient le cœur ! Ici, je suis libre ! le froid extérieur ne touche que mon épiderme, et la douce chaleur de l'indépendance pénètre tout mon être et l'inonde d'une enivrante volupté ! — Oh ! viens, ma femme libre ! viens, mon enfant libre ! venez, venez.... que nous remerciions Dieu ensemble de toutes les forces de nos cœurs !

Et il marchait à grands pas, oubliant le froid, oubliant le passé, et jetant vers l'avenir des regards pleins d'espérance.

A ce moment, il crut entendre un bruit éloigné.... sur les eaux de la rivière. Il s'arrêta et écouta. C'était bien la puissante respiration de la vapeur, c'était bien le bruit des palettes dans l'eau, et de temps à autre, les commandements pressés du porte-voix. On entendait aussi les craquements des glaces brisées par l'avant de la puissante demeure flottante, et tous ces bruits confus et mêlés qui sortent d'un navire près de toucher au port.

— Viens donc ! disait Casimir, viens donc, intelligente masse de bois et de fer ! qui traverses les mers au moyen des calculs de la science ! toi qui lis ta route sur cette carte infaillible tracée au firmament par la main de Dieu ! Viens.... toi qui portes à tous les rivages du monde les échanges du commerce, les amis qui rejoignent les amis, les exilés qui retournent au sol natal.... et les persécutés qui vont demander la liberté à d'autres cieux ! — Et surtout, voyageur des mers, cesse bientôt d'aller arracher à leur pays des populations entières.... que tu vas vendre, comme un bétail, aux adorateurs de la fortune.... qu'ils ramassent dans le sang de leurs frères !

Les glaces se brisaient sous la proue et sous les palettes du vapeur, et le noir fantôme approchait et grandissait à vue d'œil, lançant dans l'espace le formidable souffle de ses puissants poumons. Bientôt il aborda, et, après mainte et mainte manœuvre, le cable qui devait l'amarrer fut lancé, puis enroulé au poteau qui l'attendait. Quelques minutes après le steamer était immobile à sa place accoutumée, et lâchait avec un bruit assourdissant, la vapeur inutile de ses chaudières.

En quelques bonds Casimir franchit l'échelle et fut sur le pont. La première voix qu'il entendit fut celle de Rose, les premières mains qui le pressèrent furent les mains de Rose.

— Toi ! dit elle, toi.... à cette heure ! ô mon Casimir ! Tu as passé la nuit dehors par ce froid !

— Et toi, Rose, te voilà levée !....

Les bruits du bord, les mouvements des manœuvres, lors de toute arrivée, les séparèrent bientôt.

— Peux-tu descendre maintenant ? demanda Casimir à Rose, après quelques instants....

— Non, cher ; il faut que j'accompagne celles qui m'ont amenée : viens me prendre à huit heures chez M. Alexandre, et je te suivrai chez toi.

Un baiser furtif fut échangé ; on se dit au revoir pour quelques heures, et Casimir dut s'éloigner.

Comme il mettait le pied sur la dernière marche de l'escalier, il entendit une voix fraîche et doucement vibrante, qui chantait :

"Chè' z'ami, moi quand to kalé vini...."

Le reste se perdit dans le bruit de la vapeur, qui s'échappa de nouveau des flancs du navire.

XVII.

LA PATRIE.

Monsieur Alexandre Elwin, sa femme et sa belle-mère, occupaient, à New-York, le premier étage d'une maison située dans *Canal street*, entre *Sullivan* et *Thompson streets*. Le deuxième étage de la maison était occupé par monsieur et madame Michaud, qui avaient régularisé leur union pardevant un juge. Comme ils n'avaient besoin que d'une portion de cet étage, ils en avaient pris l'appartement de devant, et avaient donné celui de derrière à Casimir, Rose et Rosine. Monsieur Edouard demeurait au troisième et dernier étage, provisoirement. M. Elwin avait pris à bail la totalité de cette maison, et quoiqu'elle fût entièrement occupée par ses amis, sauf une portion du troisième, un écriteau placé sur la porte d'entrée portait imprimés ces mots : "*Apartments to let*" — Appartements à louer. — Nous saurons bientôt la cause de ce fait.

Les deux familles blanches, Elwin et Michaud, avaient loué chacune une servante allemande, à moitié prix de ce qu'elles se payent à la Nouvelle-Orléans. Moyennant cinq dollars par mois chacune, ces familles étaient bien servies. En vain Rose avait insisté pour les servir, les braves gens avaient refusé, ne voulant pas lui prendre le temps de sa joie de liberté. Pendant les premiers jours, Casimir et sa femme se promenèrent dans la grande ville, prenant plaisir à voir s'ébattre leur chère petite fille au milieu des grands *squares* comme il y en a tant à New-York. Ils marchaient d'un pied libre dans la magnifique voie appelée *Broadway*, dans *Park Place*, à la Batterie, d'où ils voyaient se dérouler le magnifique panorama de *Hoboken*, de *Jersey*, de *Staten-Island*, de *Long-Island*, avec leurs bois entremêlés de jolis cottages. Ils admiraient le tableau mobile des navires rentrant ou sortant, des *ferries* chargés de passagers. Ils allèrent eux-mêmes, malgré la saison, bravant un froid auquel ils n'étaient pas accoutumés, gravir les mornes dénudés qui — sauf le feuillage jauni pas l'hiver — leur rappelaient le sol accidenté de leur chère Guadeloupe !

— Personne ne nous attend ! disait Casimir ; notre temps n'est qu'à nous et à Dieu, et il n'y a pas de cloche de plantation sucrière qui nous rappelle à la terre, avec accompagnement de coups de fouet ! Nous entrerons quand il nous plaira ; nous nous coucherons quand nous voudrons ; nous nous lèverons quand nous aurons assez dormi ; nous mangerons quand nous aurons faim ; nous rirons, nous chanterons, si nous sommes gais ! et — ajouta-t-il en embrassant sa femme — nul ne t'arrachera de mes bras pour te salir de ses caresses imposées !....

— Je veux toujours être libre ! s'écria Rosine, ou bien je m'en irai vers le Bon Dieu !

— Dieu, c'est toujours la liberté ! dit Rose, et la liberté c'est la vie !

— Et nos pauvres frères ! s'écria le mulâtre tout-à-coup attristé.

— Nous travaillerons, à notre tour, pour leur indépendance ! répondit Rose, et le jour viendra bientôt de leur émancipation physique et de leur délivrance morale.

Ils étaient sur une hauteur d'où l'on voyait la pleine mer et l'horizon lointain.

— Regarde ! dit Casimir à sa femme, regarde là-bas, là-bas.... Ne vois-tu rien ?

— Je vois, répondit la jeune femme, deux ou trois voiles blanches à l'horizon.

— Plus loin, Rose, plus loin !....

— Je ne vois que le ciel et l'eau.

— Ferme les yeux.... et songe.... tu verras ! Eh bien ! demanda-t-il.

— Je vois ! s'écria-t-elle les mains sur les yeux... je vois, dans un lointain lumineux, les pitons de la Soufrière et le morne de Jolimont.

— Femme ! nous sommes libres maintenant !

Nos protecteurs ne veulent que notre bonheur; nous avons de l'argent.... et M. Edouard va partir pour la Guadeloupe !

— Je te comprends ! Eh bien, écoute et surtout ne me trahis pas ! — Non ! fit-elle en se reprenant, j'ai promis de me taire, je me tairai.

— Vive Dieu ! femme.... tu en as déjà trop dit. Mais descendons, le froid devient piquant sur ces hauteurs.

Et, tenant leur Rosine, chacun par une main, ils descendirent en courant et en riant aux éclats, la pente de la montagne, faisant sauter la petite par-dessus les cailloux et les crevasses qui eussent pu la faire tomber.

Quand ils arrivèrent ainsi sur le sol plane, ils étaient essoufflés.... et heureux.

Le même soir, tous les amis étaient assemblés dans le salon du premier étage : monsieur et madame Elwin, madame V....., monsieur et madame Michaud, Edouard, Casimir et Rose. Les enfants dormaient : le petit garçon de M. Alexandre et la petite fille du beau couple de couleur.

— Mes enfants, dit M. Alexandre aux protégés des Frères de la Croyance, vous voilà libres maintenant — vous, Rose, légalement; vous, Casimir, par le fait de votre arrivée sur un sol libre, car, depuis quelque temps, la loi d'extradition des esclaves fugitifs — a été rappelée dans cet Etat. Mais cela suffit-il ? Ne désirez-vous pas autre chose presque autant que vous désirez la liberté ?

— Oh ! monsieur, s'écria la mulâtresse, il ne manque plus que cela à notre bonheur.

— Quoi donc ? fit madame Elwin....

— De retourner à la Guadeloupe ! répondit Casimir !

— Eh bien, mes enfants, continua M. Alexandre, remerciez Dieu ! Vous partez la semaine prochaine, en même temps que M. Edouard, que voici, et avec le capitaine.... que voilà !

— Monsieur Smith ! s'écria Rose en voyant entrer un homme qui la regarda en souriant avec bonté.

— Le second du capitaine Jackson, à bord de la *Caroline* ! fit Casimir.

— Précisément, répondit en français M. Smith; *je avé caché moa*, pour voir si *vou* auriez reconnu *mon* figure ! *je été* maintenant le capitaine *de une autre Caroline* — et je *voulé mené vous dans le pays de vous* ! Par exemple, je ne *veux pas de agent* !

— Oh ! cher capitaine, dit M. Michaud, nous n'étions pas convenus de cela ! Vous savez que les Frères de la Séance française ont fait une somme pour le passage de leurs protégés.

— *Je savé cela !* — répondit monsieur Smith — mais, en *mon* qualité de Frère de *le* Séance américaine, il me plaît de *satisfactionner* ces dignes enfants, *moa* ! Cela portera bonheur à *mon* femme, qui *été un française*, et à *ma toute petite garçonne* !

— Merci, capitaine, merci ! dit Casimir — ému de la franche bonté de ce brave homme. — Si jamais je puis vous être agréable....

— *Mon hami* — fit le bon capitaine — *vous pouvoir être agréable à moa tout de suite, en permettant au femme de vous que moa embrasse elle, comme un hami !*

Sans attendre la permission inutile, Rose se leva et tendit ses deux joues à M. Smith, qui l'embrassa deux fois.... en rougissant.

— *Je avé aimé vous beaucoup fort, madame Casimir, dit-il, quand je été célibataire pas marié ! mais je avé toujours respecté vous, et caché cette sentiment dans le cœur de moa !*

Chacun sourit, et fit amitié au Capitaine, et on parla du prochain voyage.

— Et quel jour mettez-vous à la voile ? demanda M. Alexandre.

— Peut-être demain, peut-être dans quatre jours, répondit M. Smith. Il faut être prêts à toute heure.

Casimir et Rose nageaient dans le bonheur. Les généreux protecteurs qui les avait arrachés au désespoir, et rendus à la liberté, souriant à leur joie, comme de braves cœurs sourient à la douce image de leurs bienfaits.

**

Un des premiers jours de février 1848, la nouvelle *Caroline*, de Boston, partait de New-York pour les Antilles françaises. Edouard Ch., Casimir, Rose et Rosine étaient à bord, heureux comme il est rarement donné de l'être à des mortels. Le capitaine Smith était aux petits soins pour ses passagers, dont un, Edouard, était *frère* de Croyance avec lui, et dont les deux autres aspiraient à le devenir.

Comme au capitaine Jackson, Casimir et Rose donnaient à M. Smith des leçons de français, en conversant avec lui autant que cela lui était agréable. Le digne Américain, quoique marié, ne pouvait voir Rose sans un certain émoi, et il ne trouvait jamais trop longues les longues séances de conversation qu'elle lui donnait avec le plaisir de la gratitude. Mais jamais un seul mot un peu hardi ne sortit de sa bouche à ce sujet. Il sentait, avec la délicatesse d'un grand cœur, que le service qu'il rendait aux deux exilés devait le rendre encore plus réservé et plus bienveillant avec eux.

. . . .

— Si vous demeurez à la Pointe-à-Pitre, monsieur Edouard, dit un jour Rose, je veux, jusqu'à votre mariage, confectionner votre linge, le laver et le repasser, pour vous épargner des dépenses. Vous ne me refuserez pas cette satisfaction. Casimir, de son côté, fera pour vous ce qu'il pourra, et, si nous avons eu en vous un bon protecteur, vous aurez en nous de bons amis toujours prêts pour votre service.

— O ma chère compatriote! s’écria le jeune homme, vous êtes aussi bonne que belle, et ce n’est pas peu dire !

....

La traversée fut un peu rude, quoiqu’aucune tempête ne la vint troubler. Les conversations du mari et de la femme, retournant libres là d’où ils étaient partis esclaves, étaient de longues actions de grâces rendues à la Providence, ou de beaux rêves touchant l’avenir dans leur chère patrie. A mesure que les heures succédaient aux heures, et es jours aux jours, une sorte d’exaltation les enlevait par-delà l’horizon qui bornait leur vue imparfaite. Ils revoyaient la Pointe, rebâtie depuis le tremblement de terre ; ils revoyaient la demeure de Monsieur Lambert, la route des Abymes, la Source des Tamarins, la Source au Cresson, et d’autres lieux encore plus chers, et des personnages dont ils n’osaient se dire les noms, pour ne pas user leur joie par les larmes d’un bonheur anticipé ! Leur âme, en un mot, se plongeait de plus en plus dans l’extase des rêves enivrants ; elle montait vers le ciel sur les ailes de la reconnaissance et du bonheur....: *elle* car il n’en avait qu’une à eux deux.

— Casimir, disait quelquefois Rose, je me souviendrai toujours des enseignements de M. Alexandre. Il me faisait remarquer, en parlant de notre sort, que chaque jour de grand malheur nous a créé à sa suite de meilleurs jours. Vois: La tyrannie de M. Roque m’a poussée à la fuite, et, pendant mon marronnage — comme ils disent — j’ai au moins été tranquille et délivrée de cet homme ! Quand on m’a reprise, le supplice qu’il allait m’infliger, et que tu as détourné par un meurtre légitime, a amené notre fuite, et pendant ce deuxième marronnage, nous avons été heureux, puisque nous nous voyions et que tu travaillais en homme libre ! Ton arrestation a poussé nos bienfaiteurs à m’acheter pour me faire libre, afin que je pusse te voir et te consoler ! Ta condamnation nous a valu ton salut et notre retour dans notre patrie, comme des êtres humains. L’excès de la tyrannie a enfanté la liberté. C’est dans l’ordre des choses, comme disait M. Alexandre ; seulement, on n’observe pas toujours les choses ! Nous ne savons donc pas quand un événement, qui nous trouble, est un malheur, puisqu’il peut contenir une amélioration ! L’homme ne sait rien, et il juge de tout ! Toujours le grand mot du sage, comme disait monsieur Michaud: “L’homme s’agite et Dieu le mène !”

— Oui, dit Casimir ; il s’agite mal, et Dieu le conduit bien.

Le 10 Mars, au lever du soleil, une ligne un peu sombre se dessina à l’horizon ; seulement, il n’y avait que des yeux de marins qui la pussent distinguer et reconnaître. Le capitaine Smith, sa longue-vue à la main, avait gravi quelques enfléchures pour mieux voir. Edouard, muni d’une autre longue-vue, regardait aussi. Casimir et Rose s’écarquillaient les yeux et disaient ne voir qu’un petit nuage grisâtre, ce qui fit sourire le capitaine.

— Mes amis, dit-il, *cette petite nuage été véritablement le terre de la Guadeloupe ! Je avé aperçu même le portrait....non, le dessein du Soufrière ! Dans un petit heure, vous verrez un petit mieux....un peu mieux, je voulé dire.*

Puis il modifia la route, commanda quelques manœuvres, et bientôt la brise ayant fraichi, la *Coroline* fila ses dix nœuds avec un léger tangage.

Alors la terre commença à apparaître plus distincte. La terre! après cinq ans de dangers, de souffrances et de larmes ! après cinq ans du plus rude esclavage, de la plus douloureuse séparation, des plus poignantes angoisses !....

O lecteur !....avez-vous connu l’exil par suite d’humeur aventureuse, ou par ennui du pays, ou attiré par le mirage trompeur de la fortune, ou chassé par les vicissitudes des événements ? et là, en exil, avez-vous eu à souffrir des hommes ou des choses ? votre vie matérielle a-t-elle été pénible et rude ? votre cœur a-t-il saigné aux souvenirs de chers absents ? s’est-il serré à la vue de l’égoïsme ou de l’indifférence des populations que vous aviez rêvées hospitalières et grandes ? Avez-vous, peu vêtu dans l’hiver, salement couché en commun, sans foyer ami, l’estomac vide quelquefois, et le cœur plein toujours, traîné pendant des années une vagabonde existence d’expédients amers ? Avez-vous laissé aux épines du dénuement quelques débris de votre réputation, et la haine a-t-elle arraché le reste avec les griffes de la calomnie ? Peu à peu mis à nu, sans travail, sans ressources, sans crédit, avez-vous vu souvent approcher la nuit sans savoir où reposer votre tête ? Votre estomac a-t-il souvent sonné en vain l’heure des repas ? et vous êtes-vous quelquefois demandé s’il ne fait pas encore meilleur au fond de l’eau que sur la terre ?.... — Plongé dans cet aride désert de l’exil, aviez-vous....loin....bien loin, par delà les horizons, une famille, des amis, un foyer....où l’on pleurait votre place vide ! L’aisance, la tranquillité, le repos du cœur étaient ils là-bas, vous attendant dans quelque chère demeure où vous ne pouviez aller ? Une mère pouvait-elle vous appeler, une femme prier pour votre retour, un enfant tendre ses petits bras en criant votre nom ? Et vous, attaché au rivage maudit, abaissé par la misère, revoyiez-vous parfois, à travers vos larmes, par-delà l’horizon, une couche qui vous eût reçu, une table où votre place fût marquée, un foyer où votre chaise vide semblait vous attendre !

— Eh bien, l’esclavage est mille fois l’exil, pour qui sent l’esclavage !....Et si l’exil et l’esclavage frappent ensemble et courbent tous les deux la même tête !....

Maintenant — si un regard de la Providence change tout-à-coup les événements, et vous ramène, naguère esclave et exilé — vous ramène libre ....et jeune....et aimé! au rivage natal....pourrez-vous dire ou écrire les explosions de votre cœur, les convulsions de votre âme, les cataclysmes de tout votre être moral? Pourrez-vous dire les débordements de votre joie, les folies de votre bonheur, les ivresses de votre raison? Non! Il y a des peines si pleines d'amertumes, et des enivrements d'âme si pleins de volupté, que Dieu seul les peut comprendre, et que nulle langue humaine ne les peut exprimer....

Les Pitons de la Soufrière apparaissaient enfin dans leur imposante hauteur, comme deux géants gardant les mers, appuyés sur une île de verdure. Les dentelures des côtes étaient nettement dessinées sur le fond éclatant de l'horizon, et un admirable soleil répandait sur ce magnifique tableau tous les trésors de ses rayons.

— O mon Casimir! dit Rose, mon cœur s'en va.. la joie me tue!

— Rose! ma Rose! quel beau moment pour mourir! afin d'aller remercier Dieu....

— O mon pays! disait Edouard de son côté, que ceux que j'ai vus me font t'aimer davantage!

A ce moment, on aperçut une embarcation qui avançait rapidement, sous l'impulsion de quatre longues rames. C'était le canot-pilote. Quand le patron qui le gouvernait fut monté à bord, il prit le commandement de la manœuvre — et le capitaine descendit dans sa cabane, pour préparer ses papiers de bord. La brise se soutenait forte et bonne, et les yeux pouvaient distinguer déjà les grands arbres des hauteurs, et la luxuriante végétation de l'île. Bientôt il fallut diminuer de voilure, pour entrer à petite marche dans la passe. Aussitôt qu'elle fut franchie, on put apercevoir à tribord les forts *l'Epée* et *l'Union*, puis, plus loin, d'autres hauteurs non fortifiées, et enfin le morne de Darboussier. A gauche s'étalaient les petits îlots qui font à la rade comme une ceinture verte.

Rose et Casimir étaient immobiles, les yeux pleins de douces larmes.

— Que c'est beau! s'écria Rosine.... Maman, est-ce que c'est le paradis, ici?

La *Caroline* du capitaine Smith n'avançait plus que par son impulsion, car elle était à sec de voiles, moins la brigantine et un foc. Bientôt un commandement bref fut lancé par le pilote, et aussitôt un grand bruit de chaîne roula quelques secondes dans les échos: on venait de mouiller l'ancre à la place que devait occuper la *Caroline* pendant sa station dans la rade française.

On put voir alors la ville nouvelle, presque rebâtie depuis emblement de terre. Elle était plus riante et plus coquette qu'auparavant, du moins dans son premier plan, visible de la rade.

Sur ses quais, couverts de marchandises, chantaient à pleine voix une foule de noirs rabattant les boucauts de sucre de la récolte nouvelle. Parmi les travailleurs circulaient des négrillons tout nus, *chippant* un peu de sucre à chaque boucaut et courant de tous côtés, comme une bande de sapajous échappés d'une ménagerie. — A bord des navires à l'ancre, les matelots chantaient aussi leurs rudes strophes qui battent, pour ainsi dire, la mesure du hissage. On entendait par-dessus tous les autres, un équipage nombreux entonnant à grand renfort de poumons, la fameuse chanson des ports du Hâvre:

> C'est l'capitain' du Mexico
> Cha – li – a – li – a – lo....
> Qui donne à boir' à ses mat'lots
> Cha – li – a – li – a – lo....
> A grands coups d'anspecs sur le dos!
> Cha – li – a – li – a – lo....

Et, à chaque mesure, la manœuvre criait dans les poulies, et le boucaut de sucre — de quatorze à quinze cents livres, s'élevait d'un degré, jusqu'à ce qu'il fût au-dessus de l'écoutille béante de la cale, où il allait s'engouffrer, en attendant un autre boucaut.

On revenait vraiment à la vie, en voyant cette joyeuse animation, en entendant ces voix rudes et mâles jeter la gaîté dans le travail! Nos trois exilés regardaient de tous leurs yeux et écoutaient de toutes leurs oreilles, ne sachant comment se multiplier pour donner pleine satisfaction à leurs sens.... galvanisés par le tableau de cette vitalité. Ils ne voulaient rien perdre du majestueux silence de la nature, ni du bruit étourdissant des travailleurs. Tandis que leurs oreilles percevaient les éclats de mille voix ardentes, leurs yeux dévoraient les géants — à eux si connus — de la riche végétation tropicale: le cocotier, le mangotier, l'arbre-à-pain, le fromager, le courbaril, et — le plus bel arbre du monde: — le palmiste! Plus bas, sur des collines à la pente légère, ils voyaient les ondes dorées des flèches des cannes à sucre, agitées par la brise. Sur les hauteurs rocheuses, éclataient les grains rouges des cafés murs. Ailleurs, les plaines de maniocs s'étendaient à perte de vue, en vastes tapis d'un vert foncé. Pas une place nue ou stérile n'attristait le regard, tant cette puissante végétation des Tropiques est riche partout! dans la plaine, sur la montagne, au fond des vallons, dans les bois immenses!

Enfin, toutes les formalités ayant été remplies, il fut loisible aux passagers de débarquer!

Edouard Ch.. Casimir, Rose et Rosine descendirent — après avoir de tout leur cœur remercié le brave capitaine — dans un des vingt ou trente canots qui entouraient déjà la *Caroline*, et, dix minutes après, ils mettaient encore le pied sur le sol chéri qui les avait vus naître !

Edouard, l'enfant libre, revenait homme. — Les trois esclaves revenaient libres !

XVIII.
LE MORNE DE JOLIMONT.

En mettant les pieds sur le quai de la Pointe-à-Pitre, Edouard se dirigea immédiatement vers la Place de la Victoire, où était établie une écurie publique, pour y louer un cheval et aller à la Basse-Terre. Il en avait assez de trente jours de mer, pour le moment, et il préféra faire la route par terre, pour aller surprendre ses parents avant que la nouvelle de son arrivée leur pût parvenir par quelque voie indirecte.

Casimir et Rose, tenant leur Rosine chacun par une main, prirent une autre route, pour se rendre... où nous les verrons bientôt arriver.

Rose était vêtue comme nous l'avons vue déjà, à la mode des filles de couleur des colonies françaises. La joie, le bonheur, la liberté ! et le lieu où elle se rendait, et les êtres chéris qu'elle allait revoir.... la faisaient si jolie et si rayonnante, que jamais elle n'avait été aussi parfaitement belle. Son doux orgueil de mère aussi brillait dans ses yeux ravis, et elle regardait sa gentille Rosine comme un ange doit regarder un chérubin. Rose avait alors environ vingt-deux ans — âge où la vraie femme commence, où toute sa belle vigueur prend les séduisantes formes qu'elle garde jusqu'à trente et quelques années, dans les pays chauds. Rosine avait quatre ans passés. Elle était à la fois mignonne et robuste, comme ces natures minerveuses qui, minces et élancées, à trente ans, abattent de gros colosses, lymphe et clair. Elle ressemblait à son père et à sa mère à la fois, leste et souple comme lui, gracieuse et ardente comme elle. Casimir avait trente ans. Il était aussi beau qu'homme peut l'être. La même joie, le même bonheur le transfiguraient aussi, si nous pouvons ainsi dire, et l'horizon de la liberté semblait avoir décuplé la puissance et la bonté de son regard. Il portait un pantalon noir, une redingote blanche et un chapeau de Panama. Ses pieds, étroits et cambrés, étaient chaussés d'escarpins bien faits. Il marchait allègre et calme tout à la fois, jetant, de temps à autre, un regard d'amour et de fierté sur les deux plus chères têtes qu'il eût en ce monde. Enfin, on ne pouvoit voir un plus joli, un plus suave tableau que celui de ces trois créatures — sorties des limbes de la servitude la plus misérable — et rayonnant tout-à-coup au soleil de la liberté.

A peine avaient-ils fait quelques pas parmi les travailleurs des quais, qu'un noir poussa un cri qui fit retourner ses voisins, puis s'élança vers les nouveaux débarqués, tenant encore à la main le marteau dont il se servait pour son travail.

— Mam'zelle Rose! s'écria-t-il, mam'zelle Rose ! ....et Casimir !....et la plus belle petite fille du monde ! — Oh que je suis heureux ! — Mais d'où venez-vous donc, si beaux ? Qu'est-il arrivé ? Est-ce que vous n'êtes plus esclaves ? Comment s'appelle cette petite Rose-là ?

— Bon Zamor ! répondit Rose — quand le déluge du noir eut un moment d'arrêt — bon Zamor ! je suis heureuse aussi de vous revoir !

Et elle tendit sa belle main vers la main rude et noire de son ancien amoureux si plein de respect.

— Oh ! non, mam'zelle ; j'ai la main toute humide de sucre et de rouille : je salirais la vôtre.

Mais, avisant un baquet d'eau placé près d'un travailleur, il en puisa une *moque* qu'il se versa d'une main sur l'autre, puis il s'essuya avec son tablier.

— Maintenant, dit-il, je veux bien.

Il pressa alors la main de Rose, puis celle de Casimir, puis celle de la petite, avec une véritable joie d'enfant.

— Zamor....fit Rose, et....ma mère ?

— Elle se porte comme un charme.

— Et Salomon ? dit Casimir.

— Il n'est pas malade, mais il garde souvent le hamac. Il va sur ses cent dix ans ! et dam ! c'est bien quelque chose !

— Maintenant, dit Rose, je pourrais répondre à toutes vos questions, mais c'est à une autre personne que je dois les premières nouvelles ! vous comprenez....

— Oui, je comprends, et vous avez toujours raison. Ce soir, ajouta-t-il, j'irai à Jolimont, et vous me raconterez tout, de votre musique de voix ! — Mais attendez, fit-il encore, il y a ici quelqu'un de votre connaissance, avec qui j'ai souvent parlé de vous, allez !

Et, faisant un porte-voix de ses deux mains, il cria dans la direction nécessaire.

— Thermidor ! ohé....Thermidor !

Une tête noire se retourna, qui, apercevant Zamor près d'un madras et d'un panama, jeta là clous et marteau, et prit sa course vers le groupe d'où l'appel était parti.

Quand Thermidor se trouva en face de Rose, de Casimir et de Rosine, il resta stupéfait, la bouche presque béante, comme s'il eût été frappé d'une paralysie subite.

— Eh bien, Thermidor, fit Casimir, comment va ? mon ami....

— Bon Dieu Seigneur ! s'écria enfin le noir.... est-ce que je rêve ? C'est Rose ! c'est Casimir ! et ....une petite Rose, par-dessus le marché !

— Oui, Thermidor, dit Rose, nous voilà enfin ! Et comment allez-vous ?

— Mais....pas mal, comme vous voyez, répondit le noir dont l'étonnement ne semblait pas diminuer.

— Si vous voulez savoir ce que votre regard demande, lui dit Casimir, venez ce soir à Jolimont avec Zamor. Et, en attendant, adieu....ou plutôt au revoir....Nous sommes pressés d'arriver !

Rose fit un signe de tête à Thermidor, serra la main de Zamor....et la petite famille continua son chemin.

— As-tu vu ? Zamor. fit Thermidor ; elle t'a donné la main, et à moi elle n'a fait qu'un signe de tête ! Crois-tu qu'elle m'en veuille jusqu'à présent de ma sottise ?

— Oh ! non, elle est bien trop bonne pour cela ! Mais, si tu avais vu ton visage quand tu la regardais ! Tu devais l'avoir ainsi, la fameuse nuit où tu essayas....tu sais ?

— Ce n'est pas ma faute, à moi ! Je vois bien maintenant que j'étais fou ! Elle s'offrirait à moi, que je n'oserais pas ! je crois....Je suis laid et noir : et elle est plus belle que jamais ! Et Casimir, voilà un joli homme ! Et leur petite !

— Pas moins, dit Zamor, tu avais l'air de vouloir la manger, et je crois que Casimir s'en est aperçu. Si tu viens au morne, tiens-toi bien !

Les deux noirs retournèrent à leur travail, après s'être donné rendez-vous pour aller le soir à Jolimont.

. . . .

Partout sur le passage de Rose, de Casimir et de Rosine, on se retournait avec admiration. Ils avaient tourné les quais à leur gauche, et les avaient suivis jusqu'à la rue des Abymes, qui conduit en droite ligne au chemin du même nom. Quelques femmes et filles de couleur les reconnurent, et ce fut, à chaque reconnaissance, une halte de plusieurs minutes. Rose faisait invariablement la même réponse : " Je dois les premières nouvelles à ma mère et à Salomon. " Et à cette réponse personne ne pouvait faire la plus légère objection.

En arrivant à la hauteur du petit pont des Abymes, jeté sur le canal Vatable, et qui sépare la ville du faubourg, une mulâtresse, qui reconnut Rose tout de suite, vint à elle et l'embrassa cordialement. Plusieurs autres s'attroupèrent autour des arrivants, et ce fut à qui exalterait la beauté de Rose. Elles regardaient aussi Casimir avec plaisir, mais la présence de Rose les contint dans les limites d'un sage silence.

— Eh bien ! s'écria celle qui avait embrassé Rose, je vous prends toutes à témoin que j'abdique dès à présent la couronne que toute la Pointe-à-Pitre m'a décernée comme étant la plus jolie du pays ! Je ne suis pas jalouse, parole d'honneur ! la différence est trop grande.

— Alors, dit une autre, c'est Rose qui est la reine ! Nous verrons bien si la Martinique va remporter le prix au mois de mai, comme l'année dernière.

Rose et Casimir souriaient ; mais, comme ils avaient hâte d'arriver, ils coupèrent court à tous les compliments, et rien ne les devant plus arrêter sur le chemin qu'il leur restait à faire, Casimir prit Rosine sur son bras gauche, et ils se remirent en route d'un bon pas.

Comme onze heures sonnaient à l'église de la ville, ils aperçurent le sommet du gros arbre à pain qui avait tant nourri déjà le vieux sage. Bientôt ils le distinguèrent à moitié. Ils n'étaient pas loin ! Le cœur de Rose battait à coups précipités. Casimir sentit ses yeux se mouiller....sa petite Rosine l'embrassait à chaque instant....

— Arrêtons-nous un instant ! Casimir, dit Rose ; tout mon sang me reflue au cœur ; je crois que je vais tomber.

— Courage ! chère femme, répondit Casimir en soutenant Rose ; les émotions du bonheur sont fortes, mais elles ne font pas de mal.

Sa voix à lui-même tremblottait. Ils s'arrêtèrent.

— Allons donc là ! maman, dit Rosine en montrant une portion de la cabane qui paraissait au coude du chemin.

— O chère, chère enfant ! s'écria Rose en embrassant sa fille avec une frénésie d'amour maternel, tu pressens donc !

— Allons, Rose, prends mon bras, dit Casimir ; je tiendrai la petite de l'autre main.

Ils se remirent en route d'un pas chancelant.

Bientôt ils purent apercevoir la cabane entière, puis celle qu'on y avait ajoutée pour Suzanne.

Mais au même instant, un grand chien noir, à longs poils, la queue fièrement relevée, arriva au trot allongé à leur rencontre. L'animal intelligent n'eut pas plus tôt approché son beau museau de la jupe de Rose, qu'il poussa de petits hurlements de joie, agita son panache naturel, et finit par jeter ses deux pattes de devant sur la poitrine de la jeune femme. Rose, au comble de l'émotion, l'embrassa comme elle eût embrassé un chrétien.... tandis que Rosine, loin d'avoir peur, le caressait de ses petites mains.

— Et moi, dit Casimir, et moi, Veille-Toujours ? Le chien quitta Rose et alla souhaiter la bienvenue à son ami, avec les mêmes démonstrations de joie.

— Il a toujours son beau collier, dit Rose.

Quelques secondes après, Casimir, Rose et Rosine étaient sur le seuil de la cabane de Salomon. Rose tenait Rosine dans ses bras.

Le vieux sage était étendu dans son éternel hamac. Il dormait. Sa bonne vieille face semblait sourire dans un rêve. Les arrivants avancèrent d'un pas, sans faire de bruit. Alors, sans s'éveiller, le vieux Salomon, tendant son bras tremblant du côté de Rose :

— Mère Suzanne ! s'écria-t-il, voici vos enfants !

— Mes enfants ! répondit une voix qui partait d'une chambre voisine.... mes enfants !!....

Et, presque en même temps, une porte de communication s'ouvrit brusquement, et la vieille mère parut.... épouvantée de joie.

— Mes enfants ! mes enfants !! s'écria-t-elle....

Et, défaillante de bonheur, elle enlaça de ses bras maternels son enfant et l'enfant de son enfant !....

— O mon Dieu ! disait-elle au milieu des larmes de bonheur, j'en avais deux, et vous m'en rendez trois !

Après une longue minute, elle s'arracha des bras de ses filles, et se jetant dans ceux de Casimir :

— Casimir ! mon fils ! s'écria-t-elle, merci ! tu me les as ramenées !....

— Eh bien ! et moi ! dit le vieillard réveillé au bruit de la porte brusquement ouverte.

— Oh ! grand papa ! dit Rose en prenant la tête du vieux noir, et en mouillant de ses larmes son vénérable visage.... Dieu nous a donc réunis !

— Je le savais, ma fille, et je vous attendais.

Rose recula, non sans une sorte de terreur.

— Je te raconterai cela plus tard, ajouta-t-il. En attendant, tu n'as pas besoin d'avoir peur : je ne suis pas fou.

— Oui, cher Casimir, disait Suzanne, il m'a tout dit, tout raconté, tout annoncé jour à jour ! Je croirais qu'il communique avec ceux d'en-Haut.

— A présent que vous êtes libres, mes enfants, dit Salomon, nous allons faire des projets, mais pas à cette heure. Ce soir, à la veillée, nous causerons.

.

Le soir était venu. A deux heures de l'après-midi, on avait fait un repas en commun. Salomon, Suzanne, Casimir et Rose avaient mis la main à la confection du dîner du retour, et il ne faut pas demander s'il fut bon, et surtout s'il fut trouvé bon ! On était arrivé à la Cabane du Vieux avant midi, mais Salomon avait voulu que plus de deux heures s'écoulassent avant qu'on se mît à table, afin de donner aux premières émotions le temps de s'épancher, et aux premières causeries celui de s'user un peu elles-mêmes. Aussi, à deux heures, avait-on fait honneur au repas, et bu à la bonne réunion et à la non moins bonne liberté ! La mère et la fille avaient versé ce trop plein de larmes qu'une grande joie amasse entre le cœur et les yeux. Casimir avait reçu de la vieille mère autant de bénédictions que de baisers, au récit, fait par Rose, du meurtre de monsieur Roque. Le mulâtre avait monté de cent degrés dans l'estime et dans l'admiration de la vieille, et elle était encore plus heureuse de voir sa fille appartenir à un tel homme que de son retour auprès d'elle.

Donc, comme nous l'avons dit, le soir était venu. Zamor et Thermidor venaient d'arriver. Quelques-uns de leurs amis les avaient suivis, tous connus et estimés de Salomon et de Suzanne. De plus, une douzaine de mulâtresses, quarteronnes, griffonnes et autres, des connaissances de Rose, y comprise la reine descendue du trône par une abdication volontaire ! avaient gravi toutes ensemble le morne de Jolimeut.... qui certes n'avaient jamais vu ses petits sentiers foulés par autant de jolis pieds à la fois ! C'était en effet *la fleur des pois* du pays que ces vingt jeunes filles ou jeunes femmes venues pour entendre, autour de leur nouvelle reine, le récit des aventures de la petite famille ! Zamor était ébloui ; Thermidor ne tenait pas en place ; les autres visiteurs se croyaient transportés dans un paradis comme celui de Mahomet. Casimir était le plus beau, comme Rose était la plus belle. Suzanne était bien heureuse ! Quant à Salomon, ainsi qu'un vénérable patriarche au milieu d'une grande réunion de famille, il était l'objet des soins, de l'amitié, des respects de tous ! — Veille-Toujours ne savait à qui répondre, tant il était accablé de caresses ! Il fallait voir son panache caudal circuler parmi toutes ces jupes légères, blanches, roses, rouges, grises, vertes, bleues, jaunes, toutes sorties d'armoires parfumées !.... Fier et heureux de voir la demeure de son maître envahie par tant de beautés, il faisait flotter parmi elles l'ornement que lui avait donné la nature, comme Henry IV son panache blanc au milieu des dangers de la bataille.

— Mes enfants ! dit Salomon en élevant sa voix un peu chevrottante, vous ne pouvez pas rester debout pendant le récit qui doit avoir lieu ; il faudrait voir à trouver moyen de vous asseoir, et ensuite à faire silence.

— Mais, grand papa, répondit Rose, nous sommes trente, et il y a bien ici quatre chaises !

— Ma fille, observa le vieux, il faut, autant que possible, savoir se tirer d'affaire, et ne pas être embarrassé pour des détails de peu. — Casimir, dit-il ensuite, va avec trois hommes de bonne volonté, derrière la maisonnette de tante Suzanne ; là, tu trouveras des planches ; apportez-en quatre ; on les posera sur n'importe quoi, et tout le monde pourra s'asseoir. Les quatre chaises seront pour Casimir, pour Rose, pour Suzanne et pour Louisa, qui a abdiqué en faveur de Rose. Moi j'ai mon coffre. Rosine aura pour siége les genoux de sa grand'mère.

Cinq minutes après ce discours, tout le monde était placé, et le silence se fit bientôt assez profond pour que Casimir pût prendre la parole.

Alors, d'une voix tantôt calme et douce, tantôt vibrante et indignée, d'autres fois pleine de terreur, puis émue d'amour, il raconta la longue série d'aventures que connaît le lecteur. Toutes "les

oreilles étaient suspendues à sa voix ;" tous écoutaient haletants, curieux ; ici respirant à l'aise, là
bouillant d'indignation. Jamais narrateur n'obtint pareille attention. Quelques rires partirent
à deux ou trois reprises, comme des fusées, de
vingt bouches gracieuses, ornées de perles fines et
blanches ; plus souvent des larmes coulèrent de
tous les yeux ; parfois des cris d'indignation éclatèrent....

Quand Casimir redit la scène nocturne dans laquelle il avait renversé son maître, au milieu de
l'obscurité, des bravos éclatèrent parmi les femmes.
Quand il raconta cette autre scène du narcotique,
dans la nuit aussi, où monsieur Roque abusa,
comme un misérable, de la pauvre Rose endormie.... tous les yeux lancèrent des flammes, et
Thermidor baissa involontairement la tête. Lorsque, arrivé au fameux quatre-piquets, Casimir tint
ses auditeurs en suspens, en détaillant chaque
parcelle de ce fait capital, on n'entendit plus que
la respiration de Veille-Toujours, qui sommeillait
paisible aux pieds de son maître. Quand le fouet
de Pierre siffla, dans la bouche de Casimir, il y
eut une seconde de terreur.... mais — lorsque le
coutelas vengeur perça la poitrine du tyran, une
explosion de soulagement accompagna la reprise
de trente respirations suspendues.

Ce fut bien autre chose ensuite ! car, à partir de
ce moment, Casimir ne parla plus avec sa voix
ni avec son geste, ni avec les intonations à effet,
que tout orateur emploie, même malgré lui ; ce fut
son cœur, son cœur seul qui répandit, en passant
par ses lèvres, tous les plus nobles sentiments de
la gratitude ; ce fut son âme, qui, échauffée par le
souvenir des bienfaits, brisa toutes les conventions
du langage humain, et s'éleva jusqu'au sublime...
car il parlait alors des *frères* de la Croyance Universelle, des hommes qui risquent leur vie pour défendre les opprimés, qui offrent, pour ainsi dire,
leur poitrine aux poignards des guet-apens, aux
exécutions de la loi du lynch, pour former de fra-
ternelles associations en faveur des esclaves, pour
l'extinction de l'esclavage ! Dans sa reconnaissance passionnée, Casimir les représentait comme les
apôtres du Christ, prêchant la fraternité au milieu
d'orgueilleux propriétaires d'esclaves, la liberté au
milieu des plus affreux tyrans ! Il ne chercha rien
et trouva tout. Il n'arrangea pas ses phrases et
dit des choses sublimes. Dieu était dans son âme,
et quand ce saint nom passait sur ses lèvres, il
semblait les embaumer et les sanctifier. Ce qu'é-
prouvait et exprimait l'auditoire, ce n'était plus de
l'admiration, ce n'était plus de la frénésie, ni de la
colère, ni de la joie, ni de la curiosité.... C'était
comme une divine extase, comme un saint recueillement.... On eût dit le peuple prosterné, écoutant Jésus debout sur la montagne !

Il dit leur fuite, les noms vénérés de ceux qui
l'avaient protégée, leur séjour au sein d'une noble
et hospitalière famille, puis son arrestation à lui,
et la liberté de Rose ! Il raconta ses deux mois de
prison, sa condamnation à mort, son évasion, œuvre des *frères* comme la liberté de Rose ! son voyage, son arrivée à New-York, dont le sol libre
l'avait fait libre ! sa traversée avec le digne capitaine Smith, et enfin son retour avec sa femme et
leur enfant, dans le pays de leur cœur !

Quelques secondes de silence suivirent la fin
des aventures de la petite famille, racontées par
Casimir. Alors, les respirations reprirent leur
cours régulier ; quelques paroles furent échangées,
çà et là, à voix basse, puis un peu plus haut.
Bientôt on entoura les deux héros de ces rapides
aventures qui s'étaient déroulées pendant le laps
de cinq années. Les hommes firent cercle autour de Casimir, les femmes autour de Rose, chacun demandant une explication, un nouveau détail, un renseignement. Tous surtout étaient heureux de les savoir libres.

— Mes enfants — dit Salomon en s'adressant à
tous — voilà bientôt dix heures, et j'ai une confé-
rence qui me tiendra jusqu'à minuit. Il est donc
temps que vous vous retiriez, et je vous invite à
le faire. Vous savez que le vieux ne se gêne pas :
il ne lui reste pas trop de temps à vivre pour qu'il
en puisse perdre !

Ce fut alors à qui viendrait serrer la main de
l'aveugle, ou l'embrasser en lui souhaitant le bonsoir, et bientôt l'ajoupa fut vide d'étrangers.

Alors, on entendit, sur le chemin de la demeure
du vieux sage, les voix des assistants qui descendaient le morne, en faisant force commentaires sur
les événements racontés. Des timbres frais et
jeunes se mêlaient à des notes mâles et fortes —
comme se mêle la basse à l'instrument chantant —
et toutes ces voix allaient diminuant à mesure
qu'elles s'éloignaient, et, quelques minutes après,
on n'entendit plus que le murmure de la brise
dans les grands arbres, et le concert des insectes
de nuit dans les halliers de la route.

———◆———

XIX.

CAUSERIES ET PROJETS.

— Asseyons-nous, mes enfants, dit Salomon à
Casimir, à Rose et à Suzanne ; asseyons-nous et
causons.

— Mais, grand papa, dit Rose, quelles idées
avez-vous donc en tête ? Il me semble qu'il y a des
projets sur le chantier....

— Chaque chose a son temps, chère fille de mon
cœur, répondit le vieux. Oui, j'ai des projets, et
je vais vous les communiquer tout de suite, afin
que nous en commencions l'exécution pas plus tard
qu'après-demain. Je ne suis pas de la première

jeunesse; ajouta-t-il en souriant, et je n'ai pas de temps à perdre.

— Moi, dit Suzanne en caressant Rosine qu'elle avait déjà accaparée pour elle seule, j'aime beaucoup les projets de Salomon: il en résulte toujours du bon pour quelqu'un.

— Voici l'affaire, dit le vieil aveugle: Nous allons construire une maisonnette à la suite de celle de Suzanne, pour Casimir, Rose et Rosine; Zamor, qui est aussi bon charpentier que le mari de Rose, travaille avec nous, ainsi que deux autres libres que j'ai engagés.

— Comment! interrompit Rose, est-ce que vous travaillerez aussi, vous, grand-papa?

— Vilaine bavarde! fit le vieux.... tu verras si je travaillerai! J'en ferai plus à moi seul que les quatre ensemble!

— C'est un peu fort! riposta la jolie fille. Décidément, grand-papa, vous êtes jeune et clairvoyant!

— Jeune, non! — dit Salomon — clairvoyant, oui! et plus que vous autres tous! — Mais silence! je défends qu'on m'interrompe!

— Nous avons, continua-t-il, les chevrons et les poteaux de charpente, plus un lot de planches toutes varlopées; on achètera d'autres bois, les ferrures et le reste, et il faut que tout soit achevé dans trois semaines! Et que la chambre de Rose soit tapissée de papier rose, et la salle de papier bleu! Quant à la cuisine, vous l'arrangerez comme vous voudrez. On décorera en même temps la chambre de tante Suzanne. Quant à ma cabane, je veux qu'elle reste telle qu'elle est: j'ai mes motifs.

— Ah ça, mais, grand-papa, dit Rose, vous êtes un despote! savez-vous.... Si nous voulons réparer votre demeure, nous!

— Et si je ne veux pas, moi!

— Alors, si nous ne voulons pas tapisser nos chambres!

— On les tapissera tout de même! s'écria le vieux. Je suis le père, le grand-père, l'aïeul, le bisaïeul! moi, et vous, vous êtes mes enfants, et vous devez m'obéir! D'ailleurs, mademoiselle Opposition, vous n'avez pas la parole! — Viens que je t'embrasse, ma Rose! ajouta-t-il: tu es la gaité de mes derniers jours, et je ne t'oublierai pas là-Haut!

— Et moi, père, dit Casimir, ai-je la parole?

— Non, mon garçon, je suis un roi absolu, et c'est pour le bonheur de mes sujets, puisque je ne veux que les rendre heureux. — A propos, ajouta-t-il, combien avez-vous d'argent?

— Je ne sais pas, répondit Casimir; demandez à Rose.

— Nous avons huit cent francs, répondit la mulâtresse....

— Moi j'en ai cent vingt, dit la mère Suzanne.

— Et moi, ajouta Salomon, j'ai quarante gour-

des percées, et quelque petite monnaie, mettons deux cents francs. Total: onze cent vingt. Eh bien, nous mettrons chacun la moitié de notre avoir, et avec ce qu'il reste de bois, nous arriverons à tout faire, et il nous restera un peu d'argent. Quant à Jolimont, qui m'appartient, je le donne à Rosine en toute propriété.

A ces mots, il ouvrit un coffre, en tira des papiers, et, appelant la petite fille, qu'il prit sur ses genoux:

— Tiens, chère petite, dit-il, voilà un abri pour ta jolie tête. Sois-y heureuse! je viendrai t'y voir, de là-haut, quand tu seras grande!

— Père, dit Casimir, pourquoi vous dépouillez-vous pour notre enfant?

— Parce que cela me plaît! répondit le vieux. Ne crois-tu pas que je vais emporter la terre de Jomont dans le ciel!

— Mais, grand-papa, vous êtes vivant et....

— Et j'ai encore cinquante ans à vivre! n'est-ce pas? Vous allez peut-être me bercer à l'air de ce refrain-là! — Quand la petite maison sera achevée, ajouta-t-il, je préparerai mon passe-port....et il ne sera pas trop tôt....

Il y eut un moment de silence.

— Quels sont les hommes que vous avez engagés, père, demanda Casimir....

— Deux amis, répondit l'aveugle, deux amis qui ne vous contrarieront pas touchant la Croyance Universelle qui vous a sauvés!

— Oh! tant mieux! dit Casimir, nous pourrons causer avec plaisir et profit.

— Grand-papa, demanda Rose d'une voix mystérieuse, en allant s'asseoir sur les genoux du bon vieillard — grand-papa, dites-nous donc un peu ce que veulent dire vos paroles de ce matin: que vous saviez nos malheurs et que vous nous attendiez...

Casimir s'approcha pour entendre la réponse de Salomon.

— Mes enfants, dit-il, avant de *partir* pour la patrie universelle et éternelle, je vous donnerai un livre, encore inconnu, qui vous apprendra bien des choses, et qui répondra à votre question longuement et clairement, et à bien d'autres encore. En attendant, je puis vous dire ceci:

"Toute créature humaine qui croit aux choses grandes et sensées: à la paternelle bonté et à l'infaillible justice de Dieu; au mérite du bien, et au démérite du mal; à l'âme immortelle, et par conséquent à la *Communication* entre les âmes sympathiques du ciel et de la terre; toute créature humaine qui a le courage de rejeter les sottises et les mystères des religions fabriquées par les hommes, courage qui l'expose aux persécutions des sots et à l'abandon des intéressés à l'erreur; qui a en théorie et en pratique l'amour du prochain et la défense de l'opprimé; toute créature humaine qui s'est placée dans ces conditions, qui travaille selon ses facultés au bien général, dans quelque situation qu'elle se trouve, et qui, s'isolant — par le recueillement -- des choses de la terre, demande fermement à Dieu de voir à travers le temps et l'espace.... peut voir à travers le temps et l'espace, autant qu'il est nécessaire pour le bien. "

Voilà ce que je puis vous dire, et pas davantage. Vous saurez tout quand il sera temps, parce que vous êtes de ceux que Jésus appelait les *hommes de bonne volonté.*

Ne me croyez pas un savant ni un enthousiaste parce que je vous parle ainsi. Quiconque lira ce que j'ai lu, entendra ce que j'ai entendu, et verra ce que j'ai vu, pensera et parlera de même, depuis l'esprit le plus superbe, jusqu'au cœur le plus simple.

Mes enfants, pour développer cette Croyance Universelle — d'où je tire ce que je vous enseigne — il faudrait un livre entier. Ce livre est fait, mais le temps n'est pas encore venu qu'il soit publié en toutes les langues vivantes, comme il le sera un jour.

J'ai vu votre esclavage, Casimir, et les poursuites de Rose, et votre résistance, et vos peines, et votre délivrance! Je vous ai vus sur le navire qui vous ramenait. Votre image grandissant à mes yeux, au bout du télescope moral posé sur le regard de mon âme, m'a appris que vous approchiez, jusqu'au moment où vous avez mis les pieds sur notre rivage. C'était autant un songe qu'une vision, et il n'y a pas là le plus mince phénomène. "L'intelligence explique les choses physiques; l'âme les choses spirituelles. Seulement, de même que pour voir les choses de la terre il faut ouvrir les yeux du corps, de même pour voir les choses du ciel il faut ouvrir les yeux de l'âme. "

Casimir avait la tête penchée sur sa poitrine... et méditait. Rose regardait Salomon comme le croyant doit regarder le prophète. Suzanne comprenait peu.

— Mes enfants, quand la petite maison sera achevée, dit le viel aveugle, savez-vous ce qu'il faudra arborer à son modeste sommet, qui se terminera en pointe de pyramide? — Toi, Casimir, à quoi dois-tu le salut et la liberté, et quel est l'emblème de la Croyance universelle?

— Oh! s'écria Casimir.... quelle idée! quelle grande idée! *L'Etoile!*

— Oui, mon fils: " *L'Etoile de l'humanité sur la Pyramide du Progrès!....* " Et c'est moi qui la poserai de mes mains! Je gravirai l'échelle à tâtons, et, dans la cavité toute préparée à la recevoir, je planterai la tige qui porte notre emblème! — Regardez! ajouta-t-il....

Et, prenant dans son coffre un papier blanc, il le déplia et en tira une étoile de métal doré, de dix à douze pouces de diamètre.

— Quand je ne serai plus parmi vous, dit-il, vous la regarderez, et vous penserez au vieil aveugle qui vous aura éclairés; et lui, du haut de la patrie commune — où vous viendrez le rejoindre un jour, il vous verra et vous bénira, ô mes enfants!

. . . .

Il était minuit: on se sépara.

Suzanne enleva un matelas de son lit, le mit sur le plancher en le protégeant par une natte, et, malgré les représentations de sa fille, elle y voulut coucher avec Rosine, et donna son propre lit à Casimir et à Rose. Les meubles — rapportés des des Etats-Unis, à bord de la *Caroline,* — devaient être transportés le lendemain à Jolimont.

Doux repos que celui qu'ils goûtèrent — cette première nuit — au pays natal, libres! et entourés de tout ce qu'ils aimaient, leur mère et leur meilleur ami! — Et au réveil! quand leurs yeux reconnurent ce jour si gai, ce ciel si pur, cette nature si riche, et le soleil qui donnait la vie à ce tableau magique! Oh! tous les rêves qu'ils avaient pu faire ne valaient certes pas la réalité à laquelle ils ouvraient les yeux! — Et la pauvre vieille mère! Quand, l'un après l'autre, Casimir et Rose vinrent lui donner le baiser du matin, en lui disant: " Bonjour, mère! " quelles pensées remuèrent dans son pauvre cœur esseulé pendant cinq ans!....

Joies de la famille! seules vous prouveriez Dieu, si Dieu n'avait écrit son saint nom dans notre âme! Joies de la famille! que sont, au prix de vous, et la satisfaction des ambitions, et l'acquisition des grandeurs, et le superflu du luxe, et l'orgueil de la domination? Y a-t-il sur la terre un autre bonheur que celui que vous donnez?....Les plaisirs sont éphémères et usent la vie; les voluptés de rencontre sont fugitives et laissent souvent des souvenirs amers; ni les uns ni les autres ne font un duvet au lit de la vieillesse, et n'entourent de soins amis les têtes vénérables couronnées de cheveux blancs. Vous, joies de la famille, amour filial, amour conjugal, amour paternel, amour fraternel, vous semblez vous entendre pour vous souder les uns aux autres, et former une chaîne de bonheur qui va du berceau à la tombe.

— — —

XX.

LE VIEUX SALOMON.

Vingt-quatre jours après, la maisonnette était achevée. La toiture en était peu inclinée, et sur le haut de la façade on avait fixé deux madriers, taillés en biseaux, dont les extrémités les plus larges se rejoignaient en formant une pointe de pyramide. Ce sommet avait été creusé au tarière, et dans la cavité on avait glissé un petit cylindre de cuivre, creux, dans lequel il ne s'agissait que de laisser couler d'elle-même la tige de l'Etoile.

On était au 3 avril; c'était un dimanche; la pose

de l'étoile avait été fixée pour midi. Quelques voisins invités, surtout parmi les *frères* du vieil aveugle, devaient se rendre, à cette heure-là, à Jolimout, pour assister à la cérémonie. On avait préparé du café et quelques liqueurs, avec accompagnement de gâteaux confectionnés par les jolis doigts de Rose. A onze heures et demie quarante personnes étaient réunies à l'ajoupa. Salomon allait de l'une à l'autre, plus joyeux qu'il avait paru depuis longtemps. Suzanne et sa fille offraient à la ronde les petits verres et les gâteaux. Veille-Toujours avait eu beaucoup de réceptions à faire dans l'étroit sentier, et pour s'en reposer, il allait chercher de l'eau fraîche à la Source. Rosine faisait les délices de l'assemblée par sa gentillesse et ses reparties. Sa grand'mère ne la quittait pas des yeux, et dès qu'elle ne la voyait plus à deux pas d'elle, elle courait de tous côtés, comme si un croquemitaine quelconque l'eût enlevée.

Enfin midi arriva, et Salomon, malgré ses cent-dix ans, s'avança d'un pas assez ferme vers l'échelle, posée bien en face du sommet où il devait opérer la pose de l'Etoile.

— Eh, eh, disait-il en passant devant les jeunes hommes qui le regardaient, il n'y en a pas beaucoup qui en feront autant à mon âge !

La difficulté n'était pas, une fois au haut de l'échelle, de mettre la tige dans sa gaîne, mais elle consistait à atteindre le sommet de cette échelle ! Il fallait encore du poignet et du jarret pour gravir les vingt bâtons écartés d'environ dix pouces les uns des autres.

Salomon avait l'Etoile attachée au cou par un ruban, de façon à ce que ses deux mains fussent libres. Il gravit les dix premiers échelons sans beaucoup de peine ; mais arrivé là, il s'arrêta un moment.

— Les yeux me brûlent, dit-il, et il me semble que quelque chose remue dans mon cerveau.

— Descendez, père, dit Casimir ; c'est peut-être un étourdissement, et vous pourriez tomber.

— Non, répondit Salomon, j'irai jusqu'au bout ; je veux arborer cette étoile avant qu'on n'arbore, dans les colonies françaises, l'étendard de l'émancipation !

— Alors, vous avez le temps, dit une voix triste.

— Pas trop ! répondit l'aveugle....

Et il reprit son ascension. Il montaient lentement, portant, à chaque échelon, une main à ses yeux, comme s'il eût essuyé quelque larme. Tous les regards étaient tournés vers lui avec anxiété, car une chûte eût probablement tué le pauvre vieux. Enfin, il arriva à sa vingtième et dernière station. Alors, tenant l'échelle de la main gauche, il prit l'Etoile de la droite, tâta un instant, trouva aisément le trou et y glissa la tige. Comme cette tige était carrée, l'Etoile se trouva bien de face sans qu'il fût nécessaire de la tourner.

Mais à peine eut-il achevé cette tâche, qu'il poussa un cri.

— Je vois ! s'écria-t-il en même temps.... je vois !! A moi ! la tête me tourne.... à moi !

Il n'avait pas lancé le second appel, que Casimir, arrivé au sommet de l'échelle, le retenait de ses robustes bras. Ils tremblaient tous les deux, l'un de joie, l'autre de peur.

— O mon enfant ! dit Salomon, Dieu me rend la lumière....et tu es le premier homme que j'aie vu depuis trente ans ! Je te reconnais ! Casimir.... tu as passé si souvent dans mes visions !

— Père ! père..... ne vous trompez-vous point ? fît le mulâtre ému.

— Non, non, je ne me trompe pas ! Je vois le ciel bleu, parsemé de jolis nuages blancs ! Je vois les deux pitons de la Soufrière ! Je vois la verdure des plaines et les géants des forêts ! Tiens, voilà.... là-bas, un palmiste que j'ai planté ! Voici près de nous l'arbre à pain qui m'a nourri et ici, en bas de nous, voilà des amis qui vont bientôt chanter: *Gloire à Dieu !* car l'heure de la délivrance n'est pas loin !

On entendait d'en bas les paroles de Salomon, et chacun, dans une cruelle incertitude, n'osait crier de joie ou gémir de chagrin, de peur de se tromper.

— Va ! Casimir, dit Salomon, l'étourdissement du bonheur est passé : je puis descendre seul, et sans chercher les échelons !

Et alors il descendit seul les vingt degrés. Quand il eut posé les pieds sur le sol, il se retourna vers les assistants stupéfaits :

— Mes amis, mes amis ! s'écria-t-il.... je vous vois donc avant de mourir !

Et il ouvrit ses bras.... dans lesquels se jetèrent quelques-uns de ceux qui étaient le plus près de lui.

Bientôt la nouvelle se répandit que le vieil aveugle avait recouvré la vue.... à cent-dix ans! après l'avoir perdue à quatre-vingts. Ce n'était ni un miracle, ni même un phénomème ; mais le fait, rapproché de l'espèce de sainteté mystique du vieux noir, et du don de prophétie dont il avait fait preuve si souvent, parut surnaturel à beaucoup. Les gens d'instruction en furent surpris comme d'une chose seulement rare, mais ils n'en furent point frappés comme d'un phénomène. Toujours est-il que, deux heures après, le morne de Jolimout était visité par plus de deux cents personnes de toutes couleurs, de tout âge et de toute condition. Le vieux sage souriait à tous, et disait que ce retour subit de la lumière dans ses yeux éteints depuis trente ans, était pour lui le signal de sa délivrance définitive.

— Et, ajouta-t-il à quelques-uns, comme je ne partirai pas sans avoir vu l'émancipation de notre race, dans ces colonies, c'est aujourd'hui même que je voudrais entendre sonner ma dernière heure ! — Et qui sait ?....

Bientôt les sentiers de Jolimont furent trop étroits pour la foule qui partait et pour celle qui venait, et Veille-Toujours avait renoncé à son office de conducteur. C'était comme une foire de village, ou comme un encan après décès. L'Etoile de la maisonnette plaisait à tous comme ornement, et à quelques-uns comme symbole.

A un certain moment, on vit un exemple de la force imitative, parmi les hommes. Un jeune blanc apercevant une fente assez large au coffre de Salomon, et voulant être utile au vieux noir, glissa une pièce de deux francs dans cette sorte de tronc. A partir de ce moment, ce fut à qui mettrait de l'argent dans le bienheureux coffre. Depuis le sou du pauvre noir esclave jusqu'à la gourde pleine ou percée — du riche blanc, l'argent et le cuivre tombèrent comme grêle l'un sur l'autre, depuis deux heures jusqu'à la nuit ! Salomon s'était éloigné du coffre pour n'avoir pas l'air de pousser aux offrandes. Rose au contraire souriait à cette pluie improvisée, récompensant d'un sourire aux blanches dents les visiteurs généreux, c'est-à-dire aussi bien ceux qui mettaient l'obole de cuivre que ceux qui glissaient la pièce blanche. Et vraiment, celui à qui profita plus tard cette aubaine providentielle eût pu remercier autant la belle fille qui souriait que le jeune homme qui avait donné l'exemple de cette délicate charité. — Vers le soir, comme le plus grand nombre des visiteurs s'étaient retirés, Rose aperçut, du coin de l'œil, une main blanche qui glissait une pièce jaune. C'était le premier or qu'elle voyait descendre dans le coffre. Elle regarda le visage de ce généreux ami, et reconnut Edouard Ch. — Vous ici ! monsieur, s'écriat-elle, et elle alla vers lui. — Oui, belle Rose, répondit le jeune homme : je veux entrer pour une blanche dans la construction de votre asile, car il porte à son sommet un symbole cher à mon cœur."

En ménagère prévoyante, Rose avait mis à part quelques gâteaux et un reste de bon rhum anisé. Elle alla chercher la bouteille et le plateau, et, revenant vers Edouard, elle lui offrit sa part de la collation. Le jeune homme sourit à cette mignonne attention, et, avant d'avaler son petit verre : — Oh ! dit-il presque bas, si je trouvais une créature comme celle-là, je ne serais pas longtemps garçon ! Rose l'entendit. — Et la couleur ! dit-elle en souriant. — Est-ce que vous me prenez, répondit-il, pour un colon du siècle passé ! Le bonheur n'a pas de préjugés....et ma Croyance non plus ! ajouta-t-il en serrant la main de la belle mulâtresse.

Ce ne fut qu'à neuf heures du soir que la *villa* de Jolimont se trouva réduite à ses habitants accoutumés. — Nous ne pouvons plus appeler *ajoupa* les modestes, mais gracieux bâtiments du morne de Salomon.

*
* *

Le lendemain, 4 avril 1843, le soleil se leva aussi pur que la veille. Pour la première fois, Casimir, Rose et Rosine avaient couché dans leur petite maison. Dès que Rose fut levée, elle porta au vieux, qui reposait dans son fidèle hamac, une petite tasse de café noir, comme elle faisait depuis son arrivée.

— Ma fille, lui dit Salomon, c'est aujourd'hui mon dernier jour, et ce sera un beau jour ! Je n'ai jamais été aussi heureux de ma vie, pas même hier, au moment où le Seigneur a permis que je visse notre symbole et nos amis ! Je ne quitterai plus mon hamac que pour aller, comme matière, à la fosse, et comme âme.... au ciel ! Je voudrais que Casimir allât prévenir les *frères* qu'il pourra trouver, car il faut que je leur parle, ainsi qu'à vous autres, avant l'heure suprême. — Prends, ajouta-t-il, la somme d'argent que tu trouveras dans un sac au fond de mon coffre. Jointe à celle qui me restait, elle forme un total de quatre cents francs. Tu donneras cela à Zamor de ma part: ce sera pour l'établir. Va, ma fille, va ! et surtout, si on ne veut rien enlever au bonheur de mes derniers moments, recommande de ma part à ta mère, à ton mari, à tous enfin, de ne pas avoir de larmes, pas de tristesse même, s'il est possible. Je me porte bien, je ne souffre ni de corps ni d'esprit; ma conscience est tranquille et mon âme heureuse. Je *pars* parce qu'il est temps ! Il n'y a plus d'huile dans la lampe et elle va s'éteindre tranquillement, après avoir tâché de jeter quelque lumière autour d'elle. — Va, ma Rose ; va, mon enfant !

Rose s'éloigna en essuyant ses yeux, et bientôt après on vit Casimir descendre à grands pas le morne ombreux de Jolimont.

Vers dix heures, les *frères* de Salomon étaint autour de son hamac. Casimir, Rose, Suzanne et Zamor, assis un peu plus loin, étaient tristes. Le vieux souriait à tous d'un sourire d'angélique bonté. Ses regards semblaient projeter une flamme puissante, et, autour de son front couronné de cheveux blancs, semblait poindre comme l'arc-en-ciel d'une majestueuse auréole.

— Mes frères, dit-il d'une voix majestueusement sympathique et adorablement chrétienne, je n'ai pas besoin, avec vous, de descendre mes paroles à la hauteur ordinaire, ni de vous cacher ce que vous seuls — et les nôtres.— pouvez comprendre sans commentaires. Depuis plusieurs années *je communique, j'entends et je vois* : voilà pour l'âme. J'y reviendrai tout-à-l'heure. Auparavant, je vous dirai où en sont les efforts humains, pour que je n'aie plus ensuite à songer aux choses de la terre.

" J'ai eu des nouvelles très récentes des progrès que fait le Club des Noirs, à Paris. Il doit profiter des troubles politiques qui se préparaient, pour plaider la grande Cause, et tâcher de surprendre une victoire aux premiers moments de l'effervescence. Il faut assez de temps pour que les nouvelles arrivent de la France ici.... et les événements ont dû marcher vite. Le Club est puissant, nombreux et riche ; il reçoit des fonds de l'Angleterre, des Etats libres de l'Union Américaine, et des colonies, et il sème l'or comme la parole. Voilà pour la partie des actes humains.

· " Maintenant, j'ai vu mieux et de plus près, et, cette nuit.... une longue extase m'a inondé de bonheur. Détaché des choses matérielles par le bon appel aux intermédiaires d'en Haut et d'en-bas, les événements encore inconnus ici, m'ont été révélés aussi clairs que la lumière du soleil, aussi palpables que le fer et l'or.... J'ai entendu des voix du ciel, qui parlaient à la terre, et je me suis senti comme emporté dans les espaces.... que je vais bientôt franchir. "

La voix du vieux Salomon s'était affaiblie : sa tête s'était penchée davantage sur l'oreiller de son hamac. Il y eut quelques secondes d'un silence interrogateur. Vivait-il, ou bien était-il *parti* pour le suprême voyage ? Ses yeux s'étaient fermés, et il semblait dormir.

Mais bientôt une voix pure, qu'on eût dit sortir de la bouche de Jésus ou de Jean, s'éleva du lieu où semblait dormir le vieux sage — et cette voix disait :

" Que la bénédiction de Dieu soit sur vous et sur vos enfants !

" Que la paix du cœur et le repos de la conscience soient les compagnons de votre voyage !

" Que les opprimés sentent bientôt tomber les anneaux de leurs chaînes !

" Que la guerre amène la paix, et la tyrannie la liberté !

" Enfants de Dieu, la liberté et le pain facile vous appartiennent, et vous les aurez.

" Il y a dix-huit siècles que la Grande Mission a commencé ; mais on a tronqué les paroles de Celui qui était venu, et il faut les ramener à la vérité. On a torturé sa vie : que la vôtre soit bénie sur la terre et dans le Seigneur !

" N'ayez pas peur des petits vents, des petits flots et des petits écueils de la terre : le port où vous tendez a des séjours que vos rêves vous diront....

" Missionnaires courageux, vous n'aurez pas besoin, comme *lui*, d'user vos pieds et vos genoux pour monter la suprême montagne dont Dieu bénit le sommet !

" Enfants, allez sur la terre avec vos pieds ; allez vers le ciel avec votre foi.... Les petits des hommes sont les enfants de Dieu.

" Aimez-vous, aimez-vous ! tout est dans l'amour et il n'y a rien en dehors de l'amour.

" Allez, enfants.... vers le berceau des faibles et les misères des opprimés.... Le Père de Miséricorde étend ses bras pour vous embrasser, et les abaisse pour vous bénir ! "

La marche d'un ciron eût été entendue, tant le silence était profond.

A ce moment, les échos de l'île répétèrent la détonation d'un coup de canon. A celui-ci succéda un second, puis un troisième, et, de demi-minute en demi-minute, d'autres se succédèrent en se rapprochant.

— *Frères, frères !* s'écria alors Salomon de sa voix ordinaire, mais tremblante d'émotion et d'enthousiasme, *frères*....entendez-vous ? c'est la liberté qui vient effacer de nos rives bénies la souillure de l'esclavage ! — Voyez-vous la frégate au pavillon tricolore, à la flamme de guerre, qui divise les flots de sa proue ardente ! L'entendez-vous qui crie, de la voix puissante de ses sabords : Liberté ! Liberté ! !

" Esclaves, vous n'avez plus de chaînes ! Hommes et femmes, vous pourrez aimer vos enfants ! Maris, on ne vendra plus vos femmes ! Enfants, vous aurez une mère ! — Gloire à Dieu dans les cieux, et paix sur la terre aux hommes de bonne volonté !

Et le canon tonnait toujours, et les échos répétaient sa grande voix, plus forte de moment en moment.

Le canon des forts répondit alors au canon du large.

Salomon parut sommeiller pendant quelques minutes.

— Attendez, dit-il ; le canot du brick stationnaire quitte les flancs de la frégate, et vole comme une hirondelle sur les flots.

— Il approche, ajouta-t-il au bout d'une minute qui parut un siècle.

— Il aborde ! continua la voix du vieux, et moi je m'en vais. — Mes *frères*, mes amis, mes enfants, venez que je vous embrasse.... Je n'ai que le temps !

Tous vinrent alors l'un après l'autre serrer dans leurs bras la tête vénérable du Vieux Salomon.... qui leur distribuait des paroles de fraternité et d'amour.

— Entendez-vous, dit-il encore.... du côté de la ville ! Ouvrez la porte ! ouvrez la fenêtre !

Un bruit confus de voix éclatantes venait en effet de la ville.

— Entendez-vous ?....— répéta Salomon — les esclaves crient : Liberté ! liberté ! !

Nul, dans la cabane, n'eût pu distinguer ces mots ; mais les mourants ont parfois un développement de sens décuplé par la mystérieuse puissance de la tombe.

Les pleurs coulaient en silence de tous les yeux. Veille-Toujours alla vers le hamac, sur lequel il jeta ses deux pattes de devant, ce qui lui imprima un léger balancement.

— C'est toi, fidèle ami, lui dit Salomon d'une voix à peine distincte.... Adieu, adieu....

Et il essaya de le caresser pour la dernière fois.

A cet instant, des cris formidables montèrent le sentier de Jolimont. Des noirs, des mulâtres, des cabres, des griffons, des femmes de toutes couleurs, des enfants, des jeunes, des vieux, gravissaient le morne au pas de course, criant, gesticulant, ivres, délirants, fous....

La liberté ! criaient-ils.... la Liberté !! — Salomon ! Salomon ! nous sommes libres ! libres !! libres !!!

Et l'echo répétait : libres ! libres !! libres !! !

Bientôt un premier noyau de tout ce peuple en délire inonda le seuil de l'ajoupa. Ils virent l vieux noir sans mouvement, et, autour de lui, de visages en pleurs. Ils se turent.

Mais le vieux Salomon rouvrant les yeux pou la dernière fois :

— Oui, dit-il, vous êtes libres, et vos frères de Etats-Unis le seront avant quinze ans, par un grande guerre....

" La république française a fait la première so devoir : la république américaine fera le sien....

" Adieu, mes enfants.... Adieu ! maintenan j'ai assez vécu.... et....je *pars*.... heureux !....

FIN.